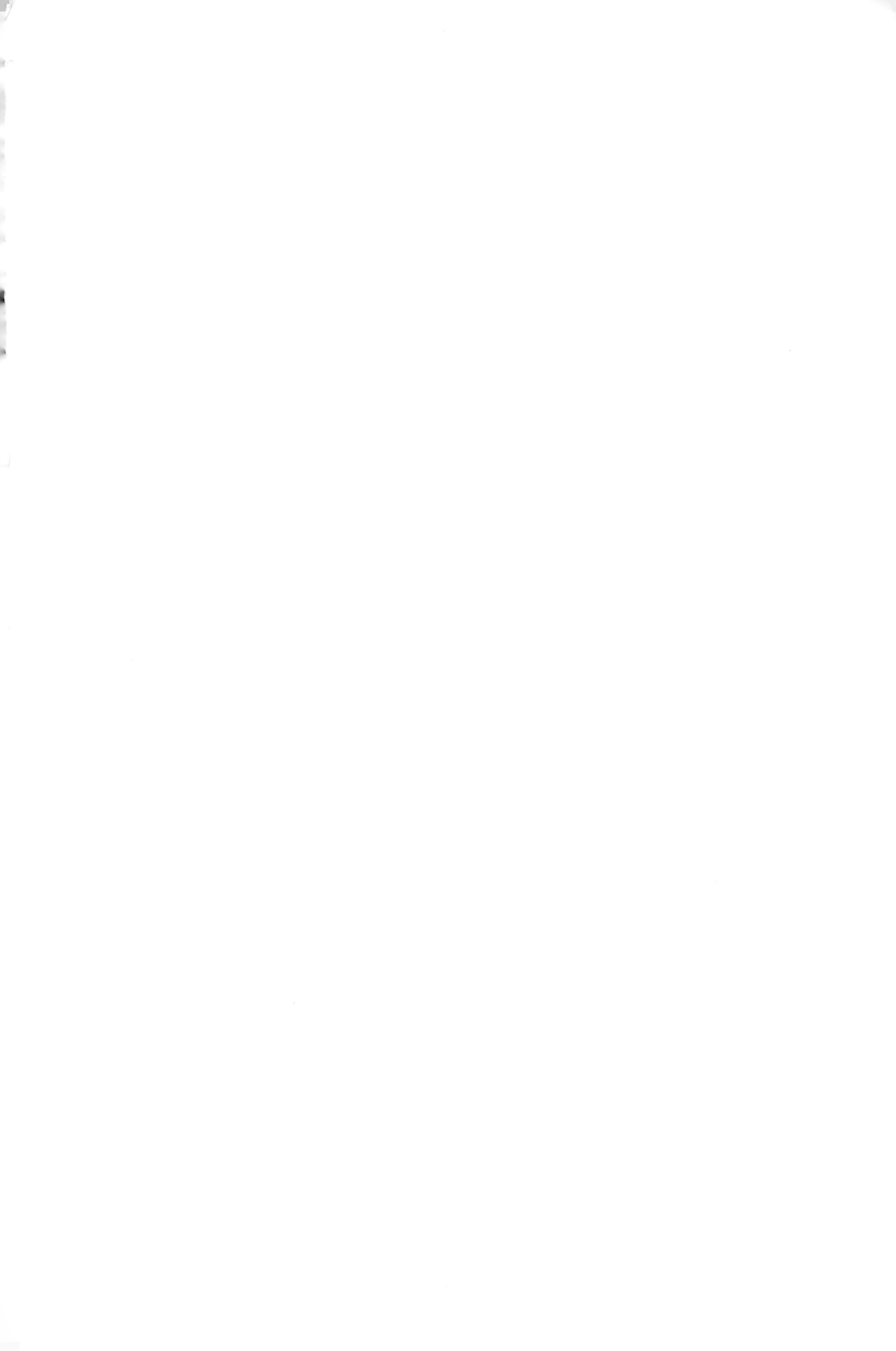

吉林全書

雜集編

㉖

吉林文史出版社

圖書在版編目（CIP）數據

雪屐尋碑録：上下册 /（清）愛新覺羅・盛昱編．
長春：吉林文史出版社，2025. 5. --（吉林全書）.
ISBN 978-7-5752-1123-9

Ⅰ．K877.2

中國國家版本館 CIP 數據核字第 2025T1Z505 號

XUE JI XUN BEI LU（SHANG XIA CE）

雪屐尋碑録（上下册）

編　　者　［清］愛新覺羅・盛昱
出 版 人　張　强
責任編輯　王　非　柳永哲
封面設計　溯成設計工作室
出版發行　吉林文史出版社
地　　址　長春市福祉大路5788號
郵　　編　130117
電　　話　0431-81629356
印　　刷　吉林省吉廣國際廣告股份有限公司
印　　張　61
字　　數　488千字
開　　本　787mm × 1092mm　1/16
版　　次　2025年5月第1版
印　　次　2025年5月第1次印刷
書　　號　ISBN 978-7-5752-1123-9
定　　價　305.00圓（上下册）

#《吉林全書》編纂委員會

總主編　曹路寶

雜集編主編　胡維革　李德山　劉奉文

《吉林全書》學術顧問委員會

學術顧問（按姓氏音序排列）

邴　正　陳紅彦　程章燦　杜澤遜　關樹東　黃愛平　黃顯功　江慶柏

姜偉東　姜小青　李花子　李書源　李　岩　李治亭　厲　聲　劉厚生

劉文鵬　全　勤　王　鍔　韋　力　姚伯岳　衣長春　張福有　張志清

總序

『長白雄東北，嵯峨俯塞州。』吉林省地處中國東北中心區域，是中華民族世代生存融合的重要地域，素有『白山松水』之地的美譽。歷史上，華夏、濊貊、肅慎和東胡族系先民很早就在這片土地上繁衍生息，高句麗、渤海國等中國東北少數民族政權在白山松水間長期存在，以契丹族、女真族、蒙古族、滿族融合漢族在内的多民族形成的遼、金、元、清四個朝代，共同賦予吉林歷史文化悠久獨特的優勢和魅力，決定了吉林文化不可替代的特色與價值，具有緊密呼應中華文化整體而又與衆不同的生命力量，見證了中華民族共同體的融鑄和我國統一多民族國家的形成與發展。

提到吉林，自古多以千里冰封的寒冷氣候爲人所知，一度是中原人士望而生畏的苦寒之地，一派肅殺之氣。再加上吉林文化在自身發展過程中存在着多次斷裂，致使衆多文獻湮没、典籍無徵，一時多少歷史文化精粹『明珠蒙塵』，因此，形成了一種吉林缺少歷史積澱，文化不若中原地區那般繁盛的偏見。實際上，在數千年的漫長歲月中，吉林大地上從未停止過文化創造，自青銅文明起，從先秦到秦漢，再到隋唐直至明清，吉林地區不僅文化上不輸中原地區，還對中華文化産生了深遠的影響，爲後人留下了衆多優秀古籍，涵養着吉林文化的根脉，猶如璀璨星辰，在歷史的浩瀚星空中閃耀着奪目光輝，標注着地方記憶的傳承與中華文明的賡續。我們需要站在新的歷史高度，用另一種眼光去重新審視吉林文化的深邃與廣闊，通過豐富的歷史文獻典籍去閱讀吉林文化的傳奇與輝煌。

吉林歷史文獻典籍之豐富，源自其歷代先民的興衰更替、生生不息。吉林文化是一個博大精深的體系，從左家山文化的『中華第一龍』，到西團山文化的青銅時代遺址，再到二龍湖遺址的燕國邊城，都見證了吉林大地的文明在中國歷史長河中的肆意奔流。早在兩千餘年前，高句麗人的《黄鳥歌》《人參贊》以及《留記》等文史作品就已在吉林誕生，成爲吉林地區文學和歷史作品的早期代表作。高句麗文人之《新集》，渤海國人『疆理雖重海，車書本一家』之詩篇，金代海陵王詩詞中的『一咏一吟，冠絶當時』，再到金代文學的『華實相扶，骨力遒上』，皆凸顯出吉林不遜文教、獨具風雅之本色。

吉林歷史文獻典籍之豐富，源自其地勢四達并流、山水環繞。吉林土地遼闊而肥沃，山河壯美而令人神往，吉林大地可耕可牧、可漁可獵，無門庭之限，亦無山河之隔，進出便捷，四通八達。沈兆禔在《吉林紀事詩》中寫道，『肅慎先徵孔氏書』，印證了東北邊疆與中原交往之久遠。早在夏代，居住於長白山脚下的肅慎族就與中原建立了聯係。一部《吉林通志》，『考四千年之沿革，挈領提綱；綜五千里之方輿，辨方正位』，從時間和空間兩個維度，寫盡吉林文化之淵源深長。

吉林歷史文獻典籍之豐富，源自其民風剛勁、民俗絢麗。《長白徵存録》寫道，『日在深山大澤之中，伍鹿豕、耦虎豹，非素嫻技藝，無以自衛』，描繪了吉林民風的剛勁無畏，爲吉林文化平添了幾分豪放之感。清代藏書家張金吾也在《金文最》中評議，『知北地之堅强，絶勝江南之柔弱』，足可見，吉林大地與生俱來的豪健英杰之氣。同時，與中原文化的交流互通，也使邊疆民俗與中原民俗相互影響、不斷融合，既體現出敢於拼搏、鋭意進取的開拓精神，又兼具脚踏實地、穩中求實的堅韌品格。

吉林歷史文獻典籍之豐富，源自其諸多名人志士、文化先賢。自古以來，吉林就是文化的交流彙聚之地，從遼、金、元到明、清，每一個時代的文人墨客都在這片土地留下了濃墨重彩的文化印記。特別是，清代東北流人的私塾和詩社，爲吉林注入了新的文化血液，用中原的文化因素教化和影響了東北的人文氣質和文化形態；至近代以『吉林三杰』宋小濂、徐鼐霖、成多禄爲代表的地方名賢，以及寓居吉林的吴大澂、金毓黻、劉建封等文化名家，將吉林文化提升到了一個全新的高度，他們的思想、詩歌、書法作品中無一不體現着吉林大地粗狂豪放、質樸豪爽的民族氣質和品格，滋養了孜孜矻矻的歷代後人。

盛世修典，以文化人，是中華民族延續至今的優良傳統。我們在歷史文獻典籍中尋找探究有價值、有意義的歷史文化遺産，於無聲中見證了中華文明的傳承與發展。吉林省歷來重視地方古籍與檔案文獻的整理出版。自二十世紀八十年代以來，李澍田教授組織編撰的《長白叢書》，開啓了系統性整理、組織化研究吉林文獻典籍的先河，贏得了『北有長白，南有嶺南』的美譽；進入新時代以來，鄭毅教授主編的《長白文庫》叢書，繼續肩負了保護、整理吉林地方傳統文化典籍，弘揚民族精神的歷史使命，從大文化的角度折射出吉林文化的繽紛异彩。隨着《中國東北史》和《吉林通史》等一大批歷史文化學術著作的問世，形成了獨具吉林特色的歷史文化研究學術體系和話語體系，對融通古今、賡續文脉發揮了十分重要的作用。正是擁有一代又一代富有鄉邦情懷的吉林文化人的辛勤付出和豐碩成果，使我們具備了進一步完整呈現吉林歷史文化發展全貌，淬煉吉林地域文化之魂的堅實基礎和堅定信心。

當前，吉林振興發展正處在滚石上山、爬坡過坎的關鍵時期，機遇與挑戰并存，困難與希望同在。站在這樣的歷史節點，迫切需要我們堅持高度的歷史自覺和人文情懷，以文獻典籍爲載體，全方位梳理和展示吉林政治、經濟、社會、文化發展的歷史脉絡，讓更多人瞭解吉林歷史文化的厚度和深度，感受這片土地獨有的文化基因和精神氣質。

鑒於此，吉林省委、省政府作出了實施《吉林全書》編纂文化傳承工程的重大文化戰略部署，這不僅是深入學習貫徹習近平文化思想、認真落實黨中央關於推進新時代古籍工作要求的務實之舉，也是推進吉林優秀傳統文化保護傳承、建設文化强省的重要舉措。歷史文獻典籍是中華文明歷經滄桑留下的最寶貴的東西，是吉林優秀歷史文化『物』的載體，彙聚了古人思想的寶藏、先賢智慧的結晶。對歷史最好的繼承，就是創造新的歷史。傳承延續好這些寶貴的民族記憶，就是要通過深入挖掘古籍藴含的哲學思想、人文精神、價值理念、道德規範，推動中華優秀傳統文化創造性轉化、創新性發展，作用于當下以及未來的經濟社會發展，更好地用歷史映照現實、遠觀未來。這是我們這代人的使命，也是歷史和時代的要求。

從《長白叢書》的分散收集，到《長白文庫》的萃取收録，再到《吉林全書》的全面整理，以歷史原貌和文化全景的角度，進一步闡釋了吉林地方文明在中華文明多元一體進程中的地位作用，講述了吉林人民在不同歷史階段爲全國政治、經濟、文化繁榮所作的突出貢獻，勾勒出吉林文化的質實貞剛和吉林精神的雄健磊落、慷慨激昂，引導全省廣大幹部群衆更好地瞭解歷史、瞭解吉林，挺起文化脊梁、樹立文化自信，不斷增强砥礪奮進的恒心、韌勁和定力，持續激發創新創造活力，提振幹事創業的精氣神，爲吉林高品質發展明顯進位、全面振興取得新突破提供有力文化支撑，彙聚强大精神力量。

爲扎實推進《吉林全書》編纂文化傳承工程，我們組建了以吉林東北亞出版傳媒集團爲主體，涵蓋高等院校、研究院所、新聞出版、圖書館、博物館等多個領域專業人員的《吉林全書》編纂委員會，并吸收國内知名清史、民族史、遼金史、東北史、古典文獻學、古籍保護、數字技術等領域專家學者組成顧問委員會，經過認真調研、反復論證，形成了《〈吉林全書〉編纂文化傳承工程實施方案》，確定了『收集要全、整理要細、研究要深、出版要精』的工作原則，明確提出在編纂過程中不選編、不新創，尊重原本、致力全編，力求全方位展現吉林文化的多元性和完整性。在做好充分準備的基礎上，《吉林全書》編纂文化傳承工程於二〇二四年五月正式啓動。

爲高質量完成編纂工作，編委會對吉林古籍文獻進行了空前的彙集，廣泛聯絡國内衆多館藏單位，尋訪民間收藏人士，重點以吉林省方志館、東北師範大學圖書館、長春師範大學圖書館、吉林省社科院爲收集源頭開展了全面的挖掘、整理和集納；同時，還與國家圖書館、上海圖書館、南京圖書館、遼寧省圖書館、吉林省圖書館、吉林市圖書館等館藏單位及各地藏書家進行對接洽談，獲取了充分而精准的文獻信息。同時，專家學者們也通過各界友人廣徵稀見，在法國國家圖書館、日本國立國會圖書館、韓國國立中央圖書館等海外館藏機構搜集到諸多珍貴文獻。在此基礎上，我們以審慎的態度對收集的書目進行甄别、分類、整理和研究，形成了擬收録的典藏文獻名録，分爲著述編、史料編、雜集編和特編四個類别。此次編纂工程不同於以往之處，在於充分考慮吉林的地理位置和歷史變遷，將散落海内外的日文、朝鮮文、俄文、英文等不同文字的相關文獻典籍一并集納收録，并以原文搭配譯文的形式收於特編之中。截至目前，我們已陸續對一批底本最善、價值較高的珍稀古籍進行影印出版，爲館藏單位、科研機構、高校院所以及歷史文化研究者、愛好者提供參考和借鑒。

『周雖舊邦，其命維新』，文獻典籍最重要的價值在於活化利用。編纂《吉林全書》并不意味着把古籍束之高閣，而是要在『整理古籍、複印古書』的基礎上，加强對歷史文化發展脉絡的前後貫通、左右印證，更好地服務於對吉林歷史文化的深入挖掘研究。爲此，我們同步啓動實施了『吉林文脉傳承工程』，旨在通過『研究古籍、出版新書』，讓相關學術研究成果以新編新創的形式著述出版，借助歷史智慧和文化滋養，通過創造性轉化、創新性發展，探尋當前和未來的發展之路，以守正創新的正氣和鋭氣，賡續歷史文脉、譜寫當代華章。

做好《吉林全書》編纂文化傳承工程是一項『汲古潤今，澤惠後世』的文化事業，責任重大、使命光榮。我們將秉持敬畏歷史、敬畏文化之心，以精益求精、止於至善的工作信念，上下求索、耕耘不輟，爲實現文化種子『藏之名山，傳之後世』的美好願景作出貢獻。

《吉林全書》編纂委員會

二〇二四年十二月

凡例

一、《吉林全書》（以下簡稱《全書》）旨在全面系統收集整理和保護利用吉林歷史文獻典籍，傳播弘揚吉林歷史文化，推動中華優秀傳統文化傳承發展。

二、《全書》收録文獻地域範圍，首先依據吉林省當前行政區劃，然後上溯至清代吉林將軍、寧古塔將軍所轄區域内的各類文獻。

三、《全書》收録文獻的時間範圍，分爲三個歷史時段，即一九一一年以前，一九一二至一九四九年，一九四九年以後。每個歷史時段的收録原則不同，即一九一一年以前的重要歷史文獻，收集要『全』；一九一二至一九四九年間的重要典籍文獻，收集要『精』；一九四九年以後的著述豐富多彩，收集要『精益求精』。

四、《全書》所收文獻以『吉林』爲核心，着重收録歷代吉林籍作者的代表性著述，流寓吉林的學人著述，以及其他以吉林爲研究對象的專門著述。

五、《全書》立足於已有文獻典籍的梳理、研究，不新編、新著、新創。出版方式是重印、重刻。

六、《全書》按收録文獻内容，分爲著述編、史料編、雜集編和特編四類。

著述編收録吉林籍官員、學者、文人的代表性著作，亦包括非吉林籍人士流寓吉林期間創作的著作。作品主要爲個人文集，如詩集、文集、詞集、書畫集等。

史料編以歷史時間爲軸，收録一九四九年以前的歷史檔案、史料、著述，包含吉林的考古、歷史、地理資料等；收録吉林歷代方志，包括省志、府縣志、專志、鄉村村約、碑銘格言、家訓家譜等。

雜集編收録關於吉林的政治、經濟、文化、教育、社會生活、人物典故、風物人情的著述。

特編收録就吉林特定選題而研究編著的特殊體例形式的著述。重點研究認定『滿鐵』文史研究資料和東北亞各民族不同語言文字的典籍等。關於特殊歷史時期，比如，東北淪陷時期日本人以日文編寫的『滿鐵』資料作爲專題進行研究，以書目形式留存，或進行數字化處理。開展對滿文、蒙古文，高句麗史、渤海史、遼金史的研究，對國外研究東北地區史和高句麗史、渤海史、遼金史的研究成果，先作爲資料留存。

七、《全書》出版形式以影印爲主，影印古籍的字體版式與文獻底本基本保持一致。

八、《全書》整體設計以正十六開開本爲主，對於部分特殊内容，如，考古資料等書籍采用一比一的比例還原呈現。

九、《全書》影印文獻每種均撰寫提要或出版説明，介紹作者生平、文獻内容、版本源流、文獻價值等情況。影印底本原有批校、題跋、印鑒等，均予保留。底本有漫漶不清或缺頁者，酌情予以配補。

十、《全書》所收文獻根據篇幅編排分册，篇幅適中者單獨成册，篇幅較大者分爲序號相連的若干册，篇幅較小者按類型相近或著作歸屬原則數種合編一册。數種文獻合編一册以及一種文獻分成若干册的，頁碼均單排。若一本書中收録兩種及以上的文獻，將設置目録。各册按所在各編下屬細類及全書編目順序編排序號，全書總序號則根據出版時間的先後順序排列。

雪屐尋碑録（上下册）

［清］愛新覺羅・盛昱 編

提要

《雪屐尋碑録》十六卷。［清］愛新覺羅·盛昱編。盛昱（一八五〇至一九〇〇）字伯羲。清宗室，滿洲鑲白旗人。光緒二年（一八七六）進士，授編修，纍遷國子祭酒。精經史輿地之學及清代掌故。是清代詩人、詞家、藏書家。著有《鬱華閣遺集》《意園文略》等。盛昱兼好金石，喜訪碑。光緒十五年曾集資令廠肆碑估李雲從去集安拓好太王碑，使該碑得以流傳開來。晚年辭官家居，喜在北京近郊游覽。發現不少滿族故人墓碑，恐日久淹没，遂廣爲搜集，請人椎拓，妥爲保存。盛昱將拓片初步整理成册，但未及定稿便辭世。拓片原本逐漸散佚。歿後，遺稿存楊鍾羲所。日本漢學家内藤湖南等録成清本。金毓黻先生輯《遼海叢書》時，東渡日本抄回付梓。此本凡十六卷，自崇德、順治、康熙、雍正、乾隆至嘉慶，加上無年月者共録墓銘八百八十一首，可謂洋洋大觀。地域以北京郊區發現者爲主。人物以滿洲人爲主，兼有少量漢人墓銘，包括有清一代各朝文武官員、節婦、平民等。所録諸碑，以帝詔、御製碑、祭文爲最多，因此可備八旗掌故。東北師範大學圖書館藏。

爲盡可能保存古籍底本原貌，本書做影印出版，因此，書中個别特定歷史背景下的作者觀點及表述内容，不代表編者的學術觀點和編纂原則。

雪屐尋碑録總目

卷一　一
凡六十六首崇德元年至順治十四年
卷二　六七
凡五十七首順治十四年至十八年
卷三　一二九
凡三十六首康熙元年至五年
卷四　一七一
凡五十六首康熙六年至九年
卷五　二三九
凡六十首康熙十年至十四年
卷六　二九一
凡六十三首康熙十四年至二十年

卷七　三五一
凡四十五首康熙二十年至二十三年
卷八　四〇五
凡四十九首康熙二十四年至二十九年
卷九　四五五
凡四十九首康熙三十年至三十六年
卷十　五〇一
凡五十五首康熙三十七年至四十六年
卷十一　五五七
凡六十一首康熙四十七年至六十一年
卷十二　六二七
凡三十八首雍正元年至十三年
卷十三　六六七

凡四十八首乾隆元年至十六年
卷十四　七二一
凡五十首乾隆二十一年至六十年
卷十五　七七三
凡五十五首嘉慶元年至光緒三年
卷十六　八三三
凡九十三首無年月及有年月而文甚略者
以上都凡十六卷八百八十一首

雪屐尋碑録

上

［清］愛新覺羅·盛昱　編

遼海叢書

第九集

桐城張延厚署

遼海叢書

雪屐尋碑錄

楊鍾羲

聖遺

雪屐尋碑録敍

曩者盛伯羲祭酒以天潢貴胄留心文獻同其表弟楊芷勤太守所輯之八旗文經固與梅菴尙書熙朝雅頌集相伯仲足備一代之令典矣後又時出遊衍蠟屐訪碑復廣覓拓工裹糧四出近畿之碑嚮拓殆徧無慮萬本手自理董録副亦大抵限於淸代而未有以名也祭酒既歿原拓散亡唯副本尙存芷勤太守所庚午之歲日本内藤湖南博士讀太守雪橋詩話知有是書屬其友倉石先生在燕都覓之太守乃謂原稿前後錯亂尙需重爲編次遂由吉川先生相助爲理以次録成淸本然其中猶不免幾多之缺譌以無原拓可校亦姑仍之太守爲名是書曰雪屐尋碑録者以往歲祭酒贈詞有年年雪屐尋碑一語故也博士既以淸本藏之恭仁山莊欲即刊行而未暇以爲二年前博士來瀋知余方蒐集文獻議刊叢書乃曰子曷不撰遼海尋碑録以繼祭酒之後余之知有是書實自兹始翌年博士歸

道山歲未余東渡至京都拜於博士之冢又至恭仁山莊晤其嗣君乾吉先生商借是書付刊以賡博士未竟之緒承其慨允余乃大喜過望竊以祭酒系出帝胤緒衍白山衡以先河後海之義自當儕於遼海作家且所收錄諸碑儘屬祖於遼瀋之滿洲貴臣八旗子弟漢人百無一二不得以從龍已久生長京華即置而不數也然則刊遼海叢書而收及祭酒之作正爲名從主人奚足病乎或謂著錄諸碑褒封諭祭之文居其泰半子孫刻之墓道以榮其親則可以云傳世行遠未見其然借使祭酒而在手自訂定亦必多所删遺是又不然夫貴遠而賤近者常人之情也守先以待後者賢者之事也今人得一唐刻宋拓便自互相矜重不必文章名貴書法精美也即爲題名之記輸錢之籍亦必謹錄善藏不遺一字若王氏之金石萃編陸氏之金石補正皆其倫類豈非以罕而見珍乎繇此推之近在有清亦同斯例是書所錄始於崇德訖於光緒年垂三百文近千篇其燦然

可觀者多爲典章文物之所存盛衰榮悴之所繫謂爲文經之亞誰曰不宜即其姓氏爵里宗支子姓之瑣細者亦多爲公私記載所不及詳異日續輯通志通譜諸書蒐求八旗掌故自必以是書爲漁獵探伐之資再閱數百年後更當與王陸二氏之書同以罕而見珍讀賢者守先待後之書而持常人貴遠賤近之見宜其扞格不相入欲取而摧燒之也惟内藤博士有見及此既鋭意搜訪於先又爲之傳鈔於後然則余之發憤商借刋入叢書無亦博士之志也歟今者博士之墓草已宿而書將刋成更得與芷勤太守面商體例此誠是書之幸倉石先生曾爲作跋叙得書始末綦詳亟譯以冠篇端博士賢倩鴛淵教授助余商借是書並附記於簡以見刋傳之不易云乙亥十月金毓黻識

雪屐尋碑錄跋

日本倉石武四郎撰

憶及昭和五年五月高雄義堅君遊覽江浙畢事北來訪余於北平東城之旅舍交余一小紙片上書盛伯羲雪屐尋碑錄等字蓋內藤先生於別高雄君時匆忙錄示者也據君言先生命余採訪此書之存否云

支那學第一卷第十一號先生所作之盛伯羲祭酒一文中已將雪屐尋碑錄敍及其文云

祭酒晚年殊好探求北京附近之史蹟常作尋訪金石之旅行其詩集中有爲探訪北京西北懷來縣附近之釜山所作之詩釜山即古昔黃帝集會諸侯合符之地而其旅行所得即著錄於雪屐尋碑錄者是也

前文所記先生已言明爲依據楊雪橋先生雪橋詩話之所述按詩話續集卷八云

光緒戊戌伯希表兄爲釜山之游有詩云我來爲釜山釜山土一抔穉柏僅百株一松無匹儔軒轅朝羣后胡爲來荒邱山顚有立石或者紀號留公玉圖不見金碧佛宫幽林木無翳障傑閣淩濤秋東望盡滄海百靈欻來游至德在平易毋以高深求伯希晚年常作近游往來於徐河溝水間也

又詩話卷十二云

惟雪屐尋碑錄副本尙在余行篋

先生又謂其後親承雪橋先生面告是書決非由釜山一游而成者實爲多年搜羅之集腋又伯羲當日原未自定書名後雪橋先生取伯羲詞中之語以命名者按鬱華閣遺集卷四夢横塘詞送子勤表弟乞外之第二首云

三百年來吾鄉文獻叢殘誰與收拾隱軫千門氣鬱鬱圖書熏習不道而今改柯易葉都非疇昔想蟲沙猨鶴萬劫蒼茫賸對爾無

聲泣　年年雪屐尋碑更風裳閲肆寸銖裒積何幸得君吾此願居然能畢那比得修書歐宋雙影松窗語凄咽野史亭孤中州集就怛遺山胸臆

又意園事略中亦有尋碑閲肆裒集叢殘之語其義亦與此同曩者余閲文字同盟雜誌載有雪橋講舍序例一篇始知雪橋先生亦居北平亟願接其謦欬然終未得晤面後在某宴會席上遇北京大學教授馬叔平先生求作津筏叔平先生即介紹與雪橋先生親炙已久之尹奭公於余復經尹先生之引導得往見雪橋先生時正盛夏先詢内藤先生所命探訪之雪屐尋碑録答曰副本尚存余即據此以函告内藤先生焉

余已悉内藤先生之本意不僅在知其書之存否且欲探其内容録其副本然在余初次拜謁之際不敢遽言借閲遲至秋季得與吉川幸次郎君同列於雪橋講舍之末席有時談及是書但仍未可即得

直至歲末雪橋先生特遣其令嗣携書來寓並言内藤先生如欲廣其傳即任其便云云

至是余始得償先睹爲快之願而披覽此秘帙焉惟是書爲多年蒐討之結果内容頗富凡屬於八旗者細大不捐悉以入録故多係無名之人物吾輩爲門外漢知其姓字者亦寥寥無幾雖爲清代掌故之大觀亦當興浩如烟海之歎意者内藤先生若知其内容亦恐以抄寫之煩而爲之踟躕於是詳解其書之體裁以函報之

翌年即昭和六年一月二十三日得内藤先生之回翰囑即録其副本並云現獲朱竹君舊藏清宫室祭文彙鈔可補李兆洛皇朝文典之不足今再得富於掌故資料之尋碑録則更可稱快一時矣時余寓偏在西城根倩人謄録頗感不便故特請寓居東城之吉川君代辦一切至校正之役亦多由吉川君任之

約費半載之時日鉅役逐次告成復經雪橋先生校閲而庋藏於恭

仁山莊惟光生知伯羲祭酒之名已三十餘年而雪橋詩話之刊刻亦將及二十年蓋於無日不求寤寐無忘之餘得此遺著其欣快之情可以想見矣

昨年四月雪橋先生東渡余爲之介紹同至恭仁山莊直至是時兩先生乃於想望已久之下而初得會晤於一堂是時內藤先生猶以未知蒙古世系表之存佚爲憾（此事已見支那學第二卷第十一號盛伯羲遺事一文之內）遂出其所藏在某書肆購得類似世系表之鈔本求雪橋先生鑑別先生則答以此不似伯羲之遺著云

又內藤先生曾得伯羲之母喀爾喀部落女士那遜蘭保蓮友之芸香館遺詩爲之甚悅又亟稱卷首李越縵之序文此亦在與雪橋先生會晤前後之事也

以上所敍略補先生所撰盛伯羲遺事一文中雪屐尋碑錄紀事之所不及者也抑尋碑錄之佳處先生未及撫舉而遽歸道山而就其

生平言之錄此副本在我邦學界決非徒然之舉明矣是錄副本寫成之時雪橋先生欲余題跋但恐貽佛頭著糞之譏而堅辭之今以内藤先生之逝慮異日對此鈔本之由來發生疑義故敢追記其顛末以塞其責

余於大正十一年四月十三日夜始訪先生於田中野神町訖至昭和九年六月二十七日朝永訣於恭仁山莊中間經十二年親炙先生之指教者多涉於四部諸籍可謂山陰道上應接不暇者矣今以難於縷述故僅補記其與支那學因緣不淺之盛伯羲遺事一節耳

譯自支那學第七卷第三號内藤湖南先生追悼錄

意園事略

楊鍾羲撰

宗室祭酒盛昱字伯熙肅武親王裔孫隸鑲白旗第三族曾祖肅恭親王永錫祖敬徵戶部尚書協辦大學士謚文愨本生祖敬敦不入八分輔國公父恒恩字雨亭都察院左副都御史母博爾濟吉特夫人和林貴種通五經能詩有芸香館遺詩二卷兄盛昌早卒所居意園爲文愨公舊邸有亭林之勝庋金石書畫之室曰鬱華閣生於道光庚戌年二月二十九日少即劬學十歲時賦綠豆詩立成四句作詩送表兄鄂特薩爾巴咱爾郡王即用特勤字由蔭生咸豐十一年十二月賞戴花翎同治六年由玉牒館謄録以主事用九年庚午科順天鄉試中式第一名舉人出烏齊格里文端公門光緒二年丁丑科會試中式第一名進士改翰林院庶吉士庚辰散館授職編修簡貴清謐崇尚風雅所交皆一時魁傑以文章道義相友善文譽滿海內益自淬奮於學無所不窺讀書日盡數十卷博聞强識其考訂經

史及中外地輿皆精覈過人尤練習本朝故事大至朝章國憲小至一名一物之細皆能詳其沿襲改革之本而因以推見前後治亂之迹若撮其言錄爲一書三百年來閎博之君子未有能及者也和而介與人無町畦喜獎成後進一介不遺天下魁壘之士至京師者莫不以爲歸七年五月補授詹事府右春坊右中允閏七月補授翰林院侍講十二月充文淵閣校理九年二月轉侍讀歷充武英殿纂修協修國史館協修五月充日講起居注官是時言路方開特蒙獨對十月補右春坊右庶子十年二月轉左庶子七月補授國子監祭酒與司業顏札治麟大治學舍加膏火定積分日程懲荒惰獎勤樸弦誦蒸蒸改石經刻石鼓購置書籍命諸生分輯通假彙編專取國朝經師成說依今韻排類得二十餘册諸生所專撰者如禮記類鈔程說文通例古音表七經緯內外編西遼紀事皆已成書校輯之書如隋唐以前音切衛宏古文官書諸葛穎桂苑珠叢釋靜洪韻英皆具

草槀十二年二月充東陵隨扈官自通籍至祭酒居官十有三年侃侃自將忠規讜論中外歎仰然不能盡行其志某學士承要人風旨摭芸香館集中送兄詩謂爲忘本請旨削版將以傾昰也仰荷天恩不允所請十四年戊子科鄉試簡放山東正考官以立乎人之本朝而道不行恥也爲題衡藝過勞每申旦不寐自是得心悸之證試竣回京不數月而疾大作貌素豐澤病起乃淸羸頓異平昔十五年八月初四日因病奏請開缺家居剫門日惟攷訂古籍益陳三代彝器法書名畫以自虞樂手寫康熙幾暇格物編付石印耽醫理集藥方韜光潛實物亦莫能窺也顧天性忠愛自以宗支世冑旰衡朝局惄焉傷之甲午之役喪師失地外侮紛乘擬復出有所贊畫疏已具矣會有尼之者以易簀之內斷於心遂不復出端居深念攖心蒿目益鬱鬱寡懽由是寄情山水游屐所經動淹旬朔不復關預人事丁酉蹋雪飛狐戊戌浮渡徐水九日游上方山翁先生畢贈薌嬰老人手

鈔詩謂是紫幢一流藥嬰査夏重以宗室高人序其集者也二十五年春病足牽引臂痛與海城李鑑堂督部雅故十月海城自瀋陽按事回觴之於意園清話竟日是夕疾作即屬同年樊山先生撰神道碑戚友來視疾者語涉目錄源流尙娓娓不倦客去時杜杖行室中督門人鈔補宋槧倚松老人集十二月十四日微吟六言詩云怕死作爲已死有生本是無生縱然百有餘歲不過多得浮名飾巾待盡神明湛然二十日丑時卒年五十歲葬廣渠門外楊莊新阡福山王文敏公爲請於朝入國史文苑傳卒之明年而京師之亂作使其尙在則當時重臣敬信而聽其言必不至崇妖亂而召戎寇以貽宗社阽危之患也人之云亡邦國殄瘁可慨也哉妻額爾德特氏後五年卒子榮軾榮旂善寶八旗人爲古文詞者未有撰集之本雍正間奉敕纂八旗志詳於事實不及文辭嘉慶間棟鄂尙書鐵保選錄熙朝雅頌集八旗之詩爛然矣而文尙闕如道光朝納蘭恭勤公那淸安

有梓里文存之選皆制藝也他文未遑及謝病家居十年念蟲沙猨鶴萬劫蒼茫皆由風移俗易而無學以持之八旗之士至今而文教爲尤亟乃發其藏書旁加蒐訪尋碑閲肆裒集叢殘表弟漢軍楊鍾羲實贊助之京城表裏兩人躑躅得文六百五十首作者一百九十七家爲書五十六卷名曰八旗文經合作者攷三卷敍録一卷都爲六十卷玆集以文爲主凡當官論事之作近於吏牘者概置不録仿新安文獻志不題撰人鄄寄武昌付書局刋印揭櫫未竟驚飆折柯二十八年南皮張文襄公作刻書序稱其亮節多聞習於掌故今日之劉中壘朱鬱儀也此編豈特傳八旗之文固可以爲四海九州之文式矣其善詩爲餘事不自收拾多散佚游小五臺五古凡八首奇偉警拔雅似姜白石記游詩沈鬱處亦復近杜歸以示樊山云此詩囮也倡和葢自兹始連日酬答語多悲苦乃疊韻别作樂詩曰石湖田園樂天閒適古人亦有不得已者乎近體如和柯鳳孫韻題劉星

岑侍讀梅抱簃讀書圖同鄭東甫錫聘之游上方山和楊子勤表弟劉亮雋逸倜然不羣爲門人劉菊農題崔子湘畫花鳥四絕句沈緜婉曲子夜之遺詞雄放似辛稼軒既卒鍾羲遺書藐孤索其遺稿壬寅秋九月寫刻於武昌詩三卷詞一卷名之曰鬱華閣遺集三十一年門人蒐其詩得百二十八首有出於集外者膠州柯紹忞爲之序晚歲網羅金石鬱華閣金文以根據典禮流傳古文裨益經訓爲宗旨所輯雪屐尋碑録爲當世所推重精鑒别藏本東坡寒食詩刀光胤牡丹睢陽五老圖烜赫藝林論畫入微嘗語張度辟非曰公解書而不解畫實則書畫一理譬如顔體書必不謂是歐趙體書必不謂是董各有家法面目故也惟畫亦然荊關李郭亦各録家法面目迥不相同惟董巨最相似即前輩賞鑑往往有某謂是董某謂是巨者却絕無以董巨爲李郭者以家法面目截然不同故也張文襄公讀盛伯熙集詩密國文詞冠北燕西亭博雅萬珠船不知有意還無意

遺集都無奏一篇鍾義編次意園文略雜文一卷奏議一卷宣統紀元十月刊於江寧郡齋續碑傳集卷十七

楊芷勤先生致金靜菴書

雪屐尋碑録知已由東友覓到此書爲意園祭酒未成之稿當時拓碑人徧歷近畿氈蠟盈篋惜鈔手接連謄寫前後錯亂未及編次已亥春義改官圖南屬爲從容整理荏苒三十年遭亂幸未遺失倉石吉川兩君相助爲理粗克就緒而鬱華原拓散爲雲煙無從檢校脱文誤字祇可仍之台端雅意欲付流傳此盛德事將來尊撰序跋可將此顛末敍入至爲感荷乙亥正月

凡例

一是書所録限於有清一代又爲八旗人之文獻屬於漢人者不過數篇而已

一著録諸碑多自北平近郊採訪得來而未注明所在之地姑就碑中所紀年月以爲編次先後其不載年月之碑則概入末卷

一諸碑以帝詔御製碑文諭祭文爲最多爲子孫者例應刻立墓道者也又家撰墓碑明堂碑及祠堂記亦併載之

一原本譌誤最多雖經校正魯魚亥豕之處仍不能免別撰勘誤表附載書後

一原本未製碑名目録卷中亦無篇題正以諸碑凌雜不易清理之故兹於各篇銜接處空留一行以醒眉目並撰人名通檢附於書後讀者由人名以檢讀原碑雖無目如有目矣

一整理本書之時有馬君惠風助理編次金君九經助譯序跋郝君

慶柏助編通檢及勘誤表謹志簡首以表謝意

雪屐尋碑錄卷一

清宗室盛昱集錄

奉天承運皇帝詔曰開國之始原賴乎元勳之佐良臣之起實出乎
命世之才是以援玆大典頒錫殊恩本深者而流自遠根厚者而榦
自長皆因積德於其身故福庇其後裔榮及祖父寵垂子孫已喇席
爾父布燕貝勒原係蒙古國哈喇沁執政首領貝勒識天命之有歸
統部屬而納款破銅盔之勁敵率營伍以成功是以封爾爲二等金
奇尼哈番尙以多羅郡主封以多羅儀賓正永承寵錫之恩忽又起
報國之念不意出喀爾喀師之後遂歿于軍中於戲酬爾勞績鐫寵
命於碑碣垂休光于奕世崇德元年六月初三日

奉天承運皇帝制曰朕惟尙德崇功國家之大典輸忠盡職臣子之
常經古聖帝明王戡亂以武致治以文朕欽承往制甄進賢能特設

文武勳階以彰激勸受兹任者必忠以立身仁以撫衆智以察微防
姦禦侮機無暇時能此則榮及前人福延後嗣而身家永康矣敬之
勿怠陳一德爾原係白身管牛彔事取前屯衛時攻中後所前屯衛
二城爾領後管一位紅衣礮攻擊遂克其城故授爲拖沙喇哈番再
准襲一次順治元年二月初八日後固山額眞葉臣等取太原府時
攻太原府城爾督放本甲喇紅衣礮遂克其城破流賊滅福王平定
河南江南時攻武崗山寨爾督本甲喇紅衣礮攻擊中礮陣亡故由
拖沙喇哈番陞爲拜他喇布勒哈番以弟陳化善襲仍再准襲二次

順治三年五月十四日

奉天承運皇帝制曰揚名顯親爲子者願以令德歸之父□□褒賢
教孝者宜以高爵作之忠是用推恩特申休命爾贈通議大夫三等
阿達哈哈番牛彔章京滿□原係牛彔加銜牛彔□□□□時攻前

屯衛城□兵出城□□□擊□定鼎燕京入山海關之日□□賊馬步兵二十萬步戰對陣賊□□□□□□□□等阿達哈哈番牛彔章京□□□□理事官加一級戴□連之父義方有訓式穀無懈念爾嗣之勤勞既克家而報國俾爾澤之昌大爰錫類以昭仁兹以覃恩贈爾爲資政大夫三等阿達哈哈番牛彔章京□都察院理事官加一級錫之誥命於戲教誨爾子永勿忝於家聲聿修厥德庶無負於國恩欽承寵命慰爾幽靈順治四年

大清鑾儀衛左堂仍管牛彔章京雷公碑陰記大金吾雷公以覃恩封牛彔章京看內鑾駕侍郎錫之誥命至寵渥也因勒太翁誥詞於石竪之墓門復徵余言誌之於後余謹拜手颺言曰從來一代之興雲龍風虎必有一代名世之佐克生其間史牒所載未可歷舉余獨於蕭酇國而有感焉酇國從漢高提三尺以有天下當日鴻功偉伐

不具論獨其治宮室一事有非後世所可及者當時受命治未央宮備極宏侈高祖讓之乃曰使後世無以復加也及自治第則擇居委巷務爲卑小又曰使後世師吾儉也此其深識遠見爲國家垂久遠爲子孫垂法則豈非人臣之極軌哉當翁爲牛彔章京時奉命肇造宮殿卜度營建必躬必親棟宇翬固榱題煥燁不啻漢之西都也及褆躬儉約訓後純雅無□□□馬之風敦緩帶輕裘之致有作法於京之意焉及拜授旗手衛遊擊兼攝牛彔事躬隨義旗奮勇西下風馳霆擊驅逐暴虐光復神州勤勞懋著一時罕匹聖主知人善任以鑾儀爲親近重任俾司其事乃干羽一新戟楯改色前後虎賁之士桓桓糾糾無敢□□淪從事者翁之功偉矣雖壽不償德壯志未酬然生榮死哀至今言營建之勞觀輪奐而思光烈者□□忘翁也翁豈在鄭國之下哉胤公榮襲華職侍衛周廬世佐司隸之重克盡股肱之勞因恭遇鴻恩旣勒之於貞珉復追念先德欲垂之於後禩孰

非翁忠以報國儉以訓後而食報之遠如此哉是舉也上不忘君下不忘親蓋二善備焉此余所以興感雲龍風虎之會而快覩乘運名世之臣不勝拜手颺言也翁諱弘化遼陽人以順治四年丁亥十月朔捐館舍卜藏畿東北康家莊之原胤公諱先聲見任大金吾左堂兼攝牛彔事淸廉正直譽著一時而功績蒸蒸伊始也孫名繼宗名登天府管壯大事勤敏德達昂昂千里□凡此繩繩未艾鄭國且遜美焉敬得備書之欽命經略五省地方軍務太傅兼太子太師內翰林國史院大學士兵部尙書兼都察院右副都御史眷弟洪承疇頓首拜撰

勅諭和碩肅親王和格爾係太祖武皇帝孫太宗文皇帝長子征勦蒙古加魯特東魁揮哈兒敖勒多思等國屢敗其兵招撫其國征討明朝殺敗多兵攻克多城因進封和碩肅王平定朝鮮時帶領左掖

兵數敗其兵攻取其城同墨兒根王入山海關破流賊兵二十萬平定中原順治三年又領大兵入四川勦蕩賊氛平定地方旋師値墨兒根王專政誣揑事端而拘禁之遂爾自終朕念爾無辜不勝痛悼仍追封爲和碩肅親王因立碑墓前垂知後世大淸順治八年歲次

辛卯八月仲秋吉旦立

奉天承運皇帝制曰國家思創業之隆當崇報功之典人臣建輔運之績宜施錫爵之恩此激勸之宏規誠千古之通義爾一等阿思哈哈番管梅勒營牛彔禮部尚書阿哈呢堪征討外國俘獲甚衆戰殺反叛錦州松山對陣敗敵山海關慶都縣擊敗流寇揚州對陣殺退敵兵又斬叛著功常熟縣有克城之績追滕吉思時□吐舍□□□羅等兵率衆邀殺滕吉思之孫并獲哈而馬特脉等同黨百餘人及滕吉思子婦行兵著勞典禮稱職深足嘉焉茲以覃恩特授爾階光

祿大夫錫之誥命於戲推恩申命爰□□於忠貞樹德茂勳尙益勤
於篤棐祗服朕命勉盡乃心初任管牛彔管甲喇二任拜他喇布勒
哈番照舊管甲喇三任三等阿達哈哈番禮部侍郎管梅勒四任一
等阿達哈哈番兵部尙書照舊管梅勒五任一等阿達哈哈番又一
拖沙喇哈番禮部尙書照舊管梅勒六任阿思哈哈番照舊尙書管
梅勒七任今職制曰作朕股肱良臣所以矢夙夜釐爾女士內則亦
以効勗勸休命用申壼儀維懋爾一等阿思哈哈番管梅勒管牛彔
禮部尙書阿哈呢堪妻舒沐祿氏相夫克諧宜家著範爾夫恪勤盡
職藉爾黽勉同心內則旣嫺褒綸宜錫茲以覃恩贈爾爲一品夫人
於戲睠此勤勞之佐久藉同心嘉爾貞順之賢載頒異數幽靈不昧
佩□明綸順治八年八月二十一日
孝妻巴爾布氏男精奇尼哈番佐領保住

皇清誥封光祿大夫都統刑部尙書阿公暨室一品夫人覺羅氏碑

奉天承運皇帝制曰國家思創業之隆當崇報功之典人臣建輔運之績宜施錫爵之恩此激勸之宏規誠古今之通義爾一等阿達哈哈番又一拖沙喇哈番都統刑部尙書阿喇善戰勝寧遠屢敗流寇西蜀之役計破三寨山戰武大定八大王各逆兵奮力夾擊同衆勝敵兩著捷功於曾蓋破僞鎮大同拒狡賊渾源負固協力攻克簡任西曹不廢厥職兹以覃恩特授爾階光祿大夫錫之誥命於戲推恩申命爰弘獎於忠貞樹德懋勳尙益勤於篤棐祗服朕命勉盡乃心

順治八年八月二十一日

奉天承運皇帝制曰褒忠表義昭代之良規崇德報功聖王之令典特頒恩命以奬勤勞爾一等蝦□佟郭級持心克謙任事能勤□□王儀服勞藩第朝夕匪懈指使無違既以舊□晉膺顯秩復逢盛典

宜被□崇兹以覃恩特授爾階通議大夫錫之誥命於戲恩推自近
乃弘奬夫崇階業廣惟勤尙克承夫寵錫欽予時命勵爾嘉猷初任
三等蝦二任二等蝦三任今職制曰夙夜維勤□臣寧遑内顧伉儷
無忝國常豈靳隆施錫章服以酬勛念壺儀之媲美爾一等蝦□佟
郭級妻納喇氏克勤内德宜爾室家眷□臣靖共之猷賴淑女匡襄
之□爰褒令範□□□□兹以覃恩贈爾爲淑人於戲敬爾有官□
閨門而合好職思其内尙黽勉以同心祗服殊恩用昭壺德順治八
年□月二十一日

奉天承運皇帝制曰褒忠表義昭代之良規崇德報功聖王之令典
特頒恩命以奬勤勞爾一等阿達哈哈番又一拖沙喇哈番管牛彔
蒙古梅勒章京阿機拜爾擊廣寧界樊敵兵時皆前殺入擊□□當
先殺入追通州兵袁督兵斬殺有□□□□□□□□□□□□

□□□□□□□□□□□□□□□敗敵嘉爾□□洊加延世之
賞茲以覃恩特授爾階資政大夫錫之誥命於戲恩推自近乃弘獎
夫崇階業廣惟勤尚克承夫寵錫欽予時命勵爾嘉猷□□□□
□□□□□□□□□□□□□□□□□□□□□□□□□□
□□□□□□□□□□□□□□□□□□□□□□□□□□
□□□□□□□□□□□□□□□□□□□□□□□□□□
□□□□□□□□□□□制曰夙夜維勤人臣寧遑內顧伉儷無
忝國常豈靳隆施錫章服以酬勛念壼儀之媲美爾一等阿達哈哈
番管牛彔蒙古梅勒章京阿機拜嫡妻吳□哈特氏克勤內德宜爾
室家眷良臣靖共之猷賴淑女匡襄之助爰褒令範式沛新綸茲以
覃恩贈爾為夫人於戲敬爾有官肅閨門而合好職思其內尚黽勉
同以心祗服殊恩用□□□制曰宜家無婦□臣不免於顧內之憂
妻室有人盛朝厪恤其相夫之德何分先後並賁褒綸爾一等阿達

哈哈番又一拖沙喇哈番管牛彔蒙古梅勒章京阿機拜妻噶喇□
特氏□□□政克相夫□幃□前□既見□□□德□中再命用彰
黽勉同心茲以覃恩封爾爲夫人於戲內則是嫻□□光於青史令
儀不忒宜加恩於深閨尚克欽承以昭寵命順治八年八月二十一
日

奉天承運皇帝制曰父有令德子職務在顯揚臣著賢勞國典必先
推錫用申新命以表前休□□把□乃固山額眞三等阿思哈哈番
管牛彔吏部尙書朱馬喇之父持身有道迪子成名嘉予懋績之臣
實爾克家之嗣用褒義訓爰賁恩榮茲以覃恩贈爾爲光祿大夫固
山額眞三等阿思哈哈番牛彔章京吏部尙書錫之誥命於戲卒行
式穀澤流青史之光敎孝□忠榮耀紫綸之□永培□□益□昌隆
制曰國之最重者惟是忠藎之臣家所由興者以有□勞之□特頒

恩命用慰子情爾固山額眞三等阿思哈哈番管牛彔吏部尚書朱
馬喇母納喇氏慈能育子教可傳家念兹靖共之猷實□恩勤之訓
母德既著渥典宜加兹以覃恩贈爾爲一品夫人於戲□爵用以榮
親褒忠因之教孝錫隆恩於不匱表嘉譽於來兹欽服寵綸用光泉
壤順治八年八月二十一日

奉天承運皇帝制曰褒忠表義昭代之良規崇德報功聖王之令典
特頒恩命以奬勤勞爾三等阿達哈哈番畢里諾原係白身濱州之
役第三登進遂克其城嘉爾之功爰授厥職疊逢慶典洊陟崇階用
錫綸章以彰酬勸兹以覃恩特授爾階通議大夫錫之誥命於戲恩
推自近乃弘奬夫崇階業廣惟勢尚克承夫寵錫欽予時命勵爾嘉
猷初任壯大二任拖沙喇哈番三任拜他喇布勒哈番四任拜他喇
布勒番哈又一拖沙喇哈番五任今職順治八年八月二十一日

奉天承運皇帝制曰褒忠表義昭代之良規崇德報功聖王之令典
特頒恩命以奬勤勞爾二等阿達哈哈番兵部理事官額色爾原係
白身繼登吴橋縣克城授職松山擊敗敵兵黄河淮河海安湖口橋
如臯縣鶯台山島皆同衆屢戰著績福建江西諸役又皆同衆樹功
用是論功晋職兹逢慶典宜霑寵綸兹以覃恩特授爾階通議大夫
錫之誥命於戲恩推自近乃弘奬夫崇階業廣惟勤尚克承夫寵錫
欽予時命勵爾嘉猷初任拖沙喇哈番二任管攂牙喇甲喇三任拜
他喇布勒哈番照舊管□喇四任兵部理事官五任拜他喇布勒哈
番又一拖沙喇哈番照舊理事官六任三等阿達哈哈番照舊理事
官七任今職制曰夙夜維勤人臣寧遑内顧伉儷無忝國常豈靳隆
施錫章服以酬勳念壼儀之熾美爾二等阿達哈哈番兵部理事官
額色妻佟佳氏克勤内德宜爾室家眷良臣靖共之猷賴淑女匡襄

之助爰褒令範式沛新綸兹以覃恩封爾爲淑人於戲敬爾有官肅
閨門而合好職思其内尚黽勉以同心祗服殊恩用昭壼德順治八
年八月二十一日

奉天承運皇帝制曰揚名顯親爲子者願以令德歸之父考績褒賢
教孝者宜以高爵作之忠是用推恩特申休命爾□格乃二等阿達
哈哈番格色理之父爾援松山對陣敗敵入關同衆敗賊辦事刑曹
復能稱職賞延及子貽榮于爾兹以覃恩贈爾爲通議大夫□等阿
達哈哈番錫之誥命於戲教誨爾子永勿忝于家聲聿修厥德尚無
負於國恩欽承寵命慰爾幽靈制曰國體勞臣必遡源而沛澤家崇
喆胤爰歸善於厥生盛典維新壼儀愈著爾二等阿達哈哈番格色
理母覺羅氏幃範克端胎教居身教之先慈訓惟勤能愛在能勞之
後宜沛貤封用昭母德兹以覃恩封爾爲淑人於戲子情罔極感顧

復而敦孝國綸普被念劬勞以疏榮嘉乃恩勤頒兹寵賚順治八年
八月二十一日
奉天承運皇帝制曰揚名顯親□子者願以令德歸之父考績褒賢
敎孝者宜以高爵作之忠是用推恩特申休命爾□□乃二等阿達
哈哈番噶爾哈圖之父爾隨侍親王以死從事節義可嘉特崇顯秩
以子承襲追褒於爾兹以覃恩贈爾爲通議大夫二等阿達哈哈番
錫之誥命於戲敎誨爾子永勿忝於家聲聿修厥德尚無負於國恩
欽承寵命慰爾幽靈制曰國體勞臣必遡源而沛澤家崇喆胤爰歸
善於厥生盛典維新壼儀愈著爾二等阿達哈哈番噶爾哈圖母王
□氏幃範克端胎敎居身敎之先慈訓惟勤能愛在能勞之後宜沛
貤封用昭母德兹以覃恩封爾爲淑人於戲子情罔極感顧復而敎
孝國綸普被念劬勞以疏榮嘉乃恩勤頒兹寵賚順治八年八月二

十一日

奉天承運皇帝制曰國家推恩而錫類臣子懋德以圖功懿典攸存忱恂宜勗爾三等下傅喇塔秉心謹飭臨事敏□簡居侍從之班克稱儀衛之職朝夕匪懈指使無違既逢盛典宜被新榮茲以覃恩特授爾階奉政大夫錫之誥命於戲式弘車服之庸用勵顯揚之志尙欽榮命益矢嘉猷順治八年八月二十一日

奉天承運皇帝制曰褒忠表義昭代之良規崇德報功聖王之令典特頒恩命以奬勤勞爾二等阿達哈哈番管牛彔鳳凰城守拜褚哈爾自兀喇率兄來歸往洼兒哈時斬董牛克等二十餘人獲三千餘衆既敗敵於界樊復殲敵於遼左晉陟崇階以昭爾績慶典重逢恩綸載沛茲以覃恩特授爾階通議大夫錫之誥命於戲恩推自近乃

弘奬夫崇階業廣惟勤尚克承夫寵錫欽予時命勵爾嘉猷順治八
年八月二十一日

奉天承運皇帝制曰國家思創業之隆當崇報功之典人臣建輔運
之績宜施錫爵之恩此激勸之宏規誠古今之通義爾一等伯加一
拖沙喇哈番固山額真石廷柱爾從廣寧據門迎降取囊弩克爾首
力行間征插漢兒爾行兵能巧圍擊錦州松杏對陣敗敵攻塔山城
臺火攻制勝攻昌平征太原收德州諸郡取渾源等城擊黄河賊兵
皆著成績又獲叛將舟師賊犯應山之衆晉加一等伯爵延世酬庸
茲以覃恩特授爾階光祿大夫錫之誥命於戲推恩申命爰弘奬於
忠貞樹德懋勳尚益勤於篤棐祗服朕命勉盡廼心初任三等阿達
哈哈番二任在内院三任三等阿思哈尼哈番四任三等精奇尼哈
番五任兵部尚書六任固山額真七任二等精奇尼哈番照舊固山

額眞八任一等精奇尼哈番照舊固山額眞九任三等伯照舊固山額眞十任二等伯照舊固山額眞十一任一等伯照舊固山額眞十二任今職制曰作朕股肱良臣所以矢夙夜釐爾女士內則亦以効劻勷休命用申壼儀惟懋爾一等伯加一拖沙喇哈番石廷柱妻佟佳氏相夫克諧宜家著範爾夫恪勤盡職藉爾黽勉同心內則旣嫺褒綸宜錫茲以覃恩贈爾爲一品夫人於戲睠此勤勞之佐久藉同心嘉爾貞順之賢載頒異數幽靈不昧佩此明綸順治八年八月二十一日

奉天承運皇帝制曰朕惟尙德崇功國家之大典輸忠盡職臣子之常經古聖帝明王戡亂以武致治以文朕欽承往制甄進賢能特設文武勳階以彰激勸受茲任者必忠以立身仁以撫衆智以察微防姦禦侮機無暇時能此則榮及前人福延後嗣而身家永康矣敬之

勿怠俄奇邇爾原係蒙古國插哈喇汗之族人爾汗往奔唐古特國
時爾不肯往且力説噶喇瑪桃濃偕□□歸故授爲三等阿達哈哈
番順治元年十一月初五日天下統一倣古聖王之制尊太祖武皇
帝功德配祀上帝禮成念諸舊臣世効勞績故由三等阿達哈哈番
陞爲二等阿達哈哈番世襲罔替順治七年三月初六日天下大定
倣古聖王之制上聖母昭聖慈壽皇太后尊號禮成由二等阿達哈
哈番陞爲一等阿達哈哈番大婚禮成亦倣古制加上聖母昭聖慈
壽皇太后爲昭聖慈壽恭簡皇太后尊號禮成由一等阿達哈哈番
加一拖沙喇哈番世襲罔替順治九年正月二十六日秉心謹飭臨
事敏勤簡居侍從之班克稱儀衛之職朝夕匪懈指使無違既以舊
□晉膺上秩屢逢盛典宜被新榮茲以覃恩特授爾階通議大夫錫
之誥命順治八年八月二十一日

奉天承運皇帝制曰揚名顯親爲子者願以令德歸之父考績褒賢教孝者宜以高爵作之忠是用推恩特申休命爾雷□□乃管牛彔看內鑾駕侍郎銜雷先聲之父義方有訓式穀無慚念爾嗣之勤勞既克家而報國俾爾澤之昌大爰錫類以昭仁茲以覃恩贈爾爲資政大夫牛彔章京看內鑾駕侍郎銜錫之誥命於戲教誨爾子永勿忝於家聲聿修厥德尚無負於國恩欽承寵命慰爾幽靈制曰國體勞臣必遡源而沛澤家崇喆胤爰歸善於厥生盛典維新壼儀愈□□管牛彔看內鑾駕侍郎銜雷先聲母袁氏幃範克端胎教居身教之先慈訓惟勤能愛能在能勞之後宜沛貤封用昭母德茲以覃恩贈爾爲夫人於戲子情罔極感顧復而敦孝國綸普被念劬勞以疏榮嘉乃恩勤褒其遺範順治八年八月二十一日

奉天承運皇帝制曰父□令德子職務在顯揚□□□□□□□

□□□□□□□□前□爾固山頗著勞行□三□管□彔□□京
黑白昂邦□□布□□□□東者有勞績及征朝鮮□張步遠探
敵情復用衆□□□防蒙古□□□□□□永干夜尅□□□□
□□□□□□□階□義訓茲以□恩贈爾爲光祿大夫三等伯
黑白昂邦纛章京錫之誥命於戲□□式□澤流靑史之光□孝作
忠榮□□□之色永□□□益□□隆□恩□頒□□對揚天子之
休命勒之貞我以光于□爰□無疆之□□□鴻慈使先臣有知感
□於泉壤後嗣次□□□□變□□□萬□□用□錫列墓門□□
終□兼之後世永戴寵章順治八年八月二十一日

奉天承運皇帝制曰褒忠表義昭代之良規崇德報功聖王之令典
特頒恩命以獎勤勞爾二等阿達哈哈番葉成格爾係巴智宜喇赤
之裔特念先猷免爾差役定鼎敘賚加恩授職以示勸酬慶典重逢

崇階溶晉寵綸載錫欽承勿替茲以覃恩特授爾階通議大夫錫之
誥命於戲恩推自近乃弘獎夫崇階業廣惟勤尚克承夫寵錫欽予
時命勵爾嘉猷初任拜他喇布勒哈番二任拜他喇布勒哈番又一
拖沙喇哈番三任三等阿達哈哈番四任今職制曰夙夜惟勤人臣
寧遑內顧伉儷無忝國常豈靳隆施錫章服以酬勳念壼儀之媺美
爾二等阿達哈哈番葉成格妻納喇氏克勤內德宜爾室家眷良臣
靖共之猷賴淑女匡襄之助爰褒令範式沛新綸茲以覃恩贈爾爲
淑人於戲敬爾有官肅閨門而合好職思其內尚黽勉以同心祗服
殊恩用昭壼德順治八年八月二十一日

奉天承運皇帝制曰國家推恩而錫類臣子懋德以圖功懿典攸存
忱恂宜勗爾三等下米賚秉心謹飭臨事敏勤簡居侍從之班克稱
儀衛之職朝夕匪懈指使無違既逢盛典宜被新榮茲以覃恩特授

爾階奉政大夫錫之誥命於戲式弘車服之庸用勵顯揚之志尚欽
榮命益矢嘉猷初任今職制曰靖共爾位良臣既効其勤黽勉同心
淑女宜從其貴爾三等下米賽妻覺羅氏克嫻內則能貞順以宜家
載考國常應褒嘉以錫寵兹以覃恩封爾爲宜人於戲敬爲德聚實
加儆戒以相成柔合女箴愈著匡襄以永賚順治八年八月二十一
日

皇帝制曰國家思創業之隆當崇報功之典人臣建輔運之績宜施
錫爵之恩此激勸之宏規誠古今之通義爾一等伯總理內事多爾
機昂邦管牛彔黑白昂邦索尼職司侍從佐理銓曹初擊介樊爾於
部前衝鋒征討董夔時爾招徠攻取之並善每從撻伐或駕前衝陣
或出奇計啟王突圍當國勢危疑之際爾復能立志不□翊戴朕躬
深可嘉矣兹以覃恩特授爾階光祿大夫錫之誥命於戲推恩申命

爰弘奬於忠貞樹德懋勳倘益勤於篤棐祇服朕命勉盡乃心初任
内院大學士二任一等蝦三任黑白昂邦四任吏部啟心郎照舊黑
白昂邦五任拜他喇布勒哈番總理内事照舊啓心郎六任管牛彔
照舊啟心郎七任三等阿思哈哈番照舊黑白昂邦八任二等精奇
尼哈番照舊黑白昂邦九任□爾機昂邦照舊黑白昂邦十任三等
伯照舊多爾機昂邦黑白昂邦十一任今職制曰作朕股肱良臣所
以矢夙夜釐爾女士内則亦以効勔勷休命用申壺儀維懋爾一等
伯總理内事多爾機昂邦管牛彔黑白昂邦索尼妻李佳氏相夫克
諧宜家著範爾夫恪勤盡職藉爾黽勉同心内則既嫻褒綸宜錫茲
以覃恩贈爾爲一品夫人於戲睠此勤勞之佐久藉同心嘉爾貞順
之賢載頒異數幽靈不昧佩此明綸制曰人臣宣勞於外寧恤其家
朝廷代體其心均從乎貴爰申寵命以奬令儀爾一等伯總理内事
多爾機昂邦管牛彔黑白昂邦索尼繼妻納喇氏嗣相爾夫克著令

儀踵彼前徽彰茲合德內則無忝並錫褒綸茲以覃恩封爾爲一品
夫人於戲顯命特頒用表宜家之範小心是式益勤內助之賢永相
爾夫用諧予治順治八年八月二十一日

奉天承運皇帝制曰褒忠表義昭代之良規崇德報功聖王之令典
特頒恩命以奬勤勞爾三等阿達哈哈番工部理事官根特把圖魯
原係白身山東之役攻取靈壽縣而首登克城特錫勇名入關之日
同衆破賊復晉爾秩慶典再逢新綸宜霈茲以覃恩特授爾階通議
大夫錫之誥命於戲恩推自近乃弘奬夫崇階業廣惟勤尙克承夫
寵錫欽予時命勵爾嘉猷順治八年八月二十一日

奉天承運皇帝制曰褒忠表義昭代之良規崇德報功聖王之令典
特頒恩命以奬勤勞爾江南布政使司右布政使管理江安等處督

糧道陳極新爾以選庠生員特加任用初授厥職即加重任方伯崇秩江安要地俾爾佐理布政專司糧務乃能悉其心力督運罔懈歷年著勞恩榮宜沛茲以覃恩特授爾階□□大夫錫之誥命於戲恩推自近乃弘獎夫崇階業廣惟勤尙克承夫寵錫欽予時命勵爾嘉猷制曰夙夜維勤人臣寧遑内顧伉儷無忝國常豈靳隆施錫章服以酬勛念壼儀之媺美爾江南布政使司右布政使管理江安等處督糧道陳極新妻關氏克勤内德宜爾室家眷良臣靖共之猷賴淑女匡襄之助爰褒令範式沛新綸茲以覃恩贈爾爲夫人於戲敬爾有官肅閨門而合好職思其内尙黽勉以同心祗服殊恩用昭壼德

順治八年八月二十一日

維順治八年九月十一日皇帝遣順天府府尹閻印諭□故潞安府知府今贈太僕寺卿楊致祥之靈曰惟爾譽著循良擢典劇郡方資

保障邊警賊氛乃能冒矢石以殉城篤忠貞而報國甘心鹵刃視死
如歸可謂抗節不屈者爰賜祭一壇造墳安葬用彰哀䘏爾其承之

奉天承運皇帝制曰國家思創業之隆當崇報功之典人臣建輔運
之績宜施錫爵之恩此激勸之宏規誠古今之通義爾二等阿達哈
哈番多爾機昂邦精奇尼哈番銜囊努格爾經侍先朝久蒙撫育定
鼎之初推念舊恩復加録用而爾小心謹慎以供厥職於舊臣之中
同効勞績爾承累朝擢拔宜矢竭乃心益勵勤恪以圖報効以延世
賞兹以覃恩特授爾階光禄大夫錫之誥命於戲推恩申命爰弘奬
於忠貞樹德懋勳尚益勤於篤棐祗服朕命勉盡乃心順治八年八
月二十一日

皇清誥封通議大夫二等阿達哈哈番蘇喇章京車公碑奉天承運

皇帝制曰褒忠表義昭代之良規崇德報功聖王之令典特頒恩命以奬勤勞爾二等阿達哈哈番蘇喇章京車格圖爾兄劾力行間授職任用入關擊賊追敗於安肅慶都於延安承天獲船著績榆林擊賊同衆戰勝爾繼承兄職克勝委任疊逢大典特晉崇階恩綸載錫兹以覃恩特授爾階通議大夫錫之誥命於戲恩推自近乃弘奬夫崇階業廣惟勤尚克承夫寵錫欽予時命勵爾嘉猷初任一等蝦二任承襲拜他喇布勒哈番三任蘇喇章京四任加一拖沙喇哈番五任二等阿達哈哈番六任一等阿達哈哈番順治八年

奉天承運皇帝制曰朕惟尚德崇功國家之大典輸忠盡職臣子之常經古聖帝明王戡亂以武致治以文朕欽承往制甄進賢能特設文武勳階以彰激勸受兹任者必忠以立身仁以撫衆智以察微防姦禦侮機無暇時能此則榮及前人福延後嗣而身家永康矣敬之

勿怠齊爾格愼以爾辦事有能不違指使故授爲拜他喇布勒哈番
尊崇太祖武皇帝功德配祀上帝禮成念諸舊臣世効勞績故由拜
他喇布勒哈番加一拖沙喇哈番世襲罔替爾伯父之子多尼哈巴
圖魯拜他喇布勒哈番兼一拖沙喇哈番病故將爾拜他喇布勒哈
番兼一拖沙喇哈番併襲爲一等阿達哈哈番世襲罔替如前上聖
母昭聖慈壽皇太后尊號禮成由一等阿達哈哈番加一拖沙喇哈
番加上皇太后尊號禮成由一等阿達哈哈番兼一拖沙喇哈番陞
爲三等阿思哈哈番世襲罔替順治九年正月二十六日

奉天承運皇帝制曰朕惟尙德崇功國家之大典輸忠盡職臣子之
常經古聖帝明王戡亂以武致治以文朕欽承往制甄進賢能特設
文武勳階爾厄爾克戴淸汝□原係蒙古夸兒夸貝子首先率所部
投誠因賜女公主授爲三等精奇呢哈番病故後汝承襲後定鼎燕

京以爾爲父皇太宗文皇帝所重之臣屢有勤勞歷陞世襲侯後因汝不順墨爾根王降爲二等精奇呢哈番皇帝因爾忠枉由二等精奇呢哈番優陞一等侯後有授爲一等公病故遣大臣御祭將公與子戴奇承襲𡥼病故子飛揚俄承襲罔替如前順治九年七月初八日

奉天承運皇帝制曰褒忠表義昭代之良規崇德報功聖王之令典特頒恩命以奬勤勞爾三等阿達哈哈番法一旦達黑白昂邦夏慕善爾於山左効力錦州松山寧遠等處同衆敗敵入關又協衆擊賊安肅慶都潼關對陣敗敵江寧福建擒斬甚多疊逢慶典宜晋崇階茲以覃恩特授爾階通議大夫錫之誥命於戲恩推自近乃弘奬夫崇階業廣惟勤尚克承夫崇錫欽予時命勵爾嘉猷初任壯夫二任一等蝦三任噶把喜賢蝦四任法一旦達五任拖沙喇哈番照舊法

一旦達六任拜他喇布勒哈番照舊法一旦達七任黑白昂邦照舊
法一旦達八任拜他喇布勒哈番又一拖沙喇哈番照舊法一旦達
黑白昂邦九任三等阿達哈哈番法一旦達黑白昂邦順治九年三
月二十六日多羅順承恭惠郡王薨夏慕善遂以身殉禮部奏聞皇
帝命曰夏慕善義甚可賜拖沙喇哈番不可爲例三等阿達哈哈番
又一拖沙喇哈番加爲二等阿達哈哈番襲于子芍苟子順治九年
冬十二月十五日吉旦立

一等阿思哈尼哈方綽備碑文國家有宣勞積伐之臣成績懋著其
生也載在旂常綿以帶礪及其既歿則必勒諸□石用章不朽故綽
備者性秉忠貞才優匡濟當我太祖武皇帝肇興景運太宗文皇帝
締造鴻圖綽備以從龍舊臣左右翊贊從征額倫□色額黑庫倫洎
山東濟南等處屢建功勳實嘉賴焉擢任司農前後克勤罔替累官

崇階竭忠盡瘁以致隕身可謂勤於王事夙夜匪懈者矣朕既憫其
死而厚䘏之用是考稽舊典特允禮部請勒諸珉石紀其芳徽庶幾
天下後世其有所觀感而興哉順治十年歲次癸巳三月吉日立

一等阿思哈尼哈方瓦兒哈朱麻喇碑文稽古建業驅策羣力不吝
爵賞以勸有功昭示後世以永其傳所以勵忠藎甚備也瓦兒哈朱
麻喇宣力疆埸如夜拔故城征撒哈連兀喇及圍錦州仍効力戰山
海關之役從破李自成勇略可稱昔先皇知其能俾贊銓務著有成
勞其於吏事兵戎可謂兼綜無闕矣平定中原屢錫殊恩忽賫志以
殁爰命禮臣請識諸貞珉以賁泉壤國典臣忠庶其昭垂毋斁哉旹
大清順治十年八月

昭勳公圖賴碑文朕惟國家誕膺天命撫有萬方雖本祖功宗德垂

謨鴻遠實亦股肱之佐竭忠宣力有不容泯者焉既懸殊爵以酬勳
兼著令名以垂世褒往訓來典彝攸係自古然矣故圖賴者備王佐
之才秉上將之略當太宗文皇帝時每從征伐所向克捷如破董夔
攻寧遠以及山東河北加兵之地屢隳名城迨入關擊流寇李自成
二十萬衆追奔逐北千餘里厥績尤著定鼎以後四征不庭大小百
戰未嘗不身履行間稟受方略或專任節鉞陷陣先登戰勝攻取八
閩三吳咸歸底定論功拜將偉伐爲多至其翊戴朕躬攄誠不二於
朝廷危疑之際力匡王室禍忠潛消智勇深沈節堅金石勳在社稷
非獨積累戰功者可比朕追思創造之艱念其盡瘁以隕且懼久而
湮沒無傳也宜勒石紀之貞珉英烈壯猷將與河山帶礪並永萬禩
矣大清順治十一年三月初十日立

一等阿思哈哈番巴爾達奇碑文稽古建業驅策羣力不吝爵賞以

勸有功昭示後世以永其傳所以勵忠蓋甚備也爾巴爾達奇原係京□□□喇人傾心内附歲貢方物及同黨相殘又能率爾兄弟協力納款眞識時保身者矣方期後効忽爾奄終應誌貞□以賁泉壤國典臣忠庶其昭垂毋斁哉順治十一年五月十三日立

誥封資政大夫鑾儀衛大堂一等甲喇牛录章京顯考宜菴張公諱泰之墓原命乙未年十二月二十六日戌時生順治甲午年七月十五日午時卒

内翰林弘文院大學士贈太保謚文簡希福碑國家制典酬庸垂示來兹苟有成績優崇不靳況文武爲憲宣力累朝稱社稷臣則凡可繇恩施以期傳之永久者又胡能已也故内翰林弘文院大學士贈太保謚文簡希福受知太祖太宗職司禁近撫綏蒙古銜命往來艱

難靡怠每值徵兵晝夜兼行不辱使命有抗順者則盡殲之凡遇敵戰陣皆以身先積勞累能以至今官歷事三朝忘身奉國天下大計實多匡禆所謂翼翼匪懈者其足當之矣倚毗方切殞逝遽聞既延以世祿贈以崇階宜復勒石於阡昭諸奕世匪特眷顧勳舊亦使後之人有所則傚云大淸順治十一年八月初八日立

三等精奇尼哈番蘇公諱班帶川岳儲英扶輿王氣乘時擇主比賨融之來歸釃血登陴若陶侃之臨陣射稱猿臂出入於金戈鐵□之中官是龍驤談笑於玉帳牙旗之下觀其杏山一戰敵人就擒方裴度之滅元濟比狄靑之破崑侖偉績既昭錫予斯稱生既崇之爵賞歿亦厚以褒榮議謚賜塋用承天寵豐碑石碣特煥宸章亦曰盛哉吁其榮矣夫大樹秋零知將軍之永逝尾箕夜落歎碩彥之云亡然而執紼者有靈衣挂壁之悲過墓者切神劍沈淵之歎瞻其遺像固

已圖在麒麟考厥鴻功亦已銘之竹帛已於順治十一年十月初三日卜葬訖以余典柱下之藏委作蕪文惟公垂不朽之勳誌之幽壙愧潘岳之哀洊督遜其纏緜效永叔之弔魏公同其悽惻銘曰星雲之瑞嶽瀆之英珥弓抱月龍劍含精風雲際會挾策歸誠一月三捷羣醜悉平帝嘉乃績錫之鞶纓方彼褒鄂作王干城鬱彼松楸下有賜塋漆燈不夜石馬無聲千秋萬禩享有令名賜進士出身詹事府少詹事史夔拜譔拜書

奉天承運皇帝制曰朕惟尙德崇功國家之大典輸忠盡職臣子之常經古聖帝明王戡亂以武致治以文朕欽承往制甄進賢能特設文武勳階以彰激勸受茲任□必忠以立身仁以撫衆智以察微防姦禦侮機無暇時能此則榮及前人福延後嗣而身家永康矣敬之勿怠袁一相爾原係故明時官同左夢庚投順故授爲三等阿達哈

哈番再准襲四輩順治十一年十月十九日

蒙古固山額眞謚忠僖馬喇喜碑□稽古建業驅策羣力不吝爵賞以勸有功昭示後世以永其傳所以勵忠藎甚備也爾馬喇喜服勤二世宣勞疆場追躡流寇攻取武岡及克常州宜興崑山常熟諸役皆有膚功應識貞珉以賁泉壤國典臣忠庶其昭垂毋斁哉順治十二年二月二十九日立

定南王孔有德碑國家報功厥有鉅典生建大勳殁勤王事者尤宜表章俾傳聲稱於後世爾定南王孔有德憤將崛起舉衆破山東登萊諸州郡舫海來歸我太宗文皇帝嘉其慕義勑爲元帥繼而册封爲恭順王世世不替朕定鼎中原王身當屢戰多獲捷功百粤未附特命挂定南王印率師徒往征首定湖南旋下兩廣祇因桂林之役

兵分勢寡徵調不及力竭捐生雖古之烈大夫無以踰此念王二十年來從征旅順朝鮮皮島錦州松山杏山中後所前屯衛繼入山海關從擊李自成直抵潼關大破其衆克揚州定江南平全楚功蹟懋著恩䘏優加特賜謚曰武壯樹豐碑於墓道揚偉績於千秋云大清順治十二年三月初三日

□拜他喇布勒哈番梅勒章京𡷊賴碑文稽古建業驅策羣力不吝爵賞以勸有功昭示後世以永其□所以勵忠藎甚備也爾𡷊賴小心奉職歷無愆尤朕嘉爾勞洊膺恩禮特命爾管梅勒章京事方□後效忽爾奄終特誌貞石以昭朕褒嘉至意國典臣忠庶其昭垂毋斁哉順治十二年十月之吉皇清誥贈□政大夫𡷊賴之墓

二等精奇尼哈番謚敏壯哈三碑文稽古建業驅策羣力不吝爵賞

以勸有功昭示後世用傳不朽所以勵忠藎甚備也爾哈三原係葉
黑地方人傾心內附以爾堪用授爲拜他喇布勒哈番克遼東後授
爲三等阿達哈哈番毛文龍下守備二人領兵一百來取康固禮額
夫莊上人爾殺之授爲三等阿思哈哈番又公主自襁褓爾撫養有
勞授爲一等阿思哈哈番天下一統念爾勞績舊臣洊陞爲二等精
奇尼哈番爾歷事太祖太宗恪著忠勤是眞始終盡瘁者矣克襄王
室者矣於其歿也朕甚悼焉特命勒諸貞珉光及泉壤國典臣忠庶
其昭垂無斁哉順治十二年十月二十日立

皇帝諭祭故提督操江兼管巡撫安徽寧池太廣仍管光固蘄廣黃
德湖口等處地方軍務太子太保兵部尚書兼都察院右副都御史
李日芃之靈曰鞠躬盡悴者臣子之芳蹤卹死報勤者國家之盛典
爾李日芃性行純良才猷敏練克勷王事著有勛勞方冀遐齡忽焉

長逝特頒祭葬用表悼懷嗚呼寵錫重壚庶享匪躬之報名垂信史
聿昭不朽之榮靈如有知尚其歆享七七文惟爾居官敬愼賦性貞
誠夙賴綏撫兵民久資保障江海方期効力勿爾奄終憫惻殊深再
頒祭典爾靈不昧尚克欽承下葬文惟爾名高節鉞功著封疆方期
宣力於江防忽焉息身於丘隴爰頒祭葬用表哀悰永奠佳城靈其
來享提督操江巡撫安徽等處地方太子太保兵部尚書兼都察院
右副都御史□□□李公培原墓孝男鋌榮立戊子年五月初九日
丑時生順治十二年十月二十二日申時卒

尚書二等阿達哈哈番謚敬敏滿達喇漢碑文朕惟國家開創大業
必有英賢佐命建立鴻勳生固顯秩崇階振威德於天下殁亦榮名
美謚傳盛烈於後昆此錄故舊之深恩勸忠臣之巨典也緬惟我祖
宗時舊臣推誠宣力矢志服勤貞心亮節屹然不磨朕豈能已於追

念也哉爾滿達喇漢原係禮部尚書征大同時招撫一邊臺俘獲九
人攻王家□城率本固山兵抵戰挖崩其城克之授拜他喇布勒哈
番後公主在襁褓時爾奉去撫養有勞陞爲三等阿達哈哈番天下
一統恭奉□祖配□覃恩陞爲二等阿達哈哈番爾乃能益勵忠誠
封疆攸賴是眞始終盡瘁者克勷王室者矣今追述往事軫念前勳
夙夜恭事應事有功謚曰敬敏以垂不朽特命勒諸貞珉光及泉壤
用昭朕故舊不遺之至意云爾順治十三年三月初五日立

一等伯又一拖沙喇哈番黑白昂邦謚誠介程尼碑文稽古建業驅
策羣力不吝爵賞以勸有功昭示後世用傳不朽所以勵忠蓋甚備
也爾程尼係勞沙邵科羅把圖魯之子伊父曾有膚功爾承襲父職
勿替家聲爲黑白昂邦小心匪懈克稱厥任是以洊加超擢迨夫征
湖廣時爾禦敵從王捐軀報國可謂始終盡瘁者矣朕甚嘉焉特命

勒諸貞珉以光泉壤國典臣忠庶其昭垂毋斁哉順治十三年五月

初八日立

梅勒章京三等精奇尼哈番謚忠毅勞沙邵科羅把圖魯碑文朕惟

開創大業必有英賢佐命建立鴻勳生固顯秩崇階振威德於天下

歿亦榮名美謚傳盛烈於後昆此錄故舊之深恩勸忠臣之巨典也

緬惟我太祖太宗時舊臣推誠宣力矢志服勤貞心亮節屹然不磨

朕豈能已於追念也哉爾勞沙原係白身人克遼陽後授爲三等阿

達哈哈番征多羅忒回兵時授爲二等阿達哈哈番初征明都城時

爾爲前哨可嘉授爲一等阿達哈哈番未征大凌河之先往擒撥夜

多有所獲行兵所在常擒撥夜征錦州時三次力戰擊張道前營領

纛對陣敗之陞爲三等阿思哈哈番賜名邵科羅把圖魯後初過明

都城征山東時率四固山前鋒駐守邊外遇敵兵斬殺之進邊之日

遇三百騎兵擊敗之又敵兵五百自明都城來擊敗之擊吳總鎮八千兵時爾同圖賴率衆蝦力戰敗之來犯前鋒西忒庫營敵兵擊敗之又率四固山前鋒兵往擒撥夜斬獲敵兵嘉爾陞爲二等阿思哈哈番緣事革去卲科羅把圖魯名降爲一等阿達哈哈番後圍錦州城克關時誘松山兵至返擊敗之遇洪軍門二枝兵擊敗之又往擒撥夜獲一騎兵嘉爾仍賜名卲科羅把圖魯授爲二等阿思哈哈番爾乃益勵忠誠封疆攸賴及夫三次圍錦州擊洪軍門三營步兵時爾禦敵衝鋒捐軀報國可謂始終盡瘁者矣故超陞爲三等精奇尼哈番今追述往事軫念前勳危身奉上致果殺敵謚曰忠毅以垂不朽特命勒諸貞珉光及泉壤用昭朕故舊不遺之至意云爾順治十三年五月初九日立

固山額眞管牛彔一等精奇尼哈番兼一拖沙喇哈番謚忠襄陳泰

碑文稽古建業驅策羣力不吝爵賞以勸有功昭示後世用傳不朽
所以勵忠蓋甚備也爾陳泰原係白身管擺牙喇甲喇章京事攻錦
州時遇寧遠兵首先直入斬其執纛之人擊袁巡撫兵張道兵朝鮮
元帥兵對陣敗之初過明都城征山東時遇豐潤縣兵馬太監兵侯
總鎭兵祖總鎭兵對陣敗之初圍錦州時擊杏山兵松山兵槍棚兵
對陣敗之授爲拜他喇布勒哈番後圍松山時擊敗犯營敵兵二次
過明都城往山東時擊馬總鎭兵范總督兵八總鎭兵卒固山擺牙
喇對陣敗之指揮攻克東阿等二縣陞爲二等阿達哈哈番定鼎燕
京入山海關之日擊流賊兵二十萬卒本甲喇兵對陣敗之又追至
慶都縣擊敗之陞爲二等阿達哈哈番恭奉配祀陞爲一等阿達哈
哈番後初征湖廣時擊一隻虎兵卒固山擺牙喇敗之領兵征福建
時遇賊首曹大鎬兵張耀星兵建寧府兵擊敗之攻取建寧府等四
城又遣官兵攻取十三縣招撫一州七縣嘉爾超陞爲二等阿思哈

哈番天下大定歷陞爲二等精奇尼哈番爾能益勵忠誠封疆攸賴
至於特命爾爲寧南靖寇大將軍領兵湖廣時爾將章京兵丁撥與
纛章京蘇克沙哈分往常德遇僞南安王劉文秀下左將軍盧明臣
等總兵三十餘船兵二萬來犯岳州武昌擊敗之僞都督王賊船兵
亦擊敗之又劉文秀馬進忠等領船兵千餘來犯常德及盧明臣江
中拒敵賊兵俱擊敗之滿賊等五總鎮兵爾二處俱擊敗之招撫僞
官五十一員兵二千餘名嘉爾超陞爲一等精奇尼哈番兼一拖沙
喇哈番方冀克襄王室不意竟爾告終朕甚悼焉爰誌貞珉光及泉
壤國典臣忠庶其昭垂毋斁哉順治十三年五月二十一日立

奉天承運皇帝制曰尙德崇功國家之大典輸忠盡職臣子之常經
古聖帝明王戡亂以武致治以文朕欽承往制甄進賢能特設文武
勳階受兹任者必忠以立身仁以撫衆智以察微防奸禦侮機無暇

時能此則榮及前人福延後嗣而身家永康矣朱龐喇爾原係披革無職二次圍錦州時領兵暗取茗峙山山寨又率滿洲蒙古甲士取駱駝山播靈寺大凌河北寨四處三次圍錦州時於教場設紅衣礮移前進攻錦州城兵馬出戰及闘角抵戰爾射退之征宋噶[illegible]兀喇時爾率左翼兵前行獲丁壯三百一十六人定鼎燕京入山海關之日擊流賊兵二十萬爾率旗對陣敗之嘉爾授爲拜他喇布勒哈番後以爾爲兵部侍郎四載考察任事有能故由拜他喇布勒哈番加一拖沙喇哈番天下統一太祖皇帝配帝禮成念諸舊臣世効勞績故授爲三等阿達哈哈番後率八旗兵駐劄杭州府時杭州敵兵挖壕駐兵爾擊敗之方國安馬士英兵二萬來杭州抵戰爾擊敗之初定福建時黃總兵兵迎戰爾擊敗之征安海時遇賊陳副將兵爾擊敗之又征江西時賊首金聲桓王得仁率兵七萬來犯營爾率本固山兵擊敗之又正藍旗汛地賊兵來犯爾擊敗之賊高總兵兵挖壕

駐兵爾遣官兵督戰敗之又河內泊敵船六百餘隻及江口泊敵船
七百餘隻爾遣章京兵往攻焚燬之又招服一百五縣陞爲二等阿
達哈哈番又超陞爲一等阿達哈哈番兼一拖沙喇哈番又陞爲三
等阿思哈哈番後賊兵李定國來犯兩廣時特簡爲靖南將軍率兵
征新會縣左邊山上有賊李定國兵萬餘擺列爾擊戰大破之新會
縣山峪內有賊李定國軍四萬餘衆擺列紅衣礮象隻爾擊敗大破
之新會縣右邊山上站立賊李定國兵來犯爾遣章京兵丁擊敗之
又分兵一半追賊李定國時有賊兵列陣拒敵爾擊敗之賊李定國
殿後馬步兵列陣拒敵擊戰時爾撥章京兵丁擊敗之賊李定國兵
萬餘列象拒敵擊戰時爾撥章京兵丁大破之失陷於賊廣東省三
府三州十八縣廣西省□州四縣俱經恢復嘉爾故超陞爲三等精
奇尼哈番世襲罔替大清國順治十三年閏五月二十七日

梅勒章京三等阿思哈哈番謚忠勇孟譚碑文朕惟國家開創大業必有英賢佐命建立鴻勳生固顯秩崇階振威德于天下歿亦榮名美謚傳盛烈於後昆此錄故舊之深恩勸忠臣之巨典也緬惟我太祖太宗時舊臣推誠宣力矢志服勤貞心亮節屹然不磨朕豈能已於追念也哉爾孟譚原係杭加人孟庫之父翁海鬍子叛奔哈達時爾父往襲之爾父併爾一兄陣亡與貝洪寨人對敵爾兄三人又陣亡爾兄之子厄爾諾叛往哈達爾潛襲執來殺之征窪兒哈什之役孟庫噶哈徑自敗回爾直入將舒賽阿爾呼達救出阿山阿達海叛逃時貝子二次追及不能散其弟兄爾單身遇之衝散因而手被傷殘駐防耀州時追及逃去蒙古鎗刺爲首逃人海則因授爾三等阿思哈哈番爾乃能益勵忠誠封疆攸賴後克大凌河之役禦敵衝鋒捐軀報國可謂始終盡瘁者矣今追述往事軫念前勳危身奉上勝敵壯志謚曰忠勇以垂不朽特令勒諸貞珉光及泉壤用昭朕故舊

不遺之至意云爾順治十三年九月十二日立

□昭阿思哈哈番品級管牛彔一等阿達哈哈番兼一拖沙喇哈番
謚勤僖阿機拜碑文稽古建業驅□羣力不吝爵賞以勸有功昭示
後世用傳不朽所以勵忠藎甚備也爾阿機拜原係白身人因征界
樊沙□通州錦州等處屢立戰功授爲拜他喇布勒哈番後克取太
原用兵巴蜀時又能敗賊勞績懋著是以□膺超擢於其歿也朕嘉
爾前勞特識貞珉以光泉壤國典臣忠庶其昭垂毋斁哉順治十三
年九月二十六日立

蘇章京管牛彔三等阿思哈哈番謚忠壯哈邇塔喇碑文稽古建業
驅策羣力不吝爵賞以勸有功昭示後世用傳不朽所以勵忠藎甚
備也爾哈邇塔喇原管擺牙喇甲喇因征山東各處擊賊立功定鼎

燕京屢敗流寇授爲拖沙喇哈番爾能益著勤勞征江右時數次殺賊獲船攻取饒城封疆攸賴厥績茂焉是以洊加超擢及夫征湖廣時爾能禦敵衝鋒捐軀報國可謂始終盡瘁者矣朕甚嘉焉特識貞珉以光泉壤國典臣忠庶其昭垂毋斁哉順治十三年十二月十九日立

一等阿達哈哈番又一拖沙喇哈番噶爾糾碑文奉天承運皇帝制曰揚名顯□□□□□令□歸之伯考績褒賢教孝者宜以高爵作之忠是用推恩特申休命爾噶爾糾乃一等阿達哈哈番又一拖沙喇哈番□□之□父爾辦事有能不違指使追哈木尼哈葉壘擒叛獲馬延世承恩貤榮於爾茲以覃恩贈爾爲通議大夫一等阿達哈哈番又一拖沙喇哈番錫之誥命於戲教誨爾子永勿忝於家聲聿修厥德尙無負於國恩欽承寵命慰爾幽靈順治十四年正月十

三日

奉天承運皇帝制曰國家思創業之隆當崇報恩之典人臣建輔運之績宜施錫爵之恩此激勸之宏規誠古今之通義爾一等阿達哈哈番牛彔章京城門噶喇昂邦加一級吳巴海性資端謹才識宏通俾掌□司恪愼無愆於職守宣勞庶政夙夜克矢□寅恭任用有年小心益勵崇階洊陟□□□□欣茲慶典之逢宜□恩綸之寵爰頒新命以示褒嘉茲以覃恩特授爾階光祿大夫錫之誥命於戲推恩申命爰弘獎于忠貞樹德懋勳尚□□于篤棐祇承朕命□盡乃心

初任管牛彔二任拜他喇布勒哈番照舊管牛彔三任管甲喇照舊管牛彔四任拜他喇布勒哈番又一拖沙喇哈番照舊管牛彔□□□五任管梅勒照舊管牛彔六任管甲喇照舊管牛彔七任三等阿達哈哈番照舊管牛彔管甲喇八任工部理事官照舊管牛彔管甲

喇九任□□□□□□□□管牛彔十任二等阿達哈哈番照舊管牛
彔十一任一等阿達哈哈番京城門噶喇昂邦十二任今職制曰作
朕股肱良臣所以矢夙夜蠹爾女士內則亦以効勖勷休命用申壼
儀維懋爾一等阿達哈哈番牛彔章京京城門噶喇昂邦加一級吳
巴海妻封淑人馬佳氏相夫克諧宜家著範爾夫恪勤盡職藉爾黽
勉同心內則既嫻褒綸宜錫茲以覃恩贈爾爲一品夫人於戲□此
勤□之佐久藉同心嘉爾貞順之賢載頒異數幽靈不昧佩此時綸
順治十四年三月吉日立

奉天承運皇帝制曰父有令德子職務在顯揚臣著賢勞國典必先
推錫用申新命以表前休爾□錫祿乃三等精奇尼哈番加一級碩
色納之父持身有道迪子成名嘉予懋績之臣實爾克家之嗣用褒
義訓爰賁恩榮茲以覃恩贈爾爲光祿大夫三等精奇尼哈番加一

級錫之誥命於戲率行式穀澤流青史之光教孝作忠榮耀紫綸之
色永培祚胤益庇昌隆順治十四年三月初十日

奉天承運皇帝制曰褒忠表義昭代之良規崇德報功盛王之令典
特頒恩命□□□□□□喇甲喇章京加一級佟濟性資端謹才
識宏通俾典厥司恪慎無慚於職守宣勞政務夙夜克矢乎寅恭任
用有年小心益勵崇階洊陟歷試能勤欣茲慶典之逢宜沛恩綸之
寵茲以覃恩特授爾階資政大夫錫之誥命於戲恩推自近乃弘奬
夫崇階業廣惟勤尙克承夫寵錫欽予時命勵爾嘉猷□□□□
□□□□□□□□□□□□□□□佟濟爾征福建
海賊攻厦門時海賊鄭成功六百餘隻舡兵擺□□城堡□恒戰用
舡擊敗之擒獲□參將林登坐舡將賊殺之□得僞印一顆差往蓋
峙山陣□故超陞爲拜他喇布勒哈□將□親男承襲順治十四年

三月初十日

奉天承運皇帝制曰褒忠表義昭代之良規崇德報功聖王之令典特頒恩命以奬勤勞爾拜他喇布勒哈番牛彔章京戶部理事官加一級尙機圖性資端謹才識宏通俾典厥司恪愼無惭於職守宣勞政務夙夜克矢乎寅恭任用有年小心益勵崇階洊陟歷試能勤欣兹慶典之逢宜沛恩綸之寵兹以覃恩特授爾階資政大夫錫之誥命於戲恩推自近乃宏奬夫崇階業廣惟勤尙克承夫寵錫欽予時命勵爾嘉猷順治十四年三月初十日

奉天承運皇帝制曰國家思創業之隆當崇報功之典人臣建輔運之績宜施錫爵之恩此激勸之宏規誠古今之通義爾太子太保加一級交羅郎丘派衍宗潢性資端恪爰推敦睦之誼用加錫爵奉職

有年忠心益勵懋績彌彰允稱弼亮之才不負親賢之選疊奉慶典
洊晉崇階載涣新綸以昭激勸兹以覃恩特贈爾階光禄大夫錫之
誥命推恩申命爰宏奬於忠貞樹德懋功尚益勤於篤棐祗服朕命
永膺鴻庥初任刑部理事官二任擺牙喇甲喇章京照舊理事官三
任刑部侍郎牛彔章京照舊管擺牙喇甲喇四任拜他喇布勒哈番
刑部尚書纛章京照舊管牛彔五任黑白□邦照舊拜他喇布勒哈
番尚書纛章京管牛彔六任二等阿達哈哈番禮部尚書七任吏部
尚書滿洲固山額眞照舊二等阿達哈哈番八任刑部尚書照舊二
等阿達哈哈番固山額眞九任禮部尚書十任太子太保照舊尚書
十一任少保太子太保照舊尚書十二任戶部尚書照舊少保太子
太保十三任太子太保十四任今職制曰作朕股肱良臣所以矢夙
夜鼇爾女士內則亦以効勛勷休命用申壼儀維懋爾太子太保加
一級交羅郎丘妻牙爾虎交羅氏相夫克諧宜家著範爾夫恪勤盡

職藉爾黽勉同心內則嫻習褒綸宜錫茲以覃恩贈爾爲一品夫人於戲睠此勤勞之佐久藉同心嘉爾貞順之賢載頒異數幽靈不昧佩此明綸順治十四年三月初十日

奉天承運皇帝制曰朕惟尙德崇功國家之大典輸忠盡職臣子之常經古聖帝明王戡亂以武致治以文朕欽承往制甄進賢能特設文武勳階以彰激勸受茲任者必忠以立身仁以撫衆智以察微防奸禦侮機無暇時能此則榮及前人福延後嗣而身家永康矣敬之勿怠羅鐸渾爾原係白身人克旅順口時嘉爾善戰圍圍錦州克關廂時擊洪軍門兵爾不離多爾機昂邦宜爾鄧抵戰三次圍錦州時擊洪軍營三門步兵爾當先殺入二次過北京征山東時用雲梯攻順德府爾首先登進遂克其城故賜名巴圖魯授爲三等阿達哈哈番崇德八年十月初四日太祖武皇帝功德配祀上帝禮成念諸舊

臣世効勞績故由三等阿達哈哈番世襲罔
替順治七年三月初六日天下大定倣古聖王之制上聖母昭聖慈
壽皇太后尊號禮成由二等阿達哈哈番陞爲一等阿達哈哈番大
婚禮成亦倣古制加上聖母昭聖慈壽皇太后爲昭聖慈壽恭簡皇
太后尊號禮成由一等阿達哈哈番加一拖沙喇哈番世襲罔替順
治九年正月二十六日奉天承運皇帝制曰褒忠表義昭代之良規
崇德報功聖王之令典特頒恩命以奬勤勞爾一等阿達哈哈番又
一拖沙喇哈番擺牙喇甲喇章京加一級羅鐸渾巴圖魯性資端敏
才略宏通久歷戎行克著馳驅之效每從征伐彌昭果毅之功奉職
有年小心益勵崇階洊陟歷試能勤欣茲慶典之逢宜沛恩綸之寵
茲以覃恩特授爾階資政大夫錫之誥命於戲恩推自近乃弘奬夫
崇階業廣惟勤尚克承夫寵錫欽予時命勵爾嘉猷順治十四年三
月初十日

奉天承運皇帝制曰興孝維君錫類弘昭報本教忠自父服官敬用
承家爾宜達善乃戶部物林大加一級石漢之父道在禔躬爰被絲
綸之重志存作室式弘堂構之遺兹以覃恩贈爾爲奉政大夫戶部
物林大加一級錫之誥命於戲恩逮所生彌表象賢之美榮施下壤
益彰燕翼之庥皇帝制曰疏恩將母弘推錫類之仁移孝作忠均切
顯揚之念爾戶部物林大加一級石漢母黑攝李氏愛子能勞篤義
方於杼柚相夫克順端令範於閨門兹以覃恩贈爾爲宜人於戲象
服昭榮聿荷廷綸之寵熊丸遺教永流泉壤之輝順治十四年三月
初十日

奉天承運皇帝制曰褒忠表義昭代之良規崇德報功聖王之令典
特頒恩命以獎勤勞爾一等下加一級殷登持心克謹任事能勤侍

從王儀服勞藩第朝夕匪懈指使無違既以舊勞晉膺顯秩復逢盛
典宜被新榮爰涣寵章益資効力兹以覃恩特授爾階資政大夫錫
之誥命於戲恩推自近乃弘獎夫崇階業廣惟勤尚克承夫寵錫欽
予時命勵爾嘉猷制曰夙夜維勤人臣寧遑內顧伉儷無忝國常豈
靳隆施錫章服以酬勳念壼儀之媲美爾一等下加一級殷登妻封
恭人黑攝李氏克勤內德宜爾室家眷良臣靖共之猷賴淑女匡襄
之助爰褒令範式沛新綸兹以覃恩封爾爲夫人於戲敬爾有官肅
閨門而合好職思其內尚黽勉以同心祗服殊恩用昭壼德順治十
四年三月初十日

奉天承運皇帝制曰褒忠表義昭代之良規崇德報功聖王之令典
特頒恩命以奬勤勞爾包牛彔章京加一級塔爾布夙具幹才授職
効用俾管佐領之任克殫敬慎之猷馭下有法奉職無諐慶典欣逢

新綸用賁特加寵秩以示褒嘉茲以覃恩特授爾階通議大夫錫之
誥命於戲恩推自近乃弘獎夫崇階業廣惟勤尚克承夫寵錫欽予
時命勵爾嘉猷制曰夙夜維勤人臣寧遑內顧伉儷無忝國常豈靳
隆施錫章服以酬勳念壼儀之娩美爾包牛彔章京加一級塔爾布
妻封恭人馬佳氏克勤內德宜爾室家眘良臣靖共之猷賴淑女匡
襄之助爰褒令範式沛新綸茲以覃恩封爾爲淑人於戲敬爾有官
肅閨門而合好職思其內尚黽勉以同心祗服殊恩用昭壼德順治
十四年三月初十日

奉天承運皇帝制曰國家思創業之隆當崇報功之典人臣建輔運
之績宜施錫爵之恩此激勸之鴻宏規誠古今之通義爾拜他喇布
勒哈番吏部左侍郎加一級千代性資端謹才識宏通俾佐銓衡恪
愼無慚於職守宣勞政務夙夜克矢乎寅恭任用有年小心益勵崇

階洊陟歷試能勤欽兹慶典之逢宜沛恩綸之寵爰頒新命以示褒
嘉兹以覃恩特授爾階光祿大夫錫之誥命於戲推恩申命爰弘獎
於忠貞樹德懋勳尚益勤于篤棐祗服朕命勉盡乃心初任內翰林
祕書院侍讀二任拖沙喇哈番照舊侍讀三任本院侍讀學士四任
拜他喇布勒哈番照舊侍讀學士五任禮部啟心郎六任內翰林祕
書院學士七任教習庶吉士八任吏部左侍郎九任今職順治十四
年三月初十日

奉天承運皇帝制曰國家推恩而錫類臣子懋德以圖功懿典攸存
忱恂宜勗爾都察院托齊哈哈番加一級郎廷秀才堪任用力可分
猷憲績克襄紀綱攸著既懋功於奉職復罔懈於小心慶典欣逢新
綸用賁兹以覃恩特授爾階奉政大夫錫之誥命於戲式弘車服之
庸用勵顯揚之志尚欽榮命益矢嘉猷制曰靖共爾位良臣既効其

勤黽勉同心淑女宜從其貴爾都察院托齊哈哈番加一級郎廷秀
妻盧氏克嫺內則能貞順以宜家載考國常應褒嘉以錫寵茲以覃
恩封爾爲宜人於戲敬爲德聚實加儆戒以相成柔合女箴愈著匡
襄以永賚順治十四年三月初十日

奉天承運皇帝制曰國家思創業之隆當崇報功之典人臣建輔運
之績宜施錫爵之恩此激勸之宏規誠古今之通義爾少師兼太子
太師吏部尚書加一級中和殿大學士覺羅巴哈納帝胄多材簡參
政府允文允武朝夕資啟沃之功克儉克勤左右賴贊襄之力歷試
素昭□勩久任彌矢忠忱翼翼小心率百僚而熙庶績休休雅度合
羣策而亮天工恩禮宜隆綸章用錫茲以覃恩特授爾階光祿大夫
錫之誥命於戲推恩申命爰弘獎於忠貞樹德懋勳尚益勤於篤棐
祇服朕命勉盡乃心初任拜他喇布勒哈番管牛彔二任甲喇章京

照舊拜他喇布勒哈番管牛彔三任刑部理事官照舊拜他喇布勒
哈番管牛彔管甲喇四任梅勒章京照舊拜他喇布勒哈番管牛彔
理事官五任刑部侍郎照舊拜他喇布勒哈番管牛彔管梅勒六任
滿洲固山額眞照舊管牛彔七任三等阿達哈哈番照舊固山額眞
管牛彔八任戶部尚書拜他喇布勒哈番照舊管牛彔九任拜他喇
布勒哈番又一拖沙□哈番照舊尚書管牛彔十任三等阿達哈哈
番滿洲固山額眞照舊尚書管牛彔十一任三等阿思漢尼哈番照
舊管牛彔固山額眞十二任刑部尚書十三任太子太保照舊尚書
十四任戶部尚書照舊太子太保十五任少保兼太子太保照舊尚
書十六任少傅兼太子太傅內翰林弘文院大學士十七任內翰林
祕書院大學士照舊少傅兼太子太傅十八任今職順治十四年三
月初十日

奉天承運皇帝制曰褒忠表義昭代之良規崇德報功聖王之令典特頒恩命以獎勤勞爾二等阿達哈哈番□□□□章京加一級噶布喇性資端謹才識宏通俾典厥司恪慎無慚於職守宣勞政務夙夜克矢乎寅恭任用有年小心益勵崇階洊陟歷試能勤欣茲慶典之逢宜沛恩綸之寵茲以覃恩特授爾階資政大夫錫之誥命於戲恩推自近乃弘獎夫崇階業廣惟勤尙克承夫寵錫欽予時命勵爾嘉猷爾原係白身管擺牙喇□喇事□天下大定覃敷徽典□擢優隆授爾爲拜他喇布勒□□□□□□□時賊馬步兵六千餘衆出城來□正白旗汛地爾同委署纛章京□□等對敵擊敗之賊馬步兵□千餘衆出城來□兩藍旗汛地爾率本旗□□□前去□勦步戰同委署纛章京阿思哈等對敵擊敗之往汾州府前□進士鎭地方擊來□□黃旗挨牌栅邊之兵爾率本旗巴牙喇協勦擊敗城邊三次□□巡撫蔣佳順率馬步三萬餘官兵在進士鎭北面

挖壕立栅二次攏列拒戰擊戰時爾同纛章京席□□對敵擊敗之
□鄂爾□恩時擊□爾濟營席圖穆營□□本旗巴牙喇步戰對敵
擊敗斬殺之駐防□州時盧□□地方擊賊郭佳王佳二□□兵爾
率本翼噶布世□對敵擊敗之征福□海賊攻□□時海賊鄭成功
□百餘隻□兵攏列城堡□□戰用船擊戰時對敵擊敗之差往蓋
□山□□故由拜他喇布勒哈番超陞爲二等阿達哈哈番順治十
四年三月初十日

雪屐尋碑録卷一

雪屐尋碑錄卷二

清宗室盛昱集錄

奉天承運皇帝制曰褒忠表義昭代之良規崇德報功聖王之令典特頒恩命以奬勤勞爾牛彔章京加一級塔爾布夙具幹才授職効用俾管佐領之任克殫敬慎之猷馭下有法奉職無諐慶典欣逢新綸用賁特加寵秩以示褒嘉兹以覃恩特授爾階通議大夫錫之誥命於戲恩推自近乃弘奬夫崇階業廣惟勤尙克承夫寵錫欽予時命勵爾嘉猷順治十四年三月初十日

奉天承運皇帝制曰褒忠表義昭代之良規崇德報功聖王之令典特頒恩命以奬勤勞爾管牛彔擺牙喇甲喇章京加一級吳爾齊海性資端謹才識宏通俾典厥司恪慎無慚於職守宣勞政務夙夜克矢乎寅恭任用有年小心益勵崇階洊陟歷試能勤欣兹慶典之逢

宜沛恩綸之寵兹以覃恩特授爾階資政大夫錫之誥命於戲恩推
自近乃弘獎夫崇階業廣惟勤尚克承夫寵錫欽予時命勵爾嘉猷
順治十四年三月初十日

奉天承運皇帝制曰褒忠表義昭代之良規崇德報功聖王之令典
特頒恩命以獎勤勞爾包牛彔章京加一級高國元夙具幹才授職
任用俾營佐領之任克殫敬慎之猷馭下有法奉職無愆慶典欣逢
新綸宜賁特加寵秩以示褒嘉兹以覃恩特授爾階通議大夫錫之
誥命於戲恩推自近乃弘獎夫崇階業廣惟勤尚克承夫寵錫欽予
時命勵爾嘉猷初任拜他喇布勒哈番二任包牛彔章京三任今職
制曰夙夜維勤人臣寧遑內顧伉儷無忝國常豈靳隆施錫章服以
酬勳念壼儀之媺美爾包牛彔章京加一級高國元妻封淑人袁氏
克勤內德宜爾室家眷良臣靖共之猷韜淑女匡襄之助爰褒令範

式沛新綸兹以覃恩封爾爲淑人於戲敬爾有官肅閨門而合好職思其内倘黽勉以同心祗服殊恩用昭壹德順治十四年三月初十日

奉天承運皇帝制曰國家思創業之隆當崇報功之典人臣建輔運之績宜施錫爵之恩此激勸之宏規誠古今之通義爾拜他喇布勒哈番管佐領蒙古副都統加一級布哈性資端謹才識宏通俾佐都統恪慎無慚於職守宣勞政務夙夜克矢乎寅恭任用有年小心益勵崇階洊陟歷試能勤欣兹慶典之逢宜沛恩綸之寵爰頒新命以示褒嘉兹以覃恩特授爾階光祿大夫錫之誥命於戲推恩申命爰弘奬於公忠樹德懋勳尚益勤於篤棐祗服朕命勉盡乃心順治十四年三月初十日

奉天承運皇帝制曰褒忠表義昭代之良規崇德報功聖王之令典
特頒恩命以奬勤勞爾甲喇章京品級西安府固山大穆爾太蒞事
能勤持心克謹爰膺任使洊列官階克殫敬慎之心遂著勤勞之績
馭下有法奉職無愆慶典欣逢新綸宜賁茲以覃恩特授爾階通議
大夫錫之誥命於戲恩推自近乃弘奬夫崇階業廣惟勤尚克承夫
寵錫欽予時命勵爾嘉猷初任郭齊哈攞牙喇壯大二任三等下三
任下壯大四任二等下照舊下壯大五任拖沙喇哈番品級六任兵
部副理官七任陝西全省固山大八任今職順治十四年三月初十
日

奉天承運皇帝制曰褒忠表義昭代之良規崇德報功聖王之令典
特頒恩命以奬勤勞爾三等阿達哈哈番包牛彔章京加二級包爾
兑性資端謹才識宏通俾典厥司恪慎無愆於職守宣勞政務夙夜

克矢乎寅恭任用有年小心益勵崇階洊陟歷試能勤欣茲慶典之逢宜沛恩綸之寵茲以覃恩特授爾階資政大夫錫之誥命於戲恩推自近乃弘獎夫崇階業廣惟勤尚克承夫寵錫欽予時命勵爾嘉猷制曰夙夜維勤人臣寧遑内顧伉儷無忝國常豈靳隆施爾三等阿達哈哈番包牛彔章京加二級包爾兌嫡妻吳□氏克勤内德宜爾室家眷良臣靖共之猷賴淑女劻勷之助爰褒令範式沛新綸茲以覃恩贈爾爲夫人祗服殊恩用昭壼德制曰宜家無婦勞臣不免於内顧之憂繼室有人盛朝應恤其相夫之德爾三等阿達哈哈番包牛彔章京加二級包爾兌繼妻于庫錄氏嗣操壼政克相夫綱幃有前徽既見和柔合德廷申再命用彰黽勉同心茲以覃恩封爾爲夫人尚克欽承以昭寵命順治十四年三月初十日

奉天承運皇帝制曰褒忠表義昭代之良規崇德報功聖王之令典

特頒恩命以奬勤勞爾京城內外巡捕南營都司管參將事加二級
楊世隆起身行伍克自振拔授以參將無忝厥職服勤戎務訓練有
方恪愼小心勞績素著式逢慶典宜錫寵章兹以覃恩特授爾階驍
騎將軍錫之誥命於戲恩推自近乃弘奬夫崇階業廣惟勤尙克承
夫寵錫欽予時命勵爾嘉猷制曰夙夜惟勤人臣寧遑內顧伉儷無
忝國常豈靳隆施錫章服以酬勳念壺儀之媲美爾京城內外巡捕
南營都司管參將事加二級楊世隆妻李氏克勤內德宜爾室家眷
良臣靖共之猷賴淑女匡襄之助爰褒令範式沛新綸兹以覃恩封
爾爲夫人於戲敬爾有官肅閨門而合好職思其內尙黽勉以同心
祗服殊恩用昭壼德順治十四年三月初十日立

奉天承運皇帝制曰國家思創業之隆當崇報功之典人臣建輔運
之績宜施錫爵之恩此激勸之宏規誠古今之通義爾一等阿思哈

哈番議政大臣管牛彔蘇章京加一級杜爾德性資端謹才識淵宏
懋延世之恩克承先業篤象賢之誼無忝前徽奉職有年小心益勵
崇階洊陟歷試能勤欣茲慶典之逢宜沛綸綍之寵爰頒新命以示
褒嘉茲以覃恩特授爾階光祿大夫錫之誥命於戲推恩申命爰弘
奬於忠貞樹德懋勳尙益勤於篤棐祗服朕命勉盡乃心初任下二
任承襲父職三等阿達哈哈番管牛彔三任法一旦大四任管擺牙
喇甲喇五任二等阿達哈哈番照舊管甲喇六任一等阿達哈哈番
照舊管甲喇七任一等阿達哈哈番又一拖沙喇哈番刑部理事官
照舊管甲喇八任蘇章京九任二等阿思哈哈番照舊蘇章京十任
黑白昂邦照舊蘇章京十一任一等阿思哈哈番照舊蘇章京十二
任今職順治十四年三月初十日

奉天承運皇帝制曰興孝維君錫類弘昭報本敎忠自父服官敬用

承家爾李仁傑乃禮部通官壯大品級加一級蒙攝尼之父道在禔躬爰被綵綸之重志存作室式弘堂構之遺茲以覃恩封爾爲奉政大夫禮部通官壯大品級加一級錫之誥命於戲恩逮所生彌表象賢之美風茲有位尙敦燕翼之謀制曰疏恩將母弘推錫類之仁移孝作忠均加顯揚之念爾禮部通官壯大品級加一級蒙攝尼母朴氏愛子能勞篤義方於杼柚相夫克順端令範於閨闈茲以覃恩贈爾爲宜人於戲象服昭榮聿荷廷綸之寵熊丸遺教永流泉壤之輝

順治十四年三月初十日

奉天承運皇帝制曰褒忠表義昭代之良規崇德報功聖王之令典特頒恩命以奬勤勞爾拜他喇布勒哈番噶把喜賢章京加一級松俄兔性資端謹才識宏通俾理厥司恪愼無慚於職守宣勞政務夙夜克矢夫寅恭任用有年小心益勵崇階洊陟歷試能勤欣茲慶典

之逢宜沛恩綸之寵茲以覃恩特受爾階資政大夫錫之誥命於戲
恩推自近乃弘奬夫崇階業廣惟勤尚克承夫寵錫欽予時命勵爾
嘉猷初任壯大二任拖沙喇哈番品級三任工部副理事官四任拜
他喇布勒哈番噶把喜賢章京五任今職制曰夙夜維勤人臣寧遑
內顧伉儷無忝國常豈靳隆施錫章服以酬勛念壼儀之媲美爾拜
他喇布勒哈番噶把喜賢章京加一級松俄兎妻封宜人黑攝里氏
克勤內德宜爾室家眷良臣靖共之猷賴淑女匡襄之助爰褒令範
式沛新綸茲以覃恩特封爾爲夫人於戲敬爾有官肅閨門而合好
職思其內尚黽勉以同心祗服殊恩用昭壼德順治十四年三月初
十日

奉天承運皇帝制曰作朕股肱良臣所以矢夙夜盭爾女士內則亦
以劾勛勳休命用申壼儀維懋爾三等阿思哈哈番加一級線應藻

妻劉氏相夫克諧宜家著範爾夫恪勤盡職藉爾黽勉同心內則既
嫺褒綸宜錫茲以覃恩封爾爲一品夫人於戲睠此勤勞之佐久藉
同心嘉爾貞順之賢載頒異數益修內德以答殊恩順治十四年三
月初十日

奉天承運皇帝制曰褒忠表義昭代之良規崇德報功聖王之令典
特頒恩命以奬勤勞爾二等阿達哈哈番黑白昂邦加一級白爾黑
持心克謹任事能勤侍從王儀服勞藩第朝夕匪懈指使無違旣以
舊勞晉膺顯秩復逢盛典宜被新榮爰渙寵章益貲効力茲以覃恩
特授爾階資政大夫錫之誥命於戲恩推自近乃弘奬夫崇階業廣
惟勤尚克承夫寵錫欽予時命勵爾嘉猷初任二等下二任一等下
三任拜他喇布勒哈番四任黑白昂邦五任拜他喇布勒哈番又一
拖沙喇哈番照舊黑白昂邦六任三等阿達哈哈番照舊黑白昂邦

七任二等阿達哈哈番照舊黑白昂邦八任今職制曰夙夜維勤人
臣寧遑内顧伉儷無忝國常豈靳隆施錫章服以酬勛念壼儀之媲
美爾二等阿達哈哈番黑白昂邦加一級白爾黑妻封淑人宗室趙
氏克勤内德宜爾室家眘良臣靖共之猷賴淑女勗勤之助爰褒令
範式沛新綸兹以覃恩封爾爲夫人於戲敬爾有官肅閨門而合好
職思其内尚黽勉以同心祗服殊恩用昭壼德順治十四年三月初
十日

皇清誥封資政大夫三等阿達哈哈番護衛壯夫議政大臣加一級
愽公誥命碑奉天承運皇帝制曰褒忠表義昭代之良規崇德報功
聖王之令典特頒恩命以奬勤勞爾三等阿達哈哈番下壯夫黑白
昂邦愽愽爾代持心克謹任事能勤侍從王儀服勞藩第朝夕匪懈
指使無違既以舊勞晉膺顯秩復逢盛典宜被新榮爰涣寵章益資

効力茲以覃恩特授爾階資政大夫錫之誥命於戲恩推自近乃弘
奬夫崇階業廣惟勤尚克承夫寵錫欽予時命勵爾嘉猷初任二等
下二任下壯夫照舊二等下三任一等下四任拜他喇布勒哈番照
舊一等下五任拜他喇布勒哈番又一拖沙喇哈番照舊一等下六
任三等阿達哈哈番黑白昂邦七任今職順治十四年三月初十日

奉天承運皇帝制曰國家思創業之隆當崇報功之典人臣建輔運
之績宜施錫爵之恩此激勸之宏規誠古今之通義爾少保兼太子
太保二等公黑白昂邦牛彔章京羅璧性資端謹才識宏通俾掌厥
司恪愼無忝於職守宣勞政務夙夜克矢乎寅恭任用有年小心益
勵崇階洊陟歷試能勤欣茲慶典之逢宜沛恩綸之寵爰頒新命以
示褒嘉茲以覃恩特授爾階光祿大夫錫之誥命於戲推恩申命爰
弘奬於忠貞樹德懋勳尚益勤於篤棐祇服朕心勉盡乃心初任三

等下二任管牛彔三任拜他喇布勒哈番照舊管牛彔四任管擺牙喇甲喇照舊管牛彔五任管梅勒六任拜他喇布勒哈番又一拖沙喇哈番照舊管梅勒七任都察院參政照舊梅勒章京八任三等阿達哈哈番照舊參政梅勒章京九任二等阿達哈哈番照舊參政梅勒章京十任二等阿達哈哈番照舊梅勒章京十一任襲兒男之職一等伯又一拖沙喇哈番爲二等公十二任黑白昂邦十三任今職

順治十四年三月初十日

奉天承運皇帝制曰褒忠表義昭代之良規崇德報功聖王之令典特頒恩命以獎勤勞爾拜他喇布勒哈番管半個牛彔吏部理事官加一級巴哈塔性資端謹才識宏通佐理銓衡恪慎無慚於職守宣勞政務夙夜克矢夫寅恭任用有年小心益勵崇階洊陟歷試能勤欣茲慶典之逢宜沛恩綸之寵茲以覃恩特授爾階資政大夫錫之

誥命於戲恩推自近乃弘奬夫崇階業廣惟勤尙克承夫寵錫欽予
時命勵爾嘉猷順治十四年三月初十日

三等阿思哈哈番管甲喇作理事官宜爾格德碑文稽古建業驅策
羣力不吝爵賞以勸有功昭示後世用傳不朽所以勵忠蓋甚備也
爾宜爾格德原管牛彔事定鼎燕京擊流賊兵二十萬追至慶都縣
敗之有功授爲拜他喇布勒哈番後爲理事官辦事多能加一拖沙
喇哈番及征湖廣江西擊敗賊兵屢立茂績是以洊加超擢至於征
湖廣時爾能禦敵衝鋒捐軀報國可謂始終盡瘁者矣朕甚嘉焉特
命勒諸貞珉光及泉壤國典臣忠庶其昭垂毋斁哉大清國順治十
四年歲次丁酉秋八月吉立

奉天承運皇帝制曰揚名顯親爲子者願以令德歸之父考績褒賢

教孝者宜以高爵作之忠是用推恩特申休命爾封通議大夫一等
□哈喇乃一等下加一級哈爾秦之父義方有訓式□無慚念爾嗣
之勤勞既克□而報國俾爾澤□□□爰錫類以昭□兹以覃恩贈
爾爲資政大夫一等下加一級錫之誥命於戲□誨爾子永無忝於
家聲聿修厥德尙無負於國恩欽承寵命慰爾幽靈制曰國體勞臣
必溯源而沛澤家崇喆□□歸善於厥生盛典維新壼儀愈著□一
等□加一級哈爾秦母封淑人宜爾艮覺羅氏韓範□端胎教居□
教之先慈訓惟勤能愛在能勞之後宜沛□封用昭母德兹以覃恩
封□爲夫人於戲子情罔極感顧復而敦孝國綸普被念劬勞以疏
榮□乃恩勤□兹寵順治十四年八月初十日

皇淸誥封資政大夫一等阿達哈哈番加一級拜公世襲誥命碑奉
天承運皇帝制曰朕惟尙德崇功國家之大典輸忠盡職臣子之常

經古聖帝明王戡亂以武致治以文朕欽承往制甄進賢能特設文武勳階以彰激勸受兹任者必忠以立身仁以撫衆智以察微防姦禦侮機無暇時能此則榮及前人福延後嗣而身家永康矣敬之勿怠拜庫達爾原係分得撥什庫二次往北京時容城縣城傾頹重修二丈爾於彼處竪梯首先登進遂克其城故授爲拖沙喇哈番太祖武皇帝配祀上帝禮成陞爲拜他喇布勒哈番上聖母昭聖慈壽皇太后尊號禮成加一拖沙喇哈番加上皇太后尊號禮成陞爲三等阿達哈哈番後在浙江征舟山時賊僞英毅伯阮思率船兵百餘隻拒戰爾擊敗之賊僞總制陳六御英毅伯阮思叛賊張洪德等率賊兵三萬餘衆船二百餘隻迎犯爾擊敗之拏住僞總兵李順之船故陞爲二等阿達哈哈番世襲罔替順治十四年九月十二日

□揚□郡伯忠孝碑巡撫直隸等府地方兼理軍務□□□海防都

察院右副都御史奉褒嘉陞三級眷弟董天機拜撰恭維繼□大郡伯廉明□□閣下生自關東□□隨駕入都蒙聖恩推陞大任紫綬恩□□郡民歌□□黄堂瑞竭漁陽麥秀兩岐股肱上郡九重資□理之鴻猷柱石名賢千里憶經綸之駿業蒞任四載□民猖獗以害霍山英山等處吏民遭其塗炭惟丘仁翁兢業守城衣不解帶運籌兵餉善能撫民臣德奚全雙鳧飛舄三異標奇朝野胥懽士民全慶始事親而孝篤中事君而澤民年遇告歸壽躋渭老德彷梁公吾翁之性愷悌慈祥吾翁之行弘毅剛强其□人以誠敬其持己以端莊課兒孫而出類訓若子以超常不怍於物無愧彼蒼孝友□於閭□於世孰不無常覛其□□三全鮮矣身康體健預擇壽域佳城在於德勝門外離城數里之良山眞乃龍盤虎踞之處山水冠一郡之雄仁慈著於鄉邦君親之道已盡效蘧大夫寡過修養之方蓋聞人生馬鬣牛眠風水□千年之感前後有甘泉左右有長流涓涓不已桂

子蘭孫振振綿綿生成局面長就□田奚以臻此迺祖宗之德也夫孝始於事親中於事君終於立身故有三全也□因而有感集焉順治十四年歲次丁酉孟冬吉旦立

正三品皇清□□□□大夫一等阿達哈哈番管牛彔章京事寧塔哈□人胡爾哈氏之碑順治十四年□□□□旦繼室瓜爾甲氏□□立

大清順治庚□孟夏吉旦明故善人顯考仰泉于公顯□□妣何氏明故□人顯祖考于公□祖妣李氏之墓清故牛彔章京顯考仰溪于公安人顯妣李氏孫兩淮運司淮安運判□五府郎中佐領加二級于掄魁俊全卒內大臣二等阿思哈哈番諡勤恪鄂齊爾碑文稽古建業驅策羣力不吝爵賞以勸有功昭示後世用傳不朽所以勵忠

蓋甚備也爾鄂齊爾承襲父職三等阿思哈哈番天下大定陞爲二
等阿思哈哈番念爾性行端良才能敏練擢任管蝦內大臣爾能敬
愼盡職益著勤勞於其歿也朕甚悼焉特命勒諸貞珉光及泉壤國
典臣忠庶其昭垂毋斁哉順治十五年二月十七日立

稽古建業驅策羣力不吝爵賞以勸有功昭示後世用傳不朽所以
勵忠蓋甚備也爾噶達洪原係白身管攂牙喇甲喇事征多羅忒時
固魯台吉等逃竄爾追殺一人往掠中後所遇敵爾同纛章京敦拜
擊敗之初圍錦州擊杏山松山兵敗之三次定鼎燕京時擊流賊兵
二十萬爾率攂牙喇甲喇對陣敗之嘉爾授拜他喇布勒哈番復征
流賊於綏德州等處同京奇尼哈番西忒庫等擊敗賊兵四次征四
川時於三水縣等處同纛章京蘇拜等擊敗賊兵三次爾又同纛章
京阿爾晉等擊敗八大王賊兵七次又於曾蓋地方遇鍾總兵兵擊

敗之嘉爾超陞爲三等阿達哈哈番恭奉太祖武皇帝配祀上帝禮成陞爲二等阿達哈哈番天下大定歷陞爲三等阿思哈哈番後圍大同時擊敗賊楊進位兵二次又賊兵來犯我營三次爾率援兵擊退之又遇代州逃遁賊兵爾擊斬甚衆復攻取代州關廂及渾源州城敖兒多思蒙古犯我內地□爾統兵於峩崙博喇格等地方勦殺多爾濟及多爾濟弟沙格把石持木及三部落併誅兀蘭博喇格地方駐牧敵人俘獲人四百餘畜三萬餘嘉爾陞爲二等阿思哈哈番以固山額眞歷任吏部侍郎戶兵二部尚書勤敏奉職著有勞績方冀克襄王室不意遽爾告終朕甚悼焉特命勒諸貞珉光及泉壤國典臣忠庶其昭垂毋斁哉順治十五年三月初二日立

皇清誥贈通議大夫三等阿達哈哈番管牛彔章京戶部理事官温察之碑伊爾根覺羅氏妻蘇門得奈不幸夫逝煢煢孤身日夜悲愴

奄忽之間已□年矣妻仰念夫君温察幼自布衣出身叨蒙太宗皇帝特恩任理機務夙夜惟勤勞瘁行間以數十餘年克盡忠敬蒙皇上睿鑒授爲三等阿達哈哈番兼牛彔章京戶部理事官推恩優渥及夫君故後復遇朝廷覃恩錫及本身上逮祖父綸誥封爲通議大夫三等阿達哈哈番兼牛彔章京戶部理事官祖妣并母及妻爲淑人皆夫君克盡忠貞之所致也今雖幼子承嗣伏念生平勞績既蒙君恩寵榮贈以皇綸妻蘇門得率子當子謹將盛美竭力勒碑墓前銘刻綸音於上以垂後世云爾奉天承運皇帝制曰褒忠表義昭代之良規崇德報功聖王之令典特頒恩命以奬勤勞爾三等阿達哈哈番牛彔章京戶部理事官温察爾入關之日步戰擊敗流寇取太原時兩敗賊步兵又獲賊艘於烏程摧賊兵於古城屢立戰功爰膺寵秩復逢盛典載沛殊榮茲以覃恩特授爾階通議大夫錫之誥命於戲恩推自近乃弘奬夫崇階業廣惟勤尙克承夫寵錫欽予時命

勵爾嘉猷初任壯大二任管牛彔三任戸部理事官照舊管牛彔四任拖沙喇哈番照舊理事官五任拜他喇布勒哈番照舊理事官六任拜他喇布勒哈番又一拖沙喇哈番照舊理事官七任今職制曰夙夜維勤人臣寧遑內顧伉儷無忝國常豈靳隆施錫章服以酬勛念壼儀之媲美爾三等阿達哈哈番牛彔章京戸部理事官溫察妻伊爾根覺羅氏克勤內德宜爾室家眷良臣靖共之猷賴淑女匡襄之助爰褒令範式沛新綸茲以覃恩封爾爲淑人於戲敬爾有官肅閨門而合好職思其內尙黽勉以同心祗服殊恩用□□□順治十五年仲秋吉日嫡妻蘇門得子當子立

追封通議大夫拜他喇布勒哈番擺牙喇甲喇章京巴哈塔碑制曰恩彰下逮勉篤棐於羣僚家有貽謀□□勤于大父用溯源流之自爰□□綍之榮爾巴哈塔乃拜他喇布勒哈番擺牙喇甲喇章京吳

格松阿之祖父植德不替佑啟後人綿及乃孫丕彰鴻緒休貽大父聿觀世澤茲以覃恩贈爾爲通議大夫拜他喇布勒哈番擺牙喇甲喇章京錫之誥命於戲垂裕孫謀已沐優渥之典崇褒祖德用邀錫類之仁貽厥奕祚佩此新綸制曰□代褒功勸酬示後再世承恩崇奬及先績既懋於公家寵宜追於王母爾拜他喇布勒哈番擺牙喇甲喇章京吳格松阿祖母牛胡盧氏爾有慈謀裕及後昆念茲稱職端由壼教爰錫褒儀之貴用照種德之勤茲以覃恩贈爾爲淑人於戲遡其家法愛勞既殫先圖賁乃國章昌融益開來緒永期褒贊用□隆□順治十五年七月吉日通議大夫拜他喇布勒哈番擺牙喇甲喇章京孫吳格松阿立

追封通議大夫拜他喇布勒哈番擺牙喇甲喇章京巴書碑制曰揚名顯親爲子者願以令德歸之父考績褒賢教孝者宜以高爵作之

忠是□□恩特申休命爾巴書乃拜他喇布勒哈番擺牙喇甲喇章
京吴格松阿之父義方有訓式穀無慚念爾嗣之勤勞既克家而報
國俾爾澤之昌大爰錫類以昭仁茲以覃恩封爾爲通議大夫拜他
喇布勒哈番擺牙喇甲喇章京錫之誥命於戲教誨爾子永無忝於
家聲聿修厥德尚無負於國恩欽承寵命益勵嘉猷制曰國體勞臣
必遡源而沛澤家崇喆胤爰歸善於厥生盛典維新壼儀愈著爾拜
他喇布勒哈番擺牙喇甲喇章京吴格松阿母瓜爾佳氏幃範克端
胎教居身教之先慈訓惟勤能愛在能勞之後宜沛貤封用昭母德
茲以覃恩贈爾爲淑人於戲子情罔極感顧復而敦孝國綸普被念
劬勞以□榮嘉乃恩勤褒其遺範順治十五年七月吉日通議大夫
拜他喇布勒哈番擺牙喇甲喇章京子吴格松阿立

大清誥贈資政大夫梅勒章京一等阿達哈哈番東阿賴夫人那爾渾氏碑順治十

五年九月吉日通議大夫一等阿達哈哈番男東山立

太子太保三等精奇尼哈番加一級謚勤襄土賴碑文稽古建業驅策羣力不吝爵賞以勸有功昭示後世用傳不朽所以勵忠蓋甚備也爾土賴承襲父職三等阿達哈哈番克大淩河時擊張道理兵爾衝鋒殺入嘉爾陞爲二等阿達哈哈番後攻錦州白官兒屯臺金答口三臺爾同四固山用紅彝礮克之三次圍錦州時殺敗敵兵二次攻塔山杏山城及二臺用紅彝礮克之嘉爾陞爲一等阿達哈哈番又攻取中後所前屯衛二城嘉爾加爲拖沙喇哈番後遣爾同固山額眞覺羅把哈納招撫山東時招服四府七州三十二縣克太原府時爾同固山額眞覺羅把哈納擊敗城内步兵克取其城又同固山額眞石廷柱招服九府二十七州一百四十一縣征流賊時殺敗黄河岸賊兵得獲船隻又破流賊滅福王平定河南江南時高太監舟

師由洋子江順流而下爾遣章京兵馬獲船三十二隻克取武崗揚州嘉興三城嘉爾超陞爲二等阿思哈哈番恭逢太祖武皇帝配祀上帝禮成故陞爲一等阿思哈哈番天下大定歷陞爲三等精奇尼哈番爾能敬愼盡職著有勞績於其歿也朕甚悼焉特命勒諸貞珉光及泉壤國典臣誼庶其昭垂毋斁哉順治十五年九月初八日

和碩武肅親王碑文國家紀功崇德首重懿親苟能宣力王室著有勳勞高爵寵祿以光耀於生前豐碑美謚以流傳於歿後典至鉅也況有功高不賞信反見疑者哉和碩肅親王合格係太宗文皇帝長子朕親兄也智略超羣英雄蓋世其征蒙古賈魯特董夔插汗兒俄兒多思等國及征明數次平定朝鮮入山海關破流賊兵二十萬諸功前碑載之詳矣順治三年率領大兵往征四川時兵至陝西立解漢中府之圍所屬州縣盡爲恢復攻克三寨山張閣老崖等處山寨

三座各寨俱歸招撫擊敗水陸馬步兵二十二次追殺八次招撫僞總兵副將參遊以下官百十二員士卒翕然就降而陜中所竄叛賊掃蕩無餘焉又復入川攻克内江縣擊破八大王張獻忠一百三十六營遂斬張獻忠及其僞王巡撫總兵等官二千二百有奇俘獲馬騾無算廣宣德意招徠文武官二百三十五員馬步兵六千九百九十有餘四川大定建此奇功宜膺上賞壓勒根王攝政掩其拓疆展士之勳横加幽囚廹脅之慘忠憤激烈竟爾淪亡朕念手足之誼不勝悽愴親政後即令樹立貞珉但謚號賞賚尚闕焉未舉今特重敍前績以標王之德業闢土斥境折衝禦侮特謚曰武追封爲和碩武肅親王加以厚賚嗚呼朕追思痛悼弗能自已故表爾大功揚爾忠義昭朕篤親酬庸之意勒之金石用傳不朽云順治十五年九月十六日立

勅賜拜他喇布勒哈番管梅勒章京牛彔宜把漢碑文稽古建業驅策羣力不吝爵賞以勸有功昭示後世用傳不朽所以勵忠藎甚備也爾宜把漢原係白身管梅勒事天下大定歷加爲拜他喇布勒哈番管梅勒牛彔三年有餘爾能益著勤勞克勝厥任於其歿也朕用悼焉特命勒諸貞珉光及泉壤國典臣忠庶其昭垂毋斁哉順治十五年十一月□□日

奉天承運皇帝制曰朕惟尙德崇功國家之大典輸忠盡職臣子之常經古聖帝明王戡亂以武致治以文朕欽承往制甄進賢能特設文武勳階以彰激勸受茲任者必忠以立身仁以撫衆智以察微防姦禦侮機無暇時能此則榮及前人福延後嗣而身家永康矣敬之勿怠賈隆阿以爾辦事有能不違指使故授爲拜他喇布勒哈番□聽□□□□□七日後二次征北京時擊蘆溝橋兵爾率本甲喇兵

對陣□□爾又同曹海沙慕什哈征撒哈連兀喇時擊奔波果兒兵
爾對陣有功往掠六次爾獲丁壯六十九人初圍錦州時擊松山步
兵爾率本甲喇兵對陣有功擊□□馬兵爾率本甲喇兵對陣有功
又征松阿里兀喇時爾於指授之村獲丁壯六十五人定鼎燕京入
山海關之日擊流賊馬步兵二□□□甲喇章京恰愷對陣有功
追及流賊至慶都縣爾率本甲喇兵對陣擊之有功嘉爾故由拜他
喇布勒哈番陞爲三等阿達哈哈番順治二年二月二十八日天下
一統倣古聖王之制尊崇太祖武皇帝功德配祀上帝禮成念諸舊
臣世効勞績故由三等阿達哈哈番陞爲二等阿達哈哈番世襲罔
替順治七年三月初六日天下大定倣古聖王上聖母昭聖慈壽皇
太后尊號禮成□二等阿達哈哈番陞爲一等阿達哈哈番大婚禮
成亦倣古制加上聖母昭聖慈壽皇太后爲昭聖慈壽恭簡皇太后
尊號禮成由一等阿達哈哈番加一拖沙喇哈番世襲罔替順治九

年正月二十六日賈隆阿管牛彔事三十一年享□□□□於順治十五年八月十二日病故將男噶爾都仍襲一等阿達哈哈番兼一拖沙喇哈番世襲罔替如前順治十六年二月初八日

固山額眞加一級一等精奇尼哈番又一拖沙喇哈番管牛彔謚端果阿爾晉碑文稽古建業驅策羣力不吝爵賞以勸有功昭示後世用傳不朽所以勵忠蓋甚備也爾阿爾晉圍錦州時力戰松山錦州兵擊敗數次並殺敵官兵嘉爾超陞爲三等阿達哈哈番後征寧遠時有敵兵出城爾擊敗之又同哈寧阿征撒哈連兀喇時勦撫勤勞後定鼎燕京入山海關之日擊流賊兵二十萬爾對陣敗之又追及流賊至安肅慶都縣擊敗二次斬殺甚衆嘉爾超陞爲一等阿達哈哈番兼一拖沙喇哈番後破流賊滅福王平定河南江南時於潼關西安府等處殺敗流賊兵五次又於江寧府蕪□縣等處殺敗賊兵

三次嘉爾陞爲三等阿思哈哈番後征四川時於漢中府殺敗賀珍
兵三次又同衆殺敗賊八大王兵六次嘉爾陞爲一等阿思哈哈番
恭冂太祖武皇帝配祀上帝禮成故加一拖沙喇哈番後見英王亂
政之事爾重念祖恩不惜性命堅心爲國同額格秦公等出首其事
嘉爾超陞爲二等精奇尼哈番天下大定歷陞爲一等精奇尼哈番
兼一拖沙喇哈番前任纛章京黑白昂邦歷効勞績後陞固山額眞
益矢端直著有勤勞方冀克襄王事不意遽爾告終朕甚悼焉特命
勒諸貞珉光及泉壤國典臣忠庶其昭垂毋斁哉順治十六年四月
初四日立

大清誥贈一等阿達哈哈番兼一拖沙喇哈番賈隆阿碑順治十六
年四月吉日一等阿達哈哈番兼一拖沙喇哈番兒男噶爾都立監
造

光祿大夫一等阿達哈哈番兼一拖沙喇哈番副都統加一級朱世奇碑文稽古建業驅策羣力不吝爵賞以勸有功昭示後世用傳不朽所以勵忠藎甚備也爾朱世奇奉職恪慎故授爲三等阿達哈哈番恭奉太祖武皇帝配祀上帝禮成陞爲二等阿達哈哈番天下大定歷陞爲一等阿達哈哈番又一拖沙喇哈番爾能益著勤勞克勝厥任於其歿也朕用憫焉特命勒諸貞珉光及泉壤國典臣誼庶其昭垂毋斁哉順治十六年六月十六日

維順治十六年六月二十七日皇帝遣順天府尹加一級羅繪錦諭祭故湖廣益陽縣總兵官都督同知一等阿思哈哈番劉進忠之靈曰鞠躬盡瘁者臣子之芳蹤卹死報勤者國家之盛典爾劉進忠性行純良才能稱職克襄王事厥有勤勞方冀遐齡忽焉長逝朕用悼

焉特頒祭葬以慰幽魂嗚呼寵錫重壚庶享匪躬之報光頒繐帳聿
昭沒世之榮爾如有知尚克歆享首七祭文惟爾賦性貞誠服官敬
愼方期後效忽爾淹終憫惻益深再頒諭祭爾靈不昧尚克歆承下
葬文惟爾名高分閫久著勤勞方宣力於封疆俄息身於泉壤特頒
牲醴用表哀悰永奠佳城靈其來格朝廷四錫祭遣順天府尹加一
級羅繪錦其首七二七三七諭祭文俱同今只列其一餘未另勒石

梅勒章京加一級三等阿達哈哈番覺羅阿克善碑文稽古建業驅
策羣力不吝爵賞以勸有功昭示後世用傳不朽所以勵忠藎甚備
也爾覺羅阿克善初過北京征山東時擊吳總兵步兵爾步戰固山
前衛入于錦州杏山松山等處率本甲喇兵擊敗敵兵六次擊洪軍
門三營步兵時爾率本甲喇兵敗之又擊夸爾夸兵時爾於蘇章京
爾宜德前衛入擊敗對陣馬兵故授爲拖沙喇哈番後擊寧遠馬兵

爾率本甲喇兵對陣敗之于前屯衛城紅衣礮擊破之處爾竭力督攻本固山擺牙喇先登克之故陞爲拜他喇布勒哈番後定鼎燕京入山海關之日擊流賊兵二十萬爾步戰對陣敗之又追及流賊至慶都縣對陣敗之故加一拖沙喇哈番恭奉太祖武皇帝配祀上帝禮成故陞爲三等阿達哈哈番天下大定歷陞爲一等阿達哈哈番後得罪降爲拜他喇布勒哈番兼一拖沙喇哈番任梅勒章京著有勞績及征福建福州府聞報烏龍江侯官縣有賊船住泊爾遣官兵擊敗之聞報高齊有賊兵爾遣官兵擊敗獲船一隻烏龍江賊船二百餘隻爾乘船領衆擊敗之斬賊僞都督總兵官一員僞都司一員獲船十二隻後往解羅源縣圍赴戰陣亡故由拜他喇布勒哈番又一拖沙喇哈番授爲三等阿達哈哈番爾能禦敵衝鋒捐軀報國可謂始終盡瘁者矣朕甚嘉焉特命勒諸貞珉光及泉壤國典臣忠庶其昭垂毋斁哉順治十六年八月十三日立

一等阿達哈哈番兼一拖沙喇哈番原係梅勒章京加一級謚勤僖
董俄羅碑文稽古建業驅策羣力不吝爵賞以勸有功昭示後世用
傳不朽所以勵忠藎甚備也爾董俄羅辦事有能不違指使故授爲
拜他喇布勒哈番後征烏蘇魯兀喇時爾獲丁壯六十人初圍錦州
時杏山馬兵出城二次爾率本甲喇兵對陣敗之擊松山步兵爾率
本甲喇兵對陣敗之我左翼兵擊錦州兵爾率本甲喇兵敗之定鼎
燕京時以爾著梅勒章京留爲後隊加一拖沙喇哈番後以爾爲禮
部理事官辦事有能陞爲三等阿達哈哈番恭奉太祖武皇帝配祀
上帝禮成陞爲二等阿達哈哈番天下大定歷陞爲一等阿達哈哈
番兼一拖沙喇哈番爾能益著勤勞克勝厥職於其歿也朕用憫焉
特命勒諸貞珉光及泉壤國典臣誼庶其昭垂毋斁哉順治十七年
二月二十九日

固山襄敏貝子碑文稽古帝王創業首重懿親屬有功勳更從優典所以勵屏藩昭敦睦也爾吳達海乃多羅清把兔魯勇壯貝勒之子賦性敏達蒞事恪勤征流賊時賊從延安府乘夜逃出爾擊敗之斬殺甚衆又流賊第二營兵爾同衆協力敗之又尋賊踪跡追及余總兵兵殺之又追及滕吉思敗士舍吐汗兵爾率本固山兵對陣敗之又敗碩落汗兵爾率本固山兵對陣敗之累封貝子簡任刑部改授都察院宗人府時皆能盡職方冀永享遐齡何乃遽聞奄逝朕篤念宗親爰稽成憲謚曰襄敏勒之貞珉以垂不朽庶昭朕敦睦之懷爾

順治十七年九月初六日立

奉天承運皇帝制曰褒忠表義昭代之良規崇德報功聖王之令典特頒恩命以獎勤勞爾三等阿達哈哈番通政使司左通政司加一

級季爾塔拔性資端謹才識宏通俾理銀臺恪慎無慚於職守宣勞
政務夙夜克矢乎寅恭任用有年小心益勵崇階洊陟歷試能勤欣
茲慶典之逢宜沛恩綸之寵茲以覃恩特授爾階資政大夫錫之誥
命於戲恩推自近乃弘獎夫崇階業廣惟勤尚克承夫寵錫欽予時
命勵爾嘉猷初任法一旦哈番二任噶布什賢下三任壯大四任拖
沙喇哈番昭舊管壯大五任拜他喇布勒哈番六任拜他喇布勒哈
番又一拖沙喇哈番七任三等阿達哈哈番八任吏部郎中九任加
一級照舊郎中十任今職嫡妻贈淑人董俄覺羅氏茲以覃恩贈爾
爲夫人順治十八年正月初九日

奉天承運皇帝制曰褒忠表義昭代之良規崇德報功盛王之令典
特頒恩命以奬勤勞爾阿達哈哈番銜步兵固山大勒德夙具幹才
授職任用俾管固山大之任克殫敬慎之猷馭下有法奉職無諐慶

典欣逢新綸宜賁特加□秩以示褒嘉茲以覃恩特授爾階通議大夫錫之誥命於戲恩推自近乃弘奬夫崇階業廣惟勤尚克承夫寵錫欽予時命勵爾嘉猷初任拖沙喇哈番銜法一旦哈番二任拜他喇布勒哈番銜步兵固山大三任今職制曰夙夜維勤人臣寧遑內顧伉儷無忝國常豈靳隆施錫章服以酬庸念壼儀之嬔美爾阿達哈哈番銜步兵固山大勒德妻封恭人傅察氏克勤內德宜爾室家眷良臣靖共之猷賴淑女匡襄之助爰褒令範式沛新綸茲以覃恩封爾爲淑人於戲敬爾有官肅閨門而合好職思其內尚黽勉以同心祇服殊恩用昭壼德順治十八年正月初九日

皇清誥封光祿大夫都統三等伯加一級車爾布碑奉天承運皇帝制曰國家思創業之隆當崇報功之典人臣建輔運之績宜施錫爵之恩此激勸之宏規誠古今之通義爾三等伯加一級車爾布性資

端謹才識淵宏懋延世之恩克承先業篤象賢之誼無忝前徽奉職
有年小心益勵崇階洊陟歷試能勤欣兹慶典之逢宜沛絲綸之寵
爰頒新命以示褒嘉兹以覃恩特授爾階光禄大夫錫之誥命於戲
推恩申命爰弘奬於忠貞□德懋勳尙益勤於篤棐祗服朕命勉盡
乃心初任□等下二任法一旦大三任攏牙喇參領四任纛章京五
任拖沙喇哈番纛章京六任議政大臣纛章京七任襲父二等精奇
尼哈番佐領纛章京八任頭等精奇尼哈番纛章京九任頭等精奇
尼哈番又一拖沙喇哈番纛章京十任三等伯纛章京十一任三等
伯蒙古都統順治十八年正月初九日

奉天承運皇帝制曰褒忠表義昭代之良規崇德報功聖王之令典
特頒恩命以奬勤勞爾阿達哈哈番銜步兵固山大勒德夙具幹才
授職任用俾管固山大之任克殫敬愼之猷馭下有法奉職無愆慶

典欣逢新綸宜賁特加□秩以示褒嘉茲以覃恩特授爾階通議大
夫錫之誥命於戲恩推自近乃弘奬夫崇階業廣惟勤尙克承夫寵
錫欽予時命勵爾嘉猷初任拖沙喇哈番銜法一旦哈番二任拜他
喇布勒哈番銜步兵固山大三任今職制曰夙夜維勤人臣寧遑內
顧伉儷無忝國常豈靳隆施錫章服以酬勛念壼儀之婉美爾阿達
哈哈番銜步兵固山大勒德妻封恭人傅察氏克勤內德宜爾室家
眷良臣靖共之猷賴淑女匡襄之助爰褒令範式沛新綸茲以覃恩
封爾爲淑人於戲敬爾有官肅閨門而合好職思其內尙黽勉以同
心祗服殊恩用昭壼德順治十八年正月初九日

奉天承運皇帝制曰褒忠表義昭代之良規崇德報功聖王之令典
特頒恩命以奬勤勞爾浙江布政使司左布政使袁一相才識博通
性資醇謹服官有素崇秩洊加俾掌藩司小心彌勵宣勞匪懈夙夜

克□乎恪恭奉職無愆官守益彰夫清愼欣逢慶典宜沛新恩茲以
覃恩特授爾階□奉大夫錫之誥命於戲恩推自近乃弘奬夫崇階
業廣惟勤尙克承夫寵錫欽予時命勵爾嘉猷初任四川分守川東
道右參議二任分巡下川東道□使三任分守川北道副使兼右參
議四任加一級五任□□□□□六任陝西按察使七任山東布
政使司右布政使順治十八年正月初九□

奉天承運皇帝制曰朕惟尙德崇功國家之大典輸忠盡職臣子之
常經古聖帝明王戡亂以武致治以文朕欽承往制甄進賢能特設
文武勳階以彰激勸受茲任者必忠以立身仁以撫衆智以察微防
姦禦侮機無暇時能此則榮及前人福延後嗣而身家永康矣敬之
勿怠和芍□爾原係白身人初過北京征山東時攻寧津縣爾不用
雲梯首先登進遂克其城故授爲拖沙喇哈番崇德四年九月十四

日後二次過北京征山東時用雲梯攻順德府爾繼綽根後第四登進遂克其城故由拖沙喇哈番加一拖沙喇哈番陞爲拜他喇布勒哈番崇德八年十月初四日天下統一倣古聖王之制尊崇太祖武皇帝功德配祀上帝禮成念諸舊臣世効勞績故由拜他喇布勒哈番加一拖沙喇哈番世襲罔替順治七年三月初六日病故以兄子雍貴仍襲拜他喇布勒哈番兼一拖沙喇哈番世襲罔替如前順治七年四月初二日天下大定倣古聖王之制上聖母昭聖慈壽皇太后尊號禮成由拜他喇布勒哈番兼一拖沙喇哈番陞爲三等阿達哈哈番大婚禮成亦倣古制加上聖母昭聖慈壽皇太后爲昭聖慈壽恭簡皇太后尊號禮成由三等阿達哈哈番陞爲二等阿達哈哈番世襲罔替順治九年正月二十六日後四次征福建時聞福州被賊圍困前去征勦敵戰身亡故由二等阿達哈哈番陞爲一等阿達哈哈番將男黑色承襲世襲罔替如前順治十六年閏三月初六日

病故將親祖何莫會仍襲一等阿達哈哈番世襲罔替如前順治十
八年正月二十四日

奉天承運皇帝制曰褒忠表義昭代之良規崇德報功聖王之令典
特頒恩命以奬勤勞爾一等阿思哈哈番又一拖沙喇哈番都察院
參政管牛彔梅勒章京納篤祜爾初管甲喇入關擊流寇對陣擊敗
之於潼關同衆敵五湖戰退來犯之兵擊恰兒哈吐舍土汗對陣著
績又擊恰兒哈碩羅汗兵爾又戰著功江西戰金逆對陣屢捷南昌
敗僞鎭獲艘行間屢有戰功西臺理事稱職茲以覃恩持授爾階資
政大夫錫之誥命於戲恩推自近乃弘奬夫崇階業廣惟勤尙克承
夫寵錫欽予時命勵爾嘉猷初任一等□二任管牛彔管擺牙喇甲
喇三任拖沙喇哈番照舊管甲喇四任拜他喇布勒哈番照舊管牛
彔五任承襲孫職三等阿思哈哈番六任二等阿思哈哈番七任管

梅勒八任一等阿思哈哈番照舊管梅勒九任都察院參政照舊管

梅勒十任今職大清順治十八年歲次辛丑壬辰月戊寅日立

惟順治十八年五月二十七日皇帝遣鴻臚寺鳴贊加一級尼牙漢

諭祭故一等阿達哈哈番副都統管佐領舒里渾之靈前曰鞠躬盡

瘁者臣子之常經卹死報勤者國家之盛典爾舒里渾性行純良才

能稱職克襄王事厥有勤勞方冀遐齡忽焉長逝朕用悼焉特賜祭

典造墳安葬嗚呼聿垂不朽之榮庶享匪躬之報爾如有知尚其歆

享

交羅額素圖初任襲父前程是一個拜他喇布勒哈番第二任爲工

部織造庫理事官五載考察辦事有能故又加一個拜他喇布勒哈

番三任順治四年六月初五日遇蒙恩詔由拜他喇布勒哈番兼一

個拖沙喇哈番四任因在部勤愼又加一個拖沙喇哈番五任於順
治七年三月初六日遇蒙皇恩大詔故由拖沙喇哈番陞爲三等阿
達哈哈番六任亦□□□□勞有年又加二等阿達哈哈番七任加
一級一等阿達哈哈番世襲罔替故□□□□□勒碑刻銘垂於不
朽一等阿達哈哈番加一級牛彔章京工部織造庫理事官交羅額
素圖碑人臣竭力輸忠乃致身之恒節國家推仁錫命實邺下之隆
文欣榮典之載逢感殊恩而靡已祖喇達同父戎行戮力勇著殉軀
朝典褒功賞崇延嗣祖母相夫著德訓子成名聲著中閨範宜內則
父額素圖善以令望仰副先猷爰膺世職之榮官續素圖累晉勳階
之擢覃恩洊遇寵命幸邀方期殫力以報王家詎意短祚而歸幽壤
塞倫重叨世秩獲守官方媿無尺寸之長仰答君親之德捧茲綸綍
祇益哀榮是用敬勒豐碑樹之隧道嗟乎沐龍章之優渥增馬鬣之
輝煌寵賁先靈不泯忠勤之績光流後裔彌堅報稱之思欣戴何窮

昭垂無朽大淸國順治十八年八月吉日立

一等阿思哈哈番又一拖沙喇哈布加一級喇思哈布碑文稽古建業驅策羣力不吝爵賞以勸有功昭示後世用傳不朽所以勵忠藎甚備也爾喇思哈布原係蒙古國哈喇□掌固山貝勒抒誠歸順征董夔時率所部兵招其部屬來降故授爲三等阿思哈哈番恭奉太祖武皇帝配祀上帝禮成陞爲二等阿思哈哈番天下大定歷陞爲一等阿思哈哈番又一拖沙喇哈番爾能益著勤勞克勝厥任於其歿也朕用憫焉特命勒諸貞珉光及泉壤國典臣誼庶其昭垂毋斁哉順治十八年八月十八日

皇帝諭祭故二等阿思哈哈番加一級副都統莊機達之靈曰鞠躬盡瘁者臣子之常經邺死報勤者國家之盛典爾莊機達性行純良

才能稱職克襄王事著有勛勞方冀遐齡忽焉長逝朕用悼焉特賜
祭典造墳安葬嗚呼聿垂不朽之榮庶享匪躬之報爾如有知尚其
歆享順治十八年十月初十日次子三等侍衛薩爾占又次子卜住
立

順治十八年十一月初七日皇帝遣禮部右侍郎布顏諭祭故光祿
大夫少師兼太子太師戶部尚書保和殿内國史院大學士加一級
一等阿達哈哈番贈太保兼太子太師謚文恪額色黑之靈曰鞠躬
盡瘁臣子之常經卹死報勤國家之盛典爾額色黑性行端良才能
敏練三朝簡任克盡乃心終始恭誠允稱厥職綸扉佐理禆贊弘多
夙夜黽勞凊勤索著方切倚任遽爾告終朕甚悼焉特賜祭典造墳
安葬嗚呼寵錫重壚庶享匪躬之報名垂信史聿昭不朽之榮爾如
有知尚克歆享

一等阿達哈哈番又一拖沙喇哈番管牛彔副都統加一級榮祿大夫席喇擺牙喇□□誥命奉天承運皇帝制曰褒忠表義昭代之良規崇德報功聖王之令典特□恩命以奬勳勞□□□阿達哈哈番又一拖沙喇哈番管牛彔蒙古副都統席喇擺牙喇爾於征山東時敗馮太監兵出邊敗陳鎮兵與敵久戰□□入關步戰敗流寇于淮安合擊敗賊戰郭副鎮尅鶯臺山于四川擊□賊□汝礪勾梁譚張咸忠馬步兵皆同衆屢捷嘉爾勞績洊加陞擢延世懋賞茲以覃恩特授爾階資政大夫錫之誥命於戲恩推自近乃宏奬夫崇階業廣惟勤尚克承夫寵錫欽予時命勵爾嘉猷初任壯達二任管擺牙喇參領三任管牛彔照舊管參領四任拜他喇布勒哈番照舊管牛彔五任拜他喇布勒哈番又一拖沙喇哈番管蒙古副都統六任三等阿達哈哈番照舊管副都統七任二等阿達哈哈番照舊管副都統

八任一等阿達哈哈番照舊管副都統九任一等阿達哈哈番又一
拖沙喇哈番照舊管副都統十任阿思哈哈番品級照舊管牛彔十
一任今職緬維我祖當國家開創之始著有勤勞寵膺綸誥錫以世
及之爵此亦子孫之至榮也謹勒天章于墓道俾世世無忘國恩家
訓焉順治十八年十一月二十三日立孝孫卓多溥等百拜謹誌

奉天承運皇帝制曰朕惟尙德崇功國家之大典輸忠盡職臣子之
常經古聖帝明王戡亂以武致治以文朕欽承往制甄進賢能特設
文武勳階以彰激勸受茲任者必忠以立身仁以撫衆智以察微防
姦禦侮機無暇時能此則榮及前人福延後嗣而身家永康矣敬之
勿怠譚布爾原係白身管牛彔事爾同曹海沙慕什哈征撒哈連兀
喇時獲丁壯三百五十三人所獲人口爾嚴密禁錮較衆獨堅又撒
哈連兀喇人叛會合奔博果兒兵來戰我兵伏擊時爾先殺入嘉爾

故授爲拜他喇布勒哈番崇德五年六月二十六日後三次圍錦州時挖大壕護守木魯河錦州兵來犯擺牙喇纛章京噶布喇敗走從爾處經過爾竟衝入直抵步兵營敗之擊錦州來犯馬兵爾殺□官一人擊洪軍門三營步兵爾同固山額眞譚太不違指揮步戰敗之兩次擊對壘馬兵爾又同固山額眞譚太敗之洪軍門馬兵來犯右翼爾對陣敗之四次圍錦州挖小壕時錦州城内馬兵出戰爾直殺至步兵營敗之斬殺一人故由拜他喇布勒哈番加一拖沙喇哈番崇德七年八月二十三日後征寧遠時擊寧遠出戰敵兵爾率本固山兵對陣敗之定鼎燕京入山海關之日擊流賊馬步兵二十萬爾同固山額眞譚太對陣敗之嘉爾故由拜他喇布勒哈番兼一拖沙喇哈番陞爲二等阿達哈哈番順治二年正月二十八日平定淮安地方時爾同固山額眞準塔招服滿家諸洞又於黃河淮河交會處擊流賊兵四萬時爾同固山額眞準塔把圖魯敗之獲船五

百六十四隻紅衣礮五十七位駐扎淮安府時敵兵二萬餘敗遁海泊爾招降之獲船二十九隻擊田軍門湖口橋駐立步兵二千時同康哈爾步戰敗之擊田軍門三里橋駐立兵八千爾率本翼兵敗之於海安擊田軍門步兵七千爾同康哈爾敗之獲船八十隻擊如皋縣駐立步兵五千爾同康哈爾敗之擊田軍門馬家口駐立步兵一千爾同康哈爾敗之攻通州時爾同康哈爾用梯克之又同康哈爾招服三縣又擊田軍門奇畝駐立步兵四百敗之故由二等阿達哈哈番陞爲一等阿達哈哈番兼一拖沙喇哈番順治三年五月十四日後得罪降一等阿達哈哈番兼一拖沙喇哈番爲一等阿達哈哈番順治五年閏四月初五日天下統一倣古聖王之制尊崇太祖武皇帝功德配祀上帝禮成念諸舊臣世効勞績故由一等阿達哈哈番加一拖沙喇哈番世襲罔替順治七年三月初六日後征四川時擊賊八大王兵爾率本固山兵敗之擊賊八大王兵之日賊兵一隊

來戰爾敗之圍大同時賊步兵七千來戰爾同援兵擊敗之太原縣賊兵萬人來戰爾同車克督戰敗之平陽府賊馬步兵二千爾督戰敗之又太原縣賊步兵五千爾督戰敗之擊晉祠鎮馬步兵五千餘爾率本固山兵敗之晉祠鎮賊兵衝遁爾率本固山兵三次擊敗之又招服二州十一縣故由一等阿達哈哈番兼一拖沙喇哈番陞爲三等阿思哈哈番天下大定倣古聖王之制上聖母昭聖慈壽皇太后尊號禮成由三等阿思哈哈番陞爲二等阿思哈哈番後得罪降爲一等阿達哈哈番兼一拖沙喇哈番大婚禮成亦倣古制加上聖母昭聖慈壽皇太后爲昭聖慈壽恭簡皇太后尊號禮成由一等阿達哈哈番兼一拖沙喇哈番陞爲二等阿思哈哈番世襲罔替 順治

奉天承運皇帝制曰褒忠表義昭代之良規崇德報功聖王之令典特頒恩命以獎勤勞爾一等阿達哈哈番管佐領副都統舒禮渾性

資醇謹才識淵宏懋延世之恩克承先業篤象賢之誼無忝前徽奉
職有年小心益勵崇階洊陟歷試能勤欣茲慶典之逢宜沛恩綸之
寵茲以覃恩特授爾階資政大夫錫之誥命於戲恩推自近乃弘奬
夫崇階業廣維勤尙克承夫寵錫欽予時命勵爾嘉猷　順治

奉天承運皇帝制曰朕惟尙德崇功國家之大典輸忠盡職臣子之
常經古聖帝明王戡亂以武致治以文朕親承往制甄進賢能特設
文武勳階以彰激勸受茲任者必忠以立身仁以撫衆智以察微防
奸禦侮機無暇時能此則榮及前人福延後嗣而身家永康矣敬之
勿怠爾賈福尼原白身人初征北京時我兵出灤州敗回敵兵來犯
我後欲取三人首級爾斬殺敵兵援出三人嘉爾善戰故授爲拜他
喇布勒哈番天聰八年五月十七日又同沙慕什哈把奇蘭征撒哈
連兀喇時嘉爾効力行間故由拜他喇布勒哈番加一拖沙喇哈番

天聰九年五月十八日病故以子舒里渾仍襲拜他喇布勒哈番兼一拖沙喇哈番崇德八年五月二十一日天下統一倣古聖王之制尊崇皇帝功德配祀上帝禮成念諸舊臣世効勞績故由拜他喇布勒哈番兼一拖沙喇哈番陞爲三等阿達哈哈番世襲罔替順治七年三月初六日天下大定倣古聖王之制上聖母昭聖慈壽皇太后尊號禮成由三等阿達哈哈番陞爲二等阿達哈哈番大婚禮成亦倣古制加上聖母昭聖慈壽皇太后爲昭聖慈壽恭簡皇太后尊號禮成由二等阿達哈哈番陞爲一等阿達哈哈番世襲罔替順治九年正月二十六日後征流賊擊來犯延安府賊兵時爾同纛章京希爾艮擊敗之賊步兵來犯時爾同魯錫把圖魯擊敗之次至安陸府之日獲賊船十四隻追擊滕吉思擊哈爾哈圖謝免漢兵時爾率本甲喇對敵擊敗之擊哈爾哈石羅漢兵時爾率本甲喇對敵擊敗之困大同時賊僞巡撫張建淳等率馬步官兵一萬二千餘衆挖壕立

柵拒敵擊戰之時爾率本旗巴牙喇對敵擊敗之賊僞楊副將等率馬步萬餘賊兵拒敵擊戰時爾率本旗巴牙喇對敵擊敗之征雲南時在涼水井地方賊僞侯李成蛟率四總兵官馬步官千餘擺列礮鳥鎗挨牌拒敵擊戰時爾率右翼巴牙喇對敵擊敗之雙河口地方賊李定國率四侯二伯一萬官兵擺列象隻挨牌來犯擊戰時爾率本旗巴喇牙對敵擊敗之賊兵三千擺列礮鳥鎗拒敵擊戰時爾率本旗巴牙喇步戰對敵擊敗之賊兵一千用繩繫頸擺列礮鳥鎗挨牌拒敵擊戰時爾率本旗巴牙喇對敵擊敗之嘉爾故由一等阿達哈哈番陞爲三等阿思哈哈番病故將親男穆圖禮渾仍襲三等阿思哈哈番世襲罔替如前　順治

皇帝勑諭內大臣伯索尼爾秉性貞純飭躬端謹大節允孚于家國小心罔懈于艱難粤自皇考之時已居近臣之律抒誠歷悃裏一代

之洪基直諫批鱗表人臣之正誼是用鑒爾忠悃視猶股肱作朕輔弼任比阿衡迨先帝升遐羣小異議爾特持大義立闢奸回朕登寶祚入榆關即欲報厥殊勳加以渥眷不意釁生骨肉逆起宗親姦黨羣濟夫邪謀正類咸羅於擯斥衆皆側目而視爾獨一心不移雖劫以竄流誘之遷擢終守不奪之志永持無二之忱嗣朕親攬萬幾芟除衆慝爾又敷陳碩畫底績亮工翊贊和衷釋回增美邇者后躬遘疾朕心憂之以爾慎重克副朕衷留侍禁籞爾復矢懷端亮任事勤劬殫慮竭謀務歸盡善以故勿藥獲痊旋即安豫上紓聖母之憂下慰臣民之望朕心嘉悅何可勝言誠可謂邦之藎臣乃心王室者矣茲用特錫褒綸式彰茂績嗚呼尙稽古昔不乏純臣或以直節顯聞或以忠猷茂著以爾與較殆猶過之社稷之臣維爾功以無愧心膂之佐將朕賴其方殷爾其欽哉特諭 順治

奉天承運皇帝制曰朕惟尚德崇功國家之大典輸忠盡職臣子之
常經□聖帝明王戡亂以武致治以文□承往制甄進賢能特設文
武勳階以彰激勸受茲任者必忠以立身仁以撫衆智以察微防姦
禦侮機無□時能此則榮及前人福延□□□身家永康矣敬之勿
怠哈賴爾原係白身爲包達効力集久修造宮殿敬謹嘉爾故授爲
拜他喇布勒哈番□□禮成□□古制加上□母□□慈壽皇太后
爲□□□□□□皇太后尊號禮成由拜他喇布勒哈番加一拖沙
喇哈番再准襲二次順治□年正月二十六日後因爾誠□効力至
老故加恩拜他喇布勒哈番□一拖沙喇哈番陞爲三等阿達哈哈
番再加一次准襲四次　順治

恩友譾劣無似仰蒙朝廷錄用叨□崇階備員清署皆先人餘蔭之
所及也因追念我父□力封疆屢立戰功勳業書之竹帛丹劵錫於

奕世□□勒之貞珉昭茲來許□□□□□□□□□□□□□□
□□□□□君恩之隆重亦因□□□用是懍懍謹奉□絲綸鐫之
墓碑俾後人知所仰止□永無替焉奉天承運皇帝制曰朕惟尚德
崇功國家之大典輸忠盡職臣子之常經古聖帝明王戡亂以武致
治以文朕欽承□□甄進賢能□□□□□□□□□□□茲任者
必忠以立身仁以撫衆智以察微妨奸禦侮機無暇時能此□□□
□□福延後嗣而身家□□□□□勿怠哈□邇岱以爾辦事有能
不違指使故授爲拜他喇布勒哈番崇德八年五月十七日定鼎燕
京入山海關之日擊敗□□□步兵二□萬□同梅勒章京□□擺
喇牙步戰對陣敗之追□流賊至慶都縣□□□□□□□對陣擊
敗之故由拜他喇布勒哈番加一拖沙喇哈番順治二年二月二十
八日天下統一倣古聖王之制尊崇太祖武皇帝功德配祀上帝禮
成念諸舊臣世効勞績故由拜他喇布勒哈番兼一拖沙喇哈番陞

爲三等阿達哈哈番世襲罔替順治七年□月初六日病故□□

□仍襲三等阿達哈哈番世襲罔替□□順治七年三月二十二日

□□□□倣古聖王之制上聖母昭聖慈壽皇太后尊號禮成由三

等阿達哈哈番陞爲二等阿達哈哈番大婚禮成亦倣古制加□聖

母昭聖慈壽皇太后爲昭聖慈壽恭簡皇太后尊號禮成由二等阿

達哈哈番陞爲一等阿達哈哈番世襲罔替順治□年正月二十六

日

皇清誥封光祿大夫太子少傅管侍衛內大臣加二級一等阿達哈

哈番兼管佐領穆公誥命碑奉天承運皇帝制曰國家思創業之隆

當崇報功之典人臣建輔運之績宜施錫爵之恩此激勸之宏規誠

古今之通義爾穆福性資端亮才識宏通簡侍禁廷恪慎無惰於職

守宣勞左右夙夜克矢乎寅恭任用有年小心益勵服官匪懈歷試

能勤欣兹慶典之逢宜沛恩綸之寵爰頒新命以示褒嘉兹以覃恩
特授爾階光祿大夫錫之誥命於戲推恩申命爰宏奬於忠貞樹德
懋勳尚益勤於篤棐祗服朕命勉盡乃心初任護軍校二任三等侍
衛三任二等侍衛四任護軍參領五任佐領六任取前屯衛城時遣
爾圍中前所爾知城内人出遁爾乘夜奪門而入遂克其城定鼎燕
京入山海關之日擊流賊馬步兵二十萬爾率擺牙喇甲喇兵對陣
敗之追及流賊至慶都縣爾□本甲喇兵對陣敗之於眞定府追及
流賊率本固山擺牙喇追殺之取太原府時爾前往懷慶府遇敵兵
爾率本固山擺牙喇追殺之直抵黄河邊環視太原府攻城之處城
内兵來犯爾率本固山擺牙喇擊敗之又爾率擺牙喇同前鋒兵往
探絳州渡口遇賊馬步兵一千爾擊敗之獲船六隻征流賊時爾自
西安府往尋賊□□及賊兵二隊殺之至承天府之日爾率擺牙喇
前鋒兵乘小舟追及流賊舟師獲船十二隻自承天府遁出賊兵一

千爾率前鋒兵擊敗之擊流賊第二營兵爾率本固山前鋒兵對陣
之又擊賊王副將兵三千敗之嘉爾故授爲拜他喇布勒哈番七任
太祖皇帝配天禮成加一拖沙喇哈番八任往江西時擊九江府關
廂據立賊兵三千爾領纛步戰敗之獲船一百一十隻賊四總兵率
兵一萬二千來犯本固山壕塹爾陣敗之南昌府近有賊船七百餘
隻爾率章京兵馬放火焚之獲船十隻招服南豐縣又指揮用雲梯
攻九江府遂克其城陞爲阿達哈哈番九任上聖母皇太后尊號禮
成陞爲二等阿達哈哈番十任大婚禮成加上皇太后尊號禮成陞
爲一等阿達哈哈番世襲罔替十一任蒙古副都統十二任滿洲副
都統十三任護軍統領十四任管大臣侍衛内大臣十五任加二級
□□年□月□□日立順治

雪屐尋碑録卷二

雪屐尋碑錄卷三

清宗室盛昱集錄

誥封夫人郭里洛思氏昂凱爲夫資政大夫拜他喇布勒哈番頭等蝦加一級昂噶立碑謹製序文妾昂凱以童蒙之資聿結髮迄于殘喘無忝乎婦道無虧乎親疏是皆由長人誘之以禮義訓之以和順夙夜眷養成全有自妾欲與爾共承天澤終身得以尊榮不意半途離析遂失伉儷之偕晝夜痛哀光陰迅速已三更裘葛矣古有云夫者婦之天也然良人情誼浩大如天每思及之心肝若裂且良人爾原係外番巴林之蒙古自髫齡布衣時歸德太宗聖□帝因而使於外番□蒙古處往來通好克盡忠直先乎端重臨陣交鋒未嘗惜命日夜勤勞效用蒙太宗皇帝睿鑒於斯我夫妻共霑格外寵渥之隆光榮豢養之恩嗣後世祖皇帝聞在先皇太宗時克勤效力有年因是顯揚乃陞爲管巴牙拉參領賜職拜他喇布勒哈番繼進爲頭等

蝦加一級扈從隨侍殺饌頓賜又覃恩於爾祖父母父母爾身及妻俱誥封追贈然此皆因良人以端重爲先忠直爲念夙興夜寐捐軀盡瘁之功所致但妾身不幸自幼伉儷之夫中道别離無以報答略致衷曲將所賜誥命勒石墓前以垂永遠嗚呼聖主上之洪恩廣大無疆世膺仁澤感良人教養之德惠彌高彌深孝思惟敬表而出之誥封綸音謹開於後康熙元年二月吉日立

奉天承運皇帝制曰朕惟尙德崇功國家之大典輸忠盡職臣子之常經古聖帝明王戡亂以武致治以文朕親承往制甄進賢能特設文武勳階以彰激勸受兹任者必忠以立身仁以撫衆智以察微防奸禦侮機無暇時能此則榮及前人福延後嗣而身家永康矣敬之勿怠班布理爾原係白身管牛彔事定鼎燕京入山海關之日擊流賊馬步兵二十萬爾率本甲喇兵對陣敗之追及流賊至慶都縣爾

卒本甲喇兵對陣敗之嘉爾故授爲拜他喇布勒哈番天下統一倣
古聖王之制尊崇太祖武皇帝功德配祀上帝禮成念諸舊臣世効
勞績故由拜他喇布勒哈番加一拖沙喇哈番世襲罔替天下大定
倣古聖王之制上聖母昭聖慈壽皇太后尊號禮成由拜他喇布勒
哈番兼一拖沙喇哈番陞爲三等阿達哈哈番大婚禮成亦倣古制
加上聖母昭聖慈壽皇太后爲昭聖慈壽恭簡皇太后尊號禮成由
三等阿達哈哈番陞爲二等阿達哈哈番世襲罔替後再遇覃恩誥
封通議大夫康熙元年三月十五日立

奉天承運皇帝制曰鞠躬盡瘁人臣奉職之猷酬德褒庸朝廷勸忠
之典蓋靖共既昭其大則哀榮必厚厥終爾原任光祿大夫少師兼
太子太師戸部尚書保和殿内國史院大學士加一級一等阿達哈
哈番謚文恪額色黑性行純良才猷敏練擢參密勿贊機務以維勤

懋著寅清亮天工而匪懈方需後効深資啓沃之功遂爾考終失我耆碩之佐稽諸常典宜沛恩綸加晉崇階用風有位茲贈爾爲太保兼太子太師於戲位隆三事弘敷紫誥之華寵渥九原永作黃壚之賁幽靈不昧鉅典式承康熙元年六月二十七日

奉天承運皇帝制曰鞠躬盡瘁人臣奉職之猷酬德褒庸朝廷勸忠之典蓋靖共既昭其大則哀榮必厚其終爾原任內翰林弘文院大學士希福性行純良才猷敏練擢參密勿贊機務以維勤懋著寅清亮天工而匪懈方需後効深資啓沃之功遂爾考終失我耆碩之佐稽諸常典宜沛恩綸加晉崇階用風有位茲贈爾爲太保於戲位隆三事弘敷紫誥之華寵渥九原永作黃壚之賁幽靈不昧鉅典式承康熙元年六月二十七日

奉天承運皇帝制曰褒忠表義昭代之良規崇德報功聖王之令典
特頒恩命以獎勤勞爾一等阿達哈哈番牛彔章京管蒙古梅勒戶
部侍郎卜克沙爾于皮島同衆先登屢敗錦州杏山松山三營等兵
爾同衆埋伏誘敵對陣斬獲多□入邊擊敗馬鎮杜副鎮□邊擊馬
步敵兵于山東尅蒙陰沂水縣城于綏德州延安府武昌府富池口
九江池州府□敗一□虎田黄等諸逆敵兵獲船著績擊土舍吐汗
碩羅汗對陣制勝嘉爾善戰延世□賞玆以覃恩特授爾階資政大
夫錫之誥命於戲恩推自近乃弘獎夫崇階業廣惟勤尙克承夫寵
錫欽予時命勵爾嘉猷初任壯□二任管攏牙喇甲喇三任拖沙喇
哈番照舊管甲喇四任管牛彔照舊管甲喇五任拜他喇布勒哈番
照舊管甲喇六任拜他喇布勒哈番又一拖沙喇哈番照舊管甲喇
七任三等阿達哈哈番照舊管甲喇八任管蒙古固山梅勒九任二
等阿達哈哈番照舊管梅勒十任戶部侍郎照舊管梅勒制曰夙夜

維勤人臣寧遑內顧伉儷無忝國常豈靳隆施錫章服以酬勛念壼儀之媲美爾一等阿達哈哈番牛彔章京管蒙古梅勒戶部侍郎卜克沙妻覺羅氏克勤內德宜爾室家眷良臣靖共之猷賴淑女匡襄之助爰褒令範式沛新綸茲以覃恩封爾爲夫人於戲敬爾有官肅閨門而合好職思其內尚黽勉以同心祗服殊恩用昭壼德康熙元年孟冬孝妻覺羅氏率男韓處□□吉日立

奉天承運皇帝制曰父有令德子職務在顯揚臣著賢勞國家必先推錫用申新命以表前休爾贈通奉大夫拜他喇布勒哈番內翰林弘文院學士和多禮乃太子少保兵部尚書加一級蘇納海之父持身有道教子成名嘉予懋績之臣實爾克家之嗣用褒義訓爰賁恩榮茲以覃恩贈爾爲光祿大夫太子少保兵部尚書加一級錫之誥命於戲率行式穀澤流靑史之光教孝作忠榮耀紫綸之色永培祚

胤錖庇昌隆康熙二年正月初九日

太子太保光祿大夫一等侯兼一拖沙喇哈番都統襄敏宜公碑文
奉天承運皇帝制曰朕惟尚德崇功國家之大典輸忠盡職臣子之
常經古聖帝明王戡亂以武政治以文朕欽承往制甄進賢能特設
文武勳階以彰激勸受兹任者必忠以立身仁以撫衆智以察微防
姦禦侮機無暇時能此則榮及前人福延後嗣而身家永康矣敬之
勿怠宜爾德爾原係白身人攻錦州未下時遇寧遠兵爾于楊古理
額夫前殺入初次征北京時遇京城□兵爾于楊古理額夫前直入
殺敵遇薊州步兵爾于楊古理額夫前殺入出邊時遇木城兵爾當
先殺其一人生擒一人取大淩河時城内□出爾同譚布直入射殺
一人斬殺一人擊張道理兵時爾于上前直入斬一持弓人秋往掠
前屯衛時爾同劉哈率十五人追敵哨撥遇兵三人舉刀追逐噶思

哈爾直入擊退敵兵殺一人援出噶思哈故授爲拜他喇布勒哈番
天聰十年二月十二日後二次征北京進內邊時敗列陣敵兵得其
邊門定興縣爾身先指揮豎梯克其城攻昌平州爾率甲喇立挨牌
以穴其城又同固山額眞譚泰前往埋伏遇敵馬兵六十四人直前
敗之遇晁總兵兵爾于固山額眞譚泰右翼並進又往迎紅衣礮遇
京北石橋兵爾先入敗之曹州高大監兵來犯我營爾率甲喇敗之
我兵出邊之日敵兵來戰諸將皆顧輜重爭出爾獨殿後拒敵嘉爾
由拜他喇布勒哈番超陞爲一等阿達哈哈番崇德元年十一月二
十八日初圍錦州時刈取錦州田遇敵兵出爾領西甲喇次纛殺壕
邊敗之先擊杏山馬兵時爾領纛敗之直抵敵步兵營擊松山馬兵
爾領纛敗之抵敵步兵營擊松山步兵爾領纛敗之直至角臺又有
馬兵一枝橫衝而來爾殺敗之杏山馬兵于小河邊駐立爾敗之直
抵其步兵營爾又同兔爾格葉克書往錦州埋伏蘇拜率八十人在

前爾率八十人繼之渡河馳兵回時敵兵尾逐爾誘至反擊直至河
邊獲其纛及馬匹兔爾格葉克書正與敵拒戰爾由敵右殺入遂與
兔爾格葉克書合復敗敵兵一次爾又殿後保全俘獲嘉爾善戰由
一等阿達哈哈番陞爲三等阿思哈哈番崇德二年十月二十四日
後三次圍錦州時松山馬兵來奪我紅衣礮爾領擺牙喇纛對陣敗
之深入□地在别固山後回見鑲黄旗梅勒章京曹海被敵追襲即
回身殺入殿後援出擊洪軍門步兵三營時爾不違指揮領擺牙喇
纛步戰敗之□殺營内敵兵完畢甫出爾又不違指揮復整兵擊别
營來敵□兵敗之二王來擊山峰下攻圍我右翼敵□時爾領擺牙
喇纛對陣敗之回兵時爾殿後見鑲黄旗擺牙喇鑲紅旗雍舜之子
正紅旗二擺牙喇共四人爲敵所迫爾俱援出嘉爾喜戰由三等阿
思哈哈番陞爲一等阿思哈哈番崇德八年八月二十三日定鼎燕
京由一等阿思哈哈番加一拖沙喇哈番順治二年二月二十八日

後破流賊滅福王平定河南江南時于潼關埋伏前鋒之日擊流賊兵爾同固山額眞圖賴公敗之在潼關時流賊賁夜三次來犯我固山營爾率固山兵擊敗之直至壕邊自潼關同固山額眞宗室韓代招服一州四縣渡洋子江時爾乘船先入固山而渡嘉爾由一等阿思哈哈番兼一拖沙喇哈番陞爲二等精奇尼哈番順治三年五月十四日天下統一倣古帝王之制尊崇太祖武皇帝功德配祀上帝禮成念諸舊臣世効勞績准世襲罔替順治七年三月初六日後初定福建時爾同韓代公北楓嶺督擊賊蔡副將兵五百敗之擊僞伯吳凱兵五百爾同韓代公固山額眞阿羅色臣督戰敗之僞江總兵以兵二萬來攻汀州府爾同固山額眞阿機格泥勘督戰敗之又同固山額眞阿機格泥勘遣官兵前往攻汀州府克之擒僞唐王征江西時隨固山額眞阿羅會往饒州府于通子渡河擊賊四千步兵時爾同纛章京波爾會敗之南昌府賊首金聲桓王得仁率馬步兵七

萬來攻我營爾率固山擺牙喇敗之僞劉總兵馬步兵三千來犯固
山壕邊汎地爾率固山擺牙喇敗之往撫州府時爾率官兵前往遇
僞張總兵兵二千爾督敗之賊首金聲桓王得仁率馬步兵來犯正
紅旗壕邊汎地爾同纛章京敦拜往援敗之賊馬步兵一萬來攻正
紅旗壕邊汎地爾同纛章京敦拜往援敗之又同韓代公同固山額
眞阿機格泥勘招服一府十三縣又同纛章京波爾會招服撫州府
建昌府所屬十一縣故由二等精奇尼哈番陞爲一等精奇尼哈番
順治七年五月初四日天下大定倣古聖王之制加上聖母昭聖慈
壽皇太后尊號由一等精奇尼哈番陞三等侯後得罪降爲一等伯
大婚禮成亦倣古制加上聖母昭聖慈壽皇太后爲昭聖慈壽恭簡
皇太后尊號禮成由一等伯加一拖沙喇哈番世襲罔替順治九年
正月二十六日後因犯罪曾經革職又統領官兵前去浙江征舟山
□聞報大嵐山有賊僞總兵王長樹等交通海賊放火燒房殺害百

姓爾同蘇章京車爾布等公議撥章京兵丁與梅勒章京顧祿古前去夏關地方賊僞總兵毛先祚率賊兵二千來犯遣夸蘭大鄂泰巴圖魯等擊敗之斬殺一千餘聞報賊欲攻取嵊縣爾同蘇章京車爾布等公議遣夸蘭大鄂泰巴圖魯等于□□門地方將僞總兵王長樹兵二千餘衆擊敗之斬殺賊首王長樹並賊兵八百餘名又賊僞英毅伯阮思率船兵百餘隻擺列海上拒戰爾同蘇章京車爾布等公議將章京兵丁分爲三隊擊戰時用船陸續前進擊敗之獲船二隻印二顆斬其僞副將阮進又賊僞總制陳六御英毅伯阮思叛賊張洪德等率賊兵三萬餘衆船二百餘隻擺列海上迎犯爾同蘇章京車爾布等公議將章京兵丁分爲兩隊擊戰時用船陸續前進擊敗之斬殺賊僞總制陳六御英毅伯阮思叛賊張洪德十六員生擒僞總兵林德等一百餘員斬之獲大印四顆銅印二十二顆船二十五隻□□法貢一百六十餘位又同蘇章京車爾布等公議行令總

兵官張傑梅勒章京吳汝玠等率領官兵來勦舟山行至李楊口地方遇賊船三百餘隻擊敗之沈溺賊船四隻招撫賊僞總兵八員僞副將參將遊擊都司守備等九十餘員並賊兵三千餘衆獲印十三顆恢復舟山安服百姓贖其前罪所指成功嘉爾故將革去一等伯又一拖沙喇哈番仍行還給又准請功超陞爲一等侯又一拖沙喇哈番世襲罔替如前順治十四年九月欽此及信郡王統領大兵平定滇黔運籌決策克奏膚功于順治十七年二月十九日以壽終於軍中皇上震悼謚襄敏水衡出錢營祭葬降慜邺之褒遣官祭三次初次祭文順治十八年十二月十二日皇帝遣太子太保禮部尚書烏赫諭祭故一等侯兼一拖沙喇哈番都統謚襄敏宜爾德之靈曰鞠躬盡瘁者臣子之常經邺死報勤者國家之盛典爾宜爾德性行剛方才猷敏練克襄王事久歷戎行素著勤勞之績甫膺世及之榮遐齡宜享長逝忽聞朕用悼焉特加祭典造墳安葬嗚呼寵錫重壚

庶享匪躬之報名垂信史聿昭不朽之榮爾如有知尚其歆享二次
祭文順治十八年十二月十七日皇帝遣禮部尚書沙澄諭祭故一
等侯兼一拖沙喇哈番都統謚襄敏宜爾德之靈曰惟爾賦性果毅
蒞事英敏方期後效忽爾淹終憫惻益深再頒諭祭爾靈不昧尚克
歆承三次祭文順治十八年十二月十九日皇帝遣禮部左侍郎祁
徹白諭祭故一等侯兼一拖沙喇哈番都統謚襄敏宜爾德之靈曰
惟爾賦性果毅蒞事英敏方期後效忽爾淹終憫惻益深再頒諭祭
爾靈不昧尚克歆承又于康熙元年月内加贈宮保奉皇帝勑諭奉
天承運皇帝制曰鞠躬盡瘁者人臣奉職之猷酬德褒庸者朝廷勸
忠之典蓋靖共既昭其大則哀榮必原厥終爾原任一等侯兼一拖
沙喇哈番都統宜爾德性行端良才猷練達命統禁旅勳勞茂著于
服官職典師干調度克肩夫重寄方需後效佇膺倚毗之隆遂爾考
終失我股肱之佐稽諸常典宜沛恩綸特晉崇階用風有位茲贈爾

爲太子太保於戲位隆三事弘敷紫誥之華寵渥□□永作黄壚之
賁幽靈不昧鉅典式承天語煌煌爭光星日謹勒於碑永垂於後康
熙二年二月吉旦一等侯兼一拖沙喇哈番孝孫巴渾泰謹立

奉天承運皇帝制曰褒忠表義昭代之良規崇德報功聖王之令典
特頒恩命以奬勤勞爾管佐領鴻臚寺卿加一級納冷格性資端謹
才識宏通俾理鴻臚恪愼無慚於職守宣勞政務夙夜克矢乎寅恭
任用有年小心益勵崇階洊陟歷試能勤欣兹慶典之逢宜沛恩綸
之寵兹以覃恩特授爾階資政大夫錫之誥命於戲恩推自近乃弘
奬夫崇階業廣惟勤尙克承夫寵錫欽予時命勵爾嘉猷初任戶部
他赤哈哈番二任禮部員外郎三任管佐領四任本部郎中照舊管
佐領五任加一級照舊管郎中六任鴻臚寺卿七任今職制曰夙夜
維勤人臣寧遑內顧伉儷無忝國常豈靳隆施錫章服以酬勳念壼

儀之媲美爾管佐領鴻臚寺卿加一級納泠格妻封安人又封淑人
納喇氏克勤内德宜爾室家眷良臣靖共之猷賴淑女匡襄之助爰
褒令範式沛新綸兹以覃恩封爾爲夫人於戲敬爾有官肅閨門而
合好職思其内尚黽勉以同心祗服殊恩用昭壼德康熙二十年仲春
月吉日孝妻立

奉天承運皇帝制曰父有令德子職務在顯揚臣著賢勞國典必先
推錫用申新命以表前休爾喀爾代乃太子少保護軍統領佐領加
二級查哈太之父持身有道迪子成名嘉予懋績之臣實爾傳家之
嗣爰褒義訓用賁恩榮兹以覃恩贈爾爲光禄大夫太子少保護軍
統領佐領加二級錫之誥命於戲率行式穀澤流青史之光教孝作
忠榮耀紫綸之色永培厥後益庇昌□康熙二十年六月

輔國公謚懷思滿都碑文自古帝王創業垂統以貽萬世凡在宗支皆膺顯號所以重懿親也爾滿都乃鎮國公温齊哈之子念係宗室故封爲輔國公爾天姿茂美性體温良方冀永享遐齡何乃遽聞奄逝朕篤念宗親爰稽成憲謚曰懷思勒之貞珉以垂不朽昭朕敦睦之懷爾康熙二年七月十一日立

皇清誥封□等阿□哈哈番二等下□哈丹之墓康熙□年八月吉日□□等阿思哈哈番□□立碑□□□□□□□□□□男三等阿思哈哈番□□序蓋聞□□成訓乃□□□仁之□功立行揚名爲人子□□之誠悃惟□□□于先代貽□行□□□□□我先□追踐歷代之忠純盛世居官克城破敵立有□業捐身報國□□□□承先□之澤得襲隆爵幸遇覃恩歷受封誥每念無窮之德澤何敢□沒其□訓謹將誥命之首□封碑文以昭先人之

□□□□□後昆之□功□不□恪守襲替毋怠奉天承運皇帝詔
曰嘉忠著義乃盛世之偉範尙德酬功爲聖王之隆典特降恩綸以
勸勤勞爾頭等阿打哈哈番又一拖沙喇□□□等下阿哈丹爾父
大同之役撫勦有功攻克王家莊城攻城破敵且奉育公主又著勤
勞是以加級以示酬典後□故爾襲替職業勤愼不怠今普□覃恩
授爾爲奉議大夫賜給誥命於戲恩自近施賜以優品昭著推功益
勤克盡永承寵□欽朕之□□□偉謀順治八年八月二十一日覃
恩授爾爲資政大夫賜給誥命順治十四年三月初十日復征勦□
省□寇之役功克□門□□□□□頭等□□□□□又一拖沙喇
哈番□爲三等阿思哈哈番□□□□□□□□□襲世襲罔替如
前康熙二年二月初□日康熙二年七月二十三日皇帝欽差太常
寺□替官加□級阿納庫致祭於頭等阿達哈哈番又一拖沙喇哈
番二等下因陣亡加一拖□□□□□□□三等阿思哈哈番阿哈

丹之靈曰盡身竭力乃人臣之偉行憫役酬勞爲國家之盛典爾阿
哈丹秉性忠直捐身報□鏖戰破敵□□鋒刃勤勞□□朕不勝□
悼特命賜祭□□□□□□□來歆尙享

奉天承運皇帝制曰考績試功陟明之大典褒勳表勩式序之隆恩
厥職允修殊綸宜錫提督鴈門等關巡撫山西太原等處地方兼都
察院右副都御史白如梅才識博通性資醇謹服官有素洊陟榮班
俾撫晉中恪恭罔懈奉公宣力著有勤勞懋績既彰殊恩宜沛特頒
新命以示勸酬茲特授爾階資政大夫錫之誥命於戲虞書歌庶事
之康唯賡股肱之不惰周官毖董正之治尙嚴卿士之克艱晉躋崇
階益勤率迪制曰觀法閨門之中始基家慶恤私居室之際益勵官
常爰追淑媛之褒用著良臣之績爾提督鴈門等關巡撫山西太原
等處地方兼理雲鎭諸務兵部右侍郎兼都察院右副都御史白如

梅妻李氏温懿含姿肅恭秉度股肱一德之治方藉同心靜好中饋之賢已成異世茲贈爾爲夫人於戲弼諧之任□顯遇而方來象服之章賁隆恩於既往式慰冥漠尚克歆承制曰翟服錫榮國重絲綸之賚雞鳴警旦家宜伉儷之賢淑慎無間於前徽寵錫應同於一視爾提督鴈門等關巡撫山西太原等處地方兼理雲鎮諸務兵部右侍郎兼都察院右副都御史白如梅繼妻李氏幼習閨箴長嫻內則豐約不二允賢淑之宜家蘋藻克修寛良臣之內顧茲贈爾爲夫人於戲表靜閑之度增賁六珈寵瓊琚之光祗承三錫幽原并逮婦德彌輝康熙二年八月十一日

鎮國將軍品級都統宗室巴思漢碑稽古創業之君每重懿親之建屬在宗支皆膺顯號典至優也爾巴思漢性行純良才猷敏練年力方富遽以疾終朕稽諸古典爰命勒碑墓道垂示後世昭朕親親之

誼有隆無替云爾康熙二年十月初九日立

三等精奇尼哈番一等下陣亡謚直勇納穆生格碑文稽古建業驅策羣力不吝爵賞以勸有功昭示後世用垂不朽所以勵忠藎甚備也爾納穆生格係多爾機之弟伊兄曾有戰功爾承襲兄職勿替家聲爲一等下小心匪懈克守厥職迨征福建時爾禦敵衝鋒捐軀報國可謂始終盡瘁者矣朕甚嘉焉特命勒諸貞珉以光泉壤國典臣忠庶其昭垂毋斁哉康熙二年十二月二十二日立

惟康熙三年二月十三日皇帝諭祭故漢軍世襲阿達哈哈番佐領屯代之靈曰鞠躬盡瘁臣子之芳踪䘏死報勤國家之盛典爾屯代性行純良才能稱職方冀遐齡忽焉長逝朕用悼焉特頒祭葬以慰幽魂其欽承之

撒木哈妻攏牙喇哈里克碑文稽古表揚之典並及閨帷所以振幽芳勵風化蓋甚重也爾撒木哈妻攏牙喇哈里克賦姿義烈秉性貞良當爾夫爲弟三太擊死之後即矢誠訴苦爲叔叩閽曰叔三太與兄撒木哈原本和睦因一時之忿兄弟鬬毆三太打中致兄撒木哈命殞若照定規誅三太公婆丈夫墳墓無人看管若饒三太之命墳墓有人看管五子亦得所付託丈夫之後不致泯絕且身夫危篤之時身向夫云願以身殉身夫遺言爾往控告救弟養育五子因此從夫之命爲叔控告等語發部屢訊清白素持且叔命既全而從容就死深爲可憫生前而使□祀不絕幼嗣存託沒後而不愧潔身慰夫地下孝義兼備旌表宜隆是用建坊勒碑以昭朝廷鼓勵貞烈至意云爾康熙三年三月二十六日立

正三品皇清誥封通議大夫一等阿達哈哈番□正黄旗京白彥甲
喇章京又加拖沙□哈番朝臣把圖魯之墓康熙三年十月吉旦襲
授通議大夫一等阿達哈哈番又加拖沙喇哈番勇圖□

皇帝諭祭故總理内鑾儀衛一等伯加一級内大臣管佐領穆赫林
之靈曰鞠躬盡瘁臣子之芳踪卹死報勤國家之盛典爾穆赫林賦
性純良居心敬慎幼承父職繼陟崇階俾掌鑾儀克勤職守方冀遐
齡忽焉長逝朕用悼焉特頒祭葬用展哀悰嗚呼寵錫重壚庶享匪
躬之報名垂信史聿昭不朽之榮爾如有知尚其歆享康熙三年十
月十一日

一等精奇尼哈番加一級一頭下陣亡加拜他喇布勒哈番授爲三
等伯謚剛勇覺羅莫羅宏碑文稽古建業驅策羣力不吝爵賞以勸

有功昭示後世用傳不朽所以勵忠藎甚備也爾莫羅宏之祖拜山
征錦□奮力陣亡爾父顧納代襲職攻南昌府復能奮力陣亡祖父
克勤王事爾能勿替家聲迨夫征福建時爾禦敵衝鋒捐軀報國所
謂世篤忠貞者矣朕甚嘉焉特命勒諸貞珉以光泉壤國典臣忠庶
□昭垂毋斁哉康熙三年十二月十八日

奉天承運皇帝制曰國家思創業之隆當崇報功之典人臣建輔運
之績宜施錫爵之恩此激勸之宏規誠古今之通義爾二等阿思哈
哈番管牛彔蒙古固山額眞加一級胡沙性資端亮才識宏通簡侍
禁庭恪愼無慚於職守宣勞左右夙夜克矢夫寅恭任用有年小心
益勵服官匪懈歷試能勤欣兹慶典之逢宜沛恩綸之寵爰頒新命
以示褒嘉兹以覃恩特授爾階光祿大夫錫之誥命於戲推恩申命
爰弘奬於忠□樹德懋勳尙益勤於篤棐祗服朕命勉盡乃心順治

十四年三月初十日御祭文康熙三年十二月二十九日皇帝諭祭
遣鴻臚寺卿額申格祭於二等阿思哈哈番蒙古都統加一級議政
大臣胡沙之靈前曰鞠躬盡瘁臣子之芳踪卹死報勤國家之盛典
爾胡沙性行純樸才能端良方冀遐齡忽焉長逝朕用悼焉特頒祭
葬用展哀□嗚呼寵錫重泉庶沭匪躬之報名垂信史聿昭不朽之
榮爾如有知尚其歆享康熙四年

資政大夫二等阿思哈哈番□□□□□□奉天承運皇帝制曰父
有令德子職務在顯揚臣著賢勞國典必先推錫用申新命以表前
休爾封資政大夫二等阿思哈哈番雍順乃二等阿思哈哈番又一
拖沙喇哈番護軍參領加一級格義圖之父持身有道迪子成名嘉
予懋績之臣實爾克家之嗣用褒義訓爰賁恩榮茲以覃恩贈爾爲
資政大夫錫□□□於戲率行式穀澤流靑史之光教孝作忠榮耀

紫綸之色永培厥後益庇昌隆康熙四年三月初一日

皇帝諭祭故佐領兼攡牙喇參領加一級吳勒齊海之靈曰鞠躬盡瘁臣子之芳踪卹死報勤國家之盛典爾吳勒齊海性行純良才能稱職方冀遐齡忽焉長逝朕用憫焉特頒祭葬以慰幽魂其欽承之

康熙三年正月初九日大清國康熙四年三月十九日立碑

〔〕保兼太子太保管□內大臣一等公謚敬康愛星阿碑文稽古建業驅策羣力不吝爵賞以勸有功昭示後世以傳不朽所以勵忠藎甚備也爾愛星阿賦性明敏制行恪忠齠年而襲崇階夙著慤誠於禁近戎行而膺重任懋宣威德於遐荒靖共臣誼克奏膚功方冀遐齡忽焉長逝朕甚悼焉特賜謚曰敬康勒諸貞珉以光泉壤國典臣忠庶昭垂於不朽云康熙四年五月十七日立

一等阿思哈哈番又一拖沙喇哈番太子太保加一級議政大臣謚恪僖哈什屯碑文稽古建業驅策羣力不吝爵賞以勸有功昭示後世用傳不朽所以勵忠蓋甚備也爾哈什屯賦性端良制行愨敏簡用禁庭恪盡厥職宣力累朝勤勞素著方冀遐齡忽焉長逝朕甚悼焉特賜謚曰恪僖勒諸貞珉以光泉壤國典臣誼庶其昭垂毋斁哉

康熙四年五月二十六日立

國家創業垂統允賴名臣褒德報功實爲大典侍郎資政大夫拜他喇布勒哈番再加一拖沙喇哈番管牛彔甲喇章京加一級碩爾鐸自幼太宗聖皇帝時行固勤劾授以顓尼大之職厥後因其愈加盡力敍以優等擢爲管牛彔至於世祖章皇帝時駐防河間城守善能統屬官兵勦賊數處建立功勳天下一統大婚大典兩逢上聖母尊

號禮成授爲拜他喇布勒哈番選用之時又授管甲喇之職勤効之功於斯茂著又逢覃恩誥封資政大夫之銜爲刑部侍郎之時恭謹以行職任過雲南入緬國至阿堝城獲僞永曆時率本旗効力爲多故今上諭其前後功績由拜他喇布勒哈番再加一拖沙喇哈番授爲世襲之職効力之功愈滋貽襲世□後嗣又准承襲於戲効力於三代之主洊被殊恩爵榮於身賞延於世誠創始之名臣流代之盛世也應將恩綸鏤之貞珉以昭後嗣樹庸報國億載無疆帝澤臣忠共垂不朽矣康熙四年乙巳八月吉日立

皇帝諭祭拜他喇布勒哈番又一拖沙喇哈番加一級陣亡後加一拖沙喇哈番授爲三等阿達哈哈番莽色之靈曰鞠躬盡瘁臣子之芳踪卹死報勤國家之盛典爾莽色賦性忠直國爾忘身衝鋒破敵殞命疆埸朕用悼焉特頒祭葬用慰幽魂爾如有知尚其歆此康熙

四年八月十三日

奉天承運皇帝制曰國家推恩而錫類臣子懋德以圖功懿典攸存忱恂宜昺爾拜他喇布勒哈番內治儀正白邏格圖持心克謹任事能勤拔居儀衛之班允竭扈從之職朝夕匪懈指使無違宜沛新綸用示勸酬茲以覃恩特授爾階中憲大夫錫之誥命於戲式弘車服之庸用勵顯揚之志尙欽榮命益矢嘉猷初任壯大二任管治儀正三任拖沙喇哈番照舊管治儀正事四任管鑾儀衛雲麾使事五任今職制曰靖共爾位良臣既効其勤黽勉同心淑女宜從其貴爾拜他喇布勒哈番內治儀正白邏格圖妻納喇氏克嫻內則能貞順以宜家載考國常應褒嘉以錫寵茲以覃恩贈爾爲恭人於戲敬爲德聚實加儆戒以相成恩與義均豈以存亡而異視康熙四年十月吉日弟拜他喇布勒哈番吳怒春立石

奉天承運皇帝制曰褒忠表義昭代之良規崇德報功聖王之令典特頒恩命以奬勤勞爾二等阿達哈哈番達爾護爾本廣寧舊弁克廣寧時人多爭奔爾獨堅心效順迎接來歸其誠可嘉爰優顯秩復遇恩典屢陞舊績既昭新寵宜被茲以覃恩特授爾階通議大夫錫之誥命於戲恩推自近乃弘奬夫崇階業廣惟勤尙克承夫寵錫欽予時命勵爾嘉猷初任二等阿達哈哈番二任拜他喇布勒哈番三任拜他喇布勒哈番又一拖沙喇哈番四任三等阿達哈哈番五任今職康熙四年十月吉日妻納喇氏立

皇清誥封中憲大夫內治儀正加一級拖沙喇哈番譚克什兔墓誌銘賜進士出身內國史院侍讀學士楊永寧頓首拜撰文賜進士出身太常寺正卿任克溥頓首拜篆蓋太常寺卿工部侍郎周天成頓

首拜書丹乙巳季冬之朔余退食於問天齋中有譚子永祿叩齋再拜而言曰家先嚴之去世也於今七載餘矣風木之悲時有餘痛今者葬域禮成願求大君子之一言以爲墓誌銘用垂不朽匪惟光被先人即祿也拜賜多矣余哀其志誼弗獲辭因爲之誌云公諱克什兔其先係遼東東寧衛人父諱禹倘膳監副理事官母孔氏誥封宜人公生於天聰九年乙亥六月二十五日子時終於順治十六年乙亥閏三月十八日辰時時年二十五歲葬於都城北新店之陽妻羅氏誥封恭人子三永祿永康永寧公生而聰明正直器宇軒昂處家庭間孝養惟謹而待人一惟謙和御事極其敬慎洎今之世風俗澆漓人鮮務實少年豪俠怒馬炫衣非競靡於驕奢則流連於佚慾求其尊尚高年敬禮有德勤儉治己愷悌宜人者蓋亦少矣公獨不然既貴而能下既長而能虛親近有道以求教所未逮且慷慨有氣節濟困扶危有古君子風識者有以知其質美不凡矣當世廟時以衛

儀尉奉侍御前勇力惟命不避奔奏以故輒承恩賜由整儀尉陞治儀正及晉拖沙喇哈番誥封中憲大夫莫不榮之不幸以積勞成瘁賫志以殁未盡厥施君子懷之今爲之銘曰新店之陽脈秀且良卜云其吉終爲允藏克佑後人地久天長勉厥胤之繼述懷先哲於無忘康熙四年歲次乙巳季冬吉旦立

奉天承運皇帝制曰國家思創業之隆當崇報功之典人臣建輔運之績宜施錫爵之恩此激勸之弘規誠古今之通義爾一等阿達哈哈番又一拖沙喇哈番駐防盛京總管吳庫禮性資端謹才識淵宏懋延世之恩克承先業篤象賢之誼無忝前徽奉職有年小心益勵崇階洊陟歷試能勤欣兹慶典之逢宜沛恩綸之寵爰頒新命以示褒嘉兹以覃恩特授爾階光禄大夫錫之誥命於戲推恩申命爰弘奬於忠貞樹德懋勳尚益勤於篤棐祇服朕命勉盡乃心制曰作朕

股肱良臣所以矢夙夜釐爾女士內則亦以効勗勤休命用申壹儀
維懋爾一等阿達哈哈番又一拖沙喇哈番駐防盛京總管吳庫禮
嫡妻封淑人索察喇氏相夫克諧宜家著範爾夫恪勤盡職藉爾黽
勉同心內則既嫻褒綸宜錫茲以覃恩贈爾爲一品夫人於戲睠此
勤勞之佐久藉同心嘉爾貞順之賢載頒異數幽靈不昧佩此明綸
順治十八年正月初九日康熙五年歲次丙午三月壬辰朔四日甲
申男孝三等□□□□□□□□

奉天承運皇帝制曰褒忠表義昭代之良規崇德報功聖王之令典
特頒恩命以奬勤勞爾噶把喜賢章京加一級索旦性資端謹才識
宏通俾典厥司恪慎無慚於職守宣勞政務夙夜克矢乎寅恭任用
有年小心益勵崇階洊陟歷試能勤欣茲慶典之逢宜沛恩綸之寵
茲以覃恩特授爾階資政大夫錫之誥命及征雲貴時涼水井地方

賊僞侯李成蛟率四總兵官九千馬步官兵擺列礮鳥鎗挨牌拒敵
擊戰時爾對敵擊敗之賊兵七次迎犯擊戰時爾對敵擊敗之雙河
口地方賊李定國率四侯二伯一萬官兵擺列象隻挨牌來犯擊戰
時爾對敵擊敗之賊兵三千擺列礮鳥鎗挨牌拒敵擊戰時爾步戰
對敵擊敗之賊兵一千用繩繫頸擺列礮鳥鎗挨牌拒敵擊戰時爾
對敵擊敗之追趕李定國時賊三千餘馬步兵擺列礮鳥鎗拒敵擊
戰時爾對敵擊敗之三千餘馬步賊兵擺列礮鳥鎗拒敵擊戰時爾
對敵擊敗之普溯嶺賊一總兵二副將率馬兵百餘騎駐立爾擊敗
之去奪鐵橋時擊橋這邊拒敵一百賊兵時爾率噶布世賢擊敗之
擊敗拆木橋一百賊兵遂奪其橋磨盤山擊賊李定國僞侯八都督
二總兵十六副將六千兵時爾步戰對敵擊敗之故授以拖沙喇哈
番復授爲拜他喇布勒哈番後因傷綻而逝念有勤勞于國家遣禮
部官員致祭忠魂有靈歆之康熙五年三月十一日立

維康熙五年三月二十二日皇帝遣禮部祠祭清吏司郎中尼楊哈等諭祭故總督江南江西等處地方軍務兼理糧餉兵部尚書兼都察院右副都御史因病退去三等阿達哈哈番馬鳴珮之靈曰鞠躬盡瘁者臣子之芳踪卹死報勤者國家之盛典爾馬鳴珮性行純良才能稱職克襄王事著有勤勞方冀遐齡忽然長逝朕用憫焉特頒祭葬以慰幽魂於戲寵錫重壚庶享匪躬之報名垂信史聿昭不朽之榮靈如不昧尚克歆承

奉天承運皇帝制曰朕惟尚德崇功國家之大典輸忠盡職臣子之常經古聖帝明王戡亂以武致治以文朕欽承往制甄進賢能特設文武勳階以彰激勸受兹任者必忠以立身仁以撫衆智以察微防奸禦侮機無暇時能此則榮及前人福延後嗣而身家永康矣敬之

勿怠胡尼雅爾原係白身管巴牙喇甲喇二次征山東時攻取霸州第四登進遂克其城第三次征湖廣往沅州去時有賊二隻虎袁中第立營不容我兵過江擊戰時爾率本固山巴牙喇同甲喇章京圖納等步戰擊敗之賊李總兵官率千總二員馬步兵丁欲取沅州於便水河岸上立營三處擊戰時爾率左翼巴牙喇同額塞擊敗之又李總兵官率二營兵丁站立擊戰時爾率左翼巴牙喇蘇章京杜爾德對敵擊敗之聞得賊首二隻虎在吳寨城内遂往征進至城外橋邊有馬步兵千餘拒敵擊敗之爾先入城門又有賊馮總兵官馬步兵約有三千擊戰時爾率左翼巴牙喇同噶布世先章京白爾黑圖等擊敗之第五次征湖廣時賊僞安南王劉文秀下左將軍盧明臣興國侯馮壯力等總兵官三十餘員兵丁二萬座船四百餘隻去攻取岳州武昌爾同甲喇章京羅和率領章京兵丁座船二十四隻埋伏河岸賊至見我船殺入遂對面列陣拒敵爾擊敗之又有賊王都

督船百餘隻對面列陣拒敵擊戰時爾復將八固山船隻整齊列陣擊敗之故授爲拖沙喇哈番後出征雲貴時在涼水津地方賊僞侯李成蛟率四總兵千餘馬步官兵擺列礮鳥鎗挨牌拒敵擊戰時爾率本翼巴牙喇對敵擊敗之在爐噶地方賊李定國率四侯三伯一將軍二十四總兵一萬七千餘官兵立栅擺列象隻礮鳥鎗挨牌拒敵擊戰時爾率本旗步戰對敵擊敗之出征湖廣山賊時往攻茅麓山門築牆之處擊敗賊三百餘兵時爾率頭隊擊敗之在大山嘴擊敗賊四百餘兵時爾率頭隊擊敗之在門下擊賊五百餘兵時爾率頭隊擊敗之因攻門下陣亡故由拖沙喇哈番授爲拜他喇布勒哈番兼一拖沙喇哈番將親男胡沙護承襲皇帝制曰褒忠表義昭代之良規崇德報功聖王之令典特頒恩命以奬勤勞爾拖沙喇哈番擺牙喇甲喇章京加一級胡尼雅性資端謹才識宏通俾典厥司恪慎無慚於職守宣勞政務夙夜克矢乎寅恭任用有年小心益勵崇

階洊陟歷試能勤欣茲慶典之逢宜沛恩綸之寵茲以覃恩特授爾
階資政大夫錫之誥命於戲恩推自近乃弘獎夫崇階業廣惟勤尙
克承夫寵錫欽予時命勵爾嘉猷初任壯夫二任拖沙喇哈番品級
三任光祿寺副理官四任管攏牙喇甲喇五任拖沙喇哈番照舊管
攏牙喇甲喇六任今職蓄聞樹績垂靑乃至人不朽之大業闡行揚
名爲後氏追宣之悃誠弟頭等下闞代仰念我資政大夫先兄尼雅
公負姿剛毅素著謀略從龍定鼎驅馳南北水陸之間莫不登陣陷
陣克奏膚功故能寵膺世爵後康熙三年從征湖廣山賊越險冒刃
連戰破敵雖大功克成而兄遂以陣殞嗚呼痛哉然捐身報國祇盡
臣宜乃事定之後皇上嘉念其忠再晉世職一級特令遣官致祭光
被泉壤是兄雖死猶生也茲遇覃恩歷受封誥代切連枝之至情何
容泯沒其前猷謹將朝廷報功之重□□□庶幾無忘繼述云康
熙五年四月十一日頭等下孝弟闞代謹立

二等精奇尼哈番下內大臣加一級謚忠直杜魯麻把魯圖占碑文
稽古建業驅策羣力不吝爵賞以勸有功昭示後世用傳不朽所以
勵忠藎甚備也爾杜魯麻把圖魯占賦性純良制行忠勇膂力過人
而奮力戎行得賜把圖魯占之名簡用禁庭恪共厥職宣誠累朝忠
勤素著方冀遐齡忽焉長逝朕用悼焉特賜謚曰忠直勒諸貞珉以
光泉壤國典臣忠庶其昭垂毋斁哉康熙五年四月二十一日立

奉天承運皇帝制曰褒忠表義昭代之良規崇德報功聖王之令典
特頒恩命以奬勤勞爾三等阿達哈哈番加一級哈賴性資端謹才
識宏通初列官階□□勤勞之績爰膺任使彌昭敬慎之忱奉職有
年小心益勵崇班洊陟歷試無愆欣茲慶典之逢宜沛恩綸之寵茲
以覃恩特授爾階資政大夫錫之誥命於戲恩推自近乃弘奬夫崇

階業廣惟勤尙克承夫寵錫欽予時命勵爾嘉猷初任拖沙喇哈番
品級包大二任拖沙喇哈番照舊包大三任拜他喇布勒哈番照舊
包大四任拜他喇布勒哈番又一拖沙喇哈番照舊包大五任三等
阿達哈哈番六任今職制曰夙夜惟勤人臣寧遑內顧伉儷無忝國
常豈靳隆施錫章服以酬勳念壼儀之媲美爾三等阿達哈哈番加
一級哈賴嫡妻贈恭人納喇氏克勤內德宜爾室家眷良臣靖共之
猷賴淑女匡襄之助爰褒令範式沛新綸兹以覃恩贈爾爲夫人於
戲敬爾有官肅閨門而合好職思其內尙黽勉以同心祗服殊恩用
昭壼德制曰宜家無婦勞臣不免於內顧之憂繼室有人盛朝應恤
其相夫之德何分先後並賁褒綸爾三等阿達哈哈番加一級哈賴
繼妻覺羅氏嗣操壼政克相夫綱幃有前徽既見和柔合德廷申再
命用彰黽勉同心兹以覃恩封爾爲夫人於戲內則是嫺允垂光於
青史令儀不忒宜加毖於深閨尙克欽承以昭寵命康熙五年歲次

丙午四月二十六日卯時三等阿達哈哈番孝男莫羅活建立

奉天承運皇帝制曰褒忠表義昭代之良規崇德報功聖王之令典
特頒恩命以奬勤勞爾原任議政大臣刑部尚書管都察院左都御
史事三等阿達哈哈番覺羅雅布蘭派衍宗潢性資端謹爰推敦睦
之典用加錫爵之恩奉職有年宣勞罔懈小心益勵懋績彌彰慶典
疊逢崇階洊陟載頒寵綍以示勸酬茲以覃恩特授爾階資政大夫
錫之誥命於戲恩推自近乃弘奬夫崇階業廣惟勤尚克承夫寵錫
欽予時命勵爾嘉猷康熙五年六月病故皇帝遣鴻臚寺卿額性格
諭祭曰鞠躬盡瘁臣子之芳踪卹死報勤國家之盛典爾雅布蘭性
行純樸才能端良屢任服官著有勤勞方冀遐齡忽焉奄逝朕用悼
焉特頒祭葬用展哀悰嗚呼寵錫重壚庶享匪躬之報名垂信史聿
昭不朽之榮爾如有知尚克歆享康熙五年十月初□日吉旦立

雪屐尋碑録卷三

雪屐尋碑錄卷四

清宗室 盛昱 集錄

康熙六年三月初七日皇帝遣禮部右侍郎常鼐諭祭故少師兼太子太師都統加一級覺羅巴哈納之靈曰鞠躬盡瘁臣子之芳踪卹死報勤國家之盛典爾巴哈納性行純良才能敏練克襄王事著有勤勞方冀遐齡忽焉奄逝朕用悼焉特頒祭葬用展哀忱嗚呼寵錫重壚庶享匪躬之報名垂信史聿昭不朽之榮爾如有知尙克歆享

一等阿達哈哈番管梅勒牛彔謚毅勤卜丹碑文稽古建業驅策羣力不吝爵賞以勸有功昭示後世以傳不朽所以勵忠藎甚備也爾卜丹原係布衣宣力行間多歷年所征大同攻長城擊涿州護居庸之輜重敗狡敵於山巓破錦州杏山之兵追擊流賊至安肅慶都斬殺甚重厥績茂焉今於其歿也應識貞珉用光泉壤國典臣忠庶其

昭垂毋斁哉康熙六年三月十五日立

皇帝制曰朕惟尙德崇功國家之大典輸忠盡職臣子之常經古聖帝明王戡亂以武致治以文朕親承往制甄進賢能特設文武勳階以彰激勸受兹任者必忠以立身仁以撫衆智以察微防姦禦侮機無暇時能此則榮及前人福延後嗣而身家永康矣敬之忽怠索尼爾原爲一等蝦授吏部啓心郎三年考察以爾有才能加授拜他喇布勒哈番爾父邵色榜什從哈答國首先投誠擊介樊兵時爾於本甲喇前殺入又征董夔時先一日敵兵列陣以待爾即同衆蝦擊敗襲尾隨追俘獲甚衆次日蒙古兩據山巓爾同譚太招服一處仍有一處未服遂攻取之攻錦州未下時錦州以兵千餘護取大凌河眷屬爾僅同二十餘人追殺至錦州城下多有斬獲往看寧遠城時城內敵兵突出爾當先衝殺直至壕邊初征北京時遇袁巡撫兵來敵

我左翼爾於和碩肅親王前當先殺入敵衆遶圍爾敎王横衝遂突
圍而出復於王前轉戰殺至城下斬殺甚衆圍大凌河時錦州突出
敵兵追我前鋒爾於父皇前當先衝入直抵敵兵步營復斬殺之征
大同時爾率包牛彔兵殺敗敵衆拔取山城臺堡九載考察部中一
應事務爾能任職果斷宣力王事殫厥忠誠嘉爾故由拜他喇布勒
哈番超陞爲三等阿思哈哈番崇德八年十二月二十二日後底定
燕京考核羣臣功績父皇太宗文皇帝賓天國勢搶攘無主宗室昆
弟各肆行作亂爭窺大寶爾重念父皇恩遇堅持忠貞之心不惜性
命戮力皇家同叔和碩鄭親王扶立朕躬秉忠義以定國難因爾忠
義之臣故由三等阿思哈哈番超陞爲二等京奇尼哈番順治二年
二月二十八日後墨勒根王心懷簒奪知爾必爲朕死實難存留以
計遣祀昭陵隨無故削職即安置彼處朕親政之後知爾無辜召回
仍授爲二等京奇尼哈番天下統一爰倣古聖王之制上聖母尊號

昭聖慈壽皇太后禮成由二等京奇尼哈番超陞爲三等伯世襲罔
替大婚禮成亦倣古制加上聖母昭聖慈壽皇太后爲昭聖慈壽恭
簡皇太后尊號禮成以爾忠義之臣由三等伯超陞爲一等伯世襲
罔替如前若犯通謀他國及忌嫉諸王貝勒之事以法正罪其餘錯
誤罪過免死二次順治九年正月二十六日後索尼爾在太祖高皇
帝時授爲內院黽勉效力在太宗文皇帝時任以內外大事悉能果
斷殫厥忠誠及太宗文皇帝賓天搶攘之際重念皇祖恩遇堅持忠
貞之心不惜性命克勤皇家在世祖章皇帝時亦任以內外大事竭
盡純篤皇考世祖章皇帝賓天時以其勳舊大臣夙秉忠貞堪受重
託遺詔俾令輔政乃恪遵顧命畢殫忠忱夙夜靖共厥績茂焉歷事
累朝畢殫忠忱又輔理政務勞績深爲可嘉將爾所得一等伯外授
爲一等公世襲罔替康熙六年四月三十日

原任經略湖廣江西廣西雲南貴州等處地方總督軍務兼理糧餉
太傅兼太子太師兵部尚書都察院右副都御史武英殿大學士三
等阿達哈哈番年老有病致仕正一品頂戴謚文襄洪承疇碑文稽
古興朝必有賢良之臣生則榮以高爵歿亦錫以豐碑所以勸忠蓋
甚備也爾洪承疇才能敏練器宇淵宏我朝平定錦州松山等處破
明兵十三萬時獲爾蒙太宗皇帝寬恩撫育迨克取京城大兵南下
爾圖報豢養之恩督理綠旗官兵協同大兵殲逆首擒僞王發獲奸
細招徠叛黨除盜安民所在著績事竣還朝仍贊綸扉爾能夙夜宣
勞恪共厥職旋畀爾經略五省隨滿洲大兵進取雲貴招撫軍民土
司供應大兵糧餉能濟軍需邊疆有賴克襄王事屢建功勳特授世
及之榮以示酬庸之典忽聞長逝甚悼朕懷特賜謚曰文襄勒諸貞
珉光及泉壤國典臣忠庶其昭垂毋斁哉康熙六年閏四月十八日
立

都統議政大臣謚忠襄孫塔碑文稽古建業驅策羣力不吝爵賞以勸有功昭示後世用傳不朽所以勵忠蓋甚備也爾孫塔賦性忠恪制行端方總理部務夙夜匪懈効力戎伍克殫忠忱至於協同大兵征山東擊敗盧軍門之兵繼征四川擊賊首郝總兵等衆駐防懷安勦滅賊首曹良臣餘孽復征雲南同王公計議以定遐方膚功屢建勤勞素著特授世及之榮以示酬庸之典忽聞長逝甚悼朕懷謚曰忠襄勒諸貞珉光及泉壤國典臣誼庶其昭垂毋斁哉康熙六年閏四月二十五日立

總督福建等處地方軍務兼理糧餉少保兼太子太保兵部尚書兼都察院右副都御史加一級謚忠襄李率泰碑文稽古建業驅策羣力不吝爵賞以勸有功昭示後世用傳不朽所以勵忠蓋甚備也爾

李率泰性行清貞才能敏練克襄王事歷有年所自駐防濟寧而定
青州之亂同大兵南下平定河南進勦福建克城破敵屢立戰功爰
膺總督之重任奠安巖疆之軍民勦撫賊寇寧謐海隅克副簡用報
効抒誠特授世及之榮以示酬庸之典積勞病殞甚□朕懷特賜謚
曰忠襄勒諸貞珉光及泉壤國典臣誼庶其昭垂毋斁哉康熙六年
閏四月二十八日立

原任都統太子太保□等□奇尼哈番加□級謚果敏俄羅色臣碑
文稽古建業驅策□□不吝爵賞以勸有功昭示後世用傳不朽所
以勵忠蓋甚備也爾俄羅色臣賦□□□□□奮力行間屢建
功績宣力累朝勤勞素著嗣是屢以大禮告成更復推念貴戚洊陟
崇階方冀永享遐齡何意溘然長逝朕甚悼焉特謚果敏爰勒貞珉
以光泉□□□□庶其昭垂毋斁哉康熙六年五月十二日立

維康熙六年八月初七日皇帝遣禮部右侍郎常鼐諭祭故輔政大臣一等公謚文忠索尼之靈曰鞠躬盡瘁臣子之芳踪卹死報勤國家之盛典爾索尼才猷敏練賦性忠貞歷事屢朝勤宣一德殫心輔政備著勳庸列爵上公積勞遘疾尚冀遐年以資倚毗忽焉長逝深悼朕懷是用遣官特頒祭葬嗚呼寵錫黃壚庶享匪躬之報名垂信史聿昭沒世之榮靈如有知尚其歆此維康熙六年八月十一日皇帝遣禮部尚書覺羅外庫諭祭故輔政大臣一等公謚文忠索尼之靈曰惟爾服官敬慎佐政勤勞勳德懋昭靖共靡懈念老臣之盡瘁深朕懷之悼傷軫卹有加再頒祭典靈其不昧尚克歆承維康熙六年八月十七日皇帝遣禮部尚書覺羅外庫諭祭故輔政大臣一等公謚文忠索尼之靈曰惟爾累朝耆舊一代忠良資啟沃以宣勞歷年所而罔間溘焉告終莫展朕心祭典再頒頻舒軫悼爾靈猶在尚

其歆茲維康熙六年八月二十一日皇帝遣禮部尙書覺羅外庫諭祭故輔政大臣一等公謚文忠索尼之靈曰惟爾累朝耆舊一代忠良資啟沃以宣勞歷年所而罔間遽焉告逝莫展朕心祭典再頒頻舒軫悼爾靈猶在尙其歆茲維康熙六年八月二十七日皇帝遣禮部右侍郎常鼐諭祭故輔政大臣一等公謚文忠索尼之靈曰惟爾累朝耆舊一代忠良資啟沃以宣勞歷年所而罔間遽焉告終莫展朕心祭典再頒頻舒軫悼爾靈猶在尙其歆茲

孫三等阿達哈哈番佛落拜塔喇布勒哈番兼一拖沙喇哈番巴哥謹序蓋聞貽謀成訓乃至人廣仁之弘□立行揚名爲人孫昭廕之誠惆惟敦懿敎于先代貽緯行于後昆是以稱焉我先人追薦歷代之忠純盛世居官克城破敵立有功業捐身報國以盡臣誼格承先人之澤得襲隆爵幸遇覃恩歷授封誥每念無窮之德澤何敢泯沒

其義訓謹將誥命之首勒刻碑文以昭先人之謀用廣厥德使□昆
永承功業不諼恪守襲替毋怠奉天承運皇帝制曰褒忠表義昭代
之良規崇德報功聖王之令典特頒恩命以獎勤勞爾一等阿達哈
哈番又一拖沙喇哈番管牛彔甲喇章京南城察院理事官納慕奇
爾於義州著登城之績於廣寧斬獲受賞追獲蒙古逃人又擒斬阻
截漢兵攻取大凌再擊吳鎮西忒庫營夜犯皆能同衆擊賊入關追
寇對陣敗之戰功既優延賞世勸兹以覃恩特授爾階通議大夫錫
之誥命於戲恩推自近乃弘獎夫崇階業廣惟勤尙克承夫寵錫欽
予時命勵爾嘉猷康熙六年歲次丁未十月初二日立

奉天承運皇帝制曰揚名顯親爲子者願以令德歸之父考績褒賢
教孝者宜以高爵作之忠是用推恩特申休命爾庫特乃拜牙喇豢
領加二級巴諸代之父義方有訓式穀無慚念爾嗣之勤勞既克家

而報國俾爾澤之昌大爰錫類以昭仁兹以覃恩贈爾爲資政大夫
拜牙喇參領加二級錫之誥命於戲教誨爾子永勿忝於家聲聿修
厥德尚無負於國恩欽承寵命慰爾幽靈制曰國體勞臣必溯源而
沛澤家崇喆胤爰歸善於厥生盛典維新壼儀愈著爾拜牙喇參領
加二級巴諸代母烏克孫覺羅氏幃範克端胎教居身教之先慈訓
惟勤能愛在能勞之後宜沛貤封用昭母德兹以覃恩封爾爲夫人
於戲子情罔極感顧復而敦孝國綸普被念劬勞以疏榮嘉乃恩勤
頒兹寵賁康熙六年十一月二十六日

奉天承運皇帝制曰茂德建勳良臣克昭其果毅酬庸錫類中朝特
畀以褒崇爰布王言用彰庭誨爾阿爾布你乃議政大臣鑲紅旗滿
洲都統兼一等阿達哈哈番加一級璽車黑之父訓講義方慶餘積
善肯堂□構良材資樸斲之勤懋賞懋官明廷□顯揚之錫欣逢國

典式廓家聲茲以覃恩贈爾爲光□大夫錫之誥命於戲因嚴爲教成令器於班行移孝作忠煥綸章於策府祗服朕命永賁乃休康熙六年十一月二十六日

奉天承運皇帝制曰父有令德子職務在顯揚臣著賢勞國典必先推錫用申新命以表前休爾贈資政大夫三等阿達哈哈番內翰□祕書院學士瓦爾喀乃原任內弘文院大學士原品護侍二王三等阿達哈哈番加一級覺羅伊圖之父持身有道迪子成名嘉予懋績之臣實爾克家之嗣用褒義訓爰賁恩榮茲以覃恩贈爾爲光祿大夫內弘文院大學士三等阿達哈哈番加一級錫之誥命於戲率行式穀澤流靑史之光教孝作忠榮耀紫綸之色永培祚胤益庇昌隆

制曰國家之最重者惟是忠藎之臣家所由興者以有劬勞之母特頒恩命用慰子情爾原任內弘文院大學士原品護侍二王三等阿

達哈哈番加一級覺羅伊圖母贈夫人納喇氏慈能育子教可傳家念茲靖共之猷實本恩勤之訓母德既著渥典宜加茲以覃恩贈爾爲一品夫人於戲頒爵用以榮親褒忠因之教孝錫隆恩於不匱表嘉譽於來茲欽服寵綸用光泉壤康熙六年十一月二十六日

奉天承運皇帝制曰興朝開創之業端藉元勛良臣輔弼之材實資世德式遵令典用沛洪恩爾拖賴乃包衣昂邦加一級海喇孫之曾祖父源遠流長本深支茂蓄積德於乃躬故發祥於奕世曾孫有慶惟爾之休茲以覃恩贈爾爲光祿大夫包衣昂邦加一級錫之誥命於戲一德交孚迓天休而洊至數傳始大荷帝眷之方來尚其欽承式佑爾後制曰德隆宗社於開國爲崇功恩及曾闈於承家爲異數庸頒寵命以著殊休爾包衣昂邦加一級海喇孫曾祖母納喇氏慶衍曾孫徽流四世重幃培德乃啟後人溯水木之深長用恩榮之遠

被茲以覃恩贈爾爲一品夫人於戲徽音邈矣佑祚胤而克昌寵貺赫然保昭融於無斁傳之永遠服此休禎康熙六年十一月二十六日

奉天承運皇帝制曰褒忠表義昭代之良規崇德報功聖王之令典特頒恩命以奬勤勞爾原任步兵固山大加一級沙來性資淵謹才識宏通初列官階克著勤勞之績爰膺任使彌昭敬愼之忱奉職有年小心益勵崇階洊陟歷試無愆欣茲慶典之逢宜沛恩綸之寵茲以覃恩特授爾階資政大夫錫之誥命於戲恩推自近乃弘奬夫崇階業廣惟勤尙克承夫寵錫欽予時命勵爾嘉猷初任步兵甲喇大二任步兵固山大三任今職康熙六年十一月二十六日

皇淸誥封通議大夫吏部員外郎加一級勒公誥命碑奉天承運皇

帝制曰褒忠表義昭代之良規崇德報功聖王之令典特頒恩命以
獎勤勞爾吏部員外郎加一級勒德禮夙具幹才授職効用理事銓
部勤慎不懈歷年宣勞始終罔替慶典欣逢恩命洊加宜沾新綸用
示勸勵茲以覃恩特授爾階通議大夫錫之誥命於戲恩推自近乃
弘獎夫崇階業廣惟勤尚克承夫寵錫欽予時命勵爾嘉猷初任工
部筆帖式哈番二任禮部他赤哈哈番三任禮部主事四任禮科掌
印記事官五任吏部員外郎六任今職制曰夙夜維勤人臣寧遑內
顧伉儷無忝國常豈靳隆施錫章服以酬勳念壼儀之媲美爾吏部
員外郎加一級勒德禮妻已封宜人瓜爾佳氏克勤內德宜爾室家
眷良臣靖共之猷賴淑女匡襄之助爰褒令範式沛新綸茲以覃恩
封爾爲淑人於戲敬爾有官肅閨門而合好職思其內尚黽勉以同
心祗服殊恩用昭壼德康熙六年十一月二十六日

奉天承運皇帝制曰褒忠表義昭代之良規崇德報功聖王之令典
特頒恩命以獎勤勞爾戶部掌印郎中加一級色黑性資端謹才識
宏通佐理計部□慎無慚於職守宣勞政務夙夜克矢乎寅恭任用
有年小心益勵崇階洊陟歷試能勤欣兹慶典之逢宜沛恩綸之寵
兹以覃恩特授爾階資政大夫錫之誥命於戲恩推自近乃弘獎夫
崇階業廣惟勤尚克承夫寵錫欽予時命勵爾嘉猷初任內翰林國
史院檢討二任本院編修三任加一級四任本院侍讀五任兵部員
外郎六任戶部郎中七任今職康熙六年十一月二十六日

奉天承運皇帝制曰褒忠表義昭代之良規崇德報功聖王之令典
特頒恩命以獎勤勞爾兵部郎中加二級卜書庫性資端謹才識宏
通佐理樞部恪慎無慚於職守宣勞政務夙夜克矢乎寅恭任用有
年小心益勵崇階洊陟歷試能勤欣兹慶典之逢宜沛恩綸之寵兹

以覃恩特授爾階資政大夫錫之誥命於戲恩推自近乃弘奬夫崇
階業廣惟勤尚克承夫寵錫欽予時命勵爾嘉猷制曰夙夜惟勤人
臣寧遑內顧伉儷無忝國常豈靳隆施錫章服以酬勳念壼儀之媲
美爾兵部郎中加二級卜書庫妻封淑人牛祜祿氏克勤內德宜爾
室家眷良臣靖共之猷賴淑女匡襄之助爰褒令範式沛新綸茲以
覃恩封爾爲夫人於戲敬爾有官肅閨門而合好職思其內尚黽勉
以同心祗服殊恩用昭壼德康熙六年十一月二十六日

奉天承運皇帝制曰揚名顯親爲子者願以令德歸之父考績褒賢
教孝者宜以高爵作之忠是用推恩特申休命爾屯泰義方有訓式
穀無慚念爾嗣之勤勞既克家而報國俾爾澤之昌大爰錫類以昭
仁茲贈爾爲資政大夫錫之誥命欽荷寵光慰爾幽靈制曰國體勞
臣必溯源而沛澤家崇喆胤爰歸善於厥生爾納喇氏幃範克端胎

教居身教之先慈訓惟勤能愛在能勞之後宜□□□□□□□
□□□□□□□□□□□□□□康熙六年十一月二十六日
吾金氏者遼東東寧衛世指揮使司也歷傳至我祖考府君扈□入
京陞授江南江寧□□將軍享年五十三歲葬於永定門外迤東城
隍之陽今以孫儁貴追封通奉大夫暨我祖妣追封夫人爰爲立石
墓前並記先人諱字於石俾子孫世□不忘云祖考諱科字□□行
□祖妣馬氏生子三人長諱門坤字五寰娶陳氏生孫一人□次門
宣字照寰娶葉氏生孫一人鋥季門□字□□娶李氏生孫一人□
□□儁生曾孫□人長德純次德□次德□次德□康熙十二年歲
次癸丑五月吉旦四川等處承宣布政使司布政使加三級孝孫金
儁立石奉天承運皇帝制曰恩彰下逮勉篤棐於羣寮家有貽謀本
恩勤於大父用溯源流之自爰推綸綍之榮爾金科乃河南布政使

司右布政使加二級金儁之祖父植德不替佑啓後人緜及乃孫丕彰鴻緒休貽大父聿觀世澤茲以覃恩贈爾爲通奉大夫河南布政使司右布政使加二級錫之誥命於戲垂裕孫謀已沐優渥之典崇褒祖德用邀錫類之仁貽厥奕祚佩此新綸制曰一代褒功勸酬示後再世承恩崇獎及先績既懋於公家寵宜追於王母爾河南布政使司右布政使加二級金儁祖母馬氏爾有慈謀裕及後昆念茲稱職端由壼教爰錫褒儀之貴用昭種德之勤茲以覃恩贈爾爲夫人於戲邇其家法愛勞既殫先圖賁乃□章昌融益開來緒□期丕贊用席□麻康熙六年十一月二十六日

府君□門坤字王寰以故明萬曆甲寅年二月十二日生於遼東之東寧衛幼而英異長而孝友宗族鄉黨交譽無間隱德弗耀享年五十一歲以皇清康熙三年甲辰八月初四日□於正寢從葬於永定門外迤東先人墓側今以不肖□貴追封通奉大夫爰爲立石墓前

以誌不朽康熙十二年歲次癸丑五月穀旦四川等處布政使司布
政使加三級金儁立奉天承運皇帝制曰揚名顯親爲子者願以令
德歸之父考績褒賢教孝者宜以高爵作之忠是用推恩特申休命
爾金門坤乃河南布政使司右布政使加二級金儁之父義方有訓
式穀無□念爾嗣之勤勞既克家而報國俾爾澤之昌大爰錫類以
昭仁兹以覃恩贈爾爲通奉大夫河南布政使司右布政使加二級
錫之誥命於戲教誨爾子永勿忝於家聲聿修厥德尚無負於國恩
欽□寵命慰爾幽靈制曰國體勞臣必溯源而沛澤家崇喆胤爰歸
善於厥生盛典維新壺儀愈著爾河南布政使司右布政使加二級
金儁母陳氏幃範克端胎教居身教之先慈訓惟勤能愛在能勞之
後宜沛貤封用昭母德兹以覃恩封爾爲夫人於戲子情罔極感顧
復而敦孝國綸普被念劬勞以疏榮嘉乃恩勤頒兹寵賁康熙六年
十一月二十六日

奉天承運皇帝制曰揚名顯親爲子者願以令德歸之父考績褒賢
教孝者宜以高爵作之忠是用推恩特申休命爾英額禮義方有訓
式穀無慚念爾嗣之勤勞既克家而報國俾爾澤之昌大爰錫類以
昭仁兹贈爾爲資政大夫錫之誥命欽荷寵光慰爾幽靈制曰國體
勞臣必溯源而沛澤家崇喆胤爰歸善於厥生爾黑色里氏帷範克
端胎教居身家之先慈訓惟勤能愛在能勞之後宜沛貤封用昭母
德兹贈爾爲夫人嘉乃恩勤頒兹寵賁康熙六年十一月二十六日

皇帝制曰國家思創業之隆當崇報功之典人臣建輔運之績宜施
錫爵之恩此激勸之宏規誠古今之通義爾輔政大臣一等公索尼
性秉忠貞才兼文武贊襄左右裨益邦家暨顧命之首膺畀台衡之
重任佐理政務克殫厥心勤夙夜而茂建謨猷衛社稷以乂安邦國

寅亮弘茲一德篤棐著於累朝寵秩宜加鴻章用賁茲以覃恩特授爾階光祿大夫錫之誥命於戲推恩申命爰弘奬於忠貞樹德懋勛尙益勤於篤棐祇服朕命勉盡乃心制曰作朕股肱良臣所以矢夙夜釐爾女士內則亦以効勔勤休命用申壼儀維懋爾輔政大臣一等公索尼妻李佳氏相夫克諧宜家著範爾夫恪勤盡職藉爾黽勉同心內則既嫺褒綸宜錫茲以覃恩贈爾爲一品夫人於戲睠此勤勞之佐久藉同心嘉爾貞順之賢載頒異數幽靈不昧佩此明綸制曰人臣宣勞於外寧恤其家朝廷代體其心均從乎貴爰申寵命以奬令儀爾輔政大臣一等公索尼繼妻納喇氏嗣相爾夫克著令儀踵彼前徽彰茲合德內則無忝並錫褒綸茲以覃恩封爾爲一品夫人於戲顯命特頒用表宜家之範小心是式益勤內助之賢永相爾夫用諧予治康熙六年十一月二十六日

皇清誥贈資政大夫京公之碑奉天承運皇帝制曰揚名顯親爲子
者願以令德歸之父考績褒賢教孝者宜以高爵作之忠是用推恩
特申休命爾贈通議大夫工部員外郎加一級京古代乃工部郎中
加一級金泰之父義方有訓式穀無慚念爾嗣之勤勞旣克家而報
國俾爾澤之昌大爰錫類以昭仁茲以覃恩贈爾爲資政大夫工部
郎中加一級錫之誥命於戲教誨爾子永勿忝於家聲聿修厥德尙
無負於國恩欽承寵命慰爾幽靈制曰國體勞臣必溯源而沛澤家
崇喆胤爰歸善於厥生盛典維新壼儀愈著爾工部郎中加一級金
泰母封淑人董俄覺羅氏幃範克端胎教居身教之先慈訓惟勤能
愛在能勞之後宜沛貤封用昭母德茲以覃恩贈爾爲夫人於戲子
情罔極感顧復而敦孝國綸普被念劬勞以疏榮嘉爾恩勤褒其遺
範康熙六年十一月二十六日

奉天承運皇帝制曰父有令德子職務在顯揚臣著賢勞國典必先
推錫用申新命以表前休爾封資政大夫拜他喇布勒哈番太常寺
卿加一級開木布乃通政使司通政使加一級拜他喇布勒哈番噶
代之父持修有道迪子成名嘉予懋績之臣實爾克家之嗣用褒義
訓爰賁恩榮兹以覃恩贈爾爲光禄大夫通政使司通政使加一級
拜他喇布勒哈番錫之誥命於戲率行式穀澤流青史之光教孝作
忠榮耀紫綸之色永培祚胤益庇昌隆制曰國之最重者惟是忠藎
之臣家所由興者以有劬勞之母特頒恩命用慰子情爾通政使司
通政使加一級拜他喇布勒哈番噶代嫡母贈夫人舒木禄氏慈能
育子教可傳家念兹靖共之猷實本恩勤之訓母德既著渥典宜加
兹以覃恩贈爾爲一品夫人於戲頒爵用以榮親褒忠因之教孝錫
隆恩於不匱表嘉譽於來兹欽服寵綸用光泉壤康熙六年十一月
二十六日

奉天承運皇帝制曰貽厥孫謀忠藎識世傳之澤繩其祖武恩榮昭
上逮之休忠厚之□攸存激勸之典斯在爾封光祿大夫倉場總督
戶部左侍郎佐領加一級白玉銘乃倉場總督工部尙書佐領加一
級白色純之祖父爾有貽謀以啟乃孫傳至再世克勤王家褒寵之
恩宜及大父茲以覃恩贈爾爲光祿大夫倉場總督工部尙書佐領
加一級錫之誥命於戲再世而昌無忘貽德之報崇階特晉用昭寵
錫之恩奕代垂休九原如在制曰孝子之念王母情無異於慈幃與
朝之獎勞臣恩幷隆於祖烈爰沛貤封之命用慰報本之懷爾倉場
總督工戶尙書佐領加一級白色純祖母孫氏□□□□□□再世
乃孫襲慶績懋國家嘉爾淑儀宜錫褒寵茲以覃恩贈爾爲一品夫
人於戲章服式賁沛介錫於大母綸綍寵頒保昌隆於百禩永承家
慶以□幽靈制曰推恩錫類曲體勞臣遂以聞孫亦及似妣斯固臣

之上願實惟國之典章爾倉場總督工戶尚書佐領加一級白色純
繼祖母孫氏孫枝既茂於後國恩□□□□因世美嘉爾嗣徽用
藉褒章並申寵錫兹以覃恩贈爾爲一品夫人於戲德貽再世疏兹
從祖之榮功著後人用沛□慈之慶欽承休命□□□□康熙六年
十一月二十六日

奉天承運皇帝制曰褒忠表義昭代之良規崇德報功聖王之令典
特頒恩命以獎勤勞爾吏部員外郎加一級宜哈達夙具幹才授職
効用理事銓部勤慎不懈歷年宣勞始終罔替欣逢慶典恩命洊加
宜沛新綸用示勸勵兹以覃恩特授爾階通議大夫於戲恩推自近
乃弘獎夫崇階業廣惟勤尙克承夫寵錫欽予時命勵爾嘉猷康熙
六年十二月二十六日

奉天承運皇帝制曰揚名顯親爲子者願以令德歸之父考績褒賢
教孝者宜以高爵作之忠是用推恩特申休命爾贈通議大夫戶部
郎中吴蘇布乃戶部郎中加一級穆成格之父義方有訓式穀無慚
念爾嗣之勤勞既克家而報國俾爾澤之昌大爰錫類以昭仁兹以
覃恩贈爾爲資政大夫戶部郎中加一級錫之誥命於戲教誨爾子
永勿忝於家聲聿修厥德尚無負於國恩欽承寵命慰爾幽靈康熙
六年十二月二十六日

皇清誥贈通議大夫捕牲部員外郎加一級鼐公碑陰文國家覃恩
令典施及臣子必推本所自光被泉壤匪僅勸忠亦將以教孝也予
先大父賦性忠耿制行純良既嫺韜略復善騎射當太宗文皇帝時
爲貝勒一等護衛兼管佐領屢從征伐著有勞績繼爲內庫總管兼
攝筵宴事務小心敬畏克盡厥職不幸於己丑年七月初二日以疾

奄逝年六十有五康熙六年恭遇恩詔誥贈通議大夫予先大母性亦貞方教亦謹嚴越於乙巳年六月十六日以疾奄逝年七十有七同遇恩詔誥贈淑人不孝孫自慚德薄幸荷主知叨列清班皆賴先大父先大母福澤燕貽積善餘慶之所致也飲水思源敢不備紀恩綸及先大父先大母行事梗概敬勒□碑垂諸奕世以俾子孫繩繩□□乎謹識孝孫會計司正四品加二級員外郎□□掌儀司正四品加二級員外郎巴□□掌儀司官捕牲部□□掌儀司正六品加一級御前贊禮□喇哈□□孫監生加一級馬立□監生加一級馬□哈識立

原任廣東駐防二等阿達哈哈番加六級王應科之神道碑記奉天誥封錄□天下一統倣古聖王之制尊崇太祖武皇帝功德配祀上帝禮□念諸舊臣世効勞績爾襲父職由拜塔喇布勒哈番加一拖

沙喇哈番順治七年十月二十四日上聖母昭聖慈壽皇太后尊號
禮成由拜塔喇布勒哈番兼一拖沙喇哈番陞爲三等阿達哈哈番
大婚禮成做古制加上聖母昭聖慈壽恭簡皇太后尊號禮成由三
等阿達哈哈番陞爲二等阿達哈哈番加一級永襲不絶大清康熙
七年三月吉日孝弟二等阿達哈哈番加一級王應元謹立

國家之遇大臣生則予以世官綸誥殁則錫之祭葬謚贈所以爲褒
忠報功之鉅典也爲人子者顯揚厥考敬錄宸章勒之貞珉凡以攄
上紀主恩下揚先烈之悃誠也我先考繇額者庫簡任學士授拜他
喇布勒哈番累階晉光祿大夫少師兼太子太師戶部尙書保和殿
内國史院大學士加一級授一等阿達哈哈番世職訃音上聞謚文
恪復特贈太保兼太子太師遣官諭祭造墳安葬隆恩疊沛奕世邀
榮孝男塞思赫敢不拜揚欽命撰述先德以示後世謹以諭祭文勒

石墓旁用垂不朽云大清康熙七年三月二十七日內祕書院學士加一級孝男塞思赫百拜勒石

輔政大臣一等公謚文忠索尼碑文稽古興朝必有一德之臣贊襄大業奏致昇平生則榮以顯爵歿則表厥膚功所以勸忠蓋甚備也惟爾輔政大臣一等公索尼賦性忠良才猷敏練當太祖高皇帝之世殫密勿之贊襄逮太宗文皇帝之時綜內外之鴻鉅及歷任於行間悉馳驅以効力後值搶攘益矢精忠克勤皇家不惜軀命世祖章皇帝鑒其篤棐以勳舊之臣膺顧命之重寅亮四世輔政七年厥績懋焉甫錫爵於元公冀享年於耄耋乃積勞遘疾倏爾云亡甚悼朕懷曷維其已茲特謚曰文忠勒之貞珉光及泉壤國典臣忠庶其昭垂無斁哉康熙七年四月初九日立

奉天承運皇帝制曰褒忠表義昭代之良規崇功報德聖王之令典
特頒恩命以奬勤勞爾一等阿達哈哈番加一級鈕尼牙哈爾原係
白身當牛彔事三次圍錦州時得闗廂之夜爾擊敗圍諸慕奇敵兵
援出諸慕奇定鼎燕京入山海闗之日擊流賊馬步兵二十萬□同
固山額□和碩額夫杜磊步戰對壘敗之嘉爾故授爲拜他喇布勒
哈番後以爾戶部理事官五載考察辦事有能故由拜他喇布勒哈
番加一拖沙喇哈番爾性資端謹才識宏通初列官階克著勤勞之
績爰膺任使彌昭敬慎之忱奉職有年小心益勵崇班洊陟歷試無
愆欣兹慶典之逢宜沛恩綸之寵兹以覃恩特授爾階資政大夫錫
之誥命於戲恩推自近乃弘奬夫崇階業廣惟勤尙克承夫寵錫初
任管牛彔二任戶部理事官仍管牛彔三任拜他喇布勒哈番照舊
理事官管牛彔四任拜他喇布勒哈番又加一拖沙喇哈番照舊理
事官管牛彔五任三等阿達哈哈番照舊管牛彔六任二等阿達哈

哈番照舊管牛彔七任一等阿達哈哈番照舊管牛彔八任今職一等阿達哈哈番仍承世襲罔替康熙七年四月二十五日

奉天承運皇帝制曰興孝維君錫類弘昭報本教忠自父服官敬用承家爾王道明乃尚寶司副理事官員外郎加一級王盤之父道在褆躬爰被絲綸之重志存作室式弘堂構之遺兹以覃恩贈爾爲奉政大夫尚寶司副理事官員外郎加一級錫之誥命於戲恩逮所生彌表象賢之美榮施下壤益彰燕翼之庥制曰疏恩將母弘推錫類之仁移孝作忠均切顯揚之念爾尚寶司副理事官員外郎加一級王盤母張氏愛子能勞篤義方於杼柚相夫克順端令範於閨闈兹以覃恩贈爾爲宜人於戲象服昭榮聿荷廷綸之寵熊丸遺教永流泉壤之輝奉天承運皇帝制曰國家推恩而錫類臣子懋德以圖功懿典攸存忱恂宜勗爾尚寶司副理事官員外郎加一級王盤幹才

素具爰命服官俾典厥司勤慎不懈歷年宣勞始終罔替慶典欣逢新綸宜沛茲以覃恩特授爾階奉政大夫錫之誥命於戲式弘車服之庸用勵顯揚之志尙欽榮命益矢嘉猷初任副理事官員外郎二任今職制曰靖共爾位良臣既効其勤黽勉同心淑女宜從其貴爾尙寶司副理事官員外郎加一級王盤妻李氏克嫻內則能貞順以宜家載考國常應褒嘉以錫寵茲以覃恩封爾爲宜人於戲敬爲德聚實加儆戒以相成柔合女箴愈著匡襄以永賚康熙歲戊申仲夏吉日

總督四川等處軍務兼理糧餉太子少保兵部尙書兼都察院右都御史謚勤襄李國英碑文稽古建業驅策羣力不吝爵賞以勸有功昭示後世用傳不朽所以勵忠蓋甚備也爾李國英性行敬慎才猷敏亮久任巖疆幾二十載靖蜀寇守秦隴勦逆賊平番寨功勞屢建

忠忱素著忽聞長逝甚悼朕懷茲特賜諡曰勤襄勒諸貞珉光及泉壤國典臣誼庶其昭垂無斁哉康熙七年六月初八日立

誥封奉政大夫李公墓表李公諱仁傑世胄也智量弘遠品度淵深其眎富貴等敝屣焉公素篤人倫好義氣賦性高介不競奢靡乃若遇可矜可哀之人又不自嗇寒者予衣饑者予食種種積德不可縷指且教子義方敦大體故賢郎端恭忠恪上事朝廷屢使遠方不辱君命公之爲人又於其教子可法矣爰荷恩榮以彰美德然公澹泊自處食不厭麤衣不厭故曰令子孫師我儉耳年六十五尚精氣矯矯識者謂公宜百歲詎一疾不起於丁未九月十七日怡然長逝如公也者豈非今之全福全人哉余聞公賢聲久矣戊申秋公之子李君諱蒙攝厄者詣余泣言而屬墓表於余余縱拙於文敢不欣欣從事使後之人知公之樂善也如此知公之能教子也如此又使後之

人知李君之能承父志也如此知李君之能愛慕其親也又如此嗟夫公逝矣而公之名可垂不朽□故述而表之少師兼太子太師刑部尚書内國史院大學士衛周祚謹頓首拜撰維康熙七年九月十五日立

資政大夫達爾太皇清誥贈碑康熙七年十月吉旦男陶德立

誥贈資政大夫鎮守山西陝西固山大穆凡爲人臣者受國家寵遇殊恩必鏤載於金石將以上昭朝廷之仁而下表先人之烈也予顯考資政大夫賦性明敏制行忠直既嫻武略復嗜文辭守己清潔治家勤儉孝以事長和以撫幼禮以事上恩以恤下所至之地則福集其躬所遇之人則羣沾其澤屢親履乎戎行輒奮力而克捷不幸於康熙元年三月二十六日以疾終於家未幾遇恩詔誥贈資政大夫

不孝薄德之人幸荷主知備員農部皆賴先大夫福澤垂裕及式訓燕貽之力每一追溯本源輒爲五中崩裂而當隆恩下被之時先大夫又已不及身見言念及此眞不禁恫乎有餘悲也君恩罔極親恩罔極敢不備紀封謚及先大夫行事大略敬勒豐碑垂諸奕世以俾子孫繩繩效法乎謹□康熙八年四月吉旦孝子戶部員外郎加一級蘇赫德全成

皇淸光祿大夫一等阿思哈哈番刑部左侍郎副都統管佐領加□級吳喇纏碑文國家優遇功臣生則崇階世秩以寵之歿則遣官諭祭以卹之所以表有功昭有德也我顯考光祿大夫吳公秉性忠良制行恭謹嫻習武略兼嗜文辭初由三等下歷管佐領擺牙喇參領黑□昂邦以先大父有自噶哈里率衆來歸功襲三等阿達哈哈番職管副都統太祖高皇帝配天禮成晉二等阿達哈哈番自是宣力

行間潼關之役數擊流寇連拔二營嗣下杭州則大敗敵將馬士英
軍攻南昌則屢敗叛賊金聲桓軍於平湖縣澤中遇有敵艦則截獲
十一艘放兖州府遇僞總兵官朱翊鑁兵則擊敗千五百人招降一
府二縣以□功加一拖沙喇哈番繼晋刑部侍郎事無鉅細悉矢公
讞決兩遇加上皇太后尊號歷陞晋二等阿思哈哈番後率官兵勦
趙巴口湖中賊衆殲賊渠趙鳳岡等平□人奪賊艦百餘艘勦寶三
村賊衆攻拔其臺擒其渠田東樓等百餘人並獲賊艦舟山之役僞
總制陳六御等擁賊衆三萬餘駕艦二百餘列陣海中逆焰甚熾親
督左翼官兵奮勇擊敗之奪獲賊帥陳大任船恢復舟山論功超拜
一等阿思哈哈番兼一拖沙喇哈番凡歷文武□職十有四遷遇覃
恩加一級封光禄大夫榮及三代自幼殫勤積分遘疾予告解職不
意於康熙六年十月二十三日遂以疾終上爲震悼特賜金營葬遣
禮部諭祭嗚呼朝廷之優遇功臣可謂至矣達蘭泰等以謭陋荷先

人福德留貽濫竽官秩敢不表彰國家盛典與先人勤勞式訓子孫垂之後世謹追溯本原垂涕而書其梗槩用勒豐碑以傳不朽云康熙八年四月十九日孝男吳淑一等蝦加一級孫淮圖謹立

夫國重懿親淑德溯天潢之胤家承母訓閫儀開奕世之祥音容雖閟於九原慈愛實垂於萬禩敬揚令聞昭示來兹先妣册封公主乃太祖高皇帝之女也德懋温莊性含貞靜幼生宮掖分金枝玉葉之輝長沐榮封承象服龍章之錫止慈止孝肅雍允協於風詩克儉克勤禮法深嫺於內則佐先人以恭慎績著旂常育後嗣以劬勞教先閫閾方席豐而履盛遽緣事而除封留未盡之餘庥衍方來之厚澤深恩罔極念怙恃而如存積慶無疆貽子孫而未艾勒貞珉於幽宅千秋猶載徽音峙華表於佳城四德增輝彤管述兹梗槩曷罄瞻依康熙八年五月初十日孝男少保兼太子太保二等公遏必隆立

皇清誥封通議大夫工科給事中加一級滿公碑奉天承運皇帝制
曰揚名顯親爲子者願以令德歸之父考績褒賢教孝者宜以高爵
作之忠是用推恩特申休命爾贈奉政大夫工部司庫加一級滿岱
乃工科給事中加一級戚世之父義方有訓式穀無慚念爾嗣之勤
勞既克家而報國俾爾澤之昌大爰錫類以昭仁玆以覃恩贈爾爲
通議大夫工科給事中加一級錫之誥命於戲教誨爾子永勿忝於
家聲聿修厥德尙無負於國恩欽承寵命慰爾幽靈制曰國體勞臣
必溯源而沛澤家崇喆胤爰歸善於厥生盛典維新壼儀愈著爾工
科給事中加一級戚世母贈宜人佟佳氏幃範克端胎教居身教之
先慈訓惟勤能愛在能勞之後宜沛貤封用昭母德玆以覃恩贈爾
爲淑人於戲子情罔極感顧復而敦孝國綸普被念劬勞以疏榮嘉
乃恩勤褒其遺範康熙六年十一月二十六日皇清康熙八年歲次

己酉六月二十二日長男兵科都給事中加一級戚世次男兵部他

赤哈哈番加二級科爾坤末男劉塞仝立

原任少師兼太子太師都統加一級謚敏壯覺羅巴哈納碑文稽古

建業驅策羣力不吝爵賞以勸有功昭示後世用垂不朽所以勵忠

蓋甚備也爾巴哈納賦性純良才能敏練簡任大學士入典機密恪

勤所事及授都統克殫厥職朕眷念勤勞申兹寵錫特賜爾謚曰敏

壯勒諸貞珉以光泉壤國典臣誼庶其昭垂無斁哉康熙八年十一

月十五日立

內大臣一等精奇尼哈番加一級謚果壯吳拜碑文稽古建業驅策

羣力不吝爵賞以勸有功昭示後世用傳不朽所以勵忠蓋甚備也

爾吳拜賦資毅勇制行純良初任佐領効力行間厥後屢奏奇功擊

遼東取寧遠定錦州略北京征山東俱能先登致勝擒伏破敵入關滅賊定鼎之際及追滕機思圖謝圖之時所至奮勇直前身被重創著有功績追擢爲內大臣敬愼盡職朕眷念勤勞申茲寵錫特賜爾謚曰果壯勒諸貞珉以光泉壤國典臣誼庶其昭垂無斁哉康熙八年十一月二十五日立

內大臣一等阿思哈哈番加一級謚勤僖蘇拜碑文稽古建業驅策羣力不吝爵賞以勸有功昭示後世用傳不朽所以勵忠藎甚備也爾蘇拜性質純良品行敬愼年甫及幼効力行間取察哈喇攻朝鮮圍錦州征北京山東當先克捷追入關滅賊定鼎之際追擊承天府奪獲賊艘遂趨賊壘連拔兩營繼下中州收撫歸德延安遇敵七敗其軍獻寇跳梁入蜀獲勝比年以內大臣遣駐孝陵敬愼盡職朕眷念恪勤特加追卹茲賜謚曰勤僖勒諸貞珉以光泉壤國典臣誼庶

其昭垂無斁哉康熙八年十一月二十五日立

嗚呼國家所最愼重者名器所最崇奬者勳庸故生則崇階世秩以示褒沒則諭祭易名以示卹蓋報有功彰有德典綦隆矣而爲之子者欲敬述朝廷之恩澤表揚先世之功勳則取賜封賜卹之文備勒貞珉昭垂奕世以誌不忘我先大人恪僖公賦性端亮守職清勤當太宗文皇帝時由牛彔擢爲二等下管內務竭力盡忠著有勞績世祖章皇帝既定燕京追念前勳特授拜他喇布勒哈番嗣是歷晉一等阿思哈哈番兼一拖沙喇哈番世襲不替以內大臣總理內務者凡二十年清操如一日今上初定元篤念老成方切倚毗倏爾奄逝深用憫悼予卹予奬悉從優典嗚呼□大夫之勤勞國事一朝之寵遇舊臣亦可謂千載一時矣譾劣無□□□□農追溯本源實賴先大夫積德之餘蔭特彙錄前後所得誥命二道勒于墓石一以記國

恩一以誌先烈凡我子孫尙其無忘世德以益大家聲哉康熙八年十二月吉旦孝男一等阿思哈尼哈番又一拖沙喇哈番加一級戶部尙書米斯漢敬立

粤惟予先大人戮力疆埸振揚風紀功績已赫赫在人耳目間不肖碩木寶不能枚舉謹按世襲誥命所載約其梗槩勒之碑陰垂諸奕禩俾子孫知所效法焉先大人初管牛彔事初次圍錦州率本甲喇兵凡三敗敵騎兵於松山杏山三次圍錦州時錦州松山敵馬步兵來薄我營復三敗之又洪總制率十三萬軍來解錦州之圍恪遵指授方略破其三營身被八創以軍功授拜他喇布勒哈番後定鼎燕京擊流賊二十萬兵於山海關率攊牙喇甲喇兵對陣敗敵追流賊至慶都縣復率本甲喇兵敗敵征流賊時延安府賊兵兩次來犯我師率本固山兵敗之招服鳳翔等五府又擊流賊第二營兵時率本

固山兵對陣敗敵又率本固山兵敗吴伯兵三千以軍功由拜他喇布勒哈番加一拖沙喇哈番太祖武皇帝配天禮成陞爲三等阿達哈哈番兩遇上皇太后徽號禮成陞爲一等阿達哈哈番後伯父之子程尼陣亡復以一等阿達哈哈番併襲其一等伯加授二等公世爵不替不幸於康熙元年三月二十九日以疾奄逝蒙遣太常寺卿喀代諭祭復賜金營葬康熙九年四月吉旦男一等伯都統加一級碩木寶謹立

原任都統三等精奇尼哈番加一級謚襄敏朱馬喇碑文稽古建業驅策羣力不吝懋賞以勸有功昭示後世用垂不朽所以勵忠藎甚備也爾朱馬喇性行純直才猷敏練屢在行間著有勞績錦州大凌河之役招撫駱駝等寨宋噶里兀喇之戰俘獲三百餘人擊流賊二十萬率旗兵於山海關破敵之時敗方安國等襲城兵於杭州府駐

防之日平定福建破黄總兵之師進取安海殲陳副將之卒率一旗甲士勦金聲桓於江右克取一郡五城運大將指揮殛李定國於粤東恢復三十餘邑衡桂雪憤用慰衆心兹特賜謚曰襄敏勒諸貞珉以光泉壤國典臣誼庶其昭垂無斁哉康熙九年四月二十八日立

奉天承運皇帝制曰褒忠表義昭代之良規崇德報功聖王之令典特頒恩命以奬勤勞爾兵部督捕衙門左理事官加二級戴都性資端謹才識宏通俾掌中樞恪慎無慚於職守宣勞政務夙夜克矢乎寅恭任用有年小心益勵崇階洊陟歷試能勤欣兹慶典之逢宜沛恩綸之寵兹以覃恩特授爾階資政大夫錫之誥命於戲恩推自近乃弘奬夫崇階業廣惟勤尙克承夫寵錫欽予時命勵爾嘉猷制曰夙夜惟勤人臣寧遑内顧伉儷無忝國常豈靳隆施錫章服以酬勛念壼儀之媲美爾兵部督捕衙門左理事官加二級戴都嫡妻俄卓

氏克勤内德宜爾室家眷良臣靖共之猷賴淑女匡襄之助爰褒令
範式沛新綸兹以覃恩贈爾爲夫人於戲敬爾有官肅閨門而合好
職思其内尚黽勉以同心祇服殊恩用昭壼德康熙九年五月初六
日

奉天承運皇帝制曰國家思創業之隆當崇報功之典人臣建輔運
之績宜施錫爵之恩此激勸之宏規誠古今之通義爾戶部尚書一
等阿思哈尼哈番又一拖沙喇哈番佐領米斯翰性資端謹才識宏
通俾掌計部恪慎無慚於職守宣勞政務夙夜克矢乎寅恭任用有
年小心益勵崇階洊陟歷試能勤欣兹慶典之逢宜沛恩綸之寵爰
頒新命以示褒嘉兹以覃恩特授爾階光禄大夫錫之誥命於戲推
恩申命爰弘獎於忠貞樹德懋勳尚益勤於篤棐祇服朕命勉盡乃
心制曰作朕股肱良臣所以矢夙夜釐爾女士内則亦以効勛勷休

命用申壼儀維懋爾戶部尚書一等阿思哈尼哈番又一拖沙喇哈番佐領米斯翰妻木奇覺羅氏相夫克諧宜家著範爾夫恪勤盡職藉爾黽勉同心內則既嫺褒綸宜錫兹以覃恩贈爾爲一品夫人於戲睠此勤勞之佐久藉同心嘉爾貞順之賢載頒異數幽靈不昧佩此明綸制曰人臣宣勞於外寧恤其家朝廷代體其心均從乎貴爰申寵命以獎令儀爾戶部尚書一等阿思哈尼哈番又一拖沙喇哈番佐領米斯翰繼妻博爾機董氏嗣相爾夫克著令儀踵彼前徽彰兹合德內則無忝並錫褒綸兹以覃恩封爾爲一品夫人於戲顯命特頒用表宜家之範小心是式益勤內助之賢永相爾夫用諧予治

康熙九年五月初六日

皇淸誥封中憲大夫吏部員外郎特公之碑奉天承運皇帝制曰國家推恩而錫類臣子懋德以圖功懿典攸存忱恂宜勗爾吏部員外

郎特爾金幹才素具爰命服官銓部分猷克殫勤愼小心罔懈奉職無愆慶典欣逢新綸用賁玆以覃恩特授爾階中憲大夫錫之誥命於戲式弘車服之庸用勵顯揚之志尚欽榮命益矢嘉猷康熙九年五月初六日

奉天承運皇帝制曰國家思創業之隆當崇報功之典人臣建輔運之績宜施錫爵之恩此激勸之宏規誠古今之通義爾原任戶部侍郎孝陵總管加一級巴格性資端敏才略宏通初列官階克著勤勞之績爰膺任使彌昭敬愼之忱奉職有年小心益勵崇階洊陟歷試無愆欣玆慶典之逢宜沛恩綸之寵特頒新命以示褒嘉玆以覃恩特授爾階光祿大夫錫之誥命於戲推恩申命爰宏奬於忠貞樹德懋勳尚益勤於篤棐祗服朕命勉盡乃心康熙九年五月初六日

皇清誥封通議大夫阿公之碑奉天承運皇帝制曰揚名顯親爲子
者願以令德歸之父考績褒賢教孝者宜以高爵作之忠是用推恩
特申休命爾阿山義方有訓式穀無慚念爾嗣之勤勞既克家而報
國俾爾澤之昌大爰錫類以昭仁兹以覃恩贈爾爲通議大夫工部
郎中佐領錫之誥命於戲教誨爾子永勿忝於家聲聿修厥德尚無
負於國恩欽承寵命慰爾幽靈大清康熙九年五月初六日

奉天承運皇帝制曰□□□□爲子者願以□□□□□□褒賢
教孝者宜以高爵作之忠是用推恩特申休命爾贈奉政大夫□部
他□哈哈番加一級□□□刑科掌印給事中加一級機什哈之
父義方有訓式穀無慚念爾嗣之勤勞既□□而報國俾爾□之□
□爰錫類以昭仁兹以覃恩贈爾爲通議大夫刑科掌印給事中加
一級錫之誥命於戲教誨爾子永□□□家聲聿修厥德尚無負於

國恩欽承寵命慰爾幽靈制曰國體勞臣必遡源而沛澤家崇□□
□□□於厥生盛典維新壹儀愈著爾刑科掌印給事中加一級機
什哈□□□宜人牛胡盧氏幃範克□□□□身教之先慈訓惟勤
能愛在能勞之後□沛貤封用昭壹德茲以覃恩贈爾爲淑人於戲
子情罔□□□□而敦孝國綸普被念劬勞以疏榮嘉乃恩勤褒其
遺範康熙九年五月初六日

原任太子少保戶部尚書加二級謚襄愍蘇納海碑文自古建業驅
策羣力不吝爵賞以勸有功昭示後世用垂不朽所以勵忠蓋甚備
也爾蘇納海性行純良才能敏達簡任司農著有勞績乃因撥地遲
延無辜誣陷朕用悼焉特加追卹賜謚曰襄愍勒諸貞珉永光泉壤
□□□□□□□□□□□康熙九年五月二十九日立

奉天承運皇帝制曰國家思創業之隆當崇報功之典人臣建輔運
之績宜施錫爵之恩此激勸之宏規誠古今之通義爾固山額眞三
等精奇尼哈番管牛彔吏部尙書朱馬喇嘉爾任事有能洊加世賞
玆以覃恩特授爾階光祿大夫錫之誥命制曰作朕股肱良臣所以
矢夙夜□爾女士內則亦以劾勛勷休命用申壺儀維懋爾固山額
眞三等精奇尼哈番管牛彔吏部尙書朱馬喇妻納喇氏相夫克諧
宜家著範爾夫恪勤盡職藉爾黽勉同心內則旣嫺褒綸宜錫玆以
覃恩封爾爲一品夫人原任固山額眞朱馬喇初任管牛彔二任兵
部理事官照舊管牛彔三任管甲喇照舊理事官四任拜他喇布勒
哈番照舊管甲喇理事官五任拜他喇布勒哈番又一拖沙喇哈番
照舊管甲喇理事官六任管梅勒七任兵部侍郎照舊管梅勒八任
□等阿達哈哈番照舊管梅勒侍郎九任二等阿達哈哈番照舊管
梅勒侍郎十任一等阿達哈哈番照舊管梅勒侍郎十一任一等阿

達哈哈番又一拖沙喇哈番照舊管梅勒侍郎十二任蒙古固山額
眞十三任阿思哈尼哈番照舊蒙古固山額眞十四任吏部尚書照
舊蒙古固山額眞十五任滿洲固山額眞照舊吏部尚書十六任三
等精奇尼哈番滿洲固山額眞議政大臣康熙元年正月初七日皇
帝遣禮部右侍郎布顔諭祭故原任都統三等精奇尼哈番佐領加
一級朱馬喇之靈曰鞠躬盡瘁者臣子之常經䘏死報勤者國家之
盛典爾朱馬喇賦性純良居心敬愼克襄王事久歷戎行素著勤勞
之績得邀世及之榮宜享遐齡忽聞長逝朕用悼焉特頒祭典造墳
安葬嗚呼寵錫重壚庶享匪躬之報名垂信史聿昭不朽之榮爾如
有知尙其歆享不孝男博通蕺幸遇聖神御極旌表功臣吾父得邀
御祭立碑賜諡吾父自草昧從戎勳銘鐘鼎名垂竹帛以武功翊命
以文事經邦俱已載在賜碑余惟恐不能盡述敬誌於此康熙九年
九月吉旦不孝男博通蕺立

內大臣加一級謚襄敏那爾孫碑文稽古建業驅策羣力不吝爵賞以勸有功昭示後世用垂不朽所以勵忠蓋甚備也爾那爾孫賦性純良才猷敏達擢爲內大臣敬慎盡職勤勞素著方冀遐齡忽焉長逝甚悼朕懷特賜謚曰襄敏勒之貞珉光及泉壤國典臣誼庶其昭垂無斁哉康熙九年九月初六日立

奉天承運皇帝制曰朕惟尙德崇功國家之大典輸忠盡職臣子之常經古聖帝明王戡亂以武致治以文朕欽承往制甄進賢能特設文武勳階以彰激勸受茲任者必忠以立身仁以撫衆智以察微防姦禦侮機無暇時能此則榮及前人福延後嗣而身家永康矣敬之無怠哈愷爾原係白身人在廣寧北三山寨明兵截路相戰時爾先殺入初吳把海管牛彔以致牛彔下貧窮爾能安輯富足故授爾爲

拜他喇布勒哈番天聰八年十一月十三日後二次征北京時攻定興縣爾領梯克其城涿州高太監以兵來犯我營爾同固山額眞譚泰擊敗之往昌平取紅衣礮遇敵兵二千擊敗之嘉爾由拜他喇布勒哈番加一拖沙喇哈番崇德元年十一月二十八日後征阿庫里尼滿地方時嘉爾効力行間故紀錄一次二次圍錦州時松山馬兵來奪我紅衣礮爾率本甲喇兵對陣敗之定鼎燕京入山海關之日擊流賊馬步兵二十萬爾率本甲喇兵步戰對陣敗之嘉爾由拜他喇布勒哈番兼一拖沙喇哈番超陞爲一等阿達哈哈番順治二年二月二十八日天下統一倣古聖王之制尊崇太祖武皇帝功德配祀上帝禮成念諸舊臣世効勞績由一等阿達哈哈番加一拖沙喇哈番世襲罔替順治七年三月初六日天下大定倣古聖王之制上聖母昭聖慈壽皇太后尊號禮成由一等阿達哈哈番兼一拖沙喇哈番陞爲三等阿思哈哈番大婚禮成亦倣古制加上聖母昭聖慈

壽皇太后爲昭聖慈壽恭簡皇太后尊號禮成由三等阿思哈哈番陞爲二等阿思哈哈番世襲罔替順治九年正月二十六日奉天承運皇帝制曰國家思創業之隆當崇報功之典人臣建輔運之績宜施錫爵之恩此激勸之宏規誠古今之通義爾二等阿思哈哈番管牛彔通政使司通政使加一級哈愷性資端謹才識宏通俾掌銀臺恪慎無慚於職守宣勞政務夙夜克矢乎寅恭任用有年小心益勵崇階洊陟歷試能勤欣茲慶典之逢宜沛恩綸之寵爰頒新命以示褒嘉茲以覃恩特授爾階光祿大夫錫之誥命於戲推恩申命爰弘獎於忠貞樹德懋勳尚益勤於篤棐祇服朕命勉盡乃心維康熙九年七月初三日皇帝遣禮部郎中穆里布諭祭原任通政使司通政使加一級因年老原官致仕故哈愷之靈曰鞠躬盡瘁臣子之芳踪卹死報勤國家之盛典爾哈愷性行純良才能稱職方冀遐齡奄然長逝朕用悼焉特頒祭葬以慰幽魂嗚呼□垂不朽之榮庶享匪躬

之報靈如不昧尙其來歆康熙九年十二月吉旦

嗚呼先大人豐功偉伐赫赫在人耳目間不孝席布豈能導揚萬一謹據世襲誥命所載備書於墓石先大人承襲先大父三等阿達哈哈番定鼎燕京入山海關之日擊流賊馬步兵二十萬爾同轟章京德爾德赫率擺牙喇甲喇對陣敗之故由三等阿達哈哈番陞爲二等阿達哈哈番後破流賊滅福王平定河南江南時擊敗潼關山上駐立賊兵回時賊兵尾我後爾率本固山擺牙喇擊敗之於潼關前鋒埋伏之日初擊流賊馬兵爾率本固山擺牙喇敗之又潼關前鋒埋伏之日二次擊流賊馬兵爾率本固山擺牙喇敗之又於潼關擊流賊第一營步兵爾率本固山擺牙喇步戰敗之又於潼關擊流賊第二營步兵爾率本固山擺牙喇先至其門步戰敗之又擊江寧府守邊步兵爾同敦拜二次敗之故由二等阿達哈哈番陞爲一等阿

達哈哈番天下統一倣古聖王之制尊崇太祖武皇帝功德配祀上
帝禮成念諸舊臣世効勞績故由一等阿達哈哈番加一拖沙喇哈
番又上聖母昭聖慈壽皇太后尊號禮成由一等阿達哈哈番兼一
拖沙喇哈番超陞爲二等阿思哈哈番大婚禮成加上皇太后尊號
由二等阿思哈哈番陞爲一等阿思哈哈番世襲罔替康熙九年□
月吉旦孝男一等阿思哈哈番又一拖沙喇哈番梅勒章京加一級
席布郎中佐領加一級伊兎一等下加一級準泰等敬立

雪屐尋碑錄卷四

雪屐尋碑録卷五

清宗室盛昱集録

奉天承運皇帝制曰貽厥孫謀忠藎識世傳之澤繩其祖武恩榮昭上逮之休忠厚之道攸存激勸之典斯在爾贈通議大夫刑部員外郎加三級□達納爾□貽謀以啟乃孫傳至再世克勤王家褒寵之恩宜及大父兹以覃恩贈爾爲光祿大夫刑部侍郎加一級錫之誥命於戲再世而昌無望貽德之報崇階特晉用昭寵錫之恩奕代垂休九原如在制曰孝子之念王母情無異於慈幃興朝之奬勞臣恩□隆於祖烈爰沛貤封之命用慰報本之懷爾贈淑人那喇氏爾有貽恩迨於再世乃孫襲慶績懋國家嘉爾淑儀宜錫褒寵兹以覃恩贈爾爲一品夫人於戲章服式賁沛介錫於大母綸綍寵頒保昌隆於百禩永承家慶以妥幽靈康熙十年二月十七日

奉天承運皇帝制曰朕惟尙德崇功國家之大典輸忠盡職臣子之常經古聖帝明王戡亂以武致治以文朕欽承往制甄進賢能特設文武勳階以彰激勸受兹任者必忠以立身仁以撫衆智以察微防姦禦侮機無暇時能此則榮及前人福延後嗣而身家永康矣敬之勿怠希勒根爾原係白身人征□格時爾所乘馬疲少騎同朕至彼爾于朕前衝入斷其部從授爾爲拜他喇布勒哈番征董□時爾擊敗其列陣步兵再征北京時曹州高太監兵來攻我營爾領壽先入敗之同固山額眞譚太□兵於三屯營遇敵兵六十四騎擊敗之又擊晁總兵兵爾領壽先入敗之擒晁總兵我兵出邊故明邊兵來戰衆大入皆各顧輜重爭出爾獨斷後禦戰嘉爾故由拜他喇布勒哈番超陞爲一等阿達哈哈番定鼎燕京以爾父皇太宗文皇帝恩養之臣故由一等阿達哈哈番加一拖沙喇哈番征流賊至綏德州之日遇田總兵馬步兵爾同噶喇昂邦西忒庫哈寧阿敗之圍延安府

時賊兵來攻鑲藍旗所守之處爾往援敗之一隻虎賊兵由延安府出攻正白旗所守之處爾先至敗之延安府賊兵遁出之晚爾往援正紅旗敗之延安府賊兵出攻爾固山汛地爾同譚太敗之至於西安府爾同噶喇昂拜西忒庫往尋賊踪追及二隊殺之又同□拜把圖魯馳困承天府獲船八十隻又賊船至五百餘由洋子江去譚太督令往取爾擺牙喇先至獲之又往武昌府時賊步兵萬餘截我輜重爾同德兒得黑敗之又同哈寧阿由洋子江前往追擊賊船於富七口獲之又同哈寧阿擊岸上馬步兵敗之又擊流賊第二營時爾率固山擺牙喇擊陣敗之又同阿機賴阿機拜由保唐往尋賊跡遇馬步兵千餘敗之故由一等阿達哈哈番兼一拖沙喇哈番陞爲三等阿思哈哈番以罪降三等阿思哈哈番爲三等阿達哈哈番天下統一倣古聖王之制尊崇太祖武皇帝功德配祀上帝禮成念諸舊臣世効勞績由三等阿達哈哈番陞爲二等阿達哈哈番世襲罔替

知爾屈抑故由二等阿達哈哈番陞爲一等阿達哈哈番兼一拖沙
喇哈番天下大定倣古聖王之制上聖母昭聖慈壽皇太后尊號禮
成由一等阿達哈哈番兼一拖沙喇哈番陞爲三等阿思哈哈番大
婚禮成亦倣古制加上聖母昭聖慈壽皇太后尊號爲昭聖慈壽恭
簡皇太后禮成由三等阿思哈哈番陞爲二等阿思哈哈番世襲罔
替得罪降去拖沙喇哈番爲三等阿思哈哈番世襲罔替如前征四
川時高汝礪以兵三千列陣山巔抵敵爾同固山額眞噶達洪蘇章
京哈寧阿擊敗之圍三寨山有石國璽等內應獻門武大定以兵來
戰爾同固山額眞噶達洪蘇章京哈寧阿擊敗之擊八大王迎敵之
兵爾率攤牙喇纛對陣敗之前進征□時賊馬步兵一萬來戰爾率
顧朗阿扈理布等擊敗之賊馬步兵二千餘來援爾同俄內扈理布
等擊敗之擊八大王兵之日正藍旗固山被敵所迫爾往援率攤牙
喇纛擊敗之袁韜馬步賊兵于涪州河對岸列陣抵敵爾乘船渡河

擊敗之圍大同時爾同韓代公星夜前往遼州擊敗三總兵五千餘
賊兵餘賊結山寨布立爾率擺牙喇纛傍入擊敗之攻長子縣爾自
賊兵礮藥烘頹之處登進遂克其城攻渾源州爾自紅衣礮擊破之
處同固山額眞阿喇善噶達洪等指揮登進遂克其城攻朔州爾自
紅衣礮擊破之處同梭渾指揮登進遂克其城又招服永寧州嵐縣
故功罪相折陞三等阿思哈哈番爲二等阿思哈哈番世襲罔替如
前將功過相折未給一拖沙喇哈番復還將二等阿思哈哈番授爲
一等阿思哈哈番世襲罔替如前康熙十年三月十三日立

皇清光祿大夫一等阿達哈哈番副都統吏工二部侍郎大理寺正
卿加一級羅碩碑奉天承運皇帝制曰國家思創業之隆當崇報功
之典人臣建輔運之績宜施錫爵之恩此激勸之宏規誠古今之通
義爾一等阿達哈哈番大理寺正卿加一級羅碩性資端謹才識宏

通俾掌棘寺恪慎無慚於職守宣勞政務夙夜克矢乎寅恭任用有年小心益勵崇階洊陟歷試能勤欣兹慶典之逢宜沛恩綸之寵爰頒新命以示褒嘉兹以覃恩特授爾階光禄大夫錫之誥命於戲推恩申命爰宏獎於忠貞樹德懋勤尚益勤於篤棐祗服朕命勉盡乃心康熙十年歲次辛亥季春吉旦立

二等阿達哈哈番何□初任拜塔喇布勒哈番二任拜□喇布勒哈番又加一拖沙喇哈番三任三等阿達哈哈番四任今職於順治八年八月二十一日欽奉皇帝制曰褒忠表義昭代之良規崇德報功聖王之令典特頒恩命以獎勤勞爾駐箚杭州二等阿達哈哈番念爾任使洊列官階克殫敬慎之心爰著勤勞之績馭兵有法奉職無愆盛典既逢□□□□兹以覃恩特授爾階通議大夫□□□□□□□□□□□□□□崇階業廣惟勤尚□□□□□欽予時命勵

爾嘉猷爾妻楊氏克勤內德宜爾室家眷良臣靖共之猷賴淑女匡襄之助茲以覃恩封爾爲淑人於戲敬爾有官肅閨門而合好職思其內尚黽勉以同心祗服殊恩用昭壼德康熙十年四月□□日

皇帝諭祭故原任噶喇昂邦一等阿思哈哈番加一級後敘功授爲三等精奇尼哈番諡忠勇白爾黑兔之靈曰鞠躬盡瘁臣子之芳踪卹死報勤國家之盛典爾白爾黑兔賦姿果敢制行忠直幼歷戎行勤勞素著乃因寃陷甚悼朕懷特頒祭葬用展哀悰嗚呼寵錫重壚庶享匪躬之報名垂信史聿昭不朽之榮爾如有知尚克歆享康熙十年八月十九日致祭

原任都統三等伯年老休致加少保兼太子太保贈少傅兼太子太傅諡忠勇石廷柱碑文稽古建業驅策羣力不吝爵賞以勸有功昭

示後世用垂不朽所以勵忠蓋甚備也爾石廷柱性行剛方才猷敏
練自廣寧効順以來即戮力戎行取囊拏克征高麗圍大凌拔揮漢
兒攻錦州擊松山杏山之兵破塔山杏山之臺洪軍門十三萬兵晝
戰夜劫爾率本固山兵對陣敗之迨定鼎入關復命爾招懷近郡及
河南江北山東山西等處至於搜太行之餘孽追逃叛之舟師奮武
於黃河駐防於京口克殫忠忱膚功屢奏論功錫爵進秩崇階乃因
年老乞休溘焉長逝朕甚悼焉賜謚忠勇勒諸貞珉以光泉壤國典
臣誼庶其昭垂無斁哉康熙十年十二月初七日立

原任噶喇昂邦一等阿思哈哈番加一級後叙功授二等精奇尼哈
番謚忠勇白爾黑兔碑文皇帝制曰稽古帝王建業驅策羣力不吝
爵賞以勸有功昭示後世用垂不朽所以勵忠蓋甚備也白爾黑兔
賦資勇敢制行敦樸自錦州松山從征以來入關擊賊定鼎京師已

戮力戎行勤勞懋著及平定秦豫齊魯江浙閩楚諸省皆有戰勝攻取之績爰賜褒賞優奬之恩繼征滇黔入緬國擒獲僞永歷滅除李定國爾能戮力奏功乃以宼陷致死朕甚憫焉特加追卹賜諡忠勇勒諸貞珉以光泉壤國典臣誼庶其昭垂毋斁哉康熙十年十二月二十三日建立

命臣膺朝廷寵命必勒之豐碑者所以表皇仁□奕禩也予弟車赫賦性聰敏制行端慤嫻韜略而精於騎射少爲頭蝦在王左右朝夕著勤凡有任使皆當王意比承世廕爲蘇喇章京益小心謹慎無曠厥職屢遇恩詔陞二等阿達哈哈番封通議大夫深荷隆恩正圖爲王報効不意過於勞瘁於順治九年九月二十一日以疾奄逝享年二十卒之日聞於朝予祭葬如例嗚呼予弟言辭敏捷相貌英偉事父母能孝處朋友以和德行如此使天假以年步武先人遠緒必能

益振□不幸早逝老母增悲愚兄每一追念未嘗不爲悼□□□
□□承祀又無後人尤足痛心也今恐予弟行事奄沒謹將封誥□
於石更撮生平大概鐫之碑陰庶少展同氣之哀用垂不朽云爾康
熙十年□月吉日愚兄□□□□□等阿達哈哈番加二級車倫立

皇清光祿大夫二等阿思哈哈番都察院監察御史加一級羅公墓
碑國家弘錫爵之榮以崇德報功所以示激勸也我先考抒誠宣力
克勤王事固已恩詔綸綍慶衍箕裘第恐日久則懿行易湮敢不述
列梗概鐫諸貞珉用傳信於無窮溯厥世澤實由先德我祖考蒙太
宗皇帝特擢管牛彔事平定朝鮮克奮忠勇先驅破敵効力戎行如
征北京圍錦州等處擒斬功最著松山之役屢次擊敗逃兵因授爲
拜他喇布勒哈番尋任工部副理官五載考績嘉其能及克前屯衛
城身殞行間晋三等阿達哈哈番□□圖勒愼襲其職逌世祖皇帝

定鼎燕京擊敗流寇以功晉二等阿達哈哈番未幾病故以先□襲其職太祖配天禮成加恩勳舊晉一等阿達哈哈番恭遇上皇太后尊號復加一拖沙喇哈番世祖皇帝大婚慶典晉三等阿思哈哈番管佐領參領事都察院監察御史出征江□大破逆黨□國公於安福徐嶺又於浙江征舟山僞英毅伯阮思僞總制陳六御逆寇張洪德列艦迎犯先考卒衆擊敗刻期盡殲晉二等阿思哈哈番世襲罔替康熙三年二月二十一日以疾告終今思漢席承先蔭叨受國恩謹敘次大略勒諸貞珉非獨先考生平不致泯沒即祖叔歷官本末共垂永久益知朝廷恩禮優渥奕世蒙麻我後人當纘承勿怠云爾

康熙□年歲□□□月□□日孝男羅思漢立

輔國將軍白奇碑文自古帝王創業垂統以昭萬世凡在宗支皆隆爵秩所以重懿親也爾白奇係鎮國公額克欽之子性行温樸克守

厥職方冀遐齡忽焉長逝朕篤念宗親爰稽成憲勒之貞珉以垂不
朽云爾康熙十一年三月初一日立

奉天承運皇帝制曰揚名顯親爲子者願以令德歸之父考績褒賢
教孝者宜以高爵作之忠是用推恩特申休命爾塔爾弼喜乃頭等
下加一級阿岳之父義方有訓式穀無慚念爾嗣之勤勞既克家而
報國俾爾澤之昌大爰錫類以昭仁兹以覃恩贈爾爲資政大夫頭
等下加一級錫之誥命於戲教誨爾子永勿忝於家聲聿修厥德尚
無負於國恩欽承寵命慰爾幽靈康熙十一年三月十二日立

奉天承運皇帝制曰褒忠表義昭代之良規崇德報功聖王之令典
特頒恩命以奬勤勞爾頭等下加一級托煇持心克謹任事能勤侍
從王儀服勞藩第朝夕匪懈指使無違既以舊勞晉膺顯秩復逢盛

典宜被新榮爰煥寵章益資効力茲以覃恩特授爾階資政大夫錫
之誥命於戲恩推自近乃弘奬夫崇階業廣惟勤尙克承夫寵錫欽
予時命勵爾嘉猷初任拜他喇布勒哈番品級法一旦尼哈番二任
拖沙喇哈番品級法一旦尼哈番三任拜他喇布勒哈番品級法一
旦尼哈番四任頭等下五任今職制曰夙夜維勤人臣寧遑內顧伉
儷無忝國常豈靳隆施錫章服以酬勛念壼儀之媺美爾頭等下加
一級托煇妻阿顔覺羅氏克勤內德宜爾室家眷良臣靖共之猷賴
淑女匡襄之助爰褒令範式沛新綸茲以覃恩封爾爲夫人於戲敬
爾有官肅閨門而合好職思其內尙黽勉以同心祇服殊恩用昭壼
德旹康熙六年十一月二十六日恩綸康熙十一年四月吉日孝子
朱滿泰立

奉天承運皇帝制曰褒忠表義昭代之良規崇德報功聖王之令典

特頒恩命以奬勤勞爾拜他喇布勒哈番加二級毛海持心克勤任事惟勤俾典厥司特加任用戎行効力著有勤勞奉公罔懈盡職靡愆盛典既逢宜加新命錫兹殊寵益勵爾勞兹以覃恩特授爾階通議大夫錫之誥命於戲恩推自近乃弘奬夫崇階業廣惟勤尚克承夫寵錫欽予時命勵爾嘉猷制曰夙夜維勤人臣寧遑內顧伉儷無忝國常豈靳隆施錫章服以酬勤念壼儀之媲美爾拜他喇布勒哈番加二級毛海妻封恭人宜爾根覺羅氏克勤內德宜爾室家眷良臣靖共之猷賴淑女匡襄之助爰褒令範式沛新綸兹以覃恩封爾爲淑人於戲敬爾有官肅閨門而合好職思其內尚黽勉以同心祗服殊恩用昭壼德康熙十一年孟夏吉日立

奉天承運皇帝制曰褒忠表義昭代之良規崇德報功聖王之令典特頒恩命以奬勤勞爾頭等下加一級胡爾哈持心克勤任事能□

□□王儀服勞藩第朝夕匪懈指使無違既以舊勞晉膺顯秩復逢
聖典宜被新榮爰煥寵章益資効力茲以覃恩特授爾階資政大夫
錫之誥命於戲恩推自近乃弘獎夫崇階業廣惟勤尚克承夫寵錫
欽予時命勵爾嘉猷初任六品法衣丹尼哈番二任四品法衣丹尼
哈番三任加一級四任頭等下五任今職康熙十一年六月初十日
妻魯氏立

多羅衍禧郡王謚介羅洛宏碑文自古帝王創業垂統必懋建本支
以作藩屏故生隆顯爵歿錫豐碑親親賢賢典甚重也爾多羅宏係
太祖高皇帝二世孫克勤郡王岳託之子於崇德四年爲多羅貝勒
順治元年定鼎燕京加封宗室進封爾爲衍禧郡王征取四川以疾
薨逝世祖章皇帝特賜祭葬勅建豐碑朕今追念前徽加謚曰介重
勒貞珉用傳不朽以示敦睦懿親之意云爾康熙十一年八月初一

日

國家覃恩令典施及臣子必推本所生光被泉壤匪僅褒忠亦將以
教孝也由是仰荷皇仁追念先烈當益思子職之無忝而臣心之匪
懈矣且天語表章榮於華衮永言孝思昭兹來許禮也吳什巴等躬
達聖世叨列班聯皆我顯考顯妣正直勤儉教訓之所貽今際大典
對揚寵命俾我考妣恩勤克著謹勒之貞珉樹之墓表焉康熙十一
年十月十一日長男戶部郎中加一級吳什巴次男七品官加一級
圖什巴三男生員圖巴海四男佟什兔五男瓦爾喀稽顙立

國家覃恩令典施及臣子必推本所生光及泉壤匪僅褒忠亦將教
孝也由是仰荷皇仁追念先烈當益思子職之無忝而臣心之匪懈
矣且天語表彰榮於華衮永言孝思昭兹來許禮也明額禮等恭逢

聖世叨列班聯皆我顯考顯妣正直勤儉教訓之所貽今際大典對
揚寵命俾我考妣恩勤克著謹勒之貞珉樹之墓表焉康熙十一年
十月十一日男戶部郎中加一級明額禮孫七品官加一級明珠稽
顙立

奉天承運皇帝制曰朕惟尙德崇功國家之大典輸忠盡職臣子之
常經古聖帝明王戡亂以武致治以文朕欽承往制甄進賢能特設
文武勳階以彰激勸受茲任者必忠以立身仁以撫衆智以察微防
姦禦侮機無暇時能此則榮及前人福延後嗣而身家永康矣敬之
勿怠爾二等阿達哈哈番甲喇章京加二級雅木哈納把圖魯初圍
錦州時擊杏山兵爾前殺入二次過北京征山東時擊范軍門兵爾
率本甲喇兵對陣敗之直抵其步兵營擊吳總兵馬步兵爾領前行
一半兵對敵陣敗之用雲梯攻冀州爾第二登進遂克其城故陞爲

拜他喇布勒哈番賜名把圖魯定鼎燕京入山海關之日擊流賊馬步兵二十萬爾殺入對陣敗之追及流賊至慶都縣爾擊敗之後屢遇恩詔陞爲二等阿達哈哈番大清國康熙十二年二月初十日立

皇清誥封光祿大夫工部尚書一等阿思哈哈番管佐領額公碑文

國家寵錄勳舊生有崇階世祿之榮歿有弔廬營壙之典所以表功闡德也我先考賦性忠貞秉資明敏素習韜鈐兼嗜文辭初襲伯父一等阿達哈哈番爲中城理官廉潔自矢奉職惟勤繼轉都憲理事處公佐治清幹有聲歷陞左右司馬凡樞省軍機參畫悉當會司空位缺特簡冬卿釐定典制撙節咸宜都人士罔不嘖嘖推服至若軍功之可紀者初征湖廣擊荊州府賊首一隻虎兵時率本甲喇兵對壘敗之自荊州府追擊郭侯兵大敗之第三次征福建時賊賀總兵率賊千餘拆橋列牌礮抵敵撥發官兵指麾敗之海岸賊三千餘陳

列牌礮抵敵撥發官兵指麾敗之用紅衣礮攻海澄縣東土牆賊首鄭成功率十萬餘賊陳列牌礮來奪我紅衣礮時撥發官兵指麾敗之賊首鄭成功率賊約十萬許列牌復犯撥發官兵指麾敗之擊敗鄭成功兵第三日又二千餘賊來犯撥發官兵擊敗之招撫二縣一百五十三寨二總兵一副將七千餘兵以屢立戰績復遇覃恩歷陞一等阿思哈哈番正期益奮抱負策名汗簡不幸於十年四月二十四日以疾捐館訃音上聞宸衷震悼特賜金營葬遣官諭祭嗚呼朝廷之優遇功臣一先考之盡忠王室可謂兩得之矣保以譾劣承先人餘緒濫列清班追溯本源涕泗橫臆謹撮大略用識不忘云康熙十二年四月二十三日立孝男佐領寬保阿思哈哈番英素三等侍衛兼管佐領敦達禮

皇清誥贈資政大夫工部郎中加一級金公碑褒封先世□國家錫

類之恩闡發前猷實人子顯親之義典甚重也我先考生而魁梧慷慨負大略方太祖高皇帝肇造東土四征不庭即効力行間及太宗文皇帝朝爲壯大屢從征伐著有戰績迨世祖章皇帝入關定鼎混一中原時復南征北討戮力疆埸多所斬獲□□錄功晉爵垂名汗青乃未及大□以疾捐館□幾遇覃恩誥贈資政大夫恭逢聖世叨列部曹皆大人遺訓所致每一追溯本原五中崩裂而隆恩下被之日已不及承懽膝下言念及此不禁恫乎有餘悲也今表揚大典敬書綸音使世德彌彰恩光克著勒之貞珉以垂不朽焉康熙十二年五月初九日

皇淸誥封資政大夫三等阿達哈哈番護衛壯大議政大臣加一級博公碑□文朝廷優遇功臣生則崇階世秩以寵之歿則賜金營葬以郵之所以表有功彰有德也我府君資政大夫賦性忠耿秉姿明

銳從戎具有勇略服職昭其敬慎筮仕一等護衛當和碩鄭親王奉
天子命南征北討殄滅錦州松山杏山塔山我府君屢從戎行著有
勞績□在王左右殫心啟沃以功加授一等護衛爲護衛長復晋拜
他喇布勒哈番順治五年□王攝政時以我府君脫卸鄭親王罪不
以實供削世職奪護衛爵欣逢世祖章皇帝躬親大政王白前寃遂
復原職未幾上皇太后尊號加一拖沙喇哈番大婚禮成加上皇太
后尊號授爲三等阿達哈哈番得與議政之列十四年恭遇覃恩加
一級晋階資政大夫追贈三代不幸於康熙十年七月十五日以疾
捐館舍享年六十有三所司具聞蒙加恩卹賜營葬嗚呼朝廷寵遇
功臣恩至渥矣某以譾劣濫竽父職敢不表章國家盛典與先人駿
烈俾子孫效法以示後世敬書綸綍於墓表復述懿行梗槪識之碑
陰用垂不朽云康熙十二年五月吉旦孝男三等阿達哈哈番加一
級索龍七品官色櫺遏謹立

諭祭文皇帝諭祭故三等阿思哈哈番加六級齊爾格申之靈曰鞠躬盡瘁臣子之芳踪卹死報勤國家之盛典爾齊爾格申性行純良才能稱職方冀遐齡忽焉長逝朕用悼焉特頒祭葬以慰幽魂嗚呼聿垂不世之榮庶享匪躬之報爾如有知尚克歆享康熙十二年五月二十一日遣禮部郎中加一級胡世塔祭

皇帝諭祭故三等阿思漢呢哈番加二級韓文之靈曰鞠躬盡瘁臣子之芳踪恤死報勤國家之盛典爾韓文歷膺委任丕著勤勞方冀遐齡忽焉長逝朕用悼焉特頒祭葬用展哀悰嗚呼寵錫重壚庶享匪躬之報名垂信史聿昭不朽之榮爾如有知尚其歆享康熙十二年五月二十一日

康熙八年九月十七日皇帝遣禮部左侍郎加一級常鼐諭祭原任
太子少保戶部尚書加二級謚襄愍蘇納海之靈曰鞠躬盡瘁臣子
之芳規卹死報庸國家之盛典爾蘇納海性行端良才能稱職歷任
司農著有勞績乃因誣陷甚悼朕懷特加追卹遣官致祭嗚呼寵錫
重壚庶享匪躬之報名垂信史聿昭不朽之榮爾如有知尚克歆享
康熙十二年八月穀旦立

禮部尚書管刑部尚書事佐領謚文敏郭四海碑文朕稽古人臣殫
力奉公則上必有旌賢勸能之典以寵其存而卹其歿矧夫位司邦
禁職在祥刑用資明允之才佐欽恤之治者乎聿頒綸綍昭示來茲
國之經也爾郭四海賦資敏達植品端方昔授諫垣每殷獻納繼參
綸閣益矢恪勤暨乎樞政晉襄天儲載董歷貳卿而望丕著專司憲
而任彌崇亮節不渝丹忱自勵由是簡膺兵柄則式崇謀謨遷長禮

曹則祗敷秩敍既歷試之皆效斯成勞之用嘉俾領秋官非循常格
惟爾體好生之心愼庶獄之讞釐剔經年佇觀懋績奄聞不祿良切
軫懷爰考彝章錫以窀穸仍加褒寵易名文敏於戲夙夜宣猷臣職
克修於匪懈哀榮備禮國恩式被於無窮康熙十二年十月初十日
立

奉天承運皇帝制曰朕惟尙德崇功國家之大典輸忠盡職臣子之
常經古聖帝明王戡亂以武致治以文朕欽承往制甄進賢能特設
文武勳階以彰激勸受茲任者必忠以立身仁以撫衆智以察微防
姦禦侮機無暇時能此則榮及前人福延後嗣而身家永康矣敬之
勿怠耿特爾原係白身人二次過北京征山東時用雲梯攻泗水縣
爾繼圖爾□申後第二登進遂克其城又用雲梯攻定州爾繼郞內
後第二登進遂克其城故賜名把圖魯授爲拜他喇布勒哈番兼一

拖沙喇哈番崇德八年十月初四日天下統一倣古聖王之制尊崇
太祖武皇帝功德配祀上帝禮成念諸舊臣世効勞績故由拜他喇
布勒哈番兼一拖沙喇哈番陞爲三等阿達哈哈番世襲罔替順治
七年三月初六日天下大定倣古聖王之制上聖母昭聖慈壽皇太
后尊號由三等阿達哈哈番陞爲二等阿達哈哈番大婚禮成亦倣
古制加上聖母昭聖慈壽皇太后爲昭聖慈壽恭簡皇太后尊號禮
成由二等阿達哈哈番陞爲一等阿達哈哈番世襲罔替順治九年
正月二十六日恭遇順治十四年三月初六日覃恩一等阿達哈哈
番護軍參領加一級耿特把圖魯初任賜把圖魯名拜他喇布勒哈
番又一拖沙喇哈番二任三等阿達哈哈番三任刑部理事官四任
二等阿達哈哈番五任一等阿達哈哈番六任今職祖父阿納布祿
先通議大夫一等阿達哈哈番加贈資政大夫一等阿達哈哈番加
一級顏代氏先淑人加贈夫人父達牙喇把圖魯先通議大夫一等

阿達哈哈番加贈資政大夫一等阿達哈哈番加一級生母鄂卓氏先淑人加贈夫人繼母宜爾根覺羅氏封爲夫人嫡妻納喇氏先淑人加贈夫人繼妻宜爾根覺羅氏先淑人加封夫人康熙十三年正月内一等阿達哈哈番護軍參領加一級耿特把圖魯陞副都統二月内奉命鎮守山東又奉旨統兵調征江西特封平寇將軍内閣遣官賫送勅印迨至江西志存滅寇竭力征勦奮不顧身盡忠報國勞瘁殞命蒙皇上特恩令江西督撫撥沿途兵馬護送靈柩回京歸葬

誥贈資政大夫郗公碑公諱郗佐滿洲之尼厤察人也姓輝和氏公父噶敦章京贈資政大夫母納喇氏贈夫人俱葬於原籍公賦性誠慤狀貌奇偉事親克諧愉悅友于同氣更極情深朋友則以信鄉黨則以和生平敦崇大節不慕浮名自太祖高皇帝時即披堅執鋭効力戎行雖阨於運數未得邀一命之榮然遇物接人積德累功貽留

於後語云積善之家必有餘慶以故公季嗣喀公際明良之會於正三品郎中任内恭遇覃恩贈公崇階光賁泉壤較之高爵厚祿榮耀生前者亦何異哉總之公安分俟命壽踰古稀頤養子祿且伉儷咸髦耋相守以終天年洵爲福人矣公卒於康熙五年九月十六日癸巳享年七十有三贈資政大夫公配陳克達氏享年七十有一後公十日而歿贈夫人今公之子喀公建碑墓表屬文於余敬撮公之忠直積德撫拾大槩以垂諸不朽云爾康熙十三年二月吉旦刑部員外郎王國安頓首拜撰

多羅貝勒謚顯榮喀兒赤洪碑文朕惟有功德於宗社者令名奕世克昌後人其能茂昭前烈永保遺休併宜表章以勸來裔惟爾宗枋舊臣皆太祖太宗所培育以贊翊皇猷或開拓封疆或密侍禁近弘勳碩德炳燿後先爾多羅貝勒喀兒赤洪係屬天潢誼坊屏翰入關

定鼎努力戎行殲流寇於慶都擊獻賊於巴蜀寧武有屢戰之功左衛著三捷之績及任都統理藩院皆能辛勤供職克盡乃心後以疾薨逝世祖章皇帝勅建豐碑謚曰顯榮朕今追念前徽重勒貞珉用傳不朽庶昭朕敦族之心永爲宗藩之懿典云爾康熙十三年三月初九日

康熙十三年三月十七日皇帝諭祭故原任禮部尚書祁徹白之靈曰鞠躬盡瘁臣子之芳踪䘏死報勤國家之盛典爾祁徹白性行純良才能稱職歷階宗伯著有勤勞因有疾而賜休冀頤養以永世忽聞長逝朕用悼焉特頒祭葬以慰幽魂嗚呼寵錫重壚庶享匪躬之報名垂信史聿昭不朽之榮爾如有知尚克歆享

奉天承運皇帝制曰朕惟尚德崇功國家之大典輸忠盡職臣子之

常經古聖帝明王戡亂以武致治以文朕欽承往制甄進賢能特設
文武勳階以彰激勸受兹任者必忠以立身仁以撫衆智以察微防
奸禦侮幾無暇時能此則榮及前人福延後嗣而身家永康矣敬之
勿怠賚赫齊爾原係空銜佐領出征雲貴時在涼水井地方賊僞侯
李成蛟率四總兵官有九千馬步官兵排齊礟鳥鎗挨牌拒敵擊戰
時將對敵擊敗之雙河口地方賊李定國率四侯二伯上萬官兵擺
列象隻挨牌來戰擊戰時將對敵擊敗之賊兵上千頸上繫索擺列
礟鳥鎗挨牌拒敵擊戰時將對敵擊敗之賊有三千馬步兵擺列礟
鳥鎗挨牌拒敵擊戰時將步戰將對敵擊敗之出征山東時賊首俞
三呂思起率領三千餘兵於鋸齒牙前面挑濠築牆垛排齊礟鳥鎗
拒敵擊戰時將對敵擊敗之出征四川時在野狐嶺沿山有馬三百
餘賊豎立紅纛誘立擊戰時將山林內埋伏千餘賊□并擊敗之又
有埋伏二千餘賊迎出擊戰時率本甲喇將對敵擊敗之在陽平關

逆賊僞葉總兵之萬餘官兵於山頂豎立柵欄扎立數營排齊礮鳥
鎗拒敵擊戰時率本甲喇將對敵擊敗之在朝天關逆賊僞總兵施
澄禮同各僞總兵率領一萬七千餘官兵將隘口挑濠截斷修木城
埋藥設信礮于山下立寨兩層堆放石塊扎立三十餘營拒敵擊戰
時率本甲喇將對敵擊敗之在蟠龍山逆賊僞將軍王平藩鄭蛟麟
吳之茂何德成等率領將及四萬官兵排齊尖柵礮鳥鎗挨牌分頭
來戰又自右翼水路賊從後上陸來犯我左右各營前後齊攻擊戰
時率本甲喇將對敵擊敗之小梅嶺地方有四千馬步賊斷路立寨
設柵安樁排齊礮鳥鎗挨牌拒敵擊戰時率本旗兵將對敵擊敗之
龍潭騳西山脚下有二千餘馬步賊斷路立寨設柵安樁排齊礮鳥
鎗挨牌拒敵擊戰時率本旗兵將對敵擊敗之龍潭騳山坡上有二
千餘馬步賊斷路立寨設柵排齊礮鳥鎗挨牌拒敵擊戰時率本旗
兵將對敵擊敗之秦州城內賊來犯我營汎擊戰時陣亡從優陞授

騎都尉兼一雲騎尉與男賽住承襲康熙十三年四月十五日立

皇清誥封光祿大夫三等阿思哈哈番加二級齊公誥命碑記皇清
誥封光祿大夫齊公妻一品夫人張氏誥命碑記奉天承運皇帝制
曰國家思創業之隆當崇報功之典人臣建輔運之績宜施錫爵之
恩此激勸之宏規誠古今之通義爾三等阿思哈哈番加二級齊爾
格慎性資端敏才略宏通初列官階克著勤勞之績爰膺任使彌昭
敬慎之忱奉職有年小心益勵崇班洊陟歷試無愆欣茲慶典之逢
宜沛恩綸之寵特頒新命以示褒嘉茲以覃恩特授爾階光祿大夫
錫之誥命於戲推恩申命爰弘奬於忠貞樹德懋勳尚益勤於篤棐
祇服朕命勉盡乃心初任拜他喇布勒哈番二任拜他喇布勒哈番
又一拖沙喇哈番三任襲弟之職一等阿達哈哈番四任一等阿達
哈哈番又一拖沙喇哈番五任三等阿思哈哈番六任今職皇帝制

曰作朕股肱良臣所以矢夙夜鳌爾女士内則亦以効勗勷休命用

申壼儀維懋爾三等阿思哈哈番加二級齊爾格慎妻封夫人張氏

相夫克諧宜家著範爾夫恪勤盡職藉爾黽勉同心内則既嫺褒綸

宜錫兹以覃恩封爾爲一品夫人於戲睠此勤勞之佐久藉同心嘉

爾貞順之賢載頒異數益修内德以答殊恩順治十四年三月初十

日康熙十三年五月吉日孝男護軍參領加一級穆成格孝孫男三

等阿思哈哈番石清敬立

鎭國公宗人府左宗人謚純和托克托慧碑文自古帝王創業垂統

以貽萬世凡在宗支皆膺顯爵所以重懿親也爾托克托慧乃固山

貝子吳達海之子性行端良克循職任及授宗人府左宗人允能盡

職方冀永享遐齡何乃遽聞奄逝朕篤念宗親爰稽成憲謚曰純和

勒之貞珉用垂不朽庶昭朕敦睦之懷云爾康熙十三年五月十一

日立

皇清康熙十三年六月吉旦通議大夫刑科掌印給事中加二級長
男姬什哈太常筆帖式哈番次男塞爾古德長孫馬世德

大清誥封資政大夫甘塔堪之碑□任副都統一等阿思哈哈番加
二級謚襄壯俄莫恪圖巴圖魯碑文□古建業驅策羣力不吝爵賞
以勸有功昭示後世用垂不朽所以勵忠藎甚備也爾俄莫恪圖巴
圖魯□行純良才能稱職征朝鮮攻大同首登保安城故賜名巴圖
魯後取撒哈連兀喇及征山東臨洺錦州□山杏山戰功屢奏迨入
關定鼎追賊慶都擊殺甚衆太原承天四川漢中等處俱能戮力敗
敵疊膺顯爵忽聞奄逝甚悼朕懷特賜謚曰襄壯勒諸貞珉以以光
泉壤國典臣誼庶其昭垂無斁哉康熙十三年六月初六日立

大清光祿大夫大宗伯祈公逢昌隆之運効忠貞之節蓋古之所謂
純臣也歷任清華爲侍讀爲學士爲啟心郎於兵部戶部由禮部侍
郎爲尚書特恩加太子少保公樸忠自矢夙夜匪懈歷事三朝三十
餘年或宣力疆埸或克勤職業忠藎著於朝廷誠亮孚於寮寀凡大
典禮必恪恭寅畏期協神人而贊化道迨歸老於家門庭如故麇牧
無加清風亮節實輔世之柱石也年甫六十一奄然長逝九重憫悼
恩卹祭葬可爲人臣之有始有終者矣公在禮部與予父同事者三
年與予同事者五年知公最深景行於生前哀思於身後情有不能
已者爲之著其略於碑陰俾後之覽者知盛世有忠正之大臣而子
孫克紹其遺烈誠邦家之光矣經筵講官光祿大夫兵部尚書宛平
王熙頓首拜譔康熙十三年八月十九日孝子護軍參領達賴立

奉天承運皇帝制曰國家思創業之隆當崇報功之典人臣建輔運
之績宜施錫爵之恩此激勸之良規誠古今之通義爾内務府總管
加一級噶祿性資端謹才識宏通俾管内務府總管恪慎無懈於職
守宣勞政務夙夜克矢乎寅恭任用有年小心益勵崇階洊陟歷試
能勤欣兹慶典之逢宜沛恩綸之寵爰頒新命以示褒嘉兹以覃恩
特授爾階光祿大夫錫之誥命於戲推恩申命爰弘獎於忠貞樹德
懋勳尚益勤於篤棐祗服朕命勉盡乃心初任捕牲部員外郎二任
錢糧諸爾漢員外郎三任本部郎四任捕牲部郎中五任加一級六
任一等侍衛七任内務府總管八任今職制曰作朕股肱良臣所以
矢夙夜蠹爾女士内則亦以効勵勷休命用申壼儀維懋爾内務府
總管加一級噶祿妻佟佳氏相夫克諧宜家著範爾夫恪勤盡職藉
爾黽勉同心内則既嫺褒綸宜錫兹以覃恩封爾爲一品夫人於戲
睠此勤勞之佐久藉同心嘉爾貞順之賢載頒異數益修内德以答

殊恩康熙十四年二月十四日

奉天承運皇帝制曰國家思創業之隆當崇報功之典人臣建輔運
之績宜施錫爵之恩此激勸之宏規誠古今之通義爾太子少師內
大臣三等公佐領飛揚俄性資端亮才識宏通簡侍禁庭恪慎無慚
於職守宣勞左右夙夜克矢乎寅恭任用有年小心益勵服官匪懈
歷試能勤茲欣慶典之逢宜沛恩綸之寵爰頒新命以示褒嘉茲以
覃恩特授爾階光祿大夫錫之誥命於戲推恩申命爰弘獎於忠貞
樹德懋勳尚益勤於篤棐祗服朕命勉盡乃心康熙十四年二月十
四日

皇帝遣禮部郎中喇沁諭祭都察院左副都御史呀思哈之靈曰鞠
躬盡瘁臣子之芳踪䘏死報勤國家之盛典爾呀思哈性行純良才

能稱職方冀遐齡奄然長逝朕用悼焉特頒祭葬以慰幽魂嗚呼聿昭不朽之榮庶享匪躬之報靈如不昧尚克來歆康熙十四年三月十六日立

太子太保內大臣原任理藩院尚書加一級二等阿達哈哈番謚敏壯哈蘭圖碑文稽古建業驅策羣力不吝爵賞以勸有功昭示後世用垂不朽所以勵忠藎甚備也爾哈蘭圖性行剛方才猷敏練効力戎伍素著勤勞簡任理藩克修職業因年老而乞休冀頤養以永世忽聞長逝甚悼朕懷特賜謚曰敏壯勒之貞珉光及泉壤國典臣誼庶其昭垂無斁哉康熙十四年四月初四日立

原任太子少師工部尚書加二級因年老原品解任謚敏襄星納碑文稽古建業驅策羣力不吝爵賞以勸有功昭示後世用傳不朽所

以勵忠蓋甚備也爾星納性行純良才能稱職歷任司空著有勤勞因年老而賜休冀頤養以永世忽焉長逝朕甚悼焉特賜謚曰敏襄勒諸貞珉永光泉壤國典臣誼庶其昭垂無斁哉康熙十四年四月十五日立

和碩顯親王謚懿富壽碑文古帝王膺天受命咸賴懿親夾輔宗社生則大啟藩封報功崇德沒亦勒之金石用垂不朽朕丕承先業撫育萬邦亦惟諸宗親共襄圖治爾富壽係和碩肅親王之子推恩封爲和碩顯親王性資端敏克紹先猷方冀遐齡遽爾奄逝在朕親誼篤摯既縈一本之懷追爾品行純良益切維城之痛爰稽成憲賜謚曰懿勒之貞珉昭示奕世庶表朕篤族之心永爲藩輔懿典云爾康熙十四年四月二十一日立

一等公品級謚恪僖遏必隆碑文稽古建業驅策羣力不吝爵賞以
勸有功昭示後世用傳不朽所以勵忠藎甚備也爾遏必隆賦性敬
慎制行端方襲顯爵於髫年膺禁近之職守愨誠報國常存匪懈之
心寅亮爲懷允勵靖共之節克襄王事著有勤勞方冀遐齡忽焉長
逝念爾勳舊大臣朕甚悼焉特賜謚曰恪僖勒諸貞珉用光泉壤國
典臣誼尚其昭垂無斁哉康熙十四年五月二十六日

京師朝陽關外花兒閘之原佳城蔥鬱劍光皇皇者爲誥封通議大
夫振寰王公之墓公之阡於此也距騎箕之日歷年有九始封之樹
□而碑紀尚闕然有待越二年會今上覃恩以冢君通議貴贈公如
其官於是冢君顯揚克遂風木增悲爰舉朝廷錫類之典公生平踐
履之實俾余不佞從而表之勒諸貞珉而丘壠之前巋然者得以通
議大夫稱公矣公諱尚武字振寰系出於太原瑯琊遷徙以來譜帙

散佚遠不可考父言高公籍三韓敦崇行誼植德於鄉厥後必昌識者早以決之迨公之生體英偉志雄邁不矜矜於細行而大義所在則毅然任之忠孝其天性也至於桓糾之概氣懾萬夫敵愾之勇力壯干城咸推爲矯矯虎臣有古國士之風尙勝國末造豪俊沈抑欲以功名自振其道無由恭逢我聖祖龍飛薊遼響應以終軍棄繻之年攀龍鱗而附鳳翼効力戎行馳驅王事更逢世祖章皇帝奄有區夏定鼎燕山一時從龍之彥如雨如雲公仗劍其間雖年踰五旬而智勇彌綀勞績丕著誠所謂師中丈人哉特以天懷坦率類馮異之不伐介祿之亡言卒之酬不及庸功浮於位人共惜之而公固夷然自得無幾微介於胸中惟取忠孝大義勉勵後人優游宴衎以終其身焉迄於今冢君侍從王儀夙夜惟謹以功武授四品法一丹尼哈番非義方之訓奚以臻此宜乎恩綸寵賁謂公令德昌後垂裕有光特加褒贈夫服勤於身而食報於子孫理有固然吾知公世澤孔長

朱紱方來以冢君之賢從此增顯秩晉崇階朝廷所以恩榮公者正
未有艾也公生於甲午二月庚午卒於丙申四月壬申日公以康熙
乙巳三月戊戌歸窀穸茲以乙卯乃樹之碑焉於戲經廣州之陵則
騎者奪倣瞻有道之碣則作者澗慙尙有典型昭茲來許後之過之
者讀其碑以思其人當有下拜低徊而不忍去者矣賜進士光祿大
夫吏部尙書加一級前戶禮刑工四部尙書加一級都察院左都御
史吏戶二部左右侍郎加二級大理寺卿通政使司左右通政參議
太僕寺少卿福建督糧道參議刑部山西廣西司郎中員外主事戊
戌甲辰庚戌文武殿試讀卷官侍經筵甲辰文會試主考益津通家
侍生郝惟訥頓首拜譔康熙十四年歲次乙卯八月吉旦立

大淸國勑封光祿大夫鎭守陝西西安等處地方將軍三等精奇尼
哈番加一級傅公之碑奉天承運皇帝制曰國家思創業之隆當崇

報功之典人臣建輔運之績宜施錫爵之恩此激勸之宏規誠古今之通義爾傅夸蟬性資端謹才識宏通俾掌將軍恪慎無慚於職守宣勞政務夙夜克矢乎寅恭任用有年小心益勵崇階洊陟歷試能勤□□□□□□宜□恩綸之寵爰頒新命以示褒嘉茲特授□階光祿大夫於戲推恩申命爰弘獎於忠貞樹德懋勳□□□□□□□□□□□□□初任壯尼大次襲父一等阿達哈哈番管佐領兼郎中參領歷遇恩詔加陞一等阿思哈尼哈番又陞鎮守西安等處地方將軍駐防西安府出征耀州時賊首郭眞君劉文秉率兵排陣拒敵時擊敗之生擒賊首劉文秉殺死郭眞君聞賊首衛天命率千餘賊兵屯扎隨遣官兵擊敗之生擒賊首衛天命殺賊□百餘衆出征甘州等處造反困守河州城時將自外來援馬步賊爾率官兵擊敗之殺賊四百有餘又上千賊兵自城突出來犯時隨遣官兵擊敗之殺賊二百有餘□甘州城時爾分派官兵用雲梯攻敗其城閳

僞督堂劉永作率千餘賊兵困駐韓城隨遣官兵擊敗之殺賊千餘
聞三水華縣地方有賊首劉弘才隨遣官兵前去擊敗之生擒賊首
劉弘才又殺賊千餘進勦四川□廣賊郝搖旗等爾遣副都統杜敏
提督鄭□麟追至黃草□地方賊僞益國公郝搖旗率所屬賊排陣
拒敵時擊敗之生擒賊首郝搖旗又賊僞靖國公袁宗第率所屬賊
拒敵時擊敗之生擒賊首袁宗第僞部院洪育鰲及賊婦人孩子千
餘幷僞印勅俱獲招撫賊僞總兵官一十四人七千餘官兵生擒僞
王朱盛□□□僞印關防勅劄嘉爾優陞爲三等精奇尼哈番世襲
罔替如前先考以老疾奏請致仕於康熙八年三月二十七日奄逝
享年六十有三□音諭祭朝廷之恩綸寵錫不可泯滅顯考生平之
懿行懋績亦宜昭垂勒諸貞珉俾傳之億世云三等精奇尼哈番穆
成格等謹識康熙十四年九月吉日孝男工部正四品員外郎辛桂
等謹立

光祿大夫戶部尚書一等阿思哈尼哈番兼一拖沙喇哈番佐領謚敏果米公墓碑

大司農米公諱斯翰光祿大夫一等阿思哈尼哈番兼一拖沙喇哈番內大臣恪僖哈公之子性端方沈毅通達宏遠操履清嚴器識堅定世祖章皇帝時入備侍衛官禁□十餘年奉職恪恭特膺宸眷今上御極之三年承襲恪僖公世職總理內務天子悉公有經緯才簡佐宗伯未幾晉戶部尚書公既筦國計忠勤詳慎孜孜講求裕國裕民之道斟酌盈虛量入爲出十數年間帑藏充盈歲有餘儲一旦軍興轉輸絡繹不至猝然有匱乏之憂皆公之功也素廉介有守中外請謁不得一至其門故清望爲中朝冠事之合於義者正色昌言毅然行之農曹諸務紛賾公釐正廓清綱舉目張胥吏無所措其奸諸曹白事公神明湛然一斷於理數言剖之裕如也尤深識大體國家有謀議公多所參定殫心竭慮知無不言卓然有大

臣風當宁特倚重之迺天不憖遺賢人隕喪康熙十三年十二月十三日竟以積勞遘疾而卒同官於朝者無論識與不識咸咨嗟垂涕相與道公之行事而痛惜之天子追念勤勞深用憫悼優卹有加特賜謚曰敏果嗚呼生膺顯職殁被榮名風範在人勳勞在國可謂盛矣以康熙十四年之三月十二日葬公於京師之北郊謹銘曰豐鎬遺澤誕生鉅公有猷有守僉曰司農司農之德翼翼公忠司農之門肅肅清風司農之望嶽嶽華嵩貞操亮節楷模羣工訏謨碩畫仰贊宸聰朝野方賴溘然告終錫謚賜卹以彰厥庸敬揚梗槩勒於幽宮匪爵之貴惟德之崇承先有慶裕後無窮經筵講官戶部尚書梁清標拜撰康熙十四年十月初七日孝男馬思哈馬奇馬武李榮保敬立

奉天承運皇帝制曰國家思創業之隆當崇報功之典人臣建輔運

之績宜施錫爵之恩此激勸之宏規誠古今之通義爾頭等阿達哈
哈番監察御史加三級扎爾海性資端敏才略宏通初列官階克著
勤勞之績爰膺任使彌昭敬慎之忱奉職有年小心益勵崇階洊陟
歷試無愆欣茲慶典之逢宜沛恩綸之寵特頒新命以示褒嘉茲以
覃恩特授爾階光祿大夫錫之誥命於戲推恩申命爰弘獎於忠貞
樹德懋勳尙益勤於篤棐祗服朕命勉盡乃心制曰作朕股肱良臣
所以矢夙夜釐爾女士內則亦以効勵勷休命用申壼儀維懋爾頭
等阿達哈哈番監察御史加三級扎爾海妻齊米思氏相夫克諧宜
家著範爾夫恪勤盡職藉爾黽勉同心內則既嫻褒綸宜錫茲以覃
恩封爾爲一品夫人於戲睠此勤勞之佐久藉同心嘉爾貞順之賢
載頒異數益修內德以答殊恩康熙十四年十月十四日

夫溫恭貞靜閫儀著美於庭闈鞠育恩勤母德垂光於累世祥分帝

胤家傳彤管之徽譽重天潢朝有龍章之錫尊榮並至德福兼隆屬
在後嗣敢不追溯音容敬揚令善以示子孫於勿替哉先妣册封縣
主乃和碩穎親王之女也誕生王室作配先人淑慎本於性成巽順
嫺於禮教媚睦洽齊家之化柔嘉弘逮下之恩孝以承先矢敬誠而
無斁慈能裕後恆勞愛之兼施守累代之忠清履豐亨而益儉佐上
公之勤慎處貴盛而彌謙內外咸著其肅雍羣推壼範姻黨共遵其
禮法僉曰女宗先君既佐輔王朝樹鴻勳而報國母氏更分榮天室
耀象服以宜家德積於躬洵有光而有耀慶流於後宜俾熾而俾昌
喀入奉母儀荷深恩之顧復緬懷慈訓念罔極之劬勞謹述前徽用
垂貞石松楸恒茂期永妥於幽宮泉壤有光尚貽麻於來裔再瞻靈
爽惟切慕思康熙十四年十月十九日孝男一等公法喀立

皇清誥贈少傅兼太子太傅謚忠勇原任都統伯加少保兼太子太

保石公元配何夫人墓表賜進士及第資政大夫經筵講官加禮部尚書管刑部右侍郎事兼翰林院學士崑山年家侍生葉方藹頓首拜撰賜進士及第通議大夫日講官起居注詹事府詹事加禮部侍郎兼翰林院侍讀學士華亭年家侍生沈荃頓首拜書賜進士出身資政大夫經筵講官兵部尚書長洲年家侍生宋德宜頓首拜篆歷觀古今賢媛以懿行著稱者代不乏人維是遭逢不偶能使婦道母德兩無所愧鮮不以爲難若石母何夫人非表表者乎夫人爲鎮海大將軍忠勇公之元配侍衛參領關紫公之母也夫人生長望族兄爲副都統何儿哥里與忠勇公同以佐命勳相友善遂締姻媾迨太宗皇帝以趙夫人賜公夫人念勢難共處因攜關紫公分析别院依姑王太夫人以居忠勇公方馳驅王事不遑寧處夫人晨昏甘旨克修婦職使忠勇公無内顧憂者夫人相之也時關紫公生甫八月恩勤撫育俾至於成後從王師入關屢奏勞績擢侍衛晉秩參領每遇

師行夫人必誡之曰弔民伐罪非以殺僇爲武也關紫公能一推夫人之心所向輒有功順治初年忠勇公視師秦晉會遭王太夫人之喪夫人率衆子姓視含視斂備禮極哀迨忠勇公奉命奔喪撫棺擗踊顧謂夫人曰生養葬祭人子之事今能代我經理一無遺憾者非夫人不至此生平和以處家寬以待下儉約自持而恤患周急惟恐後歿之日呼關紫公命之曰思自攜汝分居以來每歎唱隨之義抱恨良多其慰勞矜全之者惟王太夫人是賴我死而葬其祔於太夫人爾父雖已營兆合葬非吾志也爾其識之時忠勇公悲悼不勝即以所服一品冠帶爲夫人舉殯禮痛夫人之既孝且慈始終勿替如斯也月之日爲權厝王太夫人之側遵遺命也第忠勇公父石翰公墓在遼陽後數年遷王太夫人棺合葬關左關紫公念母氏惟育我一人若從遺命亦扶櫬而東關左距京三千餘里蒸嘗祭掃情何以堪況復孤栖遠地如同漂泊是益之戚也歆泣憂思莫知所出曰均

吾戚也毋寧擇地而另卜焉庶毋重違吾母之意乎以康熙乙卯年十月十九日葬於通州之常營且以告後人曰百年後即祔我於旁誌吾戚也夫人卒以順治乙未年四月十六日距生之年六十有六既葬乃排纘遺行乞文於余表墓門之片石以公子御史公與余子同舉於鄉其於夫人之淑德懿範知之尤詳也余讀之而慨然曰境不皆履其常要視其行事不皆求其合要視其心今石氏母子之所處較世爲難而婦事其姑不失爲孝婦子事其母不失爲孝子誠足式訓於後者矣又何能以不文辭謹此筆而書之是爲表

皇清誥贈光禄大夫總督江南江西等處地方文武事務兼理糧餉操江兵左侍郎兼都察院右副都御史加一級濟來麻公之墓康熙十四年乙卯仲冬吉旦孝男麻勒吉麻爾圖敬立

奉天承運皇帝制曰國家思創業之隆當崇報功之典人臣建輔運之績宜施錫爵之恩此激勸之宏規誠古今之通義爾滿洲副都統三等阿達哈哈番佐領加一級朱拉禪性資端謹才識宏通佐理都統恪慎無惭於職守宣勞政務夙夜克矢乎寅恭任用有年小心益勵崇階洊陟歷試能勤欣茲慶典之逢宜沛恩綸之寵爰頒新□以示褒嘉茲以覃恩特授爾階光祿大夫錫之誥命於戲推恩申命爰弘獎於忠貞樹德懋勳尚益勤於篤棐祇服朕命勉盡乃心制曰人臣宣勞於外寧恤其家朝廷代體其心均從乎貴爰申寵命以獎令儀爾滿洲副都統三等阿達哈哈番佐領加一級朱拉禪繼妻覺羅氏嗣相爾夫克著令儀踵彼前□彰茲合德內則無忝並錫褒綸茲以覃恩封爾爲一品夫人於戲顯命特頒用表宜家之範小心是式益勤內助之賢永相爾夫用諧予治康熙十四年十二月十二日

奉天承運皇帝制曰國家思創業之隆當崇報功之典人臣建輔運之績宜施錫爵之恩此激勸之宏規誠古今之通義爾長史佐領加一級傑林持心克謹涖事惟勤俾□長史克著勤勞之績爰膺任使彌昭敬慎之忱奉職有年小心益勵崇階洊陟歷試無愆欣茲慶典之逢宜沛恩綸之寵特頒新命以示褒嘉茲以覃恩特授爾階光祿大夫錫之誥命於戲推恩申命爰宏獎於忠貞樹德懋勳尚益勤於篤棐祗服朕命勉盡乃心康熙十四年十二月十二日

奉天承運皇帝制曰國家思創業之隆當崇報功之典人臣建輔運之績宜施錫爵之恩此激勸之宏規誠古今之通義爾內務府總管加一級噶祿性資端謹才識宏通俾掌內務府總管恪慎無愆於職守宣勞政務夙夜克矢乎寅恭任用有年小心益勵崇階洊陟歷試能勤欣茲慶典之逢宜沛恩綸之寵爰頒新命以示褒嘉茲以覃恩

特授爾階光祿大夫錫之誥命於戲推恩申命爰宏奬於忠貞樹德
懋勳倘益勤於篤棐祗服朕命勉盡乃心初任捕牲部員外郎二任
錢糧諸爾漢員外郎三任本部郎中四任捕牲部郎中五任加一級
六任一等侍衛七任內務府總□八任今職康熙十四年十二月十
四日

奉天承運皇帝制曰父有令德子職務在顯揚臣著賢勞國典必先
推錫用申新命以表前休爾爾卑黑乃三等阿思哈哈番護軍參領
加三級噶爾璧之父爾從征寧遠杏山松山皆對陣敗敵擊流寇於
山海慶都延安戰功屢著持身有道迪子戍名嘉予懋績之臣實爾
傳家之嗣爰褒義訓用賁恩榮茲以覃恩贈爾爲光祿大夫三等阿
思哈哈番護軍參領加三級錫之誥命於戲率行式穀澤流靑史之
光教孝作忠榮耀紫綸之色永培厥後益庇昌隆康熙十四年十二

月十四日

奉天承運皇帝制曰國家思創業之隆當崇報功之典人臣建輔運之績宜施錫爵之恩此激勸之宏規誠古今之通義爾三等阿思哈哈番護軍參領加三級噶爾璧性資端謹才識宏通俾管護軍參領恪慎無慚於職守宣勞政務夙夜克矢乎寅恭任用有年小心益勵崇階洊陟歷試能勤欣兹慶典之逢宜沛絲綸之寵爰頒新命以示褒嘉兹以覃恩特授爾階光祿大夫錫之誥命於戲推恩申命爰弘獎於忠貞樹德懋勳尚益勤於篤棐祇服朕命勉盡乃心初任襲祖父二等阿思哈哈番二任加一級三任驍騎參領四任照舊阿思哈哈番護軍參領五任加一級六任今職康熙十四年十二月十四日

奉天承運皇帝制曰國家思創業之隆當崇報功之典人臣建輔運

之績宜施錫爵之恩此激勸之宏規誠古今之通義爾頭等護衛加
三級那奚黑里持心克謹任事能勤侍從王儀服勞藩第朝夕匪懈
指使無違既以舊勞晉膺顯秩復逢盛典宜被新榮爰煥寵章益資
効力茲以覃恩特授爾階光祿大夫錫之誥命於戲推恩申命爰宏
獎於忠貞樹德懋勳尚益勤於篤棐祇服朕命勉盡乃心初任三等
護衛二任二等護衛三任頭等護衛四任加一級五任又加一級六
任今職康熙十四年十二月十四日

奉天承運皇帝制曰國家思創業之隆當崇報功之典人臣建輔運
之績宜施錫爵之恩此激勸之宏規誠古今之通義爾太子太保參
議大臣領侍衛内大臣頭等阿思哈尼哈番又一拖沙喇哈番佐領
加二級坤巴兔魯下性資端亮才識宏通簡侍禁廷恪慎無惭於職
守宣勞左右夙夜克矢乎寅恭任用有年小心益勵服官匪懈歷試

能勤欣兹慶典之逢宜沛恩綸之寵爰頒新命以示褒嘉兹以覃恩特授爾階光祿大夫錫之誥命於戲推恩申命爰弘奬於忠貞樹德懋勳尙益勤於篤棐祗服朕命勉盡乃心皇帝制曰作朕股肱良臣所以矢夙夜釐爾女士内則亦以効劻勷休命用申壼儀維懋爾太子太保參議大臣領侍衛内大臣頭等阿思哈尼哈番又一拖沙喇哈番佐領加二級坤巴兔魯下妻波爾幾吉忒氏相夫克諧宜家著範爾夫恪勤盡職藉爾黽勉同心内則既嫺褒綸宜錫兹以覃恩封爾爲一品夫人於戲睠此勤勞之佐久藉同心嘉爾貞順之賢載頒異數益修内德以答殊恩康熙十四年十二月十四日

奉天承運皇帝制曰國家思創業之隆當崇報功之典人臣建輔運之績宜施錫爵之恩此激勸之宏規誠古今之通義爾一等阿達哈哈番加三級吳爾佳齊性資端敏才略宏通初列官階克著勤勞之

續□膺任使彌昭敬慎之忱奉職有年小心益勵崇階洊陟歷試無
愆欣兹慶典之逢宜沛恩綸之寵特頒新命以示褒嘉兹以覃恩特
授爾階光祿大夫錫之誥命於戲推恩申命爰弘奬於忠貞樹德懋
勳倘益勤於篤棐祇服朕命勉盡乃心初任拖沙喇哈番二任拜他
喇布勒哈番三任拜他喇布勒哈番又一拖沙喇哈番四任三等阿
達哈哈番五任大理寺少卿照舊三等阿達哈哈番六任加一級七
任參領照舊三等阿達哈哈番八任光祿寺正卿照舊阿達哈哈番
九任加一級十任孝陵噶喇大照舊阿達哈哈番十一任今職制曰
作朕股肱良臣所以矢夙夜靡爾女士內則亦以効勗勷休命用申
壼儀維懋爾三等阿達哈哈番加三級吳爾佳齊妻也本氏相夫克
諧宜家著範爾夫恪勤盡職賴爾黽勉同心內則既嫻褒綸宜錫兹
以覃恩贈爾爲一品夫人於戲睠此勤勞之佐久藉同心嘉爾貞順
之賢載頒異數幽靈不□佩此明綸制曰人臣宣勞於外寧恤其家

朝廷代體其心均從乎貴爰申寵命以奬令儀爾三等阿達哈哈番加三級吳爾佳齊繼妻來布氏嗣相爾夫克著令儀踵彼前徽彰茲合德內則無忝並錫褒綸茲以覃恩封爾爲一品夫人於戲顯命特頒用表宜家之範小心是式益勵內則之賢永相爾夫用諧予治康熙十四年十二月十四日

奉天承運皇帝制曰褒忠表義昭代之良規崇德報功聖王之令典特頒恩命以奬勤勞爾二等侍衛加三級吳爾禪□□□□臨事敏勤簡居侍從之班克稱儀衛之職朝夕匪懈指使無違□以舊勞晉膺上秩屢逢盛典宜被新榮茲以覃恩特授爾階資政大夫錫之誥命於戲恩推自近乃弘奬夫崇階業廣惟勤尚克承夫寵錫欽予時命勵爾嘉猷初任藍翎二任三等侍衛現任二等侍衛加三級制曰夙夜惟勤人臣寧遑內顧伉儷無忝國常豈靳隆施錫章服以酬勛

念壼範之嬺美爾二等侍衛加三級吳爾禪妻那拉氏克勤內德宜
爾室家眷良臣靖共之猷賴淑女匡襄之助爰頒令範式沛新綸茲
以覃恩封爾爲夫人於戲敬爾有官肅閨門而合好職思其內尚黽
勉以同心祗服殊恩用昭壼德康熙十四年十二月十四日

奉天承運皇帝制曰褒忠表義昭代之良規崇德報功聖王之令典
□頒恩命以奬勤勞爾拜他喇布勒哈番加三級他庫性資醇謹才
識淵宏懋延世之恩克承先業篤象賢之誼無忝前徽奉職有年小
心益勵崇階洊陟歷試能勤欣茲慶典之逢宜沛恩綸之寵茲以覃
恩特授爾階資政大夫錫之誥命於戲恩推自近乃弘奬夫崇階業
廣維勤尚克承夫寵錫欽予時命勵爾嘉猷初任襲父拖沙喇哈番
二任拜他喇布勒哈番三任加一級四任又加一級五任今職制曰
夙夜惟勤人臣寧遑內顧伉儷無忝國常豈靳隆施錫章服以酬勛

念壼儀之媲美爾拜他喇布勒哈番加三級他庫妻李甲氏克勤內
德宜爾室家眷良臣靖共之猷賴淑女匡襄之助爰頒令範式沛新
綸兹以覃恩封爾爲夫人於戲敬爾有官肅閨門而合好職思其內
尙黽勉以同心祗服殊恩用昭壼德康熙十四年十二月十四日

奉天承運皇帝制曰國家思創業之隆當崇報功之典人臣建輔運
之績宜施錫爵之恩此激勸之宏規誠古今之通義爾內大臣太子
太保頭等阿思哈尼哈番加三級希勒根性資端亮才識宏通簡侍
禁庭恪愼無慚於職守宣勞左右夙夜克矢乎寅恭任用有年小心
益勵服官匪懈歷試能勤欣兹慶典之逢宜沛恩綸之寵爰頒新命
以示褒嘉兹以覃恩特授爾階光祿大夫錫之誥命於戲推恩申命
爰弘奬於忠貞樹德懋勳尙益勤於篤棐祗服朕命勉盡乃心初任
侍衛內宜都大二任拜他喇布勒哈番三任管佐領四任頭等阿達

哈哈番護軍參領五任頭等阿達哈哈番又一拖沙喇哈番照舊參領六任三等阿思哈尼哈番照舊參領七任三等阿達哈哈番照舊參領八任二等阿達哈哈番照舊參領九任頭等阿達哈哈番又一拖沙喇哈番照舊參領十任三等阿思哈尼哈番照舊參領十一任二等阿思哈尼哈番護軍參領十二任內大臣內宜都大十三任加一級十四任又加一級十五任今職制曰作朕股肱良臣所以矢夙夜釐爾女士內則亦以効勵勷休命用申壼儀維懋爾內大臣太子太保頭等阿思哈尼哈番加三級希勒根妻業黑覺羅氏相夫克諧宜家著範爾夫恪勤盡職藉爾黽勉同心內則既嫻褒綸宜錫茲以覃恩贈爾爲一品夫人於戲睠茲勤勞之佐久藉同心嘉爾貞順之賢載頒異數幽靈不昧佩此明綸康熙十四年十二月十四日

雪屐尋碑録卷五

雪屐尋碑錄卷六

清宗室盛昱集錄

奉天承運皇帝制曰國家思創業之隆當崇報功之典人臣建輔運之績宜施錫爵之恩此激勸之宏規誠古今之通義爾一等阿達哈哈番加三級覺羅塞□圖派衍宗潢性資端恪爰推敦睦之誼用加錫爵之恩奉職有年宣勞罔懈小心益勵懋績彌彰允稱弼亮之才不負親賢之選疊逢慶典洊陟崇階載煥新綸以昭激勸兹以覃恩特授爾階光祿大夫錫之誥命於戲推恩申命爰弘獎於忠貞樹德懋勳尙益勤於篤棐祇服朕命勉盡乃心初任拖沙喇哈番二任拜他喇布勒哈番三任拜他喇布勒哈番又一拖沙喇哈番四任三等阿達哈哈番五任三等阿達哈哈番加一級六任授爲二等阿達哈哈番照舊加一級七任二等阿達哈哈番加二級八任二等阿達哈哈番加三級九任一等阿達哈哈番照舊加三級十任今職制曰作

朕股肱良臣所以矢夙夜鳌爾女士內則亦以効勗勤休命用申壼儀維懋爾一等阿達哈哈番加三級覺羅塞爾圖妻納喇氏相夫克諧宜家著範爾夫恪勤盡職藉爾黽勉同心內則既嫺褒綸宜錫茲以覃恩封爾爲一品夫人於戲睠此勤勞之佐久藉同心嘉爾貞順之賢載頒異數益修內德以答殊恩康熙十四年十二月十四日

戶部員外郎加一級噶爾馬錫碑文奉天承運皇帝制曰興孝維君錫類弘昭報本敎忠自父服官敬用承家爾噶爾馬錫乃戶部員外郎加一級噶爾哈圖之父道在禔躬爰被絲綸之重志在作室式弘堂構之遺茲以覃恩贈爾爲資政大夫戶部員外郎加一級錫之誥命於戲恩逮所生彌表象賢之美榮施下壤益彰燕翼之庥疏恩將母弘推錫類之仁移孝作忠均切顯揚之念爾戶部員外郎加一級噶爾哈圖母傅察氏愛子能勞篤義方於杼柚相夫克順端令範於

閨闈茲以覃恩賜爾爲宜人於戲象服昭榮聿荷廷綸之寵熊丸遺
教永流泉壤之輝康熙十四年十二月十四日

奉天承運皇帝制曰父有令德子職務在顯揚臣著勤勞國典必先
推錫用申新命以表前休爾趙國禎乃都統加一級趙璉之父持身
有道迪子成名嘉予懋績之臣實爾傳家之嗣爰褒義訓用賁恩榮
茲以覃恩贈爾爲光祿大夫都統加一級錫之誥命於戲率行式穀
澤流青史之光教孝作忠榮耀紫綸之色永培厥後益庇昌隆制曰
國之最重者惟是忠藎之臣家所由興者以有劬勞之母特頒恩命
用慰子情爾都統加一級趙璉母卞氏慈能育子教可傳家念茲靖
共之猷實本恩勤之訓母德既著渥典宜加茲以覃恩封爾爲一品
夫人於戲頒爵用以榮親褒忠因之教孝錫隆恩於不匱表嘉譽於
來茲欽服寵綸共承渥命康熙十四年十二月十四日

奉天承運皇帝制曰褒忠表義昭代之良規崇德報功聖王之令典
特頒恩命以獎勤勞爾戶部三品郎中□□□赫色禮夙具幹才授
職效用分猷計部勤慎不懈歷年宣猷始終罔替慶典欣逢恩命洊
加宜需新綸用示勸勵茲以覃恩特授爾階資政大夫錫之誥命於
戲恩推自近乃弘獎夫崇階業廣惟勤尙克承夫寵錫欽予時命勵
爾嘉猷制曰夙夜維勤人臣寧遑內顧伉儷無忝國常豈靳隆施錫
章服以酬勛念壼儀之媲美爾戶部三品郎中加二級赫色禮妻舒
木魯氏克勤內德宜爾室家眷良臣靖共之猷賴淑女匡襄之助爰
褒令範式沛新綸茲以覃恩贈爾爲夫人於戲敬爾有官肅閨門而
合好職思其內尙黽勉以同心祗服殊恩用昭壼德制曰宜家無婦
勞臣不免於顧內之憂繼室有人盛朝應恤其相夫之德何分先後
並賁褒綸爾戶部三品郎中加二級赫色禮繼妻舒木魯氏嗣操壼

政克相夫綱幃有前徽既見和柔合德廷申再命用彰黽勉同心茲
以覃恩封爾爲夫人於戲内則是嫺允垂光於青史令儀不忒宜加
歨於深閨尚克欽承以昭寵命康熙十四年十二月十四日

奉天承運皇帝制曰褒忠表義昭代之良規崇聖報功聖王之令典
特頒恩命以獎勤勞爾頭等侍衞加一級阿喀尼秉心謹飭臨事敏
勤簡居侍從之班克稱儀衞之職朝夕匪懈指使無違既以舊勞晉
膺上秩屢逢盛典宜被新榮爰煥寵章益資効力茲以覃恩特授爾
階資政大夫錫之誥命於戲恩推自近乃弘獎夫崇階業廣惟勤尚
克承夫寵錫欽予時命勵爾嘉猷制曰夙夜維勤人臣寧遑内顧伉
儷無忝國常豈靳隆施錫章服以酬勛念壼儀之媲美爾頭等侍衞
加一級阿喀尼妻納拉氏克勤内德宜爾室家眷良臣靖共之猷賴
淑女匡襄之助爰褒令範式沛新綸茲以覃恩贈爾爲夫人於戲敬

爾有官肅閨門而合好職思其內尙黽勉以同心祗服殊恩用昭幽
德制曰宜家無婦勞臣不免於內顧之憂繼室有人盛朝應恤其相
夫之德何分先後並賁褒綸爾頭等侍衛加一級阿喀尼繼妻胡氏
嗣操壺政克相夫綱幃有前徽既見和柔合德廷申再命用彰黽勉
同心茲以覃恩封爾爲夫人於戲內則是嫺允垂光於青史令儀不
忒宜加歨於深閨尙克欽承以昭寵命康熙十四年十二月十四日

奉天承運皇帝制曰國家思創業之隆當崇報功之典人臣建輔運
之績宜施錫爵之恩此激勸之宏規誠古今之通義也爾二等阿達
哈哈番佐領加三級革色禮持身克謹蒞事惟勤初列官階克著勤
勞之績爰膺任使彌昭敬慎之忱奉職有年小心益勵崇階洊陟歷
試能勤欣茲慶典之逢宜沛恩綸之寵特頒恩命以示褒嘉茲以覃
恩特授爾階光祿大夫錫之誥命於戲推恩申命爰弘奬於忠貞樹

德楙勳尙益勤於篤棐祗服朕命勉盡乃心康熙十四年十二月十四日

奉天承運皇帝制曰國家思創業之隆當崇報功之典人臣建輔運之績宜施錫爵之恩此激勸之宏規誠古今之通義爾太子少保内大臣頭□精奇尼哈番匠藝衙門大人佐領加三級賴屠庫性資端亮才識宏通簡侍禁庭恪慎無愆於職守宣勞左右夙夜克矢乎寅恭任用有年小心益勵服官匪懈歷試能勤欣兹慶典之逢宜沛恩綸之寵爰頒新命以示褒嘉兹以覃恩特授爾階光祿大夫錫之誥命於戲推恩申命爰宏獎於忠貞樹德楙勳尙益勤於篤棐祗服朕命勉盡乃心康熙十四年十二月十四日

奉天承運皇帝制曰國家思創業之隆當崇報功之典人臣建輔運

之績宜施錫爵之恩此激勸之宏規誠古今之通義爾三等阿達哈哈番加三級于得水性資端謹才略宏通初列官階克著勤勞之績爰膺任使彌昭敬慎之忱奉職有年小心益勵崇階洊陟歷試無愆欣兹慶典之逢宜沛恩綸之寵特頒新命以示褒嘉兹以覃恩特授爾階光禄大夫錫之誥命於戲推恩申命爰弘奬於忠貞樹德懋勳尚益勤於篤棐祇服朕命勉盡乃心初任三等阿達哈哈番二任加二級三任今職制曰作朕股肱良臣所以矢夙夜釐爾女士内則亦以効励勸休命用申壼儀維懋爾三等阿達哈哈番加三級于得水妻王氏相夫克諧宜家著範爾夫恪勤盡職藉爾黽勉同心内則既嫻褒綸宜錫兹以覃恩贈爾爲一品夫人於戲睠此勤勞之佐久藉同心嘉爾貞順之賢載頒異數幽靈不昧佩此明綸制曰人臣宣勞於外寧恤其家朝廷代體其心均從乎貴爰申寵命以奬令儀爾三等阿達哈哈番加三級于得水繼妻宛氏嗣相爾夫克著令儀踵彼

前徽彰茲合德內則無忝並錫褒綸茲以覃恩封爾爲一品夫人於
戲顯命特頒用表宜家之範小心是式益勤內助之賢永相爾夫用
諧予治康熙十四年十二月十四日

奉天承運皇帝制曰國家思創業之隆當崇報功之典人臣建輔運
之績宜施錫爵之恩此激勸之宏規誠古今之通義爾年老致仕兵
部郎中拜他喇布勒哈番又一拖沙喇哈番管佐領加三級折克書
爾持心克謹蒞事惟勤初列官階克著勤勞之績爰膺任使彌昭敬
愼之忱奉職有年小心益勵崇階洊陟歷試無愆欣茲慶典之逢宜
沛恩綸之寵特頒新命以示褒嘉茲以覃恩特封爾爲光祿大夫錫
之誥命於戲推恩申命爰宏奬於忠貞樹德懋勳尚益勤於篤棐祗
服朕命勉盡乃心制曰作朕股肱良臣所以矢夙夜鳌爾女士內則
亦以効勛勷休命用申壼儀維懋爾兵部郎中拜他喇布勒哈番又

一拖沙喇哈番管參領加三級折克書爾之妻巴于忒氏相夫克諧
宜家著範爾夫恪勤盡職藉爾黽勉同心內則既嫻褒綸宜錫茲以
覃恩贈爾爲一品夫人於戲睠此勤勞之佐久藉同心嘉爾貞順之
賢載頒異數幽靈不昧佩此明綸制曰人臣宣勞於外寧恤其家朝
廷代體其心均從乎貴爰申寵命以獎令儀爾兵部郎中拜他喇布
勒哈番又一拖沙喇哈番管參領加三級折克書爾之繼妻胡實哈
□氏嗣相爾夫克著令儀踵彼前徽彰茲合德內則無忝竝錫褒綸
茲以覃恩封爾爲一品夫人於戲顯命特頒用表宜家之範小心是
式益勤內助之賢永相爾夫用諧予治康熙十四年十二月十四日

皇清誥封通議大夫佐領加一級□公碑人臣受國家寵錫之恩必
鏤諸金□□以上昭朝廷之仁而下表先人之烈也我府君通議大
夫賦性忠貞天姿明敏從戎具有勇略服職昭其勤慎筮仕爲成親

王護衛當察哈喇番厄爾客孔儀俄落之役奉王差馳奏以敷陳明
確太宗文皇帝特頒勅諭賜名威寨桑擊蒙古巴格貝勒先後征朝
鮮宣克□哈爾哈府君在王左右身冒矢石所向無不奏捷寧遠之
役時爲壯大與蔣都堂軍接戰率擺牙喇擊敗之及攻寧邑也獨先
陷陣足被重創初征燕京甫入□遇敵三營兵拒戰率擺牙喇擊敗
之師抵燕京北關遇敵兵三千列陣拒敵率擺牙喇擊敗之師次京
南海子有敵四總兵列陣拒戰率擺牙喇擊敗之及世祖章皇帝定
鼎燕京抵山海關破流賊兵二十萬追及慶都時復爲護衛多所斬
獲方擊四川張獻忠之賊衆也率護國公纛軍身督護衛指揮先登
擊敗之大同姜襄之□於左□遇賊步軍列牌抵敵復率護公國纛
軍身督護衛指麾敗之以此著有勞績遂授佐領兩遇覃恩晉秩二
級錫之誥命繼爲法衣旦達奉勅總理府中事務益殫□敵沃精白
自勵事無鉅細靡不指畫有方正圖報効不幸於康熙七年十二月

十一日以疾奄□年凡六十有六嗚呼府君之所以報國家與國家之所以遇府君可謂兩得矣布以謭劣濫竽清班皆府君燕貽積善餘慶之所致也敢不備紀府君懿德□行梗槩敬勒豐碑垂諸奕世以俾子孫繩繩效法乎謹識康熙十五年二月二十三日乙丑吉旦孝男佐領加一級詹布八品筆帖式堪泰謹立

皇清誥封光祿大夫副都統把圖魯耿公之墓康熙十五年三月吉日一等阿達哈哈番驍騎參領兵部郎中加三級孝男達漢泰立

奉天承運皇帝制曰朕惟尚德崇功國家之大典□□□□臣子之常經古聖帝明王戡亂以武致治以文朕欽承往制□進賢能特設文武勳階以彰激勸受□任者必忠以立身仁以撫衆智以察微防姦禦侮機無暇時能此則榮□前人福延後嗣而身家永康矣敬之

勿意姚詹□原係分得撥什□往浙江征舟山時賊僞英毅伯阮思卒船二百餘隻擺列海上拒戰用船擊戰時爾同梅勒章京柯永蓁擊敗之賊僞□□陳六御英毅伯阮思叛賊張□德等卒兵三萬餘衆船二百餘隻擺列海上□犯用船擊戰時爾同梅勒章京柯永蓁等擊敗之故授爲拖沙喇哈番奉天承運皇帝制曰國家推恩而錫類臣子懋德以圖功懿典攸存忱恂□勗爾拖沙喇哈番加一級姚詹持心克謹蒞事惟勤俾典厥司特加任用奉公罔懈盡職靡愆盛德既逢宜加新命茲以覃恩特授爾階中憲大夫錫之誥命於戲式弘章服之庸用勵顯揚之□倘欽榮命益□嘉猷康熙十五年三月二十八日立

皇淸誥封資政大夫□等阿達哈哈番又一拖沙喇哈番佐領江寧府固山大戶部左侍郎俄公碑康熙十五年五月十一日一等阿達

哈哈番又一拖沙喇哈番散騎郎加二級孝男俄塞謹立奉天承運
皇帝制曰資政大夫一等阿達哈哈番兼一拖沙喇哈番佐領江寧
府固山大戶部左侍郎爾俄屯從征外部額倫岳色厄黑庫倫地方
著有嘉績故授爲拜他喇布勒哈番第三次圍錦州時駐守松山城
北山巔松山敵兵來犯率本固山甲士擊敗之定鼎中原之役入山
海關擊殺流賊二十萬衆之日敗其對陣敵兵追至慶都縣復轉戰
敗其對陣敵兵故於拜他喇布勒哈番加一拖沙喇哈番以太祖武
皇帝功德配祀上帝禮成念諸舊臣世著勞績由拜他喇布勒哈番
兼一拖沙喇哈番陞爲三等阿達哈哈番兩次加上聖母皇太后□
號禮成由三等阿達哈哈番遞加至一等阿達哈哈番後駐防江寧
府聞賊取巢縣率領官兵指揮攻擊遂復其城又聞賊首張輔煥領
兵據英山縣遣發官兵擊敗之並招撫人民第三次征福建用紅衣
礮攻擊海城縣東土牆時賊首鄭成功帶領十萬餘賊來奪紅衣礮

指揮官兵步戰敗之賊首鄭成功帶領二十餘萬賊來犯統率全部兵馬擊敗之賊首鄭成功領賊數萬並擕挨牌來犯又指揮官兵步戰敗之賊賀總兵帶領賊兵拆毀橋梁佈列挨牌火礮迎敵分佈官兵指揮敗之共招撫二縣一百五十三寨二總兵一副將七千餘兵故於一等阿達哈哈番加一拖沙喇哈番世襲罔替康熙十五年五月十一日

江西巡撫兼理軍務兵部右侍郎兼都察院右副都御史正二品加一級從一品諡勤僖白色純碑文稽古建業驅策羣力不吝爵賞以勸有功昭示後世用傳不朽所以勵忠藎甚備也爾白色純性行端良才能敏練簡任巡撫具有勤勞方冀遐齡忽焉長逝朕甚悼焉特賜諡曰勤僖勒諸貞珉永光泉壤國典臣誼庶其昭垂無斁哉康熙十五年五月二十日

原任太子少傅管侍衛内大臣一等阿達哈哈番管佐領加二級謚襄壯穆福碑文稽古建驅業策羣力不吝爵賞以勸有功昭示後世用傳不朽所以勵忠藎甚備也爾穆福性行純良才能稱職取前屯衛時奪門而入遂克其城入關殲寇追勦於慶都敗敵於眞定過懷慶攻太原數擊賊寇西安承天皆能戮力破賊九江南昌有屢戰之勳効力行間勤勞素著及□任内廷敬慎盡職方冀遐齡忽然長逝朕甚悼焉特賜謚曰襄壯勒諸貞珉永光泉壤國典臣誼庶其昭垂無斁哉康熙十五年七月初二日

奉天承運皇帝制曰國家思創業之隆當崇報功之典人臣建輔運之績宜施錫爵之恩此激勸之宏規誠古今之通義爾太子太傅都統吏部尚書中和殿大學士一等阿思哈尼哈番管佐領加二級圖

海性資端謹才識宏通俾掌簡晋恪慎無慚於職守宣勞政務夙夜
克矢乎寅恭任用有年小心益勵崇階洊陟歷試能勤欣兹慶典之
逢宜沛恩綸之寵爰頒新命以示褒嘉兹以覃恩特授爾階光禄大
夫錫之誥命於戲推恩申命爰弘獎於忠貞樹德懋勳尙益勤於篤
棐祗服朕命勉盡乃心制曰作朕股肱良臣所以矢夙夜鳌爾女士
內則亦以効勴勷休命用申壼儀維懋爾太子太傅都統吏部尙書
中和殿大學士一等阿思哈尼哈番管佐領加二級圖海嫡妻宜爾
根覺羅氏相夫克諧宜家著範爾夫恪勤盡職藉爾黽勉同心內則
既嫺褒綸宜錫兹以覃恩贈爾爲一品夫人於戲睠此勤勞之佐久
藉同心嘉爾貞順之賢載頒異數幽靈不昧佩此明綸制曰人臣宣
勞於外寧恤其家朝廷代體其心均從乎貴爰申寵命以獎令儀爾
太子太傅都統吏部尙書中和殿大學士一等阿思哈尼哈番管佐
領加二級圖海繼妻鈕胡祿氏嗣相爾夫克著令儀踵彼前徽彰兹

合德內則無忝並錫褒綸兹以覃恩封爾爲一品夫人於戲顯命特頒用表宜家之範小心是□□□內助之賢永相爾夫用諧予治康熙十五年八月二十六日皇帝制曰朕惟尙德崇功國家之大典輸忠盡職臣子之常經古聖帝明王戡亂以武致治以文朕欽承往制甄進賢能特設文武勳階以彰激勸受兹任者必忠以立身仁以撫衆智以察微防姦禦侮機無暇時能此則榮及前人福延後嗣而身家永康矣敬之勿怠圖海爾原係虛銜都統大學士任爾機密之地謹愼□敏又奉世祖皇帝特遣僉旨著用重地廼屢世効力大臣任於機密之地今念數年以來輔朕藎忠抒悃勤勞素著優陞爲一等阿達哈哈番康熙九年十一月十九日後出征湖廣山賊時看守營寨有賊三千餘衆夤夜從寨突出衝犯總兵官僉奮起之汛我官兵分頭接殺擊敗之賊兵夜出衝犯總督李國英之汛爾遣副都統黑葉等援勦擊敗之賊兵二千餘衆衝犯提督鄭蛟麟之汛爾遣委署

護軍統領瓦岱等擐勦戰退之賊兵二千餘衆衝犯委署護軍統領
耿特巴圖魯夸蘭大沙進達禮之薩賴總兵官于大海之泯爾遣委
署護軍統領哈克山等擐勦擊敗圍困山寨賊首李來亨被迫身死
將寨內官兵招誘盡殺得其山寨招誘賊偽新樂王一人偽將軍一
員偽總兵三員偽副將二員偽推官一員賊兵六十餘衆殺之得偽
銀印一顆又招降賊偽侯一員偽將軍一員偽總兵四員大小偽官
四百餘員賊兵一千九百有奇家口三千餘衆得其山寨又發撫文
招降賊偽公一員偽侯一員偽總兵副將參將等大小偽官五百四
十有奇賊兵六千九百餘衆勦滅叛逆察哈爾布爾尼時在大魯地
方察哈爾布爾尼率二千餘兵排齊鳥鎗軍器拒敵爾同多羅信郡
王護軍統領哈克山副都統吳誕洪世禄公議將八旗滿洲蒙古烏
喇盛京二土𭻥特官兵排齊欲過山谷勦殺挨次前進忽從山溝突
出一隊二百餘敵兵衝來擊戰時令護軍統領哈克山副都統吳誕

洪世祿委署前鋒統領達克沙哈等將官兵分頭撥派親督指揮擊敗及迎來續敵四百餘賊一併擊敗之察哈爾布爾尼三千餘兵排齊鳥鎗軍器大設拒敵擊戰時爾同王護軍統領哈克山副都統吳誕洪世祿公議將八旗滿洲蒙古烏喇盛京官兵排列整齊令護軍統領哈克山副都統吳誕洪世祿忝署前鋒統領達克沙哈等分頭撥派親督指揮擊敗之察哈爾布爾尼將伊敗兵復聚千餘人會合伊百餘鳥鎗兵成隊拒敵擊戰時爾同王護軍統領哈克山副都統吳誕洪世祿公議將八旗官兵令護軍統領哈克山副都統吳誕洪世祿委署前鋒統領達克沙哈等復行分頭撥派親督指揮擊敗之察哈爾布爾尼將伊潰散二百餘兵復行會合排列鳥鎗軍器在於崗立哨聚拒敵擊戰時爾同王護軍統領哈克山副都統吳誕洪世祿公議將八旗官兵令護軍統領哈克山副都統吳誕洪世祿委署前鋒統領達克沙哈等復又分頭撥派前進親督指揮擊殺之大獲

烏鎗盔甲軍器又招撫餘剩察哈爾一千三百餘戶帶來嘉爾由一等阿達哈哈番優陞爲一等阿思哈尼哈番康熙十四年八月初四日圖海爾器識老成才猷練達贊襄機務宣力累朝以文武之長才兼忠愛之至性勞績懋著倚毗良殷前察哈爾布爾尼背恩反叛命圖海爲副將軍統兵征勦運籌決勝克振軍威未及一月捷功立奏逆賊殲滅疆圉敉寧近以平涼等處阻兵日久屢命勦撫罔有成效特簡圖海爲大將軍總統大兵節制各路果爾謀略淵深調度得宜軍鋒所至一戰克捷更能體朕好生之心宣布恩威開誠招撫遂使平涼慶陽固原等處文武官員兵民人等傾心向化悔罪歸誠生民免於塗炭地方得以安全數日之間關隴悉皆底定皆由籌畫周詳布置神速勦撫並用克建膚功圖海以心膂大臣膺秉鉞重寄實心爲國克副倚任朕心深爲嘉悅圖海壯猷制勝勦撫兼施屢建大功克副倚任由一等阿思哈尼哈番從優封爲三等公世襲罔替

皇清誥封資政大夫參領二等阿達哈哈番蓋公碑康熙十五年九月十五日子闞保敬立

奉天承運皇帝制曰褒忠表義昭代之良規崇德報功聖王之令典特頒恩命以奬勤勞爾內祭祠部四品郎中加一級索米圖夙具幹才授職効用管理祀事勤愼不懈歷年宣勞始終罔替慶典欣逢恩命洊加宜霑新綸用示勸勵兹以覃恩特授爾階通議大夫錫之誥命於戲恩推自近乃弘奬夫崇階業廣惟勤尚克承夫寵錫欽予時命勵爾嘉猷初任護軍校二任加一級三任藍翎四任又加一級五任者庫諸爾漢四品員外郎六任祭祠部叩□七任今職制曰夙夜惟勤人臣寧遑內顧伉儷無忝國常豈靳隆施錫章服以酬勛念壺儀之媲美爾內祭祠部四品郎中加一級索米圖妻傅察氏克勤內

德宜爾室家眷良臣靖共之猷賴淑女匡襄之助爰褒令範式沛新
綸兹以覃恩封爾爲淑人於戲敬爾有官肅閨門而合好職思其內
尚黽勉以同心祇服殊恩用昭壼德康熙十五年十一月□□日立

禮部祠祭司郎中王圖奉旨遣頒祭葬皇帝詔曰故原任杭州副都
統三等阿思哈尼哈番加一級因年老解任夏景梅之靈曰鞠躬盡
瘁臣子之芳踪卹死報勤國家之盛典爾夏景梅性行純良才能稱
職方冀遐齡忽焉長逝朕用悼焉特頒祭葬以慰幽魂嗚呼寵錫重
壚庶享匪躬之報名垂信史聿昭不朽之榮爾如有知尚克歆享康
熙十六年正月二十七日

自古帝王之興必有戡亂之佐攀□附翼而起功施當代慶流奕葉
其人雖往其烈彌彰非偶然也如我□公當太宗文皇帝□□□□

用兵山左公□□吳逆□建殊勳迨我世祖章皇帝入關定鼎□從
六師奪勇當先一捷綏德再捷延安繼殲田□諸寇遂奏□公之捷
□□□方依爲干城腹心不意爲飛礮所中世祖□□□□公兩
朝佐命□□旂常特□世其官以公長子蓋思海襲其職後因公□
舟山之功追贈公爲資政大夫幷贈公元配崇額里氏爲夫人猗歟
盛哉豈非所謂功施當代慶流奕葉者乎公生於甲辰正月卒於戊
子十月子二長子□思海爲三等阿達哈哈番管佐領次子□爾泰
爲監察御史孫六巴爾賚那爾賚達海法爾岱傅海永海俱登仕途
□□十六年季春吉旦□□□大學士□刑部尚書馮□謹撰孝子
□思海噶爾泰率孫巴爾賚那爾賚達海法爾岱傅海永海擇於□
□十六年季春吉旦立

康熙十五年二月二十九日遣禮部左侍郎加二級額星格諭祭故

太子少傅管侍衛内大臣一等阿達哈哈番加二級謚襄壯穆福之
靈曰鞠躬盡瘁臣子之芳踪卹死報勤國家之盛典爾穆福性行純
良才能稱職効力行間著有勤勞方冀遐齡忽焉長逝朕甚悼焉特
頒祭葬用展哀悰嗚呼寵錫重壚庶享匪躬之報名垂信史聿昭不
朽之榮爾如有知尚克歆享康熙十六年三月初八日立

順治八年八月二十一日念遇覃恩授爾爲資政大夫賜給誥命順
治十四年三月初十日病故一等阿達哈哈番兼一拖沙喇哈番分
襲二人將親孫佛落承襲三等阿達哈哈番親重孫巴哥承襲拜塔
喇布勒哈番又一拖沙喇哈番世襲罔替如前康熙十六年四月十
六日

維康熙十六年歲次丁巳六月丁未朔丙午皇帝勅命禮部郎中于

珩論祭於署遊擊管遊擊事陣亡贈爲參將李成梅之靈曰鞠躬盡瘁臣子之芳踪邮死報勤國家之盛典爾李成梅賦性忠直國爾忘身禦敵衝鋒奮勇陣殁朕用悼焉特頒祭葬以慰幽魂爾如有知尚克歆享

皇帝勅命遣禮部員外郎加一級黄圖致祭於已故三等精奇尼哈番加三級馬爾漢之靈曰鞠躬盡瘁臣子之芳踪邮死報勤國家之盛典爾馬爾漢賦性純良居心敬慎承襲父職克守厥分方冀遐齡忽焉溘逝朕用悼焉特頒祭葬以慰幽魂嗚呼恩施泉壤以答勤勞之績名垂史册用昭不朽之榮爾如有知尚克歆享康熙十六年六月初三日

光禄大夫都察院左都御史廣州將軍宗室書諱敬公墓康熙十六

年八月吉旦孝子佐領加二級拉都洪勒都渾常舒喇哈色克圖冷

圖謹立

皇清誥封光祿大夫三等阿達哈哈番吏部右侍郎加一級覺羅碩

公誥命碑奉天承運皇帝制曰國家思創業之隆當崇報功之典人

臣建輔運之績宜施錫爵之恩此激勸之宏規誠古今之通義爾碩

愽惠派衍宗潢性資端恪爰推敦睦之誼用加錫爵之恩奉職有年

宣勞罔懈小心益勵懋績彌彰允稱弼亮之才不負親賢之選疊逢

慶典洊晉崇階載煥新綸以昭激勸茲以覃恩特授爾階光祿大夫

嫡妻納喇氏相夫克諧宜家著範贈爾爲一品夫人繼妻石林覺羅

氏嗣相爾夫克著令儀封爾爲一品夫大錫之誥命於戲推恩申命

爰弘奬於忠貞樹德懋勳尙益勤於篤棐祗服朕命勉盡乃心初任

拖沙喇哈番二任拜他喇布勒哈番三任禮部理事官四任工部理

事官五任兵部理事官六任拜他喇布勒哈番又一拖沙喇哈番七任三等阿達哈哈番八任宗人府理事官九任吏部右侍郎十任加一級康熙十六年七月十五日奄逝享年六十有八康熙十六年七月二十一日皇帝遣禮部主事穆世坦諭祭曰鞠躬盡瘁臣子之芳踪䘏死報勤國家之盛典爾覺羅碩懔惠性行純良才能稱職方冀遐齡忽焉長逝朕用悼焉特頒祭葬以慰幽魂嗚呼爰申泉壤之恩庶享匪躬之報爾如有知尚克歆享康熙十六年八月初八日孝男碩奇塞勒布塞黑謹卜葬於郊亭之原

奉天承運皇帝制曰朕惟尚德崇功國家之大典輸忠盡職臣子之常經古聖帝明王戡亂以武致治以文朕親承往訓甄進賢能特設文武勳階以彰激勸受兹任者必忠以立身仁以撫衆智以察微防姦禦侮機無暇時能此則榮及前人福延後嗣而身家永康矣敬之

勿怠傑篤爾原係空銜護軍參領出征福建海賊時攻厦門海賊鄭成功之六百餘船賊在澄浦嶼地方擺列拒敵駕船擊戰時將對敵擊敗之出征四川時在朝天關有逆賊僞總兵施遵禮同各僞總兵率領一萬二千餘官兵將隘口挑壕截斷修木城埋藥設信礮於山下立寨兩層堆放石塊扎立三十餘營拒敵擊戰時爾率本旗兵將對敵擊敗之在蟠龍山逆賊僞將軍王平藩鄭蛟鱗吳之茂何德成等率將及四萬官兵排尖栅礮鳥鎗挨牌分頭來戰又自右翼水路賊從後上陸來犯我左右各營前後齊攻戰時爾率本旗兵將對敵擊敗之自蟠龍山來至娘娘廟地方擊戰時陣亡從優陞授拜他喇布勒哈番兼一拖沙喇哈番與親兄男韓城承襲再准承襲三次康熙十六年十二月二十三日

奉天承運皇帝制曰朕惟尙德崇功國家之大典輸忠盡職臣子之

常經古聖帝明王戡亂以武致治以文朕欽承往制甄進賢能特設文武勳階以彰激勸受茲任者必忠以立身仁以撫衆智以察微防姦禦侮機無暇時能此則榮及前人福延後嗣而身家永康矣敬之勿怠喀西泰爾原係空銜護軍參領出征四川在朝天關有逆賊僞總兵施遵禮同各僞總兵率領一萬七千餘官兵將隘口挑壕截斷修木城埋藥設信礮山下立寨兩層堆放石塊扎立三十餘營拒敵擊戰時爾率本旗兵將對敵擊敗之蟠龍山逆賊僞將軍王平藩鄭蛟麟吳之茂何德成等率領將及四萬官兵排齊尖栅礮鳥槍挨牌分頭來戰又自右翼水路賊從後上陸來犯我左右各營前後齊攻與駐遁賊擊戰時陣亡授爲拖沙喇哈番與親男陳泰承襲再准襲一次康熙十六年十二月二十三日

原任大學士三等阿達哈哈番加二級謚文僖覺羅伊圖碑文稽古

興朝必有賢良之臣生則榮以高爵歿亦錫以豊碑所以勵忠藎甚備也爾覺羅伊圖性行端良才能稱職部務歷膺副簡任之意綸扉參贊建調燮之能久襄王事茂著勤勞忽聞長逝甚悼朕懷特賜謚曰文僖勒諸貞珉光及泉壤國典臣忠庶其昭垂無斁哉康熙十七年三月十三日

奉天承運皇帝制曰朕惟尙德崇功國家之大典輸忠盡職臣子之常經古聖帝明王戡亂以武致治以文朕欽承往訓甄進賢能特設文武勳階以彰激勸受茲任者必忠以立身仁以撫衆智以察微防姦禦侮機無暇時能此則榮及前人福延後嗣而身家永康矣敬之勿怠韓雲爾原係朝鮮人以爾棄彼來歸故授爲二等阿達哈哈番後三次圍錦州時松山馬兵來奪我紅衣礮爾於梅勒章京瞻前殺入對陣敗之落雨之日擊松山洪軍門來犯左翼兵爾同固山額眞

葉格書對陣敗之擊洪軍門三營兵爾又同固山額眞葉格書對陣敗之定鼎燕京入山海關之日擊流賊馬步兵二十萬爾又同固山額眞和碩額夫杜磊對陣敗之追及流賊至慶都縣爾同和碩額夫固山額眞葉格書對陣敗之嘉爾由二等阿達哈哈番陞爲一等阿達哈哈番天下統一仿古帝王之制尊崇太祖武皇帝功德配祀上帝禮成念諸舊臣世効勞績故由一等阿達哈哈番加一拖沙喇哈番世襲罔替天下大定仿古聖王之制上聖母昭聖慈壽皇太后尊號禮成由一等阿達哈哈番加一拖沙喇哈番陞爲三等阿思哈哈番大婚禮成亦倣古制加上聖母昭聖慈壽恭簡皇太后尊號禮成由三等阿思哈哈番陞爲二等阿思哈哈番世襲罔替康熙十七年歲次戊午仲呂月穀旦立

皇帝諭祭陣亡佐領加二級覺羅薩克素之靈曰鞠躬盡瘁臣子之

芳踪卹死報勤國家之盛典爾薩克素賦性忠勇才能稱職捐軀報
國効力師中奮不顧身力戰陣歿朕用悼焉特頒祭葬以慰幽魂嗚
呼聿昭不朽之榮庶享匪躬之報爾如有知尚克歆享康熙十七年
七月□□日

皇帝遣禮部員外郎黄圖諭祭於護軍參領加二級陣亡傑篤之靈
曰鞠躬盡瘁臣子之芳踪卹死報勤國家之盛典爾傑篤賦性忠勇
國爾忘身禦敵衝鋒奮勇陣歿朕用悼焉特頒祭葬以慰幽魂爾如
有知尚克歆享康熙十七年七月二十七日

歲次康熙十七年八月十三日欽遣禮部員外郎馬良致祭於皇清
誥封光禄大夫臣蘇木代之靈曰鞠躬盡瘁臣子之芳踪卹死報勤
國家之盛典爾蘇木代賦性忠直國爾忘身禦敵衝鋒奮勇陣歿朕

用悼焉特頒祭葬以慰幽魂嗚呼聿昭不朽之榮庶享匪躬之報爾如有知尚克歆享自古仗節効命之臣在地爲河岳在天爲日星如蘇公諱木代其卓卓不朽者歟公由刑部遒使陞任宏德衛遊擊兩遷參戎勞績茂著晉秩樂清總戎時値耿逆猖獗樂清當寇衝公多方捍衛寇一時不敢長驅浙東俾我兵得徐爲備禦皆公力也厥後寇兵蟻集終奮不顧身親冒鋒刃事聞甲寅年六月初五日恩襲兩世拖沙喇哈番今公令郎海德爲之請誌於余余因樂迹其事而爲銘銘曰虎臣矯矯作鎮樂清英聲烈烈千載猶榮賜進士翰林院學士杜臻拜撰

皇帝諭祭原任鑾儀衛鑾儀使加一級□□□□達達海之靈曰鞠躬盡瘁臣子之芳踪卹死報勤國家之盛典爾達達海性行純良才能稱職方冀遐齡忽焉長逝朕用悼焉特頒祭葬以慰幽魂嗚呼寵

錫重壚庶享匪躬之報名垂信史聿昭不朽之榮爾如有知尚克歆
享康熙十七年八月十七日遣禮部郎中白達爾祭

奉皇帝勅遣禮部員外郎加三級伊三台御祭副都統兼佐領加二
級柯彝之靈曰鞠躬盡瘁臣子之芳踪䘏死報勤國家之盛典爾柯
彝性行純良才能稱職方冀遐齡忽焉長逝朕用悼焉特頒祭葬以
慰幽魂嗚呼寵錫重□庶享匪躬之報名垂信史聿昭不朽之榮爾
如有知尚克歆享康熙十七年八月二十九日

奉天承運皇帝制曰褒忠表義昭代之良規崇德報功聖王之令典
特頒恩命以奬勤勞爾護軍參領加一級堪太性資端謹才識宏通
俾管護軍參領恪慎無慚於職守宣勞政務夙夜恪矢乎寅恭任用
有年小心益勵崇階洊陟歷試能勤欣兹慶典之逢宜沛恩綸之寵

茲以覃恩特授爾階資政大夫錫之誥命於戲恩推自近乃弘獎夫崇階業廣惟勤尙克承夫崇錫欽予時命勵爾嘉猷初任護軍校二任三等護衛三任二等護衛四任二等護衛加一級五任護軍參領六任頭等護衛七任護軍參領八任今職康熙十七年十一月十九日

康熙十七年十二月十三日皇帝諭祭陣亡二等侍衛加一級署護軍參領勒特奚之靈曰鞠躬盡瘁臣子之芳踪鄖死報勤國家之盛典爾勒特奚賦性忠勇才能稱職捐身報國効力師中奮不顧身力戰陣歿朕用悼焉特頒祭葬以慰幽魂嗚呼聿昭不朽之榮庶沐匪躬之報爾如有知尙克歆享

太子太保禮部尙書謚文貞王崇簡碑文朕惟從來俊乂在官邦家

攸賴歷稽文册代著聞人肆予有良臣追踪往喆生膺顯秩沒被寵
施典云隆矣爾王崇簡端肅持身精勤勵職簡登翰苑蔚起聲華佐
理銓衡聿彰恪愼迄晉春官之長允襄百度之釐方倚任以敷猷遽
引年而致政懸車日久晚操彌修宜享康疆忽聞奄逝朕睠懷舊德
考行定名學勤好問爾之文也淸白守節爾之貞也爰畀褒稱允符
素履於戲臣職克全乎終始宸章備極夫哀榮兆域初營豐碑永峙
惟爾後嗣益體國恩延世澤不亦休歟康熙十八年四月初一日立

維康熙十八年四月初七日皇帝遣經筵講官禮部尚書加二級吳
正治諭祭太子太保禮部尚書謚文貞王崇簡之靈曰朕惟國家崇
奬大臣風示有位雖身已辭於朝列而禮仍埒於班行載錫宸章不
殊存歿爾王崇簡篤誠厲行恪愼持身早踐淸華克覃思乎著作洊
陟卿尹彌矢志於寅恭蓋自壯歲登朝積勤匪懈迄乎引年家食素

履不渝謂宜益享遐齡永霑德澤忽聞奄逝軫切朕懷睠良彦之云
徂錫令名而允協表以貞碣爵以上尊咨命所司悉循彝典嗚呼勞
勩者服官之誼優恤者厚下之經惟臣能砥節以仰答國恩斯朝有
褒綸以追榮泉壤靈如不昧荷此寵休

皇清誥封資政大夫議政大臣二等阿達哈哈番加一級白公碑嗚
呼人臣受朝廷貤封之典必勒之金石者凡以上昭皇仁下揚先烈
也我顯考賦性忠耿制行敏果幼負奇氣有不可一世之概筮仕和
碩鄭親王護衛每有所任使輒當王意克勤克敏盡瘁厥職蒙王奏
聞加恩授爲拜他喇布勒哈番順治五年以太祖高皇帝配天禮成
加一拖沙喇哈番繼以兩次加上皇太后尊號禮成由拜他喇布勒
哈番兼一拖沙喇哈番陞爲二等阿達哈哈番順治十四年恭遇覃
恩加一級晉階資政大夫錫之綸綍顯考精白自勵事無鉅細靡不

指畫有方以累勞荷王寵眷恩賚有加復奏聞於上授爲議政大臣
正圖報効不幸於康熙十二年二月二十五日以疾捐館舍享年六
十四歲復蒙皇上恩邺賜祭如例嗚呼顯考之所以報國家與國家
之所以遇顯考者可謂兩得矣茲者豎碑墓道敬書顯考平生懿行
梗概抆淚而識之貞珉以垂不朽云康熙十八年五月吉旦孝男二
等阿達哈哈番多羅額駙白奇□立

皇帝遺禮部員外郎加一級哈爾吉布爲祭陣亡佐領加二級部委
驍騎參領羅代之靈曰鞠躬盡瘁乃臣子之嘉行憫逝報勤實國家
之盛典羅代爾賦性忠勇才堪厥職捐軀報國効力行間奮勇忘身
力戰陣亡朕甚悼焉特賜祭葬之恩以慰爾魂於戲酬汝報效以昭
不泯之隆如果有靈享此祭典康熙十八年五月二十七日

奉天承運皇帝制曰褒忠表義昭代之良規崇德報功聖王之令典特頒恩命以獎勤勞爾佐領加二級覺羅薩克蘇派衍宗潢夙昭令譽爰推敦族之典用加錫類之恩奉職有年恪勤罔懈崇階洊陟益著小心慶典欣逢褒綸用沛兹以覃恩特授爾階通議大夫錫之誥命於戲恩推自近乃弘獎夫崇階業廣惟勤尚克承夫寵錫欽予時命勵爾嘉猷覺羅薩克蘇爾原係空銜佐領往浙江出征賊頭魯養性帶領賊二萬來犯黄巖縣拒敵陣亡應授爲拖沙喇哈番爾監守黄巖因參將吴灝私通逆賊城陷陣亡深爲可憫著加與拖沙喇哈番授爲拜他喇布勒哈番與伊親兄之子蘇赫承襲蘇赫因病解退與親生之子閑散覺羅巴克綽承襲巴克綽因緣事革職將此拜他喇布勒哈番與伊親叔祖四品典儀覺羅森特赫承襲康熙十八年八月□□日

孝昭皇后壼德攸宣倫情肫篤念父母鞠育之勤思祠宇春秋之祀
朕嘉其意遣官督理後二月皇后已崩十七年十二月工作告成因
諭内閣詳考明代實錄允符典例特賜碑文勒諸貞石粤稽往代臨
御萬邦必敦九族宫闈化洽内輔惟賢眷祐之隆宜崇曠典以篤椒
親道至備也孝昭皇后仁孝性成温恭德著久存屺岵之思每深霜
露之感爾一等公遏必隆同妻縣主敬慎齊家洽謙沖之令望肅雍
秉訓誕淑順之坤儀是當錫以丹堊享以蘋蘩爰命冬官董其興作
事方行乎二月哀忽動於六宫未遂之志朕甚悼焉念爾勳戚大臣
兼核歷朝典制落成之日用賜豐碑昭國家不遺故舊之恩示皇后
永懷顧復之念光流泉壤堪爲戚屬之羽儀名列丹青不愧綸言之
獎賚凡爾子孫克保無斁欽哉康熙十八年九月初十日

皇清誥封光禄大夫太子少師前鋒統領三等阿達哈哈番佐領加

□級胡公碑奉天承運皇帝制曰朕惟尚德崇功國家之大典輸忠
盡職臣子之常經古聖帝明王□亂以武致治以文朕親承往制甄
進賢能特□文武勳階以彰激勸受茲任者必忠以立身仁以撫衆
□以察微防奸禦侮機無暇時能此則榮及前人福延後嗣而身家
永康矣敬之勿怠胡理布爾原係白身前鋒章京往折領□遇敵馬
步兵二百擊敗之三次圍錦州時誘松山敵兵擊敗之擊洪軍門兵
時爾踵尋□□□衆蝦之後前往遇敵兵兩隊俟王貝勒機兒丹□
至合兵擊敗之□□大□邊捖□□松山城第一日敵兵遁出爾率
本固山前鋒兵追至筆架山殺之杏山敵兵遁出追殺之洪軍門兵
馬來犯爾率本固山前鋒兵□陣擊敗之□□□馬兵夜遁爾□本
固山前鋒兵沿海邊追殺之英王駐□□□河邊寧遠馬兵一千來
探我前哨而回爾追至□□殺之沙河所敵兵五百來□□□爾擊
敗之□次過北京征山東時爾率前鋒二十人遇白總兵兵來□□

爾擊敗之征流賊時爾前往□賊馬兵五百擊敗之又馳圍承天府
獲船八隻賊馬兵經趨□右□□鋒兵□營之處爾率前鋒兵擊敗
之自承天府往追流賊遇賊馬兵一千爾擊敗之又往□堂時遇賊
馬步兵千餘追殺之又自九公山往尋賊踪遇賊馬兵三百□率前
鋒兵擊敗之又遣爾殺逃散賊兵遇賊馬步兵三百擊敗之擊流賊
第二營兵爾率本固山前鋒兵對陣敗之又隨處擒擒夜追哨騎生
擒二十人斬殺二百八人故授爲拖沙喇哈番太祖皇帝配祀上帝
禮成陞爲拜他喇布勒哈番上聖母皇太后尊號禮成加□拖沙喇
哈番□大婚禮成加上聖母尊號禮成陞爲三等阿達哈哈番世襲
罔替康熙十八年月日孝男戶部主事常命三等阿達哈哈番剛□
謹立

皇帝諭祭陝西西安府布政使舒淑布之靈曰鞠躬盡瘁臣子之芳

踪郵死報勤國家之盛典爾舒淑布性行純良才能稱職履任服官
歷有年所方冀遐齡忽焉長逝朕用悼焉嗚呼聿垂不朽之榮庶享
匪躬之報爾如有知尚克歆享康熙十九年二月十八日

國家寵錫恩綸必勒之貞珉以光泉壤者所以上昭君父之宏仁下
誌先人之懿德也我先考賦性樸直秉姿忠耿生平惟以小心謹□
爲事閨嘗戒鼐曰爲臣子者宜竭忠盡瘁毋改常毋易行克勤厥職
夙夜勿懈殷殷致訓洵足誌已康熙六年恭遇覃恩誥封先考爲通
議大夫先妣爲淑人不幸先考逝於丙辰年三月二十四日先妣逝
於丁巳年十月十四日以鼐庸材荷蒙睿眷濫列朝班皆賴先人垂
厥義方燕翼貽謀所致每一追念寸心如結且又不能終養二親孝
道有虧愈不禁恫乎有餘悲也□是知君恩罔極親恩罔極敢不拜
颺寵命並述先人懿行以垂不朽乎謹以蕪言勒之豐碑用申永慕

之思云胥大淸康熙十九年五月穀旦孝男工部郎中加三級圖鼐
謹立

淸故顯考李公諱應科顯妣張氏墓碑天聰五年歲次辛酉五月二
十一日午時生康熙十五年歲次丙辰九月二十一日戌時卒康熙
十九年仲秋吉日長男佛爾諾敬立

奉天承運皇帝制曰朕惟尙德崇功國家之大典輸忠盡職臣子之
常經古聖帝明王戡亂以武致治以文朕欽承往制甄進賢能特設
文武勳階以彰激勸受茲任者必忠以立身仁以撫衆智以察微防
姦禦侮機無暇時能此則榮及前人福延後嗣而身家永康矣敬之
勿怠岳多禮爾原係護軍出征浙閩時有自福建來襲姓左軍都督
等率領四萬餘馬步賊排列挨牌礮鎗來戰時於本旗第一前進擊

敗之僞總兵桑明下賊於千木山頂扎營立寨掘濠設立鹿角排齊

礮鎗拒敵擊戰時於本旗第二前進擊敗之海賊鄭錦下都管僞總

督徐堯率領三萬餘賊於烏龍江前小門山鎮風山嶺扎立一十四

營修木城□寨拒敵擊戰時於本旗第二前進擊敗之賊首僞總兵

興明伯趙得勝僞將軍何猷等率四萬賊於太平山扎立二十六營

設立鹿角排列礮鎗擊戰時於本旗第一前進擊敗之授爲拖沙喇

哈番再准襲一次康熙十九年十二月二十五日

奉天承運皇帝制曰國家思創業之隆當崇報功之典人臣建輔運

之績宜施錫爵之恩此激勸之宏規誠古今之通義爾掌鑾儀衛事

內大臣加一級大達海性資端亮才識宏通簡侍禁庭恪慎無懈於

職守宣勞左右夙夜克矢乎寅恭任用有年小心益勵服官匪懈歷

試能勤欣茲慶典之逢宜沛恩綸之寵爰頒新命以示褒嘉茲以覃

恩特授爾階光祿大夫錫之誥命於戲推恩申命爰弘奬於忠貞樹
德懋勳尙益勤於篤棐祗服朕命勉盡乃心初任三等侍衛二任一
等侍衛三任一等侍衛壯尼大四任內宜都額眞照舊侍衛壯尼大
五任加一級六任蒙古旗下副都統七任內大臣八任掌鑾儀衛事
內大臣九任今職制曰作朕股肱良臣所以矢夙夜釐爾女士內則
亦以効劻勷休命用申壼儀維懋爾掌鑾儀衛事內大臣加一級大
達海妻覺羅氏相夫克諧宜家著範爾夫恪勤盡職藉爾黽勉同心
內則既嫻褒綸宜錫茲以覃恩封爾爲一品夫人於戲睠此勤勞之
佐久藉同心嘉爾貞順之賢載頒異數益修內德以答殊恩康熙二
十年二月十六日

皇清固山額駙散騎郎加三級班公碑人臣膺朝廷殊恩必勒之豐
碑所以表皇仁垂奕禩也先大夫生而魁偉奇傑夙有勇略尤精騎

射持己則正大剛方動遵矩度言笑不妄發急遽無惰容待人則坦白質直中無宿怨藹然其和秩然其敬不避難而就易不徇私而廢公事親則純孝性成必誠必敬教子則恩勤誘掖合於義方嗣以特尙縣君封爲固山額駙未幾授散騎郎小心謹愼無曠厥職在王左右朝夕著勤凡有任使輒當王意受恩愈渥圖報方殷因積勞成瘁於康熙十九年二月二十四日以疾奄逝享年二十五歲凡在目擊者無不隕涕嗚呼痛哉先大夫德行如此使天假以年必能益振家聲乃一旦見背俾我祖父母益增悲悼予小子每一追念不勝五內摧裂是用謹撮生平大概鐫之貞珉用垂不朽云康熙二十年四月

大清奉政大夫馬鈕碑文康熙二十年六月二十五日孝妻宜人李氏謹立

奉天承運皇帝制曰褒忠表義昭代之良規崇德報功聖王之令典
特頒恩命以奬勤勞爾頭等侍衛品級加一級色克□格秉心謹飭
□事敏勤簡居侍從之班克稱侍衛之職朝夕匪懈指使無違既以
舊勞晉膺上秩屢逢盛典宜被新榮爰煥寵章益資効力茲以覃恩
特授爾階資政大夫於戲恩推自近乃弘奬夫崇階□廣惟勤尚克
承夫寵錫欽予特命勵爾嘉猷初任三等侍衛加一級二任二等侍
衛加一級三任看阿□頭等侍衛四任今職制曰夙夜維勤人臣寧
遑内顧伉儷無忝國常豈靳隆施錫章服以酬勳念壼儀之婉美爾
頭等侍衛品級加一級色克□格妻傅查氏克勤内德宜爾室家眷
良臣靖共之猷賴淑女匡襄之助爰褒令範式沛新綸茲以覃恩贈
爾爲夫人於戲敬爾有官肅閨門而合好職思其内尙黽勉以同心
祗服殊恩用昭幽德制曰宜家無婦勞臣不免於内顧之憂繼室有
人盛朝應恤其相夫之德何分先後並賁褒綸爾頭等侍衛品級加

一級色克星格繼妻納拉氏嗣操壼政□相夫綱幃有前徽既見和
柔合德廷申再命用彰黽勉同心茲以覃恩封爾爲夫人於戲内則
是嫺允垂光於青史令儀不忒宜加毖於深閨尚克欽承以昭寵命
大清康熙二十年六月二十五日立

皇帝遣禮部郎中加一級格穆德諭祭原任吏部尚書拜他喇布勒
哈番佐領吳達禮之靈曰鞠躬盡瘁臣子之芳踪邺死報勤國家之
盛典爾吳達禮性行純良才能稱職歷階冢宰著有勤勞因有疾而
賜休冀頤養以永世忽聞長逝朕用悼焉特頒祭葬以慰幽魂嗚呼
寵錫重壚庶享匪躬之報名垂信史聿昭不朽之榮爾如有知尚克
歆享康熙二十年七月初七日

維康熙二十年七月十一日皇帝遣經筵講官禮部左侍郎兼翰林

院學士楊正中等諭祭原任廣西巡撫加贈太子少保兵部尚書謚
文毅馬雄鎮之靈曰朕惟人臣建鉞巖疆撫綏著績者存則有酬庸
之典歿則有優邮之恩矧臨大節而爲國捐軀履艱危而全家授命
允宜旌賚用沛光榮爾馬雄鎮素裕才猷克昭勤愼特膺簡命往蒞
炎方秉憲以宣國威布愷而蘇民瘼方期百蠻受治奏邇安遠至之
功何意五嶺弗寧遘豕突鴟張之釁爾孤忠獨勵四載不渝瀝血密
陳矢濟師而滅賊抗詞就義甘蹈刃以忘生爾妻李氏曁爾子女俱
視死如歸殞身勿貳無忝綱常之重足爲名義之光朕念此鞠凶彌
深軫悼爰加褒以名爵更陳錫以几筵於戲忠貞盡瘁長凝碧血於
重泉綸綍流馨式表丹心於永世爾靈不昧□□□承

康熙二十年歲在重光作噩菊月穀旦孝男綽爾門率孫石文晟文
桂文彬文懋仝敬立

奉天承運皇帝制曰父有令德子職務在顯揚臣著賢勞國典必先推錫用申新命以表前休爾李榮乃鎮守陝西延綏等處地方總兵官右都督李承恩之父持身有道迪子成名嘉予懋績之臣實爾傳家之嗣爰褒義訓用賁恩榮兹以覃恩贈爾爲榮祿大夫鎮守陝西延綏等處地方總兵官右都督錫之誥命於戲率行式穀澤流青史之光教孝作忠榮耀紫綸之色永培厥後益庇昌隆制曰國之最重者惟是忠藎之臣家所由興者以有劬勞之母特頒恩命用慰子情爾鎮守陝西延綏等處地方總兵官右都督李承恩母何氏慈能育子教可傳家念兹靖共之猷實本恩勤之訓母德既著渥典宜加兹以覃恩贈爾爲一品夫人於戲頒爵用以榮親褒忠因之教孝錫隆恩於不匱表嘉譽於來兹欽服寵綸用光□□康熙二十年十二月二十四日

奉天承運皇帝制曰興朝開創之業端藉元勳良臣輔弼之材實資
世德式遵令典用沛洪恩爾李虎乃鎮守陝西延綏等處地方總兵
官右都督李承恩之曾祖父源遠流長本深支茂蓄積德于乃躬故
發祥于奕世曾孫有慶惟爾之休茲以覃恩贈爾爲榮祿大夫鎮守
陝西延綏等處地方總兵官右都督錫之誥命於戲一德交孚迓天
休而洊至數傳始大荷帝眷之方來尙其欽承式佑爾後制曰德隆
宗社于開國爲崇功恩及曾幃于承家爲異數庸頒寵命以著殊休
爾鎮守陝西延綏等處地方總兵官右都督李承恩曾祖母[ ]氏慶
衍曾孫徽流四世重闈培德乃啟後人溯水木之深長用恩榮之遠
被茲以覃恩贈爾爲一品夫人於戲徽音邈矣佑祚胤而克昌寵貺
赫然保昭融于無斁得之永遠服此休禎康熙二十年十二月二十
四日

奉天承運皇帝制曰貽厥孫謀忠藎識世傳之澤繩其祖武恩榮昭
上逮之休忠厚之道攸存激勸之典斯在爾卓羅乃都察院監察御
史加十五級布哈之祖父爾有貽謀以啟乃孫傳至再世克勤王家
褒寵之恩以及大父茲以覃恩贈爲光祿大夫都察院監察御史加
十五級錫之誥命於戲再世而昌無忘貽德之報崇階特晉用昭寵
錫之恩奕代垂休九原如在制曰孝子之念王母義無異於慈幃與
朝之獎勞臣恩并隆於祖烈爰沛貤封之命用慰報本之懷爾都察
院監察御史加十五級布哈祖母西克塔李氏爾有貽恩迨於再世
乃孫襲慶績懋國家嘉爾淑儀宜錫褒寵茲以覃恩贈爲一品夫人
於戲章服式賁沛介錫於大母綸綍寵頒保昌隆於百禩永承家慶
以妥幽靈康熙二十年十二月二十四日

奉天承運皇帝制曰國家思創業之隆當崇報功之典人臣建輔運之績宜施錫爵之恩此激勸之宏規誠古今之通義爾前鋒參領拜他喇布勒哈番佐領加三級雅海性資端謹才識宏通俾管前鋒參領恪愼無懈於職守宣勞政務夙夜克矢乎寅恭任用有年小心益勵崇階洊陟歷試能勤忻兹慶典之逢宜沛恩綸之寵爰頒新命以示褒嘉茲以覃恩特授爾階光禄大夫錫之誥命於戲推恩申命爰弘獎於忠貞樹德懋勳尙益勤於篤棐祗服朕命勉盡乃心初任三等護衛二任二等護衛三任加一級四任頭等護衛五任加一級六任前鋒參領加二級七任拜他喇布勒哈番前鋒參領八任加一級九任又加一級十任前鋒參領拜他喇布勒哈番加二級佐領十一任今職制曰作朕股肱良臣所以矢夙夜匪懈爾女士内則亦以劾勵勸休命用申壼儀維懋爾前鋒參領拜他喇布勒哈番佐領加三級雅海妻覺羅氏相夫克諧宜家著範爾夫恪勤盡職藉爾黽勉同心

內則既嫻褒綸宜錫茲以覃恩封爾爲一品夫人於戲睠此勤勞之佐久藉仝心嘉爾貞順之賢載頒異數益修內德以答殊恩康熙二十年十二月二十四日

奉天承運皇帝制曰國家思創業之隆當崇報功之典人臣建輔運之績宜施錫爵之恩此激勸之宏規誠古今之通義爾禮部尚書加五級帥顏保性資端謹才識宏通俾掌秩宗恪愼無慚於職守宣勞政務夙夜克矢乎寅恭任用有年小心益勵崇階洊陟歷試能勤欣茲慶典之逢宜沛恩綸之寵爰頒新命以示褒嘉茲以覃恩特授爾階光祿大夫錫之誥命於戲推恩申命爰弘奬於忠貞樹德懋勳尚益勤於篤棐祇服朕命勉盡乃心初任內國史院學士二任正二品學士三任正一品學士加一級四任學士教習庶吉士五任吏部右侍郎六任總督淮揚等處地方提督漕運海防軍務兼理糧餉兵部

右侍郎兼都察院右副都御史七任加一級八任又加四級九任工
部尚書十任今職制曰作朕股肱良臣所以矢夙夜𩐎爾女士内則
亦以効劻勷休命用申壼儀維懋爾禮部尚書加五級帥顔保妻佟
家氏相夫克諧宜家著範爾夫恪勤盡職藉爾黽勉同心内則既嫺
褒綸宜錫兹以覃恩封爾爲一品夫人於戲睠此勤勞之佐久藉同
心嘉爾貞順之賢載頒異數益修内德以答殊恩康熙二十年十二
月二十四日

奉天承運皇帝制曰國家推恩而錫類臣子懋德以圖功懿典攸存
忱恂宜昜爾拖沙喇哈番岳多禮持心克謹蒞事惟勤俾典厥司特
加任用奉公罔懈盡職靡愆盛典既逢宜加新命兹以覃恩特授爾
階奉政大夫錫之誥命於戲式弘車服之庸用勵顯揚之志尚欽崇
命益矢嘉猷制曰靖共爾位良臣既効其勤黽勉同心淑女宜從其

貴爾拖沙喇哈番岳多禮妻馬佳氏克嫺内則能貞順以宜家載考
國常應褒嘉以錫寵兹以覃恩封爾爲宜人於戲敬爲德聚實加儆
戒以相成柔合女箴愈著匡勷以永賚康熙二十年十二月二十四
日

奉天承運皇帝制曰國家推恩而錫類臣子懋德以圖功懿典攸存
忱恂宜勗爾刑部浙江淸吏司員外郎王燕持躬克謹涖事惟虔奉
職副郎□□克昭於夙夜分猷比部勞勣允著於官方慶典欣逢新
綸用賁兹以覃恩特授爾階奉直大夫錫之誥命於戲式弘車服之
庸用勵顯揚之志尙欽榮命益矢嘉猷康熙二十年十二月二十四
日

奉天承運皇帝制曰父有令德子職務在顯揚臣著賢勞國恩必先

推錫用申新命以表前徽爾賴達乃經筵講官兵部尙書加一級食一品俸又加一級折爾肯之父持身有道迪子成名嘉予懋績之臣實爾傳家之嗣爰褒義訓用賁恩榮茲以覃恩贈爾爲光祿大夫經筵講官兵部尙書加一級食一品俸又加一級錫之誥命於戲率行式穀澤流靑史之光教孝作忠榮耀紫綸之色永培厥後益庇昌隆

制曰國之最重者惟是忠藎之臣家所由興者以有劬勞之母特頒恩命以慰子情爾經筵講官兵部尙書加一級食一品俸又加一級折爾肯母廣佳喇氏慈能育子教可傳家念茲靖共之猷實本恩勤之訓母德旣著渥典宜加茲以覃恩封爾爲一品夫人於戲頒爵用以榮親褒忠因之教孝錫隆恩於不匱表嘉譽於來茲欽服寵綸共承優渥康熙二十年十二月二十四日二十一年二月十六日男折爾肯立石

雪屐尋碑録卷六

雪屐尋碑錄卷七

清宗室盛昱集錄

皇淸誥封光祿大夫內大臣精奇尼哈番品級一等阿達哈哈番囊公碑記康熙二十一年正月初十日孝男資政大夫三等阿思哈尼哈番一等侍衛益都額眞霸嶺謹立

原任廣西巡撫加贈太子少保兵部尙書謚文毅馬雄鎭碑文朕惟臣子之誼大節爲重然平居無事之時人人侈談忠義一旦臨事而爲國捐軀確乎不奪者益寡則所稱□仁取義之士國家得之宜如何褒崇焉爾馬雄鎭洊歷禁近簡授節旄恪共之譽有聞綏輯之功斯著豈意叛藩逆命怙惡弄兵急變□蕭牆之中孤城介桂嶺之外聲阻援絕形絀勢危爾則以死自持抗詞罵賊遂觸兇怒横致幽囚然猶志切輸忠力圖滅寇間關遣□萬里來歸慷慨上書一心罔貳

丹誠既通於王室闔門咸殉於巖疆節挺冰霜歷四年而益勵操堅金石經百折而不撓可云烈□□□惟見危乃知授命之不易疾風勁草鑿爾一身實荷綱常之鉅朝廷養士數十年有臣如此庶無負焉朕用既憫且嘉特考彝憲賜□□毅蹟以崇階爰勒貞珉昭示來世凡屬臣僚聞風興起咸思自勵爾之爲功世道豈淺鮮康熙二十一年正月二十日立

皇清誥封通議大夫達公碑奉天承運皇帝制曰褒忠表義昭代之良規崇德報功聖王之令典特頒恩命以奬勤勞爾二等侍衛拖沙喇哈番加一級達里虎秉心謹飭臨事敏勤簡居侍從之班克稱侍衛之職朝夕匪懈指使無違既以舊勞晉膺上秩屢逢盛典宜被新榮茲以覃恩特授爾階通議大夫錫之誥命於戲恩推自近乃弘奬夫崇階業廣惟勤尙克□□寵錫欽予時命勵爾嘉猷康熙二十一

年三月二十四日

維康熙二十一年四月初三日皇帝遣禮部員外郎克賽諭祭陝西
興安總兵官都督同知陳奇謨之靈曰鞠躬盡瘁臣子之芳踪䘏死
報勤國家之盛典爾陳奇謨性行純良才能稱職方冀遐齡忽焉長
逝朕用悼焉特頒祭葬以示憫惻嗚呼聿昭不朽之榮庶享匪躬之
報爾如有知尚克歆享

奉天承運皇帝制曰父有令德子職務在顯揚臣著賢勞國典必先
推錫用申新命以表前休爾蘇爾兌衣乃副都統頭等阿達哈哈番
加一級佐領蘇虎幾之父持身有道廸子成名嘉予懋績之臣實爾
傳家之嗣爰褒義訓用賁恩榮兹以覃恩贈爾爲光禄大夫副都統
頭等阿達哈哈番加一級佐領錫之誥命於戲率行式穀澤流青史

之光教孝作忠榮耀紫綸之色永培厥後益庇昌隆康熙二十一年六月吉日立

參贊護軍統領三等阿達哈哈番加一級謚武毅哈克山碑文朕惟國家折衝禦侮之臣績懋疆圉則必有褒䘏之典以榮被泉壤光昭史册振古迄兹厥爲成憲矧夫參謀畫以佐軍履行陣而授命前制具在恩豈靳焉爾哈克山素具才猷久從征伐襄攻蠻寇於楚山妖氛克掃繼贊元戎於大魯反側旋銷比者逆臣犯順六師南討簡佐親藩弘襄韜略正佇運籌之功遽罹□□□□□□□□□□□□□謚曰武毅於戲惟勇敢備敵愾之才惟貞果敦報國之義其勒諸堅珉以垂示不朽康熙二十一年七月初二日立

維康熙二十一年七月十九日皇帝遣禮部右侍郎兼翰林院學士

加一級富鴻基諭祭原任雲貴總督兵部右侍郎兼都察院右副都
御史因殉難加贈兵部尚書謚忠果甘文焜之靈曰朕惟國家任重
封疆寵命聿隆乎節鉞臣子時逢危難忠貞宜勵於冰霜苟下有授
命之誠斯上錫褒忠之典特彰優䘏用示殊恩爾甘文焜才略夙聞
勤勞克著擢之畿甸委以滇黔總領西南佇奏輯寧之績撫綏將吏
庶銷反側之謀何期大逆之猖狂頓悼貞臣之殞逝扞艱寡助丹心
永恨於黃壚爲國捐軀碧血長淪於炎嶂茲長鯨之既殄乃旅櫬以
言旋睠爾幽魂動朕憫惻式稽曩制爰易休名載頒竈穸以昭榮復
沛苾芬而致享於戲際艱難而効節臣心之正直允彰䘏死事以施
恩國典之褒揚惟厚爾其不昧庶幾來歆

奉天承運皇帝制曰朕惟尚德崇功國家之大典輸忠盡職臣子之
常經古聖帝明王戡亂以武致治以文朕欽承往制甄進賢能特設

文武□□□□□□阿玉璽襲父拜他喇布勒哈番歷試能勤封
光祿大夫於順治九年往浙江舟山出征時將賊僞英義伯阮四率
領賊船二百隻陳於海內對敵之賊擊敗之又將賊僞總制陳魯玉
英義伯阮四逆賊張宏德率領賊三萬有餘船二百餘隻陳於海內
對敵之賊擊敗之拿賊僞總兵張進爵船一隻將張進爵斬首得銀
印一顆因三等阿達哈哈番授二等阿達哈哈番後授爲夸藍大往
勦江西湖廣圍困撫州府時城內賊出犯寨擊戰時帶領本甲喇將
對敵之賊擊敗賊僞楊都督率領六萬餘賊在七里岡坡排列三層
礮鳥鎗拒敵擊戰時帶領本甲喇將對敵擊敗天華山有賊僞將軍
馬寶率領賊萬餘排列礮鳥鎗拒敵擊戰時因陣亡以二等阿達哈
哈番加一拖沙喇哈番授爲一等阿達哈哈番世襲罔替應嫡子佐
領色類世襲不意子色類出征亡故不得世襲阿玉璽骨骸於戊午
年八月到於本年十一月二十五日皇帝制曰遣禮部御祭一次康

熙二十一年十月初八日一品夫人博和羅素氏謹立

皇清誥封光祿大夫巡撫山東等處地方督理營田兼理軍務都察
院右副都御史李公碑記奉天承運皇帝制曰國家思創業之隆當
崇報功之典人臣建轉運之績宜施錫爵之恩此激勸之宏規誠古
今之通義爾通政使司通政使加一級李天浴性資端謹才識宏通
俾掌銀臺恪慎無愆於職守宣勞政務夙夜克矢乎寅恭任用有年
小心益勵崇階洊陟歷試能勤欣兹慶典之逢宜沛恩綸之寵爰頒
新命以示褒嘉兹以覃恩特授爾階光祿大夫錫之誥命於戲推恩
申命爰弘獎於忠貞樹德懋勳尚益勤於篤棐祗服朕命勉盡乃心
初任刑部他赤哈哈番二任本部漢啟心郎三任本部漢啟心郎加
一級四任本部主事照舊加一級五任本部員外郎照舊加一級六
任本部郎中照舊加一級七任通政使司通政使八任順天府府尹

九任通政使司通政使十任巡撫雲南十一任復巡撫雲南十二任
今職制曰作朕股肱良臣所以夨夙夜羶爾女士内則亦以劾勛勷
休命用申壼儀維懋爾通政使司通政使加一級李天浴妻封淑人
江氏相夫克諧宜家著範爾夫恪勤盡職藉爾黽勉同心内則既嫺
褒綸宜錫兹以覃恩封爾爲一品夫人於戲睠此勤勞之佐□藉同
心嘉爾貞順之賢載頒異數益修内德以答殊恩康熙二十一年十
一月二十三日旨遣禮部祠祭司掌印郎中傅誠格等諭祭曰鞠躬
盡瘁臣子之芳踪卹死報勤國家之盛典爾李天浴性行純良才能
敏致克襄王事素著勤勞忽焉長逝用悼朕懷祭葬特頒以示憫惻
嗚呼寵錫重壚庶享匪躬之報名垂信史聿昭不□之榮爾如有知
尚克歆享

賜進士出身光祿大夫太子太傅戶部尚書保和殿大學士加三級

奉勅總裁實録聖訓方略監修明史前太子太保工部尚書東閣內
弘文院大學士內翰林祕書院學士加二級經筵日講官聖訓順治
大訓通鑑全書副總裁管理誥勅戊戌甲辰丙辰會試主考乙未等
科文武殿試讀卷教習庶吉士丁亥會試同考國史院侍讀學士春
坊中允兼編修檢討國史院庶吉士高陽李霨頓首拜撰賜進士出
身通議大夫經筵講官內閣學士兼禮部侍郎加一級教習庶吉士
充平定三逆方略副總裁明史總裁前日講官記注起居翰林院侍
講學士加詹事府詹事同修實錄左右春坊庶子翰林院侍讀侍講
國子監司業翰林院編修壬己酉順天武鄉試丙午浙江正主考內
弘文院庶吉士京口張玉書頓首篆額賜進士出身通議大夫日講
官記注起居詹事府詹事兼翰林院侍讀學士加禮部侍郎加一級
前左右少詹事兼翰林院侍講學士國子監祭酒翰林院侍讀侍講
整飭通薊道分巡大梁道河南按察司副使內翰林國史院編修壬

子浙江正主考己未充武殿試讀卷官華亭沈荃頓首書丹淸皇誥授資政大夫總督江南江西等處地方軍務兼理糧餉兵部尚書兼都察院右副都御史三等阿達哈哈番潤甫馬公神道碑距國門二十餘里西山之陽若堂若斧巋然高峙者爲總督江南江西軍務兵部尚書都察院右副都御史馬公之墓公冢孫世濟請余爲文表其墓道之碑曩公子文毅公以學士直綸扉與余善誼不可辭謹按公諱鳴珮字潤甫遼東人父諱與進邃於禮學志不樂仕以明經授訓導不赴母趙氏遼陽城陷時以節烈著祖諱重德明經授江南太平府通判雖不用展藴而治行卓然司權鳩茲人戴之立祠祀焉祖母楊氏相夫以康曾祖諱文舉授宣議郎始祖諱英仕遼東保義副尉占籍遼陽左衛遂家焉其先爲山東蓬萊縣人而系出於扶風公生而剛毅敏達從父受戴記蚤夜□學博通子史尤工於書祖常撫之曰興吾宗者其此子乎年十七爲諸生有聲庠序間居父母喪哀毀

骨□族黨稱其孝皇清初興以文學受知於太宗文皇帝授工部啓
心郎時當草創公負幹濟才經營建置罔不稱上旨迨世祖章皇帝
入關定鼎燕都公以從龍舊臣授山西潞汾道左參政太行諸山伏
莽初靖威惠並施士民畏而愛之未幾移分巡下□□道地帶荊湘
接交廣控制五溪諸蠻峒公鋤奸剔弊百廢具舉□最超遷戶部右
侍郎總督江南糧儲兼理錢法在任七載南□將士千里轉饋不絕
於道而泉布流行公私交濟公之力也嗣以裁缺歸部遂奉命總督
倉場轉左侍郎蓋公長於理財賦在江淮則江淮足在司農則國計
足亦如蕭酇侯之運關中寇公之治河內也順治十一年改總督宣
大軍務兼都察院右副都御史至則繕城謹選隊伍□束將吏嚴而
不苛邊境肅然上每念公督餉功以江南江西地廣政劇文武兼資
非公不可於是晉秩兵部尚書總督兩省軍務仍兼理糧餉時□□
□□內地崇明失守公運籌制勝扼其要害克復崇明瀕海地皆寧

謐躬先清勤以爲屬吏倡早起晏臥裁決政務心力俱瘁以目眚具疏解任上嘉其謹慎老成效力年久下其章於吏部旋允部議命回京調理病痊起用公既歸日杜門課子若孫讀書暇則□鄰里耆舊賦詩談讌而已嘗以千金贖叔父昆弟俾得聚處曰此吾父遺命也人咸服其孝友云公卒於康熙五年正月享年六十七卒之日惟睠□戒子孫以上報國恩勿墜家聲爲訓是時文毅公已爲宗人府啟心郎位通顯矣公之貴也贈祖父及父如其官祖母母皆夫人公累進階至資政大夫復論功進三□阿達哈哈番元配王氏繼祝氏早卒俱贈夫人繼孟氏庠生孟養恬長女封夫人孟夫人卒後公即終身不復置妾媵子一雄鎮孟夫人出歷任巡撫廣西等處地方提督軍務兼理糧餉鹽法都察院右副都御史殉難贈太子少保兵部尚書謚文毅娶巡撫山東都察院右副都御史張儒秀次女繼娶佐領加三級李登龍女俱贈夫人李與文毅公同殉粤西之難孫世濟張

夫人出歷任都察院右副都御史娶山東陵縣知縣董子華女隨姑
殉難贈淑人世永恩廕太學生世洪世泰從父死方文毅公之以身
殉也闔門盡節親屬之在粤西無有存今上憫其忠卹典特厚妻妾
子婦並沐褒綸撲厥所由皆公平日義方之訓有以啟之也公承前
人積累之深厚開□嗣之砥節忠貞榮名顯赫信乎其爲國之禎家
之慶矣詩曰孝子不匱永錫爾類公有焉傳曰揚名於後世以顯父
母公之子有焉康熙二十二年歲次癸亥二月□日之立

賜進士出身光禄大夫禮部尚書保和殿大學士加三級宛平王熙
頓首撰文賜進士出身通議大夫經筵講官内閣學士兼禮部侍郎
加一級京口張玉書頓首篆額賜進士及第通議大夫經筵侍班記
注起居日講官詹事府詹事兼翰林院侍讀學士加禮部侍郎加一
級華亭沈荃頓首書丹皇清誥授資政大人巡撫廣西等處地方提

督軍務兼都察院右副都御史加贈太子少保兵部尚書謚文毅馬公神道碑銘康熙十九年天兵既誅凶逆滇黔蕩平詔書褒邺諸臣伏節封疆以身殉難者部臣以廣西巡撫襄平馬公闔門從義事聞特恩加太子少保兵部尚書賜謚文毅加祭一檀飭有司治窀穸親灑宸翰於碑天章昭回照耀泉壤先後又官其二子及賓客卒吏效奔走同患難者仍命建祠於桂林歲時致祭從地方官及吏民請也大臣賜葬舊制得立石隧首於是公之冢嗣中丞君世濟以余素與公善來徵言余憶癸丑之冬逆臣背恩西南驛騷余時承乏本兵晝夜程治軍書伏覩聖謨睿筭坐照萬里魑魅無所逃遁心喜賊之不足平既而閱公前後密疏及聞闔門殉義之烈未嘗不欷歔流涕歎服公之忠誠貫金石義烈動天地非獨道行於妻子信周於□友即下逮臧獲之賤莫不從風效死雖史册所稱無以加焉迨羣逆伏誅蠻方歸化有司奉上諭褒顯忠義各據掌故上請而皇心特加軫念

凡歿於王事者卹典務從優厚以公夫婦大節□光偉故恩數特異又爲諸死事者之冠以此見聖主報忠勵節如天地之滋培萬物隨其大小雨露無不曲被誠足以示萬世垂無極而非近古之所能及也公諱雄鎮字錫藩坦公其號先世山東蓬萊縣人始祖英爲遼陽保義副尉家遂於左□曾祖重德江南太平府通判筦榷有清德祖與進訓導父鳴珮以從龍舊勳歷官至總督江南江西軍務兵部尚書所在多惠政兩省民迄今思之贈二世如其秩尙書公凡三娶最後孟夫人生丈夫子一即公也順治十二年世祖章皇帝選用大臣子弟有才識者授公工部副理事官管理寶源局旋提督瑠璃廠擢宗人府啓心郎康熙乙巳丁外艱服闋轉都察院左僉都御史遷內國史院學士奉命巡撫山西不果行尋改巡撫廣西都察院右副都御史公爲人質重剛勁忠孝根於天性自幼承事尙書公婉容愉愉執喪敬哀盡禮與人交推心不疑能得其死力服官吏事精敏顯著

聲跡至於見危授命雖久處患難終始無所屈撓大節炳如也工部
兩京差皆奸猾淵藪乾沒難於鉤覈公在□則計工受篇入銅皆準
程法故所鑄錢字幕輪廓堅厚精好補輕者少獲息爲多在廠嚴禁
奸人闌入廠中空地放馬者而遷其春月舊立燈市於外居民以爲
便時値孝陵工與什物造作非一皆刻徵督良惡難以猝辨公晝夜
臨驗□□不中式者出之兼嚴核浮冒事集而經費大省由是聲實
日隆存登臺閣九年遂有廣西巡撫之命陛辭日賜宴內殿及御衣
一襲□金鞍轡馬二匹公感上異恩益勉自奮力焉方公初至粵西
値土寇竊發左右江岌岌煽動平梧莫扶賴等要結猺獞諸蠻出沒
箐阻間狙伺豕突變幻百出公爲□布朝廷威德同提鎮相度機宜
勦撫並用不數月賊首就擒餘黨皆解散嚴禁弁兵之誣縶良民者
建議復邊俸以勸勞吏省兵米腳價以甦民困寬蘇木之禁以資其
生停□買藥材以除其累通行鹽修學宮政事次第修舉是時粵□

方賴公安定而逆賊孫延齡時爲將軍陰圖不軌有異志迨癸丑冬吳三桂反容桂震驚是時巡撫無兵權公方家約督提爲防禦計甲寅二月延齡遂乘亂殺都王永年等勒兵圍公府署塘哈皆添人守捉一切實封公文邀取私折且脅公同逆公知事急具朝服望闕北拜闔戶自經爲家人解救不死密疏告急於京師四月公謂長子世濟曰逆勢雖張人心自固若得一旅師疾攻其外加以從中策應被賊直發蒙振□耳今命汝潛行詣闕請兵冀得濟以仰報朝廷相聚守死無益也世濟走間道達江西巡撫董公爲題奏上憫公父子忠義遣官迎護入京嗣後公數遭逼脅皆以死自誓六月見乃益急於十一日復草密疏命其客休寧朱昉擕孫國楨出□十七日又遣客同州李□燮擕次子世永行俱乘夜冗牆而逸趨朝告急上授昉子燮皆知縣延齡見公執節不屈而子孫入朝乞師者相繼大怒且懼七月二十日令賊兄延基勒兵排院闥入公抽佩刀自決未殊刀墮

救者三指因被執出署夫婦皆抗罵不屈吏民見者無不歎息泣下賊遂盡掠資裝拘其家口四十餘人同幽於别所公絶食數日不死乃復食從此坐卧室中足不踰戸限者四年子孫家屬相次饑困死者十九人公皆不顧逆□□遣使招公公手裂其書抵之地自謂而公國之大臣有死而已肯同若輩作賊耶丁巳十月逆賊互相誅屠賊將吴世琮攻克桂林孫延齡被殺遂收公及幼子家僕時羣僕惟諸老道年最老賊縱之使去老道駡曰賊何爲置我乎吾今日得從主人死實吾之大幸我豈效汝輩從逆賊吴三桂叛主□生以貽萬古駡名乎羣賊大怒因并執之公既至賊營世琮責公何不早降公鬚髮怒張目眥盡裂叱之曰吾奉命撫兹土當死封疆所不能即死者欲手刀爾等叛賊報國恩耳今志既不遂死則吾分安用多言世琮見公詞色峻厲無屈降意又復令賊黨僞將軍等往來誘説饋公以酒食公大駡傾食毁器賊知其志終不可奪乃先殺公幼子世洪

世泰并家僕諸老道等九人公色陽陽如平常并遇害於粤之烏金鋪是月十二日也賊下令禁收□而賊將有感公忠義者令人潛瘗桂林北門外廣福寺後公夫人李氏聞變號慟視其子婦董淑人及公二女妾顧氏劉氏中丞君妾苗氏相繼縊死一一收於畢乃繫帛奮身絶吭而卒□守者竊附葬於公櫬之旁嗚呼烈哉十七年王師下蒼梧幕客與難者大興舉人孫成立虞陳文煥走白其事於軍前上聞之震悼優叙二人以官中丞君泣請往求父母骸骨并存遺家口奉旨令馳驛去仍令地方官察明料理送之回京中丞君既抵粤吏民弔祭追送者皆號哭失聲咸謂公死後顏色不變左右臂各扢二子賊見之莫不驚異啟殯復聞異香芬郁爲忠義之氣所發越□有守備易友亮者捧上賜公衣前曰公臨變之初即委□敬守□衣令勿褻越賊手今幸不辱命矣中丞君歸奉上嘉歎仍以衣賜君故友諒試職爲眞兒其考柩車至上特遣内大臣賫賜茶酒并允李夫

人祔葬同祭改給誥命冠蓋相望道路祭幄聯絡原野時人以爲榮公生於天聰甲戌距盡節之歲得年四十有四元配張夫人繼配李夫人即同日殉難者也子四長世濟見任都察院左副都御史次世永候選知州世洪世泰及三女俱從公死於粤悲哉孫國楨候選知縣賜塋在玉泉山黑塔村之原葬以康熙癸亥三月十九日余昔在內臺見公心所不可者議論風發必達其志嘗自謂士大夫臨事當立賁育不奪之節後果如其言嘗過公舍觀其治家教子皆有法度乃知今日之一門忠孝非偶然也嗚呼士學問不素定欲臨危守死難矣哉百世之下□斯碑者可以聞風而興起矣銘曰顯允馬公命世之哲抗節巖疆有聲烈烈起部爲郎分司廠局鑄造精良休光煒燭乃晉同宗横牀憲府□長北門出鎮南土錫宴宫庭寵行受事何以賜之珍衣良驥公感異恩奮不自有畏懷百蠻崩角稽首遂晞秋霜沃以春膏無煩無苛佩犢解□威惠大行吏民安便豈期逆竪□

扇爲變兵□□腋內蝕靡救傷哉羣狐制此猛獸公之忠心皦如出
日百折弗回守死窮室遺其子孫請兵於朝羣賊積忿惡聲狺囂脇
公使降白刃磨頸嚼齒大罵取義我頃風厥家人盡室從死非公純
忠孰□感此人誰不死善莫如忠浩氣充閭凌厲秋虹□情盡傷特
降綸綍易名甚美贈卹□物豐碑有文御墨親灑榮賁泉城恩沈松
櫝金緋銀青爵祿後昆乘傳續食歸葬故園門客將吏微勞盡敘義
不辭難聖人所與蠻荒既平顯忠遂良常留令名山高水長逆黨誅
鋤類無遺噍公志大伸□原含笑惟公至忠天子至仁深刻大書萬
古嘗新康熙二十二年歲次癸亥三月□日立

奉天承運皇帝制曰褒忠表義昭代之良規崇德報功盛王之令典
特頒恩命以奬勤勞爾三等阿達哈哈番二等侍衛張保住性質醇
謹才識淵宏懋延世之恩克承先業篤象賢之誼無忝前徽奉職有

年小心益勵欣逢慶典宜沛新綸兹以覃恩特授爾階通議大夫錫之誥命於戲恩推自近乃弘奬夫崇階康熙二十二年癸亥三月初十日孝男杜禮庫謹立

奉天承運皇帝制曰國家思創業之隆當崇報功之典人臣建輔運之績宜施錫爵之恩此激勸之宏規誠古今之通義爾二等阿達哈哈番管佐領副都統加一級阿郁錫性質端謹才識宏通俾佐都統恪愼無慚於職守宣勞政務夙夜克矢乎寅恭任用有年小心益勵崇階洊陟歷試能勤欣兹慶典之逢宜沛恩綸之寵爰頒新命以示褒嘉兹以覃恩特授爾階光祿大夫錫之誥命於戲推恩申命爰弘奬於忠貞康熙二十二年癸亥三月初十日曾孫杜禮庫謹立

皇帝遣禮部尚書加一級介山諭祭禮部尚書管刑部尚書事佐領

諡文敏郭四海之靈前曰朕惟殫力奉公者臣子靖共之分旌賢賜
邺者國家賚予之恩必成勞丕著於班行斯寵命用昭夫泉壤沓言
良彥宜沛褒章爾郭四海品度端凝才猷練達始居諫議敷奏良勤
繼預絲綸小心匪懈爰貳中樞而贊畫旋稽天庾以持籌久剔歷乎
諸司左宜右有遂首登夫臺憲振紀提綱允資糾察之風裁聿勵班
寮之模範既掌九伐而戎兵是詰尋典五禮而秩序以昭朕念刑罰
爲民命所關明允乃士師之本誰堪斯任惟爾攸宜迺律令克詳敬
恭益懋頓聞徂逝良用盡傷式頒嘉謚以易名載考彝文而致享嗚
呼榮膺懋秩休光既被於生前典賁馨香寵錫復覃乎身後爾其不
昧尚克來歆康熙二十二年三月二十七日

皇清光祿大夫賽公之碑康熙二十二年春吉日總督淮揚等處地
方提督漕運海防軍務兼理糧餉兵部左侍郎兼都察院右副都御

史加四級孝子邵甘敬立

奉天承運皇帝諭遺禮部員外郎佟保祭陣亡佐領加一級著參領肯者之靈曰鞠躬盡瘁臣子之芳蹤䘏死報勤國家之盛典爾肯者賦性忠勇才能稱職捐軀報國効力師中奮不顧身力戰陣歿朕用悼焉特頒祭葬以慰幽魂嗚呼聿昭不朽之榮庶享匪躬之報爾如有知尚克歆享大清康熙二十二年四月二十二日

奉天承運皇帝制曰國家思創業之隆當崇報功之典人臣建輔運之績宜施錫爵之恩此激勸之宏規誠古今之通義爾二等阿思哈哈番管牛彔加一級滿韜性質端敏才略宏通初歷官階克著勤勞之績爰膺任使彌昭敬慎之忱奉職有年小心益勵崇班洊陟歷試無愆欣茲慶典之逢宜沛恩綸之寵特頒新命以示褒嘉茲以覃恩

特授爾階光祿大夫錫之誥命於戲推恩申命爰弘獎於忠貞樹德
懋勳尙益勤於篤棐祗服朕命勉盡乃心

維康熙十六年五月初九日皇帝遣禮部員外郞加一級黄圖謚祭
故二等阿思哈尼哈番加二級滿韜之靈曰鞠躬盡瘁臣子之芳踪
卹死報勤國家之盛典爾滿韜性行純良才能稱職方冀遐齡忽焉
長逝朕用悼焉特頒祭葬以慰幽魂嗚呼聿垂不朽之榮庶享匪躬
之報爾如有知尙克歆享康熙二十二年歲次癸亥夏五月吉旦立

一等阿思哈哈番領侍衛内大臣加三級謚勤僖阿彔哈碑文朕惟
服職禁庭臣子効匪躬之節施恩泉壤國家隆逮下之恩惟生前之
効用有年斯身後之休聲勿替爾阿彔哈夙稱果毅克奮才猷致身
依陛楯之間宣力備股肱之選累經任使著懋績於官聯聿躋顯崇
策成勞於宿衛眷言淪逝芬苾旣頒筂穸初封綸章用賁惟爾勤勞

既懋祇愼足嘉謚曰勤僖以彰寵卹於戲豐碑永峙尚知臣職之有
終後葉承休永戴國恩於無斁康熙二十二年五月十五日

輔國將軍謚温僖恩克布碑文朕惟國家纘承鴻緒茂樹親賢崇班
既序乎宗盟寵沃必沾於奕葉生則錫之厚祿歿則被以嘉名凡以
篤本支重惇叙也爾輔國將軍恩克布乃和碩承澤親王之子秀出
金枝系分玉牒幼還庥於藩邸克繼前徽早襲慶於朝常彌彰令譽
恪勤匪懈在公每矢其小心材技過人命中多推其善射方期福祉
之永享何圖歲月之不延軫切朕懷卹之祭葬仍稽謚法褒以温僖
嗚呼睦族之恩不遺於身後易名之典式示於來兹爰勒豐碑永光
潛壤不亦休哉康熙二十二年五月二十一日立

一等阿思哈尼哈番又一拖沙喇哈番佐領戶部尚書謚敏果米斯

漢碑文稽古建業驅策羣力不吝爵賞以勸有功昭示後世用傳不朽所以勵忠蓋甚備也爾米斯漢性行純良才能稱職簡任司農素有勤勞方冀遐齡忽焉長逝朕甚悼焉特頒謚曰敏果勒諸貞珉永光泉壤國典臣誼庶其昭垂無斁哉康熙二十二年六月初三日立

多羅平郡王謚比羅科多碑文朕惟古帝王纘承丕緒篤念宗藩莫不逖考彝章式加榮賚故存則胙土用昭錫予之隆歿則易名聿定是非之實令典攸存朕豈靳焉爾羅科多派屬宗支榮開藩邸藉前人之遺績享奕世之榮封方期砥礪躬修永膺寵澤何乃頓罹篤疾奄逝泉壚夫循成憲以推恩令彰示於來許古之經也是用特命所司錫之窀穸爰稽儀制定厥生平謚爾曰比於戲剖圭建社既登屏翰之尊表墓銘碑復備哀榮之典尚垂後祀咸俾聽聞康熙二十二年七月二十三日立

經筵日講官起居注翰林院掌院學士兼禮部尚書加一級教習庶吉士今加贈禮部尚書諡文敏喇沙里碑文粤攷自昔哲王勵精宵旰必賴文學侍從之彦爲顧問獻納之資朕師古建事博綜經史日御講幄慎簡端人矧學士職長禁林尤被殊選嚮用未究良切盡傷爾喇沙里儒術淹深治體通達自任啓沃歷有歲時校讐墳典之遺文備紀巖廊之大政在内則經幃恪謹在外則扈從勤勞奉左右以不違閱署寒而罔懈至若密承詔旨馳赴巖疆宣諭六軍刻日巡返任使克稱實爾之能佇褒擢之洊加倏臥痾以溘逝訃聞之日特賻爾家仍命所司議頒優䘏易名文敏贈秩春卿身後追榮朕滋悼矣於戲惟夙夜在公足以膺寵遇惟始終一節足以服隆恩茲用申錫綸章往勒貞碣既彰爾美亦勸來茲國家奬德旌勞之典豈偶然歟

康熙二十二年八月初三日

輔國公公安碑文自古帝王創業垂統以貽萬世凡在宗支皆膺顯
爵所以重懿親也爾公安乃鎮國將軍阿拜之子性行純良克循職
任方冀永享遐齡何乃遽聞奄逝朕篤念宗親爰稽成憲勒之貞珉
用垂不朽庶昭朕敦睦之懷爾康熙二十二年八月初九日立

原任都統太子太保二等阿思哈尼哈番加三級謚襄武庫魯格達
爾漢阿賴碑文朕惟帝道弘敷澤罔遺於有位王仁下逮恩尤篤於
成勞存殁非殊榮哀並著爾庫魯格達爾漢阿賴克逢景運宣力累
朝不憚險艱以揚威武迨懸車之已及遂解組而乞休慶賚頻加寵
光攸屬何圖奄忽遽爾摧頹朕用震悼中懷考稽典禮已命所司予
祭葬如故事特賜謚曰襄武嗚呼金石不磨尚表章於茲日旂常未
泯猶想像於當年用賁厥庥永昭無斁康熙二十二年八月二十日

立

雲貴總督殉難加贈兵部尚書謚忠果甘文焜碑文稽古仗節死難之臣國家必賁之典禮榮其服命載在史册厥有舊章夫効力盡命臣之經也旌善顯忠國之憲也昭激勸而垂奕葉於是焉在惟爾甘文焜服官有年勞績懋著朕擢授旄節往蒞滇黔俾督率乃僚綏靖南服屬逆臣悖德敗亂天常狂逞狡謀變生倉猝爾以勢窮援絶衆畔軍孤遂出貴陽捐軀鎮遠雖不克殄賊成功亦可謂舍生取義睠爾壯烈深惻朕懷宜賚嘉名式揚大節特賜謚曰忠果仍贈官廕子如例於戲忠不避難永爲臣子之型果以矢心尚壯河山之氣勒諸貞石以表丹誠康熙二十二年十月十二日立

誥贈一等公佟圖賴妻誥封一等公妻一品夫人覺羅氏碑文朕惟

帝王之道孝施於政而教成仁篤於親而民法此天下之大經人倫之至則也是以書言肇修詩稱罔極蓋恩由敦本而隆禮必緣情而起愛慕時勤於懿訓褒崇宜及於茂親存則分介祉之榮歿則頒厚終之典彝章具備國體攸存惟誥贈一等公佟圖賴妻誥封一等公妻一品夫人覺羅氏乃孝康慈和莊懿恭惠崇天育聖章皇后之母毓秀名門作儷巨室女德爲人中之瑞壼修啟天降之祥惟善積於厥身乃福凝於懿戚誕生皇妣表範宮闈播千禩之徽音鍾於聖母綿萬年之景祚畀於朕躬憶從蚤歲遽隔慈顏每念恩勤常餘哀慕睠令儀猶存於戚畹緬音容如覯於璇幃方期彌享大年豈謂淹歸厚壤良深軫悼爰示褒揚特詔所司優以異數土田舊錫賵賻有加賜葬如一等公禮嗚呼布在方策事英大於親親勒之貞珉光有垂於世世聿賁龍章之重揭於馬鬣之封昭兹來許其永無窮康熙二十二年十月二十五日立

皇帝諭祭漢軍都統佐領一等阿達哈哈番又加一拖沙喇哈番加一級趙璉之靈曰鞠躬盡瘁臣子之芳踪邺死報功國家之盛典爾趙璉性行純良才能稱職効力行間著有勞績方冀遐齡忽焉長逝朕用悼焉特頒祭葬以慰幽魂嗚呼寵錫重壚庶享匪躬之報名垂信史聿昭不朽之榮爾如有知尚克歆享康熙二十二年十月二十九日

康熙二十一年十二月十七日第一次遣禮部尚書沙澄皇帝諭祭故誥贈一等公佟圖賴妻誥封一等公妻一品夫人覺羅氏之靈曰朕惟孝能錫類廣敷內外之恩仁不遺親首篤本源之誼故渥典必推於自出而彝章尤厚於崇終惟誥贈一等公佟圖賴妻誥封一等公妻一品夫人覺羅氏乃孝康慈和莊懿恭惠崇天育聖章皇后之

母毓自高門歸於鼎族恪修婦道夙揚淑慎之休茂著母儀克謹肅雍之度誕生皇妣表範官闈垂百禩之徽音化流壼掖綿萬年之景祚慶衍家邦惟慈顏追慕於無窮幸懿戚儀型之尚在方期榮褒洊及永享遐齡豈意疾疢□嬰遂淪幽壤爰念睦親之義良深悼往之懷用致牲醪特申奠饗嗚呼緦帷乍啟寵式沛夫絲綸翟茀長辭禮肇頒乎芬苾靈其來格荷此隆施康熙二十一年二月二十三日第二次遺禮部左侍郎加二級額星格惟躬毓坤儀久隆淑範榮分椒禁夙荷寵封溯母德之綿庥實壼修之鍾吉奄歸冥漠傷悼彌殷爰薦馨香寵綏再賁嗚呼廣孝治而敷錫賚庶答聖慈鞠育之仁軫懿戚以沛恩光用昭典册褒揚之誼靈其不昧尚克來歆康熙二十一年十二月二十七日第三次遺禮部左侍郎加二級額星格惟淑德弘昭啟璇闈而集慶令儀丕茂表蘭畹以流徽生膺茀祿之崇澤延奕世沒荷絲綸之賁光映重泉特遣專官三申致祭嗚呼列几筵而

致卹誼彌篤於展親眷儀範之猶存恩聿隆於加禮靈其歆享以副
追懷康熙二十二年十二月初五日第四次遣禮部尚書沙澄惟瑞
啟宮闈澤延戚畹軫泉壚之長逝曾賻奠之親臨寵賁有加總體皇
妣崇親之孝恩施愈茂聿著天家卹沒之仁典禮四申苾芬式薦嗚
呼溯發祥於慈闈淑問常昭溥錫惠於褒綸榮休勿替几筵肆設靈
爽其歆

武備院一等侍衛謚勇恪禪布碑文國家崇勤事之勞臣子當匪躬
之節當邊陲揚武軍旅用人鎮簡近侍之才懋試廓清之效生則榮
以錫命歿則被以綸章甚盛典也爾禪布禁庭宿衛韜畧兼通夙夜
在公小心奉職若昔徂征逆命出翊元戎參畫機宜播聲靈於閫外
宣勞撻伐資心力於行間剪狂賊之蔓延長驅越境挫兇渠之鋒鋭
直擣閫闕凡有戰而必先亦無謀而不克爾既著有成績朕實嘉乃

新勞方奏膚功俄聞奄逝憫疆場之盡瘁念往昔之祗勤特與易名
謚爲勇恪嗚呼贈䘏之寵功名與竹帛而常存華袞之褒姓氏以貞
珉而彌永絲綸式賁泉壤攸光不亦休歟康熙二十二年十二月十
七日立

奉天承運皇帝制曰職領金吾凜森嚴之天仗任崇衛尉列禁近之
仙班慶適會夫王朝恩宜敷於環尹爾鑾儀使葉克書蚤著器能累
更任使當出警入蹕之際簡閲維勤在視朝聽朔之時趨蹌合度俾
居列校之長品秩綦隆膺邀三錫之榮恩施加賁爰稽彝憲用賁綸
音兹以覃恩特授爾階光禄大夫錫之誥命於戲掌服物車旂之政
事權固有專司荷雲霄雨露之恩職業尚期勿替一乃心力服此顯
庸初任頭等侍衛二任今職制曰樹威望於朝家固賴干城之寄嗣
徽音於閫内尤需女士之賢特焕綸音用昭恩眷爾鑾儀使葉克書

之妻鈕乎盧氏敬以持身勤能主饋風規雍肅曾無踰梱之言宵旦箴規特勗從王之義慶流策府寵溢深閨兹以覃恩贈爾爲一品夫人於戲魚軒藻麗識內助之賢明鸞誥輝光荷天恩之汪濊承兹顯命永耒遺徽康熙二十二年十二月二十二日

奉天承運皇帝制曰雲霄官閥式崇開府之勳棨戟家風實始趨庭之訓爰施寵奬用賁徽章爾額倫乃總督江南江西等處地方軍務兼理糧餉兵部左侍郎兼都察院右副都御史加五級赫壽之父世授責箱庭生玉樹貽之清白蔚爲盛世珪璋教以義方屹作興朝屏翰兹以覃恩贈爾爲資政大夫總督江南江西等處地方軍務兼理糧餉兵部左侍郎兼都察院右副都御史加五級錫之誥命於戲稱先則古詩書蘊文武之謨浴德藻身忠孝立子臣之鵠祗承渥典永荷殊榮

制曰家多淑媛流澤被於後昆國有重臣貤封逮乎前母惟令子不
忘舊德故興朝均沛新恩爾總督江南江西等處地方軍務兼理糧
餉兵部左侍郎兼都察院右副都御史加五級赫壽之前母何色禮
氏氣和琴瑟名貞琬琰方相夫之克順憫不實於春華迨厥子之有
聞溘已先於朝露玆以覃恩贈爾爲夫人於戲杯棬澤在猶貽式穀
之謀風木情殷彌切樹萲之慕慰之泉壤賁以絲綸
制曰家聲光大庭闈之式穀攸先門祚蕃昌閨闥之貽庥夙裕洊加
天寵用闡母儀爾總督江南江西等處地方軍務兼理糧餉兵部左
侍郎兼都察院右副都御史加五級赫壽之生母宜爾根覺羅氏嫻
於典則著有規型愛必先勞勗蒞官之敬忠於所事率由胎敎之賢
以覃恩封爾爲夫人於戲錫茂獎於蘭陔芳蕤益播被惠風於葱佩
馨澤彌新祗受榮章式揚嘉問康熙二十二年

原任太子少傅護軍統領二等阿思哈尼哈番加二級因年老休致
謚果壯孫達禮巴圖魯碑文稽古建業驅策羣力不吝爵賞以勸有
功昭示後世用傳不朽所以勵忠藎甚備也爾孫達禮巴圖魯性行
純良才能稱職征山東時攻克濟南爾首先登城故賜名巴圖魯効
力行間勤勞素著因年老而乞休冀頤養以永世忽聞奄逝甚悼朕
懷特賜謚曰果壯勒諸貞珉永光泉壤國典臣誼庶其昭垂無斁哉
康熙二十三年正月十七日立

奉天承運皇帝制曰褒忠表義昭代之良規崇德報功聖王之令典
特頒恩命以獎勤勞爾拜他喇布勒哈番品級門章京加一級諸衣
托夙具幹才授職任用俾管門章京之任克殫敬□之猷馭下有法
奉職無愆慶典欣逢新綸宜賁特加寵秩以示褒嘉茲以覃恩特授
爾階通議大夫錫之誥命於戲恩推自近乃弘獎夫崇階業廣惟勤

尙克承夫寵□予時命勵爾嘉猷康熙二十三年二月十一日立

皇清誥封通議大夫佐領加二級□君墓道碑康熙二十一年九月十九日皇帝遣禮部員外郎加一級哈爾機布諭祭陣亡佐領加二級張廷輔之靈曰鞠躬盡瘁臣子之芳蹤邺死報勤國家之盛典爾張廷輔賦性忠勇本能稱職捐軀報國効力師中奮不顧身力戰陣亡朕用悼焉時頒祭葬以慰幽魂嗚呼聿昭不朽之榮庶享匪躬之報爾如有知尙克歆享國家當久安長治之時如厝九鼎於磐石搖之不移撼之不動也而干紀犯順者乃拂天地之經其倡亂其間猶魚之入釜鳥之投籠立□□□矣協其磨牙肆毒之頃則必有忠臣義士捐踵頂以遏其兇鋒夫忠臣義士之生也志不倖生則其死也終亦不死豈獨天子錫之異數慰彼忠魂即一時項筆之臣亦大書特書曰若爾人者生障江淮之土死化祝融之雲者也若佐領張君

其一矣君諱廷輔字左之遼東□州人年甫弱冠以世功襲佐領康熙十三年防汛鎮江時吳逆亂滇黔而耿逆以入閩相應漳泉福汀悉爲擾亂更煽海孽以助其波天子震怒命將進討錄君才能授爲一旗統領於十六年三月抵省聞海賊寇泉州即馳至泉時賊首陳爵率寇萬餘夜犯西門君一鼓擒之遂北至海□□□數千賊奪氣去泉而攻同安戰於三寶墟君以百人出於賊陣鋭不可當皆逃匿以功授四旗統領賊悉衆圍長泰聚數萬人布□于天心□君三戰王取之降其人散其黨羽賊去南安攻五都賊首陳璽姚葵者以勇聞君生擒於陣獲其軍器無算十七年賊首劉國□圍我遊擊劉世洪於石馬君提兵三百往攻之賊數萬皆解圍去時海澄孤危當海道之衝賊欲據爲巢穴乃命君守之賊悉力圍困守三月外無援兵内無糧食君於六月初九率饑卒□人衝出潮湧溝賊四面邀擊君遂中礮而歿手下士無一降者君歿未幾而閩地悉平二十一年

命禮臣哈爾機布諭祭邮典有加是歲以羣逆獻太廟戮之通衢而
君之忠烈益彰嗟嗟人誰不死死於忠與死於逆其相去豈止泰山
鴻毛而已哉君既葬墓碑未勒予乃爲之詞曰福善禍淫天道之常
殲彼梟獍□爾忠良誰曰不死死國彌芳豹□留皮人則留香嗟嗟
張君幼而英果鎖鑰干城無施不可制敵出奇威聲遠播孤城無援
將星乃墮□茲閩逆自怡厥辜不稟王章而逞狂圖六載反覆戮及
妻孥烈烈忠魂嗤彼囚俘君死騎箕歸於帝所爲厲殺賊遂殪羣鼠
昔日睢陽今誰其緒李翰不詳賴有韓烈□賜進士及第資政大夫
經筵講官都察院掌院事左都御史監修明史前内閣學士兼禮部
侍郎加一級日講起居注官翰林院掌院學士教習癸丑丙辰兩科
庶吉士纂修實録副總裁纂修孝經行義總裁丙辰武會試總裁充
文武丙辰殿試讀卷官國子監祭酒内祕書院侍讀己酉陝西鄉試
正主考掌院誥勅内弘文院修撰崐山年家眷弟徐元文頓首撰文

康熙二十三年三月吉日男佐領昺建立

皇清誥封光祿大夫鎮守福建海澄等處地方總兵官右都督張公墓道碑康熙九年四月二十六日皇帝遣禮部員外郎加一級孔國岱諭祭右都督鎮守福建海澄總兵官故張公亮之靈曰鞠躬盡瘁臣子之芳蹤卹死報功國家之盛典爾張公亮性行純良才能稱職方冀遐齡忽焉長逝朕用悼焉特頒祭葬以慰幽魂嗚呼寵錫重壚庶享匪躬之報名垂信史聿昭不朽之榮爾如有知尚克歆享都督張公服勞王家殞星於閩海其子廷輔復綏載轊入自國門以禮葬於西原卹典優渥蓋歷一紀餘矣殖殖寢庭丸丸松柏歲薦蒸嘗致愛致慤君子以爲孝而麗牲之碑未立懼後世之失傳也未幾廷輔以殉國難其曾孫昺雪涕而請曰先曾祖之功三上於朝廷國史必書之夫子昔爲史臣長且當世之立言者藉手表章匪獨先曾祖可

藉不朽世世子孫實嘉賴焉三辭而未獲也乃詮次其氏姓爵里而系之以韻公諱公亮號原直遼東蓋州人其先世以武功著曾祖文學祖國宣父景椿皆以公貴贈官如公公生而英偉卓犖慷慨有大志善孤虛之術戰陣之圖隨世祖章皇帝入京以才勇侍左右小心周密厥有成績除正旗佐領順治九年大兵征湖南公遇敵於□路口陷陣先登幕府上功第一十三年授參領未三月授副都統駐防粤中嶺嶠朝寧自籐梧至於湞陽商旅夜行無警柝十八年于逆亂山東公從靖東將軍時登之衆山爲逆巢穴以公署登鎭康熙元年于逆克殄即總兵官都督僉事鎭守登州公率其衆深入峻險内外協攻大破羣賊於招虎崑崘兩山山東底平晉秩都督同知八年大司馬閲天下輿圖以閩之海澄濱於巨海鯨鯢潛伺不可無重臣防轄之疏三上得允乃命大臣遴才能在廷交推僉曰惟公可任遂以右都督鎭守海澄特命官往召以四月至京陛見畢初賜宴既賜馬

嘉魚乘黃覗古爲榮面諭海疆重地爾爲股肱星馳勿懈公馳驅萬里於七月抵任甫至而疾發不踰月卒於閩當公之召而受命也謂千載曠恩捐糜難報於是自齊而燕自燕而閩冒炎暑涉水陸不遑啟處而勞積於内毒攻於外遂殞其生故公於易簀之時深以國恩未報瞠目號呼無一言及於私公享年五十有八其明年克葬於京之西郊海淀葬之日天子遣禮臣孔國岱賜諭祭國恩備矣臣職殫矣惟有孝思永永無已也遂爲之銘銘曰天祐昌期篤生虎臣赳赳心腹戡亂樹勳皇王締造遐海卒從羅星包宿家勒景鐘清河之族瓞緜椒衍公挺奇姿鵬摩豹變始于荊楚及于嶺表山左敉寧天子來召維兹閩海聿有小蠢不試樓船重臣是鎮公至其間曾未匝月晝夜勤劬瘴毒潛發萬里迎歸葬於京師帝命禮臣申祭錫辭自公之殁今十五年馬鬣雖封螭首未鐫奕奕令緒礱石以待樹之墓門揚芳振采知公之心篤於報國啟迪後人世濟其德賜進士及第資

政大夫經筵講官都察院掌院事左都御史監修明史前內閣學士
兼禮部侍郎加一級日講起居注官翰林院掌院學士敎習庶吉士
纂修實録副總裁纂修孝經衍義總裁丙辰武會試總裁充丙辰文
武殿試讀卷官國子監祭酒內祕書院侍讀己酉陝西鄉試正主考
掌院誥勅內弘文院修撰崑山年家眷弟頓首撰文康熙二十三年
三月吉日曾孫昺建立

署副都統三等阿思哈尼哈番加二級謚武毅達理善巴圖魯碑文
朕惟古帝王乂安區寓則必有熊羆之士不二心之臣戮力王家驅
除羣醜邇者寇氛未息惟是諸武臣奮乃心力以克有勳而跋履險
遠蒙犯霜露遘疾殞歿朕心憫焉爾達理善巴圖魯夙有勇略歷著
武功以奮身先登克定齊郡繼守錦州駐杭城征江右入滇南困沅
前後數十戰所至克敵錄爾成勞洊加顯秩比西土不靖復命徂征

謂當勉力巖疆肆殲豺豕夫何中道遽以疾終惜勞臣之遽亡憫壯志之未罄爰命所司錫之祭葬易名武毅嗚呼服勤盡瘁惟爾之忠殊錫酬庸惟國之厚是用勒石表墓俾垂永久雖九原不作其尚有餘榮也夫康熙二十三年三月二十九日立

副都統拖沙喇哈番謚剛壯卜舒庫碑文朕惟國家於疆埸勤事之臣畀之恩寵無間存歿以表壯猷而風有位尤必考其成績錫以嘉名用備飾終之禮典綦重也爾卜舒庫素嫻韜畧累立戰功爰自偏裨擢爲副帥屬粤西逞亂禁旅徂征以爾熟練於戎行俾往助張乎撻伐不意宣猷未竟奄逝遽聞朕眷迺舊勳殊深軫悼念此馳驅之績實推果敢之才槪其生平謚曰剛壯於戲垂竹帛之芳名忠由賈勇著褒寵之大義典在旌勞申賁綸章勒之貞石有光幽壤不亦休歟康熙二十三年四月二十三日立

副都御史呀公碑文公諱呀思哈滿洲正白旗人也我國家龍興朔土俊傑景從公之祖考咸克宣力分猷服勤天室是用代膺顯爵舊德閥閱崇隆淵源有自來矣公幼標穎慧長而開敏藴荷重致遠之才奮乘時利見之志奚於早歲筮仕倉曹初任筆帖式哈番量移他赤哈哈番幹材茂著聲譽弘敷晉戶部員外郎尋遷郎中筦金穀之司掌出納之政握籌莢而經國覈會計以卹民自尚書以下皆稱曰能天子嘉之改吏部郎中錫之封誥復兼任佐領公益小心翼翼夙夜匪懈文猷武略並懋厥勞出爲陝西布政使兵戈甫靖戶口凋殘公鎮撫而噢咻之士馬資以飽騰蒸氓咸效歌舞於是特擢都察院左都御史秩峻霜臺名高執法公方將殫股肱之力以仰酬知遇何期靖獻之忱未攄危厲之疾忽構奄於康熙二十三年四月二十三日終於正寢享年五十有五於戲哀哉丹旐空揚素輀言逝爰蠲吉

壤式築幽宮以本年五月三日葬於東直門外郭村夫古賢臣之歿也例得勒石表行昭示後人況公生登憲府歿享榮名者哉用是叙公之生平梗概俾公之子鏤諸墓道之石以光不朽賜進士及第通議大夫戶部左侍郎前內閣學士兼禮部侍郎典訓會典副總裁纂修明史總裁乙丑科文武會試主考乙卯科順天鄉試主考翰林院侍讀侍講右春坊贊善翰林院編修華亭王鴻緒頓首拜撰文林郎內閣撰文中書禪布書

陣亡護軍參領謚壯愍阿勒賽碑文朕惟封疆効命者臣子盡瘁之忱綸綍頒榮者盛代推恩之典苟生懷報稱不避艱危斯歿荷褒揚有光泉壤彝章攸載錫賚宜敷爾阿勤賽性禀樸誠材兼驍果當從征於南徼爰宣力於黔陲期襄殄逆之遠謀誕靖谿□乃蹈舍生之亮節遽殞戎行今則鯨鯢盡翦師旅胥旋軫爾赳桓慘惟鋒鏑特從

優格聿沛隆用賜帑以治喪復易名以表行謚曰壯愍惟爾允宜於
戲勇堪奮武既矢志於前軀烈以成仁尙流聲於後禩勒諸貞石式
示寵休康熙二十三年七月初五日

勅封太子少保內大臣頭等精奇尼哈番兵□□臣佐領加□級加
乾淸宮提督武備院掌任大臣光祿大夫賴公□碑孝孫頭等精奇
尼哈番一等侍衛尹都阿眞壯呢達管佐領事西臘雲麾使加一岳
陽三等侍衛加一級賀上三等侍衛加二級馬爾漢八品官司格康
熙二十三年九月吉旦謹立日講官起居注詹事府詹事兼翰林院
侍讀學士加禮部侍郎華亨沈荃書

奉天承運皇帝制曰國爵優崇樹鷹揚之偉烈家聲光大表蛾術之
良規特布新綸用彰舊德爾李國寶乃鎭守雲南永順等處地方總

兵官左都督偏圖之父清門代啟素履恭修教子義方早授豹韜之
畧傳家忠孝果符鶻印之祥慶典式逢崇階宜陟茲以覃恩贈爾爲
榮祿大夫鎮守雲南等處地方總兵官左都督錫之誥命於戲顯揚
克遂休茲天室徽章作述交輝展也人倫盛事令名無斁世澤長留
制曰元戎受任既協吉於師貞閫範貽芳更推原夫母德克光內則
載錫殊恩爾鎮守雲南永順等處地方總兵官偏圖母張氏早習規
型夙嫻圖史令儀不忒表懿範於閨門慈教有成樹鴻勳於幕府式
頒慶典用闡徽音茲以覃恩封爾爲一品夫人於戲錫茂獎於蘭陔
芳蕤益播被惠風於葱佩馨澤彌新祇服誥詞益標芳規康熙二十
三年九月二十四日

奉天承運皇帝制曰宣猷服采中朝抒報最之忱錫類推恩休命示
酬庸之典爾屯太乃都察院監察御史加三級察哈納之父令德踐

修義方夙著詩書啟後用彰式穀之風弓治傳家克作敎忠之則兹以覃恩贈爾爲通議大夫都察院監察御史加三級錫之誥命於戲篤生杞梓之材功歸庭訓丕煥絲綸之色澤及泉臺奉天承運皇帝制曰壼敎凝祥懋嘉猷於朝□國常布惠揚休命於庭闈爾都察院監察御史加三級察哈納母黑舍禮氏勤愼宜家賢明訓後相夫以勤順含內美於珩璜鞠子有成樹良材於禎幹兹以覃恩贈爾爲淑人於戲昭兹令善之聲榮施勿替食爾劬勞之報遺範長垂康熙二十三年九月二十四日

奉天承運皇帝制曰九流品藻分曹嚴宅俊之司六典公平佐理重持衡之任爾吏部四品郎中加五級崑度倫體貲端亮識蘊深醇簡自王庭雅擅冰壺之譽冠於郎署復高金鏡之名兹以覃恩特授爾階光祿大夫錫之誥命於戲官人有序式弘五服之榮砥節無私益

表三銓之望康熙二十三年九月二十四日

奉天承運皇帝制曰磐石天宗端賴精勤之佐屏藩王室允資練達之才念乃嘉猷用章錫命爾王府長史加三級法禮强幹有爲樸誠自植居官克敬早侍從於綠車任事惟能久羽儀於朱邸適逢慶典宜沐殊榮兹以覃恩特授爾階光祿大夫錫之誥命於戲賁絲綸而錫爵寵澤無私殫夙夜以抒猷靖共有位益宣後效勿替前休康熙二十三年九月二十四日

奉天承運皇帝制曰大事在戎實重郎曹之選涖官能敬宜膺天綍之褒爾兵部武庫淸吏司郎中王燕器資明敏才識宏通久列屬於夏卿嫺習五兵之政克抒忠於粉署奉宣九伐之威兹以覃恩特授爾階奉政大夫賜之誥命於戲入樞府以展能載揚我武被綸章而

砥節益茂乃猷康熙二十三年九月二十四日

雪屐尋碑錄卷七

雪屐尋碑録卷八

清宗室盛昱集録

大清誥封兵部督捕衙門左理事官加二級資政大夫戴公碑孝長
男戶部郎中加一級色楞格次男七品官加二級色赫四男增壽五
男增二孫八品監生保柱監生常泰監生立柱監生慶都監生雲柱
監生常書玉柱明圖輿祖榮祖法山曾孫福海阿麟等康熙二十四
年二月初九日敬立

皇清誥封兵部督捕衙門左理事官加二級資政大夫戴公碑孝長
男戶部郎中加一級色楞格次男七品官加二級色赫四男增壽五
男增二孫八品監生保柱監生常泰監生立柱監生慶都監生雲柱
監生常書玉柱明圖輿祖榮祖法山曾孫福海阿麟等康熙二十四
年二月初九日敬立

大清國誥封奉政大夫三等護衛塞公之碑奉天承運皇帝制曰國家推恩而錫類臣子懋德以圖功懿典攸存忱恂宜勗爾三等護衛塞魯持心克謹任事能勤簡居侍從之班克稱儀衛之職朝夕匪懈指使無違既逢盛典宜被新榮茲以覃恩特授爾階奉政大夫錫之誥命於戲式宏車服之庸用勵顯揚之志尚欽榮命益矢嘉猷制曰靖共爾位良臣既効其勤黽勉同心淑女宜從其貴爾三等護衛塞魯妻西林覺羅氏克嫺内則能貞順以宜家載考國常應褒嘉以錫寵茲以覃恩封爾爲宜人於戲敬爲德聚實加儆戒以相成柔合女箴愈著匡襄以永賚順治十六年七月間福建省海賊犯邊塞公出征奮戰身亡年二十七歲朝廷褒勵克盡忠勇遣官諭祭恩賜世襲塞公即事之時宜人年二十歲孀居無嗣食貧矢節歷二十一載瑩地方行修完至二十五載立碑謹書制誥以彰恩典并誌不朽康熙

二十四年三月吉日孝妻西林覺羅氏立

奉天承運皇帝制曰褒忠表義昭代之良規崇德報功聖王之令典
特頒恩命以奬勤勞爾參領佐領加一級達奈性資醇謹才識宏通
俾掌參領恪慎無慚於職守宣勞政務夙夜克矢夫寅恭任用有年
小心益勵崇階洊陟歷試能勤欣茲慶典之逢宜沛恩綸之寵茲以
覃恩特授爾階資政大夫錫之誥命於戲恩推自近乃弘奬夫崇階
業廣惟勤尙克承夫寵錫欽予時命勵爾嘉猷制曰參領達奈妻覺
羅氏茲以覃恩贈爾爲夫人制曰參領達奈繼妻沙克達氏茲以覃
恩封爾爲夫人康熙六年十一月二十六日大淸參領佐領加一級
達奈之碑康熙二十四年三月吉旦立

奉天承運皇帝制曰恩彰下逮篤棐於羣寮家有貽謀本恩勤於大

父用溯源流之自爰推綸綍之榮爾宗族石汗乃一等阿達哈哈番
加二級宗族塞爾忒之祖父爾以宗族効用行間於錦州擊三營步
兵同衆步戰深入陣亡捐軀報國延世懋賞茲以覃恩贈爾爲資政
大夫二等阿達哈哈番加二級錫之誥命於戲垂裕孫謀已沐優渥
之典崇褒祖德用邀錫類之仁貽厥奕祚佩此新綸制曰一代褒功
勸□示後再世承恩崇奬及先績既懋於公家寵宜追於王母爾二
等阿達哈哈番加二級宗族塞爾忒祖母納喇氏爾有慈謀裕及後
昆念茲稱職端由壼敎爰錫褒儀之貴用昭種德之勤茲以覃恩贈
爾爲太夫人於戲遡其家法愛勞既殫先圖賁乃國章昌融益開來
緒永期丕贊用席隆庥康熙二十四年三月初一日吉立

大清國光祿大夫二等精奇尼哈番宋郭拖之碑奉天承運皇帝制
曰父有令德子職務在顯揚臣著賢勞國典必先推錫用申新命以

表前休爾宋郭拖乃二等精奇尼哈番金布之父持身有道迪子成
名今以覃恩贈爾爲光祿大夫二等精奇尼哈番錫之誥命於戲卒
行式轂澤流靑史之光教子作忠榮擢紫綸之色永培祚胤益庇隆
昌制曰國之最重者惟是忠藎之臣家所由興者以有劬勞之母特
頒恩命用慰子情爾二等精奇尼哈番金布母乃納喇氏慈能育子
教可傳家念兹靖共之猷實本恩勤之訓兹以覃恩封爾爲一品夫
人於戲頒爵用以榮親褒忠因之教孝錫隆於不匱表嘉譽於來兹
欽服寵綸共承優渥康熙二十四年三月二十四日立

光祿大夫二等精奇尼哈番加三級金布之碑奉天承運皇帝制
曰國家思創業之隆當崇報功之典人臣建輔運之績宜施錫爵之
恩此激勸之宏規誠古今之通義爾二等精奇尼哈番內大臣加三
級金布性資端謹才識淵宏奉職有年小心益勵崇階洊陟歷試能

勤茲以覃恩特授爾階光祿大夫錫之誥命於戲推恩申命爰弘獎
於忠貞樹德懋勳尙益勤於篤棐祗服朕命勉盡乃心制曰作朕股
肱良臣所以矢夙夜鳌爾女士內則亦以劾㪍勷休命用申壼儀維
懋爾二等精奇尼哈番內大臣加三級金布妻覺羅氏相夫克諧宜
家著範爾夫恪勤盡職藉爾黽勉同心茲以覃恩封爾爲一品夫人
於戲睠此勤勞之佐久藉同心嘉爾貞順之賢載頒異數益修內德
以答殊恩康熙二十四年三月二十四日立

內大臣一等精奇尼哈番佐領加一級綽爾吉□皇帝制曰國家思
創業之隆當崇報功之典人臣建輔運之績宜施錫爵之恩此激勸
之宏規誠古今之義爾一等精奇尼哈番內大臣管佐領加一級綽
爾吉性資端亮才識宏通簡侍禁庭恪愼無慚於職宣勞左右夙夜
克矢乎寅恭任用有年小心益勵服官匪懈歷試能勤欣茲慶典之

逢宜沛恩綸之寵爰頒新命以示褒嘉茲以覃恩特授爾階光禄大夫錫之誥命於戲推恩申命爰弘奬於忠貞樹德懋勳尚益勤於篤棐祇服朕命勉盡乃心康熙二十四年四月二十四日立

康熙二十四年五月十一日皇帝遣禮部郎中白帶兒諭祭年老休致内大臣二等阿思哈尼哈番加一級俄莫格圖之靈曰鞠躬盡瘁臣子之芳踪䘏死報勤國家之盛典爾俄莫格圖性行純樸擢内大臣敬慎厥職方冀遐齡忽焉長逝朕用悼焉特頒祭葬以示憫惻嗚呼寵錫重壚庶享匪躬之報名垂信史聿昭不朽之榮爾如有知尚克歆享

奉天承運皇帝制曰褒忠表義昭代之良規崇德報功聖王之令典特頒恩命以奬勤勞爾中城副理官加二級圖克善夙具幹才授職

効用俾典厥司勤愼不懈歷年宣勞始終罔替慶典欣逢恩命洊加宜霈新綸用示勸勵茲以覃恩特授爾階通議大夫錫之誥命於戲恩推自近乃弘獎夫崇階業廣惟勤尙克承夫寵錫欽予時命勵爾嘉猷制曰夙夜維勤人臣寧遑內顧伉儷無忝國常豈靳隆施錫章服以酬勳念壺儀之媲美爾中城副理官加一級圖克善嫡妻贈安人舒舒覺羅氏克勤內德宜爾室家眷良臣靖共之猷賴淑女匡襄之助爰褒令範式沛新綸茲以覃恩贈爾爲淑人於戲敬爾有官肅閨門而合好職思其內尙黽勉以同心祇服殊恩用昭壺德宜家無婦勞臣不免內顧之憂繼室有人盛朝應卹其相夫之德何分先後並賁絲綸爾中城副理官加一級圖克善繼妻封安人瓜爾佳氏嗣操壺政克相夫綱幃有前徽旣見和柔合德廷申再命用彰黽勉同心茲以覃恩封爾爲淑人於戲內則是嫺允垂光於靑史令儀不忒宜加毖於深閨尙克欽承以昭寵命康熙二十四年十二月吉日立

宗人府右宗人輔國公都統謚襄敏瓦山碑文朕惟顯爵分榮固重
宗英之駿望壯猷丕播尤須表卒之長材故優崇既被於厥躬斯寵
邺用加於歿後蓋篤周親軫勞績國之彝憲也爾瓦山支衍金柯慶
流玉牒才猷克邁劾黽勉於邦家威略久昭贊韜鈐於軍旅上公庸
建品秩既冠乎班聯長子師貞聲華益隆於寮寀誕膺封爵更晉宗
卿方謂倚任忠良節移邊徼何期遽嬰疢疾身殞幽泉爰詔所司畀
之祭葬嗚呼惇叙九族既崇獎夫天潢張皇六師益眷懷夫嘉績易
名有典褒錫洊加用勒貞珉以彰永世康熙二十四年十二月初九
日

奉天承運皇帝制曰國家思創業之隆當崇報功之典人臣建輔運
之績宜施錫爵之恩此激勸之宏規誠古今之通義爾内大臣二等

阿思哈尼哈番加一級俄莫格圖性資端亮才識宏通簡侍禁庭恪慎無慚於職守宣勞左右夙夜克矢乎寅恭任用有年小心益勵服官匪懈歷試能勤欣兹慶典之逢宜沛恩綸之寵爰頒新命以示褒嘉兹以覃恩特授爾階光祿大夫錫之誥命於戲推恩申命爰弘奬于忠貞樹德懋勳尚益勤于篤棐祗服朕命勉盡乃心孝男頭等侍衛拖沙喇哈番佐領加一級莫洛渾孫二等阿思哈尼哈番班代孫三等侍衛關代孫恩監蘇代康熙二十五年二月初十日立

皇清誥授資政大夫護軍統領參領加一級世襲阿達哈哈番贈副都統訥公之碑康熙二十五年三月十八日孝男副都統兼管佐領世襲拜他喇布勒哈番穆成格立

散秩大臣加三級墨勒根下謚勤僖阿淑碑文朕惟國家弘奬羣工

式嘉懋勣睠念始終之義彌懷宿衛之臣爰是授以崇階賚之優卹
厥爲彝憲用勸臣勞爾阿淑夙具幹才早膺近秩樸誠奉上置身依
殿楯之間黽勉服官宣力備羽林之選逮屢承寵命常竭力而彌虔
雖久侍深嚴歷畢生而若一既靖共於夙夜遂流譽於班行方期克
享長年何意遽罹疾疢溘焉淪逝良切軫懷爰勅所司聿遵前制俾
營兆而卜葬再考行以易名謚曰勤僖式昭優卹於戲豐碑永峙知
臣職之有終榮號洊膺戴國恩於無斁特頒綸綍永示來茲康熙二
十五年閏四月十七日立

維康熙二十五年五月十一日皇帝遣禮部左侍郎木成格諭祭休
致二等伯郎蘇之靈曰鞠躬盡瘁臣子之芳踪卹死報勤國家之盛
典爾郎蘇賦性純良居心敬慎初承父職繼守官常方冀遐齡忽爾
告終朕用悼焉特頒祭葬用展哀悰嗚呼寵錫重壚庶享匪躬之報

名垂信史聿昭不朽之榮爾如有知尚其歆享

皇清光祿大夫副都統愛公神道碑國家創業東方實賴二三虎臣折衝奮武用建丕基向予承乏史官每奉命參較故府得建祖宗開國之烈未嘗不歎慕以謂自古雄才大略之君莫若唐太宗然天策之十六衛之臣倚爲心膂者可屈指數獨至本朝雲蒸龍變後先輩出一何盛也侍讀學士思格則嘗與予同在翰林爲言族叔祖光祿公之事請書其墓上之碑予讀其狀而壯之夫蒐揚潛德垂諸琬琰以昭勸戒史臣之職也況重以侍讀學士君之命其爰敢辭按壯公姓納蘭氏諱愛松古先世自折黑納以下世爲葉赫部長折黑納生二子長曰懇古懇古生克實那克實那生吳爾堪吳爾堪生撥濟里撥濟里公公生而明敏忠信雄勇善騎射天命四年射葉赫降太祖皇帝得公而奇之令護親禁軍從征伐賜甲第賞賚甚厚六年公從

太祖戰瀋陽身先三軍大敗敵師又别遇莊總兵於渾河楊總督於城北皆敗之明年從太宗於沙陵遇廣寧兵應援擊敗之後二年從太祖伐古爾布什天聰二年從禮親王征札路忒功多時太宗即位以功賜肅親王且諭以輔相王躬董理庶務公夙夜自矢多所糾繩是年太宗西略地至皇木廠敵數萬奄至王被圍公僅以數騎轉戰凡五敗敵兵卒出王於圍擢理藩院郎中後三年太宗攻大淩河敵兵鋭甚公率王喇嘛紅纛三十人大破之已復從太宗以輕兵探錦州公陷陣殺數十人生獲一人以歸太宗誡公曰自後毋貪生獲也是歲命公率兵征楚倍拜興公先登大破之於是兼佐領九年隨睿王征杏山力戰擒斬甚多崇德元年從豫王伐高麗降其城後二年我兵西畧旋師至冷口爲守者所遏公奉命帥師往援奮擊下之全軍而還以功又授佐領順治元年世祖皇帝定京師即大位闖賊李自成西走公從都統葉臣屢敗之追至延安擒其副渠以八騎薄自

成於朱敬山幾獲之三年從豫王征滕吉思勝之聞郡主在大林單騎追奪之而還繼遇喀爾喀二部圖謝圖汗碩格汗之兵皆破之師還以功加一拖沙喇哈番四年太祖配天禮成爲拜他喇布勒哈番五年以喀爾喀二部未通中國廷議遣使諭降命三等侍衛大爾占副公以行僉爲公危之公怡然就道既至北庭圖謝圖汗碩洛汗倨見使者有謾語已復欲脅取詔書公責以無屬國禮且曰頭可斷詔必不可得也汗色動更作款語慰公公因諭之曰皇帝已盡定中國地封疆萬里爾欲以一方抗衡天朝何不自量乎今遣使臣來修好實兼愛兩國臣民非憚用兵也持論侃侃無纖毫屈汗默然連議數日卒成禮受詔定約而還尋以蒙古兵六百出鎮太原時雲朔之境餘氛未殄賊渠李陽據景陽堡公擊斬之是年賊渠劉川郎方以數萬衆圍代州公率兵馳赴突圍固守賊百計攻圍公力抗凡十二日飛書武英王以大衆來援賊始潰遂斬劇賊劉川郎方於忻州山右

悉平賜一拖沙喇哈番遷參領晉副都統是歲又從敬謹親王攻克
衡州破孫可望陳重兵於岔路口被重創輿疾而還十六年以光祿
大夫副都統致仕康熙十□年卒年七十有九祖父累贈如公官祖
妣妣及配皆封夫人子二長能格襲佐領次納秦仕至三等侍衛歿
於軍無子以能格之子襲職侍讀學士君與公同始祖折黑納督都
安石即其先也侍讀學士言公性剛直寡言風考公生平笑有古大
臣雄武善戰蓋英□褒鄂之亞又能使絶國專對不撓彬彬乎有質
其文可謂賢矣系以銘銘曰長白之山二江所出萬族紛羅有曰葉
赫葉赫之豪拔萃維公貟人篤生仗劍來從興京是宅典領親軍恪
共朝夕攻必肉薄戰必刈旗陷陣大呼萬衆披靡青精既平皇極丕
建躡寇西驅風雨雷電帝曰虎臣匪爲果毅有猷有爲稱我專使桀
驁稽首受約珠盤如富彥國神威契丹公允武文不愧儒將從我三
后炳靈天上有封如斧白楊蕭然勒銘貞石百世具瞻康熙二十五

年七月十九日立崑山徐乾學拜撰長洲孫岳頒拜書

奉天承運皇帝制曰揚名顯親爲子者願以令德歸之父考績褒賢
教孝者宜以高爵作之忠是用推恩特申休命爾馬木山乃戶部四
品郎中加二級沙木哈之父義方有訓式穀無慚念爾嗣之勤勞既
克家而報國俾爾澤之昌大爰錫類以昭仁茲以覃恩贈爾爲通議
大夫戶部四品郎中加二級錫之誥命於戲敎誨爾子永無忝於家
聲聿修厥德尙無負於國恩欽承寵命慰爾幽靈制曰國體勞臣必
遡源而沛澤家崇喆嗣爰歸善於厥生盛典維新壼儀愈著爾戶部
四品郎中加二級沙木哈母寧古塔氏幃範克端胎教居身敎之先
慈訓惟勤能愛在能勞之後宜沛貤封用昭母德茲以覃恩贈爾爲
淑人於戲子情罔極感顧復而敦孝國綸普被念劬勞以疏榮嘉乃
恩勤褒其遺範康熙二十五年八月初一日男沙木哈立

皇清光禄大夫工部左侍郎加一品祁公墓碑國家德化翔洽四十餘年中間佐命勳勞以及後先左右之□風從雲會師師在官自古得人之盛無以過也工部侍郎德甫祁公自少壯登朝迄於白首以强幹亮直卓然著稱於朝列康熙二十五年八月十日疾終於家聞者無不嗟悼明年公子防禦君屬余爲碑碣之文以彰公勞績固辭不獲謹按公姓翟爾德氏諱祁□格字德甫祖胡世格父雅禄喀俱以公貴封光禄大夫雅公生四子公其仲也順治初授内弘文院辦事中書尋改撰文九年應進士科登上第館閣中咸以爲榮未幾擢工科都給事中保侃直言不避權要所條列悉中利弊世祖章皇帝深嘉納之進内祕書院侍讀學士舟山賊起奉命隨寧海大將軍伊公爾德率師往討公董造巨艦進逼賊巢一戰而殲之山海餘孽角稽乞降於軍門者以數千計師旋拜太僕寺卿尋擢内國史院學士

康熙二年以才望補盛京刑部侍郎鉏奸拔良民賴休息久之謝病還京師十三年起補工部侍郎摘發奸欺虛冒之弊歲省數十萬會營仁孝皇后山陵役勤而費省公之力居多以積勞請急退居私第者六年而卒得年六十有二卒之月葬朝陽門外道南新阡元配富察氏繼覺羅氏俱封一品夫人再繼覺羅氏子五人長祁臣以督捕員外郎防禦遼陽次翟臣武爾親祁仁百壽皆幼公體貌魁岸性仁厚樂善好施惟恐不及遇大事剖斷如流敭歷中三十餘年未竟其用也謹據狀排纘行事序而系以銘曰猗歟邦之藎臣初直禁祕洊歷省垣才地卓犖風節孤騫留都執法培弱易暴入佐司空澹泊矢摻規條釐定奕世斯倣兩朝宣力帝鑒乃心生膺顯榮歿永德音彌望高原松栝交映若斧若堂式瞻式敬賜進士第通議大夫經筵講官刑部尙書京口眷弟張玉書頓首拜譔文賜進士出身翰林院侍講學士奉直大夫吳門眷侍生顧汧頓首拜篆賜進士出身翰林院

編修文林郎齊郡眷侍生趙執信頓首拜書丹

奉天承運皇帝制曰國家思創業之隆當崇報功之典人臣建輔運之績宜施錫爵之恩此激勸之宏規誠古今之通義爾太子少保護軍統領佐領加二級查哈太性資端謹才識宏通俾管護軍統領恪慎無慚於職守宣勞政務夙夜克矢於寅恭任用有年小心益勵崇階洊陟歷試能勤欣兹慶典之逢宜沛恩綸之寵爰頒新命以示褒嘉兹以覃恩特授爾階光禄大夫錫之誥命於戲推恩申命爰弘奬於忠貞樹德懋勳尚益勤於篤棐祗服朕命勉盡乃心初任驍騎校二任佐領三任拖沙喇哈佐領四任拜他喇布勒哈番佐領五任太僕寺郎中六任拜他喇布勒哈番又一拖沙喇哈番郎中七任三等阿達哈哈番郎中八任三等阿達哈哈番郎中加二級九任郎中參領十任參領太僕寺卿十一任滿洲副都統十二任佐領十三任蒙

古副都總十四任加一級十五任滿洲副都統照舊加一級十六任
護軍統領加一級十七任太子少保護軍統領十八任今職
康熙二十六年閏六月
皇清誥授光祿大夫世襲阿達哈哈番福陵總管克公之碑康熙二
十六年七月十六日立孝男副都統拜他喇布勒哈番兼管佐領加
一級喀齊蘭孫內閣學士兼禮部侍郎世襲阿達哈哈番管佐事凱
音布

護軍參領佐領加一級封資政大夫噶度弘之碑康熙二十六年歲
次丁卯七月十八日孝子祁臣翟臣武爾親祁仁百壽謹立

署副都統王府長史佐領加三級謚襄壯牙賴碑文朕惟竭心膂於
行間臣子効馳驅之節賁寵褒於地下朝廷重軍旅之功既臨敵而

不有其身斯表忠而永垂厥後爾牙賴夙諳韜鈐式昭果毅會當小
醜之弗靖命偕羣帥以徂征謀成必臧師出皆捷風清四野常懷敵
愾之心誼感六軍共奮同仇之氣方欲洗戈江漢立剪鯨鯢何期盡
瘁疆埸遽罹蛇豕忠魂堪憫壯節宜旌爰沛綸章用勒貞碣贈謚曰
襄壯嗚呼施恩既往朕不忘封疆死事之臣錫命有加爾克受國家
追榮之典康熙二十六年七月二十七日立

皇清誥封資政大夫刑部郎中二等阿達哈哈番佐領俄公碑皇帝
制曰褒忠表義昭代之良規崇德報功聖王之令典特頒恩命以奬
勤勞爾二等阿達哈哈番佐領俄理性資醇謹才識淵宏懋延世之
恩克承先業篤象賢之誼無忝前徽奉職有年小心益勵慶典欣逢
恩綸宜沛茲以覃恩特授爾階資政大夫錫之誥命於戲恩推自近
乃弘奬夫崇階業廣惟勤尙克承夫寵錫欽予時命勵爾嘉猷制曰

夙夜維勤人臣寧遑內顧伉儷無忝國常豈靳隆施錫章服以酬勳

念壼儀之媺美爾二等阿達哈哈番佐領俄理前妻佟佳氏克勤內

德宜爾室家眷良臣靖共之猷賴淑女匡襄之助爰褒令範式沛新

綸茲以覃恩封爾爲淑人於戲敬爾有官肅閨門而合好職思其內

尚黽勉以同心祗服殊恩用昭壼德制曰宜家無婦勞臣不免於內

顧之憂繼室有人盛朝應恤其相夫之德何分先後並賁褒綸爾二

等阿達哈哈番佐領俄理繼妻章佳氏嗣操壼政克相夫綱幃有前

徽既見和柔□德同申再命用彰黽勉同心茲以覃恩封爾爲夫人

於戲內則是嫺允垂光於青史令儀不忒宜加崇於深閨尚克欽承

以昭寵命康熙十六年十二月二十五日立

奉天承運皇帝制曰褒忠表義昭代之良規崇德報功聖王之令典

特頒恩命以奬勤勞爾漢中府駐劄一等阿思哈哈番甲喇章京楊

正泰爾父傾心來歸晉秩傳爾善用火礮攻克多城從征河南平定
江浙勞績懋著洊歷崇階世延罔替恪慎無懈遭逢大典寵命宜膺
茲以覃恩特授爾階資政大夫錫之誥命於戲恩推自近乃弘奬夫
崇階業廣惟勤尙克承夫寵賜欽予時命勵爾嘉猷初任承襲父職
三等阿達哈哈番二任二等阿達哈哈番管牛彔三任一等阿達哈
哈番照舊管牛彔四任一等阿達哈哈番兼拖沙喇哈番管甲喇五
任三等阿思哈哈番照舊管甲喇六任二等阿思哈哈番照舊管甲
喇七任今職制曰夙夜維勤人臣寧遑內顧伉儷無忝國常豈靳隆
施錫章服以酬勳念壼儀之媺美爾漢中府駐劄一等阿思哈哈番
甲喇章京楊正泰妻孫氏克勤內德宜爾室家眷良臣靖共之猷賴
淑女匡襄之助爰褒令範式沛新綸茲以覃恩封爾爲夫人於戲敬
爾有官肅閨門而合好職思其內尙黽勉以同心祗服殊恩用昭壼
德康熙二十六年仲□望日

皇清誥授光祿大夫鑲紅旗滿洲副都統三等阿達哈哈番佐領加一級洪公墓碑公姓關諱洪世祿長白山安楚拉庫內河人也我太祖龍興公祖噶什屯率親族歸誠宣力建功世授佐領之職太宗朝公父葉楞格賜婚王氏女生二子長英古德爲護軍參領次即公公寬仁有度寡言多謀事上能敬臨下能容居躬樸直不尚浮華遇事從容動皆合理世祖時任王府典儀旋爲護衛繼治佐領事今上御宇之年公以護軍參領從征雲南入緬甸阿堝城擒僞王永曆論功授拖沙喇阿番後爲王府長史十三年察哈爾部落布爾尼叛公以蒙古副都統隨多羅信郡王都統大學士圖海往征之布爾尼列陣於達魚之地公□□翼兵前進賊二百餘突出山澗中復有四百餘寇繼至乘勢并克之布爾尼與我軍凡四戰有兵三千以死抗拒公佐大軍擊滅之而招其人千餘以歸用是陞授三等阿達哈哈番十

九年以三孽未平公以滿洲副都統參謀同征南大將軍賴塔由浙閩經粵東而定滇南公率總兵王忠孝抵石門塹連破賊五營殺獲無算二十年二月至黃□壩奪賊營擒僞將軍王尤貴斬之七月受爲豫國公馬豹將軍巴楊元趙國祚鄭旺李繼業總兵□□應弼□十月初八日奪黃土坡山谷乘夜塹壘以守之十八日復奪其銀錠山冒礮矢而築壘夜半成俯視城內以礮擊之吳世蕃遁克其城二十一年正月爲威遠大將軍胡國柱等率數萬人來援雲南公中路邀擊之賊衆潰國柱僅以千人縋崖而遁渡江踰雪山至青里塢建三營公令漢滿兵并輜重步行由鐵門塹進攻之國柱等自殺僞將軍王公亮等率二百一十五人來降雲南平公權水□將軍率兵還京師公出征三受封□勤勞王事四十餘載以年老求罷春秋六十有五於康熙二十七年正月二十三日卒於私第上聞之爲之震悼遣禮部員外郎王敏政諭祭並賜葬金窀穸既成請誌於余而爲之

銘曰惟公世閥奕奕其昌身乘景運國藉休光除殘掃穢虎嘯鷹揚
名馳萬里功在四□邈焉英氣沛乎天壤勒此貞珉以表無疆

奉天承運皇帝制曰朕惟尚德崇功國家之大典輸忠盡職臣子之
常經古聖帝明王戡亂以武致治以文朕欽承往制甄進賢能特設
文武勳階初取十二侍衛時授爲二等侍衛襲父拖沙喇哈番及圍
錦州第三次時聞洪軍門率大兵至松山立營遣爾往松山杏山之
間立營堵截敵兵度不能支將城内馬步兵遁出闖入我營右翼多
兒機昂邦及衆蝦皆不能守門被敵衝仆故賜名巴圖魯蝦由拖沙
喇哈番超陞爲一等阿達哈哈番天下一統屢逢恩詔授爲一等阿
思尼哈番又往廣東時新會縣山上有賊李定國馬步兵萬餘擺紅
衣礮鳥鎗挨排拒敵擊敗之新會縣山峪内有賊兵四萬餘擺列紅
衣象隻挨排拒敵擊敗之追賊李定國時横州江邊有賊馬步兵四

萬餘擺象隻拒敵擊敗之嘉爾故以一等阿思哈哈番又加一拖沙
喇哈番太子太保參議大臣管侍衛内大臣佐領加二級吳三桂反
後授爲振武將軍征之平賊凱回七十七壽卒時奉皇恩遣禮部郎
中牙虎御祭康熙二十七年五月十五日吉日誥封四次一品夫人
妻波爾幾吉忒氏謹立碑原任一等侍衛孝次子吳爾監襲祖父職
孝孫顯圖二等侍衛拖沙阿達哈哈番革去受爲一等阿達哈哈番

奉天承運皇帝制曰朕惟尙德崇功國家之大典輸忠盡職臣子之
常經古聖帝明王戡亂以武致治以文朕欽承往制甄進賢能特設
文武勳階以彰激勸爾阿喀尼原係空銜一等侍衛征勦江西湖廣
時賊首黃豪在鄱陽湖□塘地方率領賊萬餘船約及七百隻三路
前來水路排列礮銃鳥鎗拒敵帶領官兵用船擊敗之自康山三十
里有賊千餘乘船百餘隻排列礮銃鳥鎗拒敵帶領官兵用船擊敗

之鈲州湖乂口有賊千餘乘船八十餘隻排列礮銃鳥鎗拒敵帶領官兵用船擊敗之饒州湖乂口有二千餘賊乘船排列礮銃鳥鎗拒敵帶領官兵用船擊敗之賊僞周副總率領三千餘賊在界牌鋪□北山排列礮銃鳥鎗拒敵帶領官兵擊敗之景德鎮有賊僞郭都督率領馬步賊萬餘設立鹿角排列礮銃鳥鎗挨牌拒敵帶領官兵擊敗之賊首程奉率領七千餘賊在沉香山沿山排列礮銃鳥鎗拒敵帶領官兵擊敗之賊首張明揚率領賊約及四千在馬鞍山排列礮銃鳥鎗拒敵帶領官兵擊敗之賊首張明揚等率領九千餘賊在安南州地方排列拒敵帶領官兵擊敗之賊首程奉譚勝等率領三萬餘賊在土地堂地方排列拒敵帶領官兵擊敗之林田地方有賊首王永陳茂勝陳胡等率領三萬餘賊排列礮銃鳥鎗拒敵帶領官兵擊敗之吉安地方有三千餘賊排列礮銃鳥鎗拒敵帶領官兵擊敗之豐新縣地方有賊僞總兵陳德明龎起元等率領四千餘賊排列

礮銃鳥鎗拒敵遣發官兵擊敗之騾子山地方有賊僞將軍韓大任
陳耀元等率領七千餘賊排列礮銃鳥鎗拒敵擊戰時因陣亡優陞
授爲拜他喇布勒哈番遣禮部員外郎加一級哈勒幾布諭祭其職
與親弟孫明泰承襲康熙二十七年五月十五日一等侍衛一都額
眞夏壯尼大加一級征勦江西湖廣副統阿喀尼勅書碑文謹立

奉天承運皇帝制曰朕惟尙德崇功國家之大典輸忠盡職臣子之
常經古聖帝明王戡亂以武致治以文朕欽承往制甄進賢能特設
文武勳階以彰激勸受茲任者必忠以立身仁以撫衆知以察微防
姦禦侮機無暇時能此則榮及前人福延後嗣而身家永康矣敬之
勿怠多克索禮爾原白身人崇德四年九月十四日初過北京征山
東時用雲梯攻南皮縣爾首先登進遂克其城故賜名把圖魯授爲
拜他喇布勒哈番以天下統一加一拖沙喇哈番以天下大定陞爲

三等阿達哈哈番以尊號禮成陞爲二等阿達哈哈番世襲罔替皇
帝制曰臣子靖共之誼勇戰即爲敬官朝廷敷錫之恩作忠乃以教
孝爾多克索禮把圖魯乃護軍參領一等阿達哈哈番又一拖沙喇
哈番加一級佐領張庫之父令德克敦義方有訓衍發祥之世緒蚤
大門閭旌式穀之休風用光閥閱惟令子張庫能嫻戎畧故懋□□
□綸章兹以覃恩贈爾爲資政大夫護軍參領一等阿達哈哈番又
一拖沙喇哈番加一級佐領錫之誥命於戲顯揚既遂壯猷一本於
詒謀締構方新□□□綏夫餘慶欽予時命慰爾幽塗康熙二十七
年十月十三日康熙三十四年四月初十日孝子木臣索克索禮莪
克索禮莪奇張庫孫羅密馬□泰木爾圖海寶噶雅清明保壽莪爾
岱立

奉天承運皇帝制曰發祥定業舊都實埒於京師置輔陳殷列署尤

嚴於憲部必資明允始副褒崇爾盛京刑部侍郎加二級吳什巴矜
恕居心恪勤守法睠兹根本之重威愛兼行深維化理之原寬仁茂
著期無刑以弼教因止辟而協中慶典方新寵綸宜沛兹以覃恩特
授爾階資政大夫錫之誥命於戲懋功懋賞宅乃準以宣猷適重適
輕權於時而播德益宣淑問祇服徽章康熙二十七年十月十三日

奉天承運皇帝制曰誼篤靖共入官必資於敬功歸誨迪能士而教
之忠爰沛國恩用揚庭訓爾洪璽乃吏部郎中加一級舒淑之父躬
修士行代啓儒風抱璞自珍克毓珪璋之秀析薪能荷彌彰杞梓之
良兹以覃恩贈爾爲中憲大夫吏部郎中加一級錫之誥命於戲貽
令問於經籝義方久著佩徽章於策府禮秩加優茂典丕承湛恩永
荷制曰移孝作忠懋簡勞臣之績推恩錫類式揚賢母之名載賁榮
綸用宣懿範爾吏部郎中加一級舒淑母瓜爾佳氏早嫻典則夙著

規型敬以從夫宜室聿徵其順德勤於訓子備官一本於慈祥兹以
覃恩贈爾爲恭人於戲荷彩翟之天章徽音益暢披彤毫之仙藻惠
問常流祗服寵光永綏福履康熙二十七年十月二十三日

奉天承運皇帝制曰九賦惟均爰藉佑宣之職三農用勸遂分掌計
之司爾山東布政使司參議分守督糧道劉安國涖事多能在公匪
懈慎稽出納脂膏不腴於閭閻勸勉輸將總稈咸登於倉庾既逢慶
典宜錫寵章兹以覃恩特授爾階朝議大夫錫之誥命於戲秩參方
岳聿抒輓運之勞恩重絲綸特賁休嘉之命初任直隸保定府完縣
知縣二任貴州道監察御史三任今職制曰奉職恪恭懋舉勞臣之
績同心黽勉載嘉德配之賢壼範攸昭國恩斯沛爾山東布政使司
參議分守督糧道劉安國妻秦氏毓自名家嬪於望族采蘋藻於碧
澗允襄修祀之誠詠紞紘於素絲克勵自公之操兹以覃恩贈爾爲

恭人於戲被寵光於象服懿問交流錫榮奬於鸞章惠風益暢祗承
顯命永播休聲制曰展采分猷褒賢勞之成績酬庸錫秩嘉黽勉之
同心爰賁朝章載揚閫德爾山東布政使司參議分守督糧道劉安
國繼妻于氏性成婉嫕度合規型紃組攸勤克表宜家之範珩瑀令
德允稱繼室之良兹以覃恩封爾爲恭人於戲荷天澤以弘休魚軒
被寵沾國恩而篤慶象服流光令典其承懿修無斁康熙二十七年
十月二十三日

奉天承運皇帝制曰政先領郡虎符寄千里之權職重專熊軾表萬
民之牧爾江南鎮江府王燕才猷卓犖資性寬和易俗移風廣德心
而登治理飭躬率屬謹亮節以樹風聲鉅典式逢鴻章宜錫兹以覃
恩特授爾階中憲大夫錫之誥命於戲登御屏而紀績永勵素絲沛
綸誥以推恩式榮華袞康熙二十七年十月二十三日

奉天承運皇帝制曰國重干城之選宣力惟人朝頒章服之榮酬庸有典爵首隆於五等命宜錫自九重爾三等公蒙古都統佐領諸敏牲資忠勇器識宏通依日月之光華懋成勞於鐘鼎際海山之清宴食舊德於旂常比晉秩夫崇階益靖共於在位心存天室常抒捧日之忱貴列上公彌勵循牆之節忻逢慶典式煥新綸茲以覃恩特授爾階光祿大夫錫之誥命於戲懋乃嘉猷允稱腹心之寄膺茲寵獎益彰閥閱之勳祗服訓辭對揚休命初任三等侍衛二任二等侍衛下尼壯大加一級三任頭等侍衛下尼壯大宜都厄眞加一級四任散秩大臣五任散秩大臣三等公六任散秩大臣三等公佐領七任三等公佐領護軍統領八任三等公佐領刑部尚書九任三等公佐領禮部尚書十任今職康熙二十七年十月二十三日

奉天承運皇帝制曰宣威効力事父資以事君錫類推恩教忠本於
教孝道存激勸志慰顯揚爾臥黑納乃議政大臣都統佐領額黑納
之父倜儻負奇老成垂範鯉庭授傳家之訓國有爪牙虎臣策□□
之勳人敦詩禮茲以覃恩贈爾爲光祿大夫議政大臣都統佐領錫
之誥命於戲涖官能敬已宏昌後之基有子亢宗益勵在公之忩予
何吝於爵賞爾克世其弓裘制曰能仕致忠式穀固由於母訓推恩
逮下疏榮必及於慈幃用答恩勤特頒榮寵爾議政大臣都統佐領
額黑納母宗親柔順叶德婉嫕宜家盛年不御丹鉛相夫以儉永夜
時聞機杼教子能勞茲以覃恩贈爾爲一品夫人於戲先國後家惟
賢母獨知大義作忠移孝俾勞臣能紹前徽生而有聞歿且不休制
曰恩深顧復既屬毛離裏之非殊報在劬勞亦篤慶流徽之罔間惟
能食而能教庶有嚴而有恩爾議政大臣都統佐領額黑納繼母覺
羅氏以順承夫用勞誨子恩逾己出雅聞式穀之風誼若本生無復

履霜之感茲以覃恩贈爾爲一品夫人於戲彰景命之有赫令善齊
徽信德意之不暇恩勤一體特頒綸綍用賁松楸康熙二十七年十
月二十三日

奉天承運皇帝制曰宣猷服釆中朝抒報最之忱錫類推恩休命示
酬庸之典爾喀爾喀麻乃都察院監察御史多鼐之父令德踐修義
方夙著詩書啟後用彰式穀之風弓冶傳家克作教忠之則茲以覃
恩贈爾爲中憲大夫都察院監察御史錫之誥命於戲篤生杞梓之
材功歸庭訓丕煥絲綸之色澤及泉臺制曰壼教凝祥懋嘉猷於朝
宁國常布惠揚休命於庭闈爾都察院監察御史多鼐母赫舍里氏
勤慎宜家賢明訓後相夫以順含內美於珩璜鞠子有成樹良材於
楨幹茲以覃恩贈爾爲恭人於戲昭茲令善之聲榮施勿替食爾劬
勞之報遺範長垂康熙二十七年十月二十三日

皇清誥封通議大夫前二等侍衛參領石公墓表賜進士及第資政大夫經筵講官刑部尚書崑山年家眷弟徐乾學拜撰賜進士出身通義大夫經筵講官內閣學士兼禮部侍郎教習庶吉士海鹽年家眷姪彭孫遹拜書賜進士出身通議大夫吏部左侍郎清浦年眷姪張集拜篆誥封通議大夫前二等侍衛參領關紫石公之葬也宛平公既爲之誌銘而其仲子司農少卿復請余文以揭諸其封曰誌納之幽宅於禮墓道得有碑所以章著先人之休德者先生其爲之辭其意摯弗能謝也公諱綽爾門字曰關紫其先本蘇萬人姓瓜爾佳氏高祖卜哈明成化間入覲授建州左衛都指揮僉事曾祖阿爾松噶嘉靖朝入貢襲父官至萬曆間公之祖石翰避仇廣寧家焉因姓石氏有子三人曰國柱曰天柱曰廷柱我太祖高皇帝之兵臨廣寧也天柱首先出迎國柱廷柱以城獻太祖高皇帝嘉焉賜廷柱所御

名馬自是所至征討皆從累立戰功官至少保兼太子太保鎭海大將軍都統一等伯實生公兄弟七人而公爲之長公以功臣子年十四即以佐領隨太宗文皇帝經略中原及王師入關西定秦晉南平吳楚公皆有勳藏於冊府已而充侍衛事世祖章皇帝以愼密敬勤承寵最篤晉秩參領事今上訓討軍實以備戎武不敢暇逸蓋先後四十年間歷事三朝靡有闕失以此人望歸焉太保公初娶何夫人而生公其後文皇帝復以趙夫人賜之何夫人恆居別第既歿而別爲域兆在通州之長營故公之葬從焉以慰其母實遵公志也太保公以佐命勳賜田宅世職累官祿入深厚僮僕數千悉推以與諸弟論者難之其自比於漢之丁鴻薛包蓋公本以武達而醇謹質行以禔其躬以教其後人必依於古之史傳所稱其素所嚮慕然也娶李氏誥贈淑人父諱思忠官西安將軍李氏遼左世家淑人生而有女德事兩姑克盡婦道以成公之孝享年六十前公三年卒公卒以康

熙戊辰十一月辛巳距生之年天命癸亥六十有六葬以明年正月
癸酉李淑人祔子四人曰文晟廣東潮州府知府曰文桂丙辰進士
官内閣學士擢總督倉場戶部侍郎請余文者也曰文彬廣西桂林
府同知曰文楙内廷供事女五人孫七人孫女三人銘曰石氏内徒
於今三世高曾以上思皇克生原荼水芭本根滋大自少保公開國
承家七子惟一早世其六皆貴今公之子四人又皆貴兄弟羣從列
爵五等甲第相望家門之盛時謂無對而孝友忠順不驕不溢侍郎
用儒學侍帷幄有年遂參與密勿初少保自以身本滿洲願同滿洲
精兵効力文皇帝命爲精兵額眞後又命爲總領漢軍都統於時漢
軍八旗皆統焉迄今四十餘年本旗都統屢更矣然無以易石氏者
皆異數也侍郎在内閣時與其諸父内大臣和碩額駙自陳家世上
命還籍蘇萬不復繫於漢軍其寵異石氏可謂至矣去年秋扈從羽
獵還拜黃羊野豕之賜公曰吾父子其何敢專君之恩其熟而薦之

於廟徵賓客以餞之自古人臣蒙優渥而致其謙恭者於公父子見之矣其保世亢宗豈可量也豐碑爰樹以張余文尙其垂於永永焉

自古帝王之典必有戡亂之佐攀鱗附翼而起功於當代慶流奕葉其人雖往其烈彌彰國家優遇勳臣生則崇階世秩以榮之歿則遣官祭葬以卹之所以彰有功表有德也我先考諱蓋思海府君賦性忠耿秉資敏鋭幼隨行間歷有勞績自世祖章皇帝定鼎燕京統一寰宇我大父甘塔哈府君矢志從龍披堅執鋭五敗勁敵歷著勞績嗣因進攻曹縣中礮殞生故特授爲拖沙喇哈番序應長子承襲先考襲後職守京圻於儲需簡練之事昭其勤慎順治八年覃恩由拖沙喇哈番晉秩拜他喇布勒哈番復遇大婚禮成覃恩由拜他喇布勒哈番加一拖沙喇哈番迨後初次征浙江舟山賊僞英毅伯阮思率船兵百餘號擺列海上拒敵用船擊戰時同委署纛章京尼牙達

等力擊敗之賊僞總制陳六御僞英毅伯阮思等率兵三萬餘衆船二百餘號擺列迎犯亦同尼牙達等力擊敗之以此勞績課功故由拜他喇布勒哈番又一拖沙喇哈番陞授三等阿達哈哈番二次福建征勦海寇攻戰廈門時鄭成功列船六百餘號於澄浦奥地方排列拒敵用船擊戰時將對敵力擊敗之三次湖廣征勦逆賊時永興河南岸係僞將軍馬寶胡國柱等率三萬餘賊排列礮銃鳥鎗鹿角挨牌來犯首先士卒不顧身力擊陣亡訃音上聞今上爲之□悼特遣管侍衛内大臣覺羅塔達等迎至天津奠酒及至家復遣内大臣宗室惠則等供茶奠酒又蒙諭旨賜祭葬金遣禮部員外郎常在祭奠將三等阿達哈哈番授爲二等阿達哈哈番嗚呼國家之寵遇功臣可謂至矣福海以謭劣濫膺先考之職敢不表彰國家盛典先考駿烈俾子孫效法以垂後世謹溯本源爰述行略技淚識之於碑陰用垂不朽云康熙二十八年二月吉旦保和殿大學士太子太傅兼

禮部尚書加三級王熙書丹

河東河道總督兵部右侍郎都察院右副都御史顧公諱琮之墓康

熙歲次己巳三月穀旦男光禄大夫都統理藩院尚書阿喇尼敬立

皇清勑贈文林郎馬公元配封太孺人旌表貞節付察氏墓碑康熙

二十八年三月初八日立

奉天承運皇帝制曰父有令德子職務在顯揚臣著賢勞國典必先

推錫用申新命以表前休爾塞赫乃都察院監察御史加十五級布

哈之父持身有道迪子成名嘉予懋績之臣實爾傳家之嗣爰褒儀

訓用賁恩榮兹以覃恩贈爲光禄大夫都察院監察御史加十五級

錫之誥命於戲率行式穀澤流青史之光教孝作忠榮耀紫綸之色

永培厥後益庇昌隆制曰育撫同勞母誼不殊於始繼休榮均被君
恩罔間於後先典既酬勳禮宜並貴爾都察院監察御史加十五級
布哈繼母薩克達氏嗣修閫範式穀後人撫異產爲己出罔間恩勤
承國典之寵光無慙似續兹以覃恩贈爲一品夫人於戲念兹良臣
報爾培成之德嘉兹令子褒及勤教之功休命欽承松楸永賁康熙
二十年十二月二十四日康熙二十八年四月吉旦山西等處承宣
布政使司布政使孝男布哈謹立

皇清誥封通議大夫護軍參領達海之碑康熙己巳二十八年七月
吉日立

奉天承運皇帝制曰朕惟尙德崇功國家之大典輸忠盡職臣子之
常經古聖帝明王戡亂以武致治以文朕欽承往制甄進賢能特設

文武勳階以彰激勸受茲任者必忠以立身仁以撫衆智以察微防姦禦侮機無暇時能此則榮及前人福延後嗣而身家永康矣敬之勿怠佟國維爾原係空銜領侍衛內大臣自古帝王撫馭寰區端賴宮闈之助惟后德之賢淑王化本源繫焉內治綦重典禮宜隆原攷歷代册立中宮即推恩所生錫之封爵載在彝章其來舊矣緬維大行皇后性秉柔嘉心存恪慎溥寬仁而逮下崇節儉以持躬奉事重闈克抒誠孝撫馭衆子均被恩勤方作配於朕躬冀永資夫壼教忽爾崩逝殊悼朕情禮已備乎榮哀恩未加於戚畹內大臣舅舅佟國維乃大行皇后之父也勳舊懿親忠貞世篤勞勩夙昭乎環衛謀謨允贊乎巖廊茲奉皇太后慈諭大行皇后誕秀名宗丕彰令範徽儀遽謝悲怛滋殷思后德之流芳洵良臣之毓慶宜加峻秩以協典章朕恪遵慈命特錫殊恩著封爲一等公世襲罔替康熙二十八年七月二十八日

奉天承運皇帝制曰朕惟尙德崇功國家之大典輸忠盡職臣子之
常經古聖帝明王戡亂以武致治以文朕欽承往制甄進賢能特設
文武勳階以彰激勸受茲任者必忠以立身□□撫衆智以察微防
姦禦侮機無暇時能此則榮及前人福延後嗣而身家永□矣敬之
勿怠俄多鼐爾原係白身人二次征福建時用紅衣礮攻建寧府爾
於等破之處首□登進遂克其城故授爲拖沙喇哈番遇恩詔將拖
沙喇哈番加拜他喇□□哈番又□拖沙喇哈番世襲罔替後出征
四□□在朝天關逆賊僞總兵率一萬七千餘官兵將隘口挑濠截
斷修木城埋藥設□礮於□□二寨兩層堆放石塊札立二十餘□
□敵擊戰□爾率□旗兵將對敵擊敗之在播龍山逆賊僞將軍王
平藩鄭蛟麟吳之□何德成等率領將及四萬官兵排齊尖栅礮烏
鎗挨牌分頭來戰又自右翼水路賊從後上陸來犯我左右各營前

後齊攻擊戰時爾率本旗兵將對敵擊敗之將□□喇□勒哈番兼
一拖沙喇哈番授爲三等阿達哈哈番病故將親男高山仍承襲二
等阿達哈哈番世襲罔替如前孝男三等阿達哈哈番高山康熙二
十八年八月十二日吉立

康熙二十八年九月十九日皇帝遣禮部員外郎阿里媽諭祭誥封
通議大夫總督倉場戶部右侍郎綽爾門之靈曰朝廷弘錫類之恩
典均存歿臣子著靖共之節榮被庭闈爾綽爾門乃總督倉場戶部
右侍郎石文桂之父爾子歷任有年素著勤勞推原家訓宜賁彝章
特頒祭葬以慰幽魂爾如有知尚克欣享大清康熙二十八年九月
穀旦立

原任江西提督年老原器解任謚敏壯趙國祚碑朕惟國家戡亂固

國簡用虎臣以彰撻伐由來尚矣然必其人敬共厥職克奏膚功而
始終罔間者則優卹之典於是乎加焉爾趙國祚効力戎行宣勞戰
陳早嫻紀律勇著搴旗久奉馳驅功昭闢土緬惟寰區之底定爰嘉
成績以施恩洊歷崇班屢膺重鎭越自建牙開閫賫屏翰於江邦洎
乎解組歸田效趨蹌乎朝請屬因討逆復命總戎旋値引年遂還私
第遽聞長逝良用軫傷言考彝章式酬勛烈謚曰敏壯特示褒榮嗚
呼報國勞深流芳聲於奕世易名典重表光寵於重泉勒之豐碑昭
兹休命康熙二十八年十月初二日巳時立

原任副都統三等精奇尼哈番加一級謚敏勇敎善碑文稽古建業
驅策羣力不吝爵賞以勸有功昭示後世用傳不朽所以勵忠藎甚
備也爾敎善賦性端方制行毅勇奮厲行間屢建膚功宣力累朝勤
勞素著方冀遐齡忽焉長逝朕甚悼焉特賜謚曰敏勇勒諸貞珉以

光泉壤國典臣誼庶其昭垂不替云康熙五年四月初三日立康熙二十九年十月穀旦都察院監察御史加三級孝男察哈納敬勒石

康熙二十九年十月二十五日皇帝諭祭陣亡頭等公内大臣都統舅舅謚忠勇佟國綱之文朕惟國家簡畀懿親優崇勳舊當夫贊襄廊廟久資經國之訏謨逮乎撻伐遐荒復建捐軀之大節光昭忠烈禮備哀榮載攷彝章特頒異數爾佟國綱家承帶礪幼習韜鈐職領羽林衆倚老成之望誼聯戚畹邦推元舅之賢託肺腑於天家樸誠自植任爪牙於禁地果毅超羣値小醜之鴟張展元戎之豹略躬膺上將志切先登乃拜命以遄征期滅此而朝食忠誠貫乎金石身作軍鋒勇烈抗乎風雲氣吞賊壘遂使連營迅擊野流猰貐之膏列校齊驅夜掃欃槍之影揚聲靈於塞北奮威武於師中方渠首之就誅何將星之忽霣有進無退久懷裹革之心下闕

康熙二十九年十一月初三日皇帝諭祭陣亡頭等公内大臣都統舅舅謚忠勇佟國綱之文惟爾宣力戎行義不辭於蹈刃書勳册府節尤重夫捐軀爾佟國綱豐鎬元臣渭陽懿戚迅掃鯨鯢之窟羣賊亡魂遽羅蛇豕之殃一軍隕涕心懸皎日垂信史以流芳氣激長風捲靈旗而動色壯猷未竟毅魄猶存益沛隆恩用旌休烈嗚呼逝者不作常懷報國之忱沒而有知尚識褒忠之意再陳禋醴永賁幽扃惟爾禮崇捍患炳大節以常新義切勸忠沛殊恩而罔斬爾佟國綱抒誠報國盡瘁忘身久參帷幄之謀爰被干城之命勇能卻敵衝鋒而士氣咸騰忠不辭難仗節而國威丕振追懷偉烈益軫中情嗚呼悼爾重泉苾芬在列頒兹三命窀穸增榮惟爾忠貞不二植臣子之常經恩邺頻頒極朝廷之曠典爾佟國綱勇思授命志取成仁丹旐飄摇彌想折衝偉畧繐帷悽惻永懷禦侮英風九原之壯志難酬千

雪屐尋碑錄卷九

清宗室盛昱集錄

皇帝諭祭故湖廣布政使王定國之靈鞠躬盡瘁臣子之芳蹤卹死報勤國家之盛典爾王定國性行純良才能稱職履任服官歷有年所方冀遐齡忽焉奄逝朕用悼焉特頒祭葬以慰幽魂嗚呼聿垂不朽之榮庶享匪躬之報爾如有知尚克歆享康熙三十年二月二十九日禮部祠祭司員外郎禪齊布祠祭員司員外郎索爾璧儀制司員外郎阿爾達讀文致祭

奉天承運皇帝制曰褒忠表義昭代之良規崇德報功聖王之令典特頒恩命以獎勤勞爾頭等侍衛下一壯尼太佐領□叅領仍加一級達賴秉心謹飭臨事敏勤簡居侍從之班克稱儀衛之職朝夕匪懈指使無違既以□勞□膺上秩屢逢盛典宜被新榮爰煥寵章益

資効力茲以覃恩特授爾階資政大夫錫之誥命於戲恩推自近迺
弘奬夫崇階業廣惟勤尙克舉夫寵錫欽予時命勵爾嘉猷頭等侍
衛下一壯尼大加參領兼佐領事達賴妻那喇氏克勤內德宜爾室
家眷良臣靖共之猷賴淑女匡襄之助茲以覃恩封爾爲夫人繼妻
覺羅氏嗣持壼政克相夫綱茲以覃恩封爾爲夫人繼妻關氏黽勉
同心德愈內著茲以覃恩封爾爲夫人今奉皇帝誥命勒碑康熙三
十年歲次辛未三月初一日立

康熙三十年三月二十三日皇帝遣禮部員外郎賴道諭祭陣亡護
軍參領自得拜他喇布勒哈番富成格之靈曰鞠躬盡瘁臣子之芳
踪郵死報勤國家之盛典爾富成格賦性忠勇才能稱職捐軀報國
効力師中奮不顧身力戰陣歿朕用悼焉特頒祭葬以慰幽魂嗚呼
聿昭不朽之榮庶沐匪躬之報爾如有知尙克欽享

奉天承運皇帝制曰位列崇階作忠由於移孝業隆嚴訓資父所以事君念茲堂構之貽厥有絲綸之賁爾羅多禮乃議政大臣戶部尚書佐領鄂爾多之父躬裕懿修世推淳德澤流弓冶裕家聲於庭闈慶衍門閭亮天工於邦國令名允稱殊典庸加茲以覃恩贈爾爲資政大夫議政大臣戶部尚書佐領錫之誥命於戲一經迪後式傳報國之忱七命沾恩益著象賢之美欽予寵命丕佑來昆康熙三十年四月

副都統佐領謚敏壯阿爾虎碑文先登破敵戰勝攻取此武臣之事也其或効節疆場見危授命揆諸臣子致身之義亦庶幾焉爾阿爾虎職業無愆□使克稱始出師於關隴已奮戎行繼討逆於衡湘復襄閫寄志期敵愾義切同仇方殫力於馳驅遽隕身於行陣逖稽載

籍死於王事者則厚卹之能執干戈以衛疆圉則春秋予之睠懷匪躬之臣爰賁易名之典是用錫之葬祭謚曰敏壯嗚呼艱險不移知貞心之未泯戰陣能勇思烈氣以如生□被榮名足慰勞臣之魄勒諸堅石永激壯士之肝康熙三十年七月十日

奉天承運皇帝制曰物本天而人本祖誼重所生忠於君者孝於親恩推自近觀貽謀之式穀信繩武之多賢爾趙一鶴乃鑲紅旗漢軍都統佐領趙琮之祖父仁心垂裕令問宣昭鍾美厥孫衍箕裘於再世纘承乃祖聚簪紱於一門茲以覃恩贈爾爲光祿大夫鑲紅旗漢軍都統佐領錫之誥命於戲樹德百年彌表善餘之慶榮邀七命益宏佑啟之模爰被徽章永膺榮寵制曰家慶蒙庥善必歸於大母朝章錫類恩亦逮於重闈載揚閫之儀用著本源之義爾鑲紅旗漢軍都統佐領祖母陳氏履豐守約處逸思勞翟茀爛然鳌爾子孫之貴

縞衣猶在利爲家人之貞茲以覃恩贈爾爲一品夫人於戲副笄六珈被寵光於再世狄褕五采昭軌範於一門寵賁下泉慶緜奕世康熙三十年歲次辛未八月

三等伯爵提督殉難加贈太子少保謚忠毅王之鼎碑文朕惟國家崇獎臣誼凡將帥之士能宣力疆場捐軀赴義者褒卹有加典綦重爾王之鼎性資樸茂智畧深沈自作鎮京江著有成績屬西南遠命移鎮兩川蜀道崎嶇蛇豕未戮爾志存殲寇期報國恩聞命戴星鼓行而進賊勢初却旋即狡焉思逞爾慷慨誓激我士氣迄賊窺睥睨猶能奮擊突圍被陷之後詈不絕口嬰禍毒慘朕心惻焉今氛祲全消節烈炳著特命所司加恩追贈謚以忠毅嗚呼惟爾精誠貫於白日與城存亡義不返顧有臣如此忍令湮沒弗彰用勒貞珉永表風烈爾後人尚其承休無斁哉康熙三十年八月十一日立

康熙三十年九月初九日皇帝遣禮部郎中黃茂諭祭故誥封一品太夫人那喇氏之靈曰朝廷弘錫類之恩典均存歿臣子著靖共之節榮被庭闈爾那喇氏乃議政大臣經筵講官刑部尚書加一級圖納之母爾子歷任有年勤勞厥職推原家訓宜賁彛章特頒諭祭以光泉壤爾靈不昧其歆承之

奉天承運皇帝制曰國家思創業之隆當崇報功之典人臣建輔運之績以施錫爵之恩此激勸之宏規誠古今之通議爾二等郎蘇性資端亮才識宏通簡侍禁庭恪慎無懈於職守宣勞左右夙夜克矢乎寅恭任用有年小心益勵服官匪懈歷試能勤欣兹慶典之逢宜沛恩綸之寵爰頒新命以示褒嘉兹以覃恩特授爾階光禄大夫錫之誥命於戲推恩申命爰弘奬於忠貞樹德懋勳尚益勤於篤棐祇

服朕命勉盡乃心康熙九年五月初六日康熙三十年十月□□日
孝□婦叔穆祿氏孝長孫佐領三等侍衛阿爾泰次孫承襲公拉爾
泰三孫長保住四孫佛僧保五孫閻保住謹立

康熙二十八年十月初五日皇帝遣禮部右侍郎多奇諭祭故太子
少師内大臣三等公佐領飛揚俄之靈曰鞠躬盡瘁臣子之芳踪卹
死報勤國家之盛典爾飛揚俄性行純良擢内大臣敬愼厥職方冀
遐齡忽焉長逝朕用悼焉特頒祭葬以示憫恻嗚呼寵錫重壚庶沐
匪躬之報名垂信史聿昭不朽之榮爾如有知尙克歆享康熙三十
年十月吉日孝妻叔穆祿氏長男佐領三等侍衛阿爾泰次男承襲
公拉爾泰三男長保住四男佛僧保五男閻保住等謹立

奉天承運皇帝制曰褒忠表義昭代之良規崇德報功聖王之令典

特頒恩命以奬勤勞爾三等阿達哈哈番加一級農泰性資端謹才識宏通初列官階克著勤勞之績爰膺任使彌昭敬愼之忱奉職有年小心益勵崇班洊陟歷試無愆欣兹慶典之逢宜沛恩綸之寵兹以覃恩特授爾階資政大夫錫之誥命於戲恩推自近乃弘奬夫崇階業廣惟勤尙克承夫寵錫欽予時命勵爾嘉猷初任二次征湖廣時於保慶府首先登進遂克其城故授爲拖沙喇哈番二任授爲拜他喇布勒哈番三任授爲拜他喇布勒哈番兼一拖沙喇哈番四任授爲三等阿達哈哈番五任補授倉州城守尉六任進湖廣江西雲南等處因著有功績授爲二等阿達哈哈番世襲罔替康熙三十年十月十一日妻富察氏立

皇清光祿大夫內大臣一等精奇尼哈番加一級謚果壯吳公碑國家起自東陲創興大業折衝禦侮資師武臣之力居多而賞功酬伐

爰乃苗裔生則有禄位之榮歿則有封謚之典恩至渥也公生而英敏年甫九歲太祖高皇帝即擢爲近侍比長魁梧有膂力以知遂屬以兵事且分隸漢俘千人例視一等大臣每遇征伐必爲前驅披堅執鋭所向有功攻遼東首山先陷陣征董奎回兵時探知察哈賴踪跡同八都統每一大臣前去先追及敵兵後衆到齊擊戰時又首先殺進取寧遠未克回兵時有漢兵追尾而來埋伏擊之攻囊努克時有敵軍馬步百餘人將我差人一名活拏擄去追及俱殺之救回差人有佐領薩譚下一人刺傷二人奔入太祖宮殿公手執之太宗文皇帝時征朝鮮國後有二卓爾璧帶領婦女逃遁追及俱殺之初次征北京進邊之日擊三屯營時獨出衆人之前至北京之日與袁巡撫兵對戰前傷未愈先入擊戰後二次征北京時率領前鋒從昌平前去北京埋伏二次兩次遇敵兵直擊至城下二次前去北京埋伏遇黑副將兵擊敗之又擊敗祖總兵自蘆溝橋往良鄉進發遇敵兵

直抵至步兵營敗之後寧遠馬兵至城突出擊戰時首先衆人追至
城邊斬殺甚多又鄂碩蘇爾德在良馬山被敵兵追來從旁擊入斬
殺塡溝濠甚多征錦州時有錦州兵出城擊戰首先殺入擒獲副將
大廳一人三次圍錦州擊松山兵馬時對擊敗之過北京征山東時
在豐潤等縣擊敗范軍門時二次擒獲遊擊一員三河等縣擊敗蔣
軍門兵二次在青州府擊敗八總兵官兵丁時率領前鋒先擒獲副
將一員擊敗吳總兵時率八旗前鋒先擊敗之順治年間公取前屯
衞擊敗寧遠撥兵得明季時至山海關擊敗流賊追至慶都縣地方
率本都統擊敗之追赶滕機思時率兵先至吳禮雅素泰河邊斬其
哈爾哈布顏圖秦濟擊圖謝圖漢率領護軍兵丁首先殺入公每臨
陣冐矢石奮不顧身大戰獨戰數十次功皆居最起家由佐領歷任
內大臣世職則由拜他喇布勒哈番累加一等精奇尼哈番以太祖
配郊覃恩晉二等伯爵後坐事削止留一等精奇尼哈番以康熙四

年四月初二日卒上念勳舊詔易名建碑如例嗚呼公以一生汗馬勞績荷四朝知遇殊恩攻必取戰必克雖古之名將何以加茲今公子郎坦持誥命索文於余謹撮其梗概勒之豐碑庶垂示後昆知所效法固所以紹先烈報國恩云銘曰絳灌興漢鄂郎肇唐維公偉伐竹帛輝煌佳城牛臥華表鶴翔用勒貞珉永以垂芳經筵講官東閣大學士兼吏部尚書加一級孝昌熊賜履拜撰經筵講官文華殿大學士兼禮部尚書加一級桐城張英拜書光禄大夫議政大臣領侍衛内大臣滿洲都統火器營都統昭武將軍安北將軍前鋒都統世等精奇尼哈番兼佐領加二級男郎坦立康熙三十年□月□□日

陣亡副都統兼佐領拖沙喇哈番謚忠毅邁圖碑文朕惟人臣以忠勇自奮効力疆圉盡瘁不辭勞久著生則邀章服之榮歿則厚飾終之禮此朝廷酬庸之盛典郎下之弘仁也爾邁圖素裕韜鈐式昭果

毅整王師以戮力克懋壯猷偕羣帥以徂征夙資偉畧當風淸山左

賈勇先驅逮檄布天南摧堅深入□□奮戎行之績七閩揚敵愾之

威材擅干城擐甲則疊聞凱奏班居宿衛執殳而畢殫忠忱撫歷歲

之勤勞常念馳驅之烈畀再傳之爵秩用彰戰勝之功方竭力于行

間遽隕身于王事成勞具在軫悼良深壯節猶存優崇宜及是用錫

之祭葬被以恩褒報厥□□謚曰忠毅嗚呼豐碑日麗永流泉壤之

光宅兆雲凝恆煥松楸之色丹心不泯榮膺此日絲綸寵命長留名

炳千秋竹帛康熙三十一年三月二十四日立

奉天承運皇帝制曰褒忠表義昭代之良規崇德報功聖王之令典

特頒恩命以獎勤勞爾二等阿達哈哈番加一級齊林布性資醇謹

才識淵宏懋延世之恩克承先業篤象賢之誼無忝前徽奉職有年

小心益勵崇階洊陟歷試能勤欣茲慶典之逢宜沛恩綸之寵茲以

覃恩特授爾階資政大夫錫之誥命於戲恩推自近乃弘獎夫崇階
業廣惟勤尙克承夫寵錫欽予時命勵爾嘉猷初任襲父二等阿達
哈哈番二任今職康熙三十一年五月初一日立康熙歲次庚寅季
春穀旦長子德保次子施保敬立

奉天承運皇帝制曰揚名顯親爲子者願以令德歸之父考績褒賢
教孝者宜以高爵作之忠是用推恩特申休命爾布爾凱乃佐領加
一級郭禮之父義方有訓式穀無慚念爾嗣之勤勞既克家而報國
俾爾澤之昌大爰錫類以昭仁茲以覃恩贈爾爲通議大夫佐領加
一級錫之誥命於戲教誨爾子永勿忝於家聲聿修厥德尙無負於
國恩欽承寵命慰爾幽靈制曰國體勞臣必溯源而沛澤家崇喆孕
爰歸善於厥生盛典維新壼儀愈著爾佐領加一級郭禮母俄昭氏
幃範克端胎教居身教之先慈訓惟勤能愛在能勞之後宜沛貤封

用昭母德兹以覃恩贈爾爲淑人於戲子情罔極感顧復而敦孝國綸普被念劬勞以疏榮嘉乃恩勤褒其遺範康熙二十七年十月二十三日康熙三十一年八月十三日孝男佐領郭禮長孫三等阿達哈哈番穆良安次孫護軍校鄂令安等謹立

奉天承運皇帝制曰烏府階崇朝著實瞻乎邦憲豸冠秩峻官聯首挈夫王綱式賁新綸用嘉懋績爾都察院左都御史鑲紅旗漢軍都統加四級于成龍操修端謹學識宏通正色立朝克勵公忠之節潔身率屬還彰蹇諤之風振國紀以森然殿中執法肅朝儀而儼若柱下垂紳允諧司直之名宜有酬庸之典兹以克襄公事特授爾階光祿大夫錫之誥命於戲孝憲貞度方嚴益勵夫霜標激濁揚清端亮尙符於風采承兹譽命勉乃嘉猷初任直隸永平府樂亭縣知縣二任順天府通州知州三任江南江寧府知府四任江南安徽按察使

司按察使五任督理高寶等處下河事務六任巡撫直隸等處地方管轄紫荊等關宣府一鎭地方密雲等關隘贊理軍務兼理糧餉都察院右僉都御史七任都察院左都御史八任今職制曰職重上卿地道合含章之譽禮崇内則家人彰順位之功爰嘉壺儀之修用晉國恩之錫爾都察院左都御史鑲紅旗漢軍都統加四級于成龍妻李氏克勤懿德式資良猷合志相成奉公忠之茂績同心交儆樹廉正之休聲令軌攸昭褒章載沛兹以爾夫克襄公事贈爾爲一品夫人於戲風著素絲佇助良臣之閥閲芳流彤管敬承宸陛之絲綸嘉爾德音賁兹寵命制曰臣忠體國靖共裕乃謨猷婦順宜家貞靜昭其似積爰嘉令德宜沛鴻爾都察院左都御史鑲紅旗漢軍都統加四級于成龍繼妻周氏秉性端莊持躬淑慎組紃執作纘内行以重輝珩珮和諧佐清操而媲美前庥克嗣寵命宜頒兹以爾夫克襄公事封爾爲一品夫人於戲壼教相承允著坤闈之範綸章載錫均邀

天室之恩懿則丕昭榮光祗服康熙三十一年九月初三日

奉天承運皇帝制曰位列崇階作忠由於移孝業隆嚴訓資父所以事君念兹堂構之貽厥有絲綸之賁爾于得水乃都察院左都御史鑲紅旗漢軍都統加四級于成龍之父躬裕懿修世推淳德澤流弓治裕家學於庭幃慶衍門閭亮天工於邦國令名允稱殊典肅加兹以爾子克襄公事封爾爲光祿大夫都察院左都御史鑲紅旗漢軍都統加四級錫之誥命嗚呼一經迪後式傳報國之忱七命沾恩益著象賢之美欽承休寵用奬嘉謨制曰職重期班宜溯源乎內訓功崇王國尤歸美於母儀式奬芳規俾承休寵爾都察院左都御史鑲紅旗漢軍都統加四級于成龍母王氏名成令善質秉柔嘉七誡早嫻流徽聲於婦職三遷足法著慈教於卿材令問夙彰洪施宜沛兹以爾子克襄公事贈爾爲一品夫人嗚呼鸞書錫慶伸烏哺之私恩

象服增榮慰熊丸之勤苦欽予寵命昭乃休風制曰劬勞罔間垂鞠子之深恩褒錫維均懋勸忠之令典誼無分於先後寵並極乎優隆爾都察院左都御史鑲紅旗漢軍都統加四級于成龍繼母宛氏夙嫻內則克嗣前徽貴不忘勤婦職克敦於蘋藻慈能啟孝母儀聿著於庭闈茂典爰頒殊恩並沛茲以爾子克襄公事封爾爲一品夫人嗚呼翟茀恭膺益表柔嘉之範絲綸洊被用申顧復之情休命其承

德音彌播康熙三十一年十一月二十日

皇清誥封榮祿大夫鎮守雲南鶴麗等處地方總兵官右都督加四級四十六碑文奉天承運皇帝制曰閫外疏功特重丈人之任師中樹績爰標上將之名望重干城恩頒綸綍爾鎮守雲南鶴麗等處地方總兵官右都督加四級四十六謀猷克壯材藝兼優早執銳以披堅久司軍旅迺建牙而仗節遂總戎麾裘帶從容功信成於樽俎車

徒整練勢儼並於金湯爰賁寵綸俾膺嘉奬茲以覃恩特授爾階榮
祿大夫錫之誥命於戲式頒殊寵用酬伐閱之勳祇服徽章益展韜
鈐之略尚勤後効無替前勞初任拜他喇布勒哈番二任加一級三
任湖廣均州副將四任總兵官右都督加四級五任貴州大定總兵
官右都督六任今職康熙三十一年男李世芳世錦世蔚世茂孫貟
立

奉天承運皇帝制曰從龍捧日建嘉績於崇班弋雁瞻星賴同心於
內助尚嘉閫德宜沛明綸爾原任都統伯石廷柱妻何氏夙彰淑慎
克著柔嘉相玉帳之勳猷敬能聚德厲素絲之節槩儉以成廉欲表
徽音特申殊渥茲以爾孫克襄公事贈爾為一品夫人於戲鸞章五
采同雨露以咸霑象服六珈儷河山而並重欽茲寵命慰爾幽靈康
熙三十二年四月初九日

陣亡頭等公內大臣都統舅舅謚忠勇佟國綱碑文朕惟自昔勳舊之臣乃心王室平居恪勤職事左右宣勞一旦奉揚威命而忠不辭難勇不避險鴻名駿烈焜燿無窮史冊所書良足嘉歎爾佟國綱賦性貞純秉心淵塞親居元舅而敬以持身位列上公而謙能服物入則虔共宿衞出則筦領禁軍偉量夙重於巖廊令問允孚於寮寀迺者小醜構爭近偪邊圉三軍聲討簡佐元戎爾乃慷慨厲兵赴桓敵愾厲賊鋒之既挫將棄壘以潛奔爾猶擐甲直前提戈獨進銳彌堅金石壯氣逾薄虹霓誓掃陸粱永清朔漠豈期上將遽殞師中夫爾以肺腑之親心膂之寄秩崇望峻勞久勳高假令偕衆旋軍亦可從容奏凱而爾義存憤激甘蹈艱危人盡如斯寇奚足殄易曰君子以致命遂志傳曰殺敵爲果致果爲毅惟忠生勇爾實兼之循行易名洵無愧矣嗚呼典禮加隆榮哀悉備英風震於邊徼勁節炳若丹青

九原有知應無遺憾惟朕惓思懿戚篤念老成身後追褒久而滋痛特命所司勒文墓石昭朕已之懷亦俾後之人知所激勸焉康德三十二年四月二十四日立

如此公生於天聰乙亥年六月三十日午時卒於康熙戊午年五月二十九日丑時年四十有四配孟氏川陝總督忠毅公女逮事姑嫜克勤有道相夫子内庀家政庭幃肅睦而母儀聿著尤有剪髮還鮀之風以覃恩封夫人子二長琍則理官戸部江南清吏司員外郎娶覺羅氏繼娶那氏覺羅氏明氏次孫著國學生娶郎氏孫三包臨泰㻏琍則理出包壽包德孫著出余因嘆國家開創之際景運休明材賢蔚起膚敏之士望風景從而先世篤忠貞克濟厥美勤勞茂於殿陛勳業著於疆場益以光大葥謨啟佑奕禩可不謂盛焉者乎余愧不文與公之長□交□契□□墓碑□屬不獲辭謹撫其大者而書

之於石且爲之銘銘曰皇皇賓恪藹藹懿親少參扈從早篤忠純海
氛初熾勢且震鄰勇冠行間天威□振載逼其㧞臣艦屹陳奮躍先
登山嶽催堙豹尾峩峩屬目天人波澄絶島風靜八閩帝嘉乃績寵
渥殊倫澤裕後嗣久而彌新余職史氏論事核眞爰紀□軌永勒貞
珉賜進士出身承德郎侍東宫會講左春坊左中允兼翰林院編修
前右春坊右中允兼翰林院編修平定三逆方略明史纂修官翰林
院編修甲子科順天鄉試主考官翰林院滿書庶吉士琅玡王沛思
拜撰内閣纂修一統志館監生錢塘諸德泮拜書康熙三十二年歲
次癸酉嘉平月吉旦皇清誥封通議大夫王公之墓大淸康熙歲次
癸酉七月吉旦立

鎭守西安等處地方將軍三等阿達哈哈番謚敏恪馬喇碑文朕惟
國家綏靖封疆必資果毅之臣寄以元戎之任勤勞克著恩禮斯隆

生膺顯秩之榮歿厚飾終之典□酬勳庸示褒勸也爾馬喇秉志純誠賦才英偉早承前緒聿將匪懈之忱分典禁兵能勵靖共之誼奉訏謨指授剷平雅克薩城宣服遠之威靈鳌定俄羅斯界特膺簡命俾你鎮秦關訓練多方紀律明而俾裨奮勇□罔倦慈惠溥而卒伍騰懽允稱閫外之才克協師中之吉遽聞溘逝深悼朕懷爰考彝章宜頒渥澤謚名□以表嘉猷嗚呼虎帳星沈永念干城之佐龍章日麗用昭簡牘之光勒以豐碑垂諸奕葉不亦休歟康熙三十三年四月二十四日立

康熙三十三年七月初三日皇帝遣太僕寺正卿楊舒諭祭總督江南江西等處地方軍務兼理糧餉操江兵部右侍郎兼都察院右副都御史加一級傳臘塔之靈曰朕惟國家簡賢分治聿崇制閫之司人臣著績宣猷當懋酬庸之典果其正己率屬敷惠寧民生則朝宁

倚爲股肱歿則閭井思其膏澤殊恩特沛遺愛斯彰爾傅臘塔志行
端方謀猷練達剔歷中外久著忠勤精白乃心恪共爾位朕以兩江
重地保障需人迺于卿貳之班簡畀節鉞之任爾有爲有守洵才德
之兼優克慎克勤更撫綏之靡暇紀綱振飭而官吏之肅清愷惠昭
宣而兵民輯睦廉隅足式遠近賴其激揚經畫多方東南樂其靜鎮
今春入覲眷遇有加倚毗正殷奄終忽告廑朕心之軫惻越常格以
敷恩特遣專員馳祭官舍嗚呼封疆任重允爲屏翰之楷模棨戟風
清遽悼老成之徂謝苾芬式薦紓悲感於小民綸綍遙頒表□□旌
於泉壤靈其不昧尚克歆承本年十月二十九日皇帝遣禮部左侍
郎席爾達諭祭總督江南江西等處地方軍務兼理糧餉操江兵部
右侍郎兼都察院右副都御史加二級贈太子太保拜他喇布勒哈
番謚清端傅臘塔之靈曰朕惟國家課治亟資保障之才臣子奉公
尤重端純之品苟正身而率屬能實心以惠民懋績著於生前休聲

留於歿後宜加殊錫以表嘉猷爾傅臘塔志篤貞誠材優幹濟始宣
勞于祕省早樹望於中朝晉陟霜臺出司藩牧忠勤克茂任使咸宜
□遷卿貳之班□効贊襄之力惟兩江之要地藉制府爲重臣特簡
賢能俾膺節鉞爾乃精白自矢才守均優馭下則務恤窮閻律己則
謹持廉節激揚清濁而官吏承風綏輯軍民而東南樂業倚毗方切
奄忽云殂棠蔭常存感兆人之殞涕輀車乍返聞夾路之銜悲朕前
遣專員致祭官署用申軫悼以示褒揚茲復峻贈台司榮加世秩式
□彝典並予易名謚曰清端允昭懿行嗚呼保釐奏最已徵卓越之
勛庸贈邺加恩聿沛優隆之典禮式几筵而薦享作屏翰之儀型惟
爾有靈尚其□受本年十二月二十一日皇帝禮遣禮部尚書張英
諭祭總督江南江西等處地方軍務兼理糧餉操江兵部右侍郎兼
都察院右副都御史加二級贈太子太保拜他喇布勒哈番謚清端
傅臘塔之靈曰朕惟爾秉志公忠負才練達矢丹心以報國弊絕風

清凛素節以持躬民懐吏畏方倚封疆之寄遽興永逝之悲睠勞賢
念賢勞再頒奠享嗚呼功施未泯爰徵愛戴於輿情郵典加隆疊被
寵綏于泉壤用彰激勸尚克歆享

奉天承運皇帝制曰朕惟尚德崇功國家之大典輸忠盡職臣子之
常經朕承往制甄進賢能特設文武勳階必忠以立身仁以撫衆智
以察微防姦禦侮機無暇時能此則榮及前人福延後嗣而身家永
康矣敬之勿怠渾達禮爾原係護軍□著參領往征廣東新會縣有
賊李定國兵萬餘列陣拒敵爾率本甲喇擊敗之山峪内有賊兵四
萬餘列陣拒敵爾率本甲喇又擊敗之横州江邊有賊兵萬餘列陣
拒敵爾率本甲喇擊敗之其殿後□賊兵二千餘衆爾闖陣活擒總
兵官一員擊敗之嘉爾故授爲拖□喇哈番復以覃恩加級特授爾
階中憲大夫錫之誥命大清康熙三十四年四月初六日立

奉天承運皇帝制曰堂陛尊嚴九級辨等威之分班□師濟百僚資贊導之能爾鴻臚寺卿布遮禮持躬謹飭蒞事勤能掌廊廟之宣傳登降罔愆於度朝習朝廷之典故會同咸□於儀欣逢嘉會之期用錫綸音之寵茲以覃恩特授爾階中憲大夫錫之誥命於戲趨承有□廣勵翼於庶可崇獎宜加庥府隆庥於鄉尹大清康熙三十四年四月初六日立

皇帝諭祭故誥封光祿大夫都察左都御史漢軍都統加四級于得水之靈曰朝廷宏錫類之恩典均存殁臣子著靖共之節榮被親闈爾于得水乃總都河道都察院左都御史兼兵部右侍郎于成龍之父爾子歷仕有年勤勞厥職推原家訓宜賁彝章諭祭特頒以光泉壤爾靈不昧其欽承之康熙三十四年十一月十九日

康熙叁拾肆年伍月拾壹日遣禮部郎中加三級舒圖祭文皇帝諭祭甘肅巡撫兼都察院右副都御史加八級嚴泰之靈曰鞠躬盡瘁臣子之芳踪卹死報勤國家之盛典爾嚴泰性行純良才能稱職服官年久著有勤勞方冀遐齡忽聞奄逝朕用悼焉特頒祭葬以慰幽魂嗚呼寵錫重壚庶沐匪躬之報名垂信史聿昭不朽之榮爾如有知尚克歆享康熙三十四年十二月十八日立

皇清誥封朝議大夫山東督糧道劉大老爺感恩碑康熙叁拾伍年歲次丙子季春吉旦山東士庶軍民王求寧車增□振梁克壯王知命徐秉倫李長禧任汝阜江存禮傅京劉榮治張衞等仝立老爺諱安國號寧侯歿後爲都城隍東省屢月顯應其詳載德州祠堂碑記中老爺清廉正直爲國愛民山東士庶軍民無不感戴懇留葬本省

奈其家終不允故送至京都立感恩碑於墓前以垂不朽或少盡心
于萬一云
雲麾使加一級通議大夫尼堪之碑康熙三十五年三月穀旦孝子
花子立
內閣侍讀學士加八級授爲正一品光祿大夫吳達哈之碑康熙三
十五年三月穀旦孝子吳達壽立

奉天承運皇帝制曰翼亮天工象協三台之列弘敷帝載位居庶職
之先惟懋丕績以酬恩乃沛新綸而錫爵爾文華殿大學士兼吏部
尚書佐領加二級伊桑阿鳳閣清才鸞臺雅望典章練達服勤匪懈
於寅恭器識淵凝顧問時資於靖獻屬在綸思之地參機務之殷繁

每抒欽翼之忱佐經猷於密勿崇階蚤陟弘獎申加茲以覃恩特授爾階光祿大夫錫之誥命於戲啟乃心以沃朕心尚嘉謨之時告慎厥位以風有位期庶績之咸熙永劭休聲祗膺榮命康熙三十五年三月十四日中憲大夫江西南安府知府海寧陳奕禧謹書

皇帝諭祭故原任杭州副都統因年老原品解任倭黑之靈曰鞠躬盡瘁臣子之芳踪卹死報勤國家之盛典爾倭黑性行純良才能稱職方冀遐齡忽聞長逝朕用悼焉特頒祭葬以慰幽魂嗚呼寵錫重壚庶沐匪躬之報名垂信史聿昭不朽之榮爾如有知尚克歆享康熙三十五年八月二十九日

奉天承運皇帝制曰分五戎而布略臣職攸司沛七命以酬庸國恩覃被閥閱既光夫舊德絲綸宜賁以新榮爾頭等阿思哈尼哈番又

一拖沙喇哈番佐領巴郎素抒盡誠備嫻武事入參環衛久資奔走之才出佐戎行克奮赳桓之氣惟矢心之如一斯蒞事以多功幸際風雲欣逢慶典誕敷雨露宜荷寵褒茲以覃恩特授爾階資政大夫錫之誥命於戲夙夜匪懈無忘敵愾之思章服斯皇尚克効忠之素佇須後命式紹前猷康熙二十三年九月二十四日康熙三十六年二月十八日□封夫人妻武客孫覺羅氏謹立賜進士出身禮部精膳清吏司主事王作舟書康熙三十五年五月十三日鐫文一等阿思哈哈番又一拖沙喇哈番牛彔章英孝孫巴郎孫婦趙氏

奉天承運皇帝制曰錫類推恩朝廷之大典分猷亮采臣子之常經爾藍翎薄思和持心克謹蒞事惟勤奉公罔懈盡職靡愆盛典既逢宜加新命茲以覃恩授爾爲承德郎錫之勅命於戲宏敷章非之榮用勵靖共之誼欽此寵命懋乃嘉猷制曰恪共奉職良臣既殫厥心

貞順宜家淑女爰從其首爾藍鈕薄思和嫡妻傅查氏含章協德令儀素著於閨闈黽勉同心內治相成於夙夜茲以覃恩贈爾爲安人於戲龍章載渙用褒敬戒之勤翟茀欽承永作泉原之賁薄思和勳滅湖廣山賊時往攻茅麓山門路賊衆二千餘兵於三處列陣拒敵俱擊敗之因攻門下陣亡故授爲拖沙喇哈番准襲二次康熙三十六年七月繼妻馬佳氏立

奉天承運皇帝制曰德厚流光溯淵源之自始功多延賞錫褒寵以攸宜應沛殊施用揚前烈爾東格乃一等護衛蘇魯納之祖父性資醇茂行誼恪純啟門祚之繁昌華簪衍慶廓韜鈐之緒業奕葉揚休鉅典適逢崇階宜陟茲以覃恩贈爾爲通議大夫一等護衛錫之誥命於戲三世聲華實人倫之盛事五章服采洵天室之隆恩顯命其承令名永著制曰天朝行慶必推本於前徽家世貽謀遂承休於再

世彝章宜錫寵命載揚爾一等護衛蘇魯納祖母李佳氏壼範示型母儀著娍惠風肆好既比德於珩璜餘慶綿延自邀恩於翟茀特頒渥典用表芳規茲以覃恩贈爾爲淑人於戲綬帶輕褎□孫枝之材武高文典册貤大母之顯榮祇服寵綏永昭良軌制曰遡貽謀於式穀恩義兼隆廣錫慶於重闈後先媲美前勞既懋崇獎寧遺爾一等護衛蘇魯納繼祖母納拉氏閫儀不忒母德可嘉傳淑懿之芳規歷歲年而彌著啓忠貞之賢嗣衍宗緒以常新寵澤攸加顯揚克遂茲以覃恩贈爾爲淑人於戲禮嫻內則留長慶於後人寵錫朝章荷榮名於奕世特頒休命以慰爾靈康熙三十六年七月十九日

奉天承運皇帝制曰雲霄官閥式崇開府之勳棨戟家風實始趨庭之訓爰施寵獎用賁徽章爾綽爾門乃巡撫雲南兼建昌畢節等處地方贊理軍務兼督川貴兵餉都察院右副都御史加七級石文晟

之父世投青箱庭生玉樹貽之淸白蔚爲盛世圭璋敎以義方屹作
興朝屏翰兹以覃恩贈爾爲光祿大夫巡撫雲南兼建昌畢節等處
地方贊理軍務兼督川貴兵餉都察院右副都御史加七級錫之誥
命於戲稱先則古詩書藴文武之謨浴德澡身忠孝立子臣之鵠祇
承渥典永荷殊榮制曰家聲光大庭闈之式穀攸先門祚蕃昌閨闈
之貽麻夙裕洊加天寵用闡毋儀爾巡撫雲南兼建昌畢節等處地
方贊理軍務兼督川貴兵餉都察院右副都御史加七級石文晟母
李氏嫻於典則著有規型愛必先勞每勗蒞官之敬忠於所事率由
貽教之賢兹以覃恩贈爾爲一品夫人於戲錫茂獎於蘭陔芳蕤益
播被悳風於蕙佩馨澤彌新祇受榮章永標淑德康熙三十六年七
月十九日

奉天承運皇帝制曰奉璽書於中禁位重旬宣領節鎭於外臺職司

撫輯任專鎖鑰績奏澄清爾巡撫雲南兼建昌畢節等處地方贊理軍務兼督川貴兵餉都察院右副都御史加七級石文晟才本優長躬能表率六條秉憲人瞻列戟清霜百郡承流地徧隨車膏雨特頒慶典誕播徽章兹以覃恩特授爾階光祿大夫錫之誥命於戲釐紀振綱資奠安於偉略誠民飭吏慰宵旰之深衷罔替成勞用終永譽

制曰持綱秉憲良臣奏節鉞之勳履順思莊淑女著珩璜之範芳型無忝茂奬宜加爾巡撫雲南兼建昌畢節等處地方贊理軍務兼督川貴兵餉都察院右副都御史加七級石文晟妻李氏名家作配内則是嫻勵婦節於縞綦每覺霜威輝映謹家閑於闔閾益彰鈴閣清嚴兹以覃恩贈爾爲一品夫人於戲賁錫寵章播休聲於閨閫誕敷嘉澤揚令問於巾袿式受榮施祗承顯命康熙三十六年七月十九日

奉天承運皇帝制曰十連班峻蕃宣先守土之臣九牧任專方岳表
蒞官之範保釐是寄僚屬具瞻爾湖廣湖北布政使司布政使王燕
綜務精明持躬恪謹斂財均用平賦式於權衡宣化承流寧閭閻之
幹止式逢慶典用錫恩綸兹以覃恩特授爾階通奉大夫錫之誥命
於戲天章賁寵懋膺車服之榮氏俗協和益展阜成之效勉圖終譽
永荷榮光康熙三十六年七月十九日

奉天承運皇帝制曰宜威効力事父資以事君錫類推恩教忠本于
教孝道存激勸志慰顯揚佐領兼拜他拉布勒哈番又拖沙拉哈番
秦達瑚乃鎮守寧古塔將軍加一級沙納海之父倜儻負奇老成垂
範鯉庭授傳家之訓國有爪牙虎臣策報主之勳人敦詩禮兹以覃
恩贈爾爲光禄大夫鎮守寧古塔將軍加一級錫之誥命母傅查氏
贈爾爲一品夫人於戲涖官能敬已弘肯後之基有子亢宗益勵在

公之念予何吝於爵賞爾克世其弓裘康熙三十六年七月十九日

奉天承運皇帝制曰國重干城之選宣力惟人朝頒章服之榮酬庸有典爵首隆於五等命宜錫自九重爾一等公議政大臣舅舅佟國維性資忠勇器識宏通依日月之光華懋成勞於鐘鼎際海山之清宴食舊德於旂常比晉秩夫崇階益靖共於在位心存天室長存捧日之忱貴列上公彌勵循牆之節欣逢慶澤式煥新綸茲以覃恩特授爾階光禄大夫錫之誥命於戲懋乃嘉猷允稱腹心之寄膺茲寵奬益彰閥閱之勳祇服訓辭對揚休命初任一等侍衛二任內大臣三任領侍衛內大臣四任一等公領侍衛內大臣五任今職制曰夙夜匪懈王臣既殫厥忠黽勉同心命婦爰從其貴既含章而正內宜錫爵以疏榮爾一等公議政大臣舅舅佟國維妻何奢禮氏順以正家慈能逮下贊良規於琴瑟徽柔不讓女宗致孝養於尊章門視悉

符內則既代忠而餘慶宜受祉以分榮茲以覃恩封爾爲一品夫人於戲躬親蘋藻以用之公侯之宮象表山河永鼇爾子孫之慶益端懿範勿替徽音康熙三十六年七月十九日

奉天承運皇帝制曰德厚流光溯淵源之自始功多延賞賜褒寵以攸宜應沛殊施用揚前烈爾農濟拔乃御前一等侍衛包衣佐領兼武備院大人加一級關保之祖父性資醇茂行誼恪純啓門祚之繁昌華簪衍慶廓韜鈐之緒業奕葉揚休鉅典式逢崇階宜陟茲以覃恩贈爾爲資政大夫御前一等侍衛包衣佐領兼武備院大人加一級錫之誥命三世聲華實人倫之盛事五章服采洵天室之隆恩顯命其承令名永著制曰天朝衍慶必推本於前徽家世貽謀遂承休於再世彝章宜錫寵命載揚爾御前一等侍衛包衣佐領兼武備院大人加一級關保祖母□□□里□□□示型母□□□惠風肆好

既比德於珩璜餘慶綿延自邀恩於翟茀特頒渥典用表芳規茲以
覃恩贈爾爲夫人於戲綬帶輕裘挺孫枝之材武高文典册貽大母
之顯榮祇服崇階永昭□□制曰遡貽謀於式穀恩義兼隆廣錫慶
於重闈後光媲美前勞既懋崇獎寧遺爾御前一等侍衛包衣佐領
兼武備院大人加一級繼祖母覺羅氏閫儀不忒姆德亦□傳淑懿
之芳規歷歲年而彌著啟忠貞之賢嗣衍宗緒以常新寵澤攸加顯
揚克遂茲以覃恩贈爾爲夫人於戲禮嫻內則留長慶於後人寵錫
朝章荷榮名於奕世特頒休命以慰爾靈康熙三十六年七月十九
日

奉天承運皇帝制曰位列崇階作忠由於移孝業隆嚴訓賚父所以
事君念茲堂構之貽厥有綠綸之賁爾拜音住乃吏部尚書加三級
佐領科爾坤之父躬裕懿修世推淳德澤流弓冶裕家學於庭幃慶

衍門閭亮天工於邦國令名允稱殊典庸加茲以覃恩贈爾爲光祿
大夫吏部尙書佐領錫之誥命於戲一經迪後式傳報國之忱□命
褒恩益著象賢之美欽承休寵丕裕來昆康熙三十六年七月十九
日

奉天承運皇帝制曰恩敷有位晉顯秩於淸班澤逮前人溯劬勞於
大人爾□勒乃驍騎參領佐領奉宸苑海子郎中加三級都圖之祖
父善積厥躬慶流於後業守一經之訓允裕孫謀庭開再世之祥克
□祖武茲以覃恩贈爾爲資政大夫驍騎參領佐領奉宸苑海子郎
中加三級錫之誥命於戲穀貽既永昭式廓於家聲寵錫彌弘賁隆
施於泉壤制曰朝廷廣錫類之仁恩昭晉秩臣子遂顯揚之志源溯
重闈爾驍騎參領佐領奉宸苑海子郎中加三級都圖之祖母瓜爾
佳氏禮嫻內則澤裕後昆含飴早著夫恩勤祥緜華胄稱職念由於

壼□慶沛新綸茲以覃恩贈爾爲夫人於戲佑啟後人丕振光昌之
緒褒嘉淑德永垂純備之儀康熙三十六年七月十九日

奉天承運皇帝制曰宣猷服采中朝抒報最之忱錫類推恩休命示
酬庸之典爾滿達爾漢乃詹事府左春坊左庶子掌坊事加六級常
壽之父令德踐修義方夙著詩書啟後用彰式穀之風弓治傳家克
作教忠之則茲以覃恩贈爾爲資政大夫詹事府左春坊左庶子掌
坊事加六級錫之誥命於戲篤生杞梓之材功歸庭訓丕煥絲綸之
色澤及泉臺康熙三十六年七月十九日

奉天承運皇帝制曰正四品典儀加一級袁宛爾達砥行謹良持身
勤恪服勞藩邸克昭祇愼之儀相禮天宗常著等威之辨茲以覃恩
特授爾階通議大夫錫之誥命爾妻安氏勤以相夫敬能聚德贈爲

淑人爾父袁有棟禔躬醇謹課子義方贈爲通議大夫錫之誥命爾
母高氏愛勞兼至誨育彌勤贈爲淑人爾祖父袁煥高門叶吉積善
貽臧贈爲通議大夫錫之誥命爾祖母顧氏禮法夙嫻恩勤素著贈
爲淑人於戲奕葉克昌沛新綸而式煥重徽弗替揚舊德以彌光慰
乃孝思勵茲忠勇康熙三十六年七月十九日

奉天承運皇帝制曰臣子靖共之誼勇戰即爲敬官朝廷敷錫之恩
作忠乃以教孝爾科爾魁乃護軍參領加一級謨爾洪之父令德克
敦義方有訓衍發祥之世緒早大門閭旌式穀之休風用光閥閱惟
令子能嫻戎略故懋典宜沛綸章茲以覃恩贈爾爲資政大夫護軍
參領加一級錫之誥命於戲顯揚既遂壯猷一本於貽謀締構方新
殊錫永綏夫餘慶欽予時命慰爾幽塗制曰臣能宣力愛勞固賴於
嚴親子克承家令善多由於慈母爾護軍參領加一級謨爾洪母馬

家氏柔順爲儀賢明著範當弧矢懸門之日瑞應虎臣迨干城報國之臣恩沾鸞誥茲之覃恩贈爾爲夫人於戲賁翟車而煥采寵命祇承摛彤管而揚徽遺型益永制曰美相繼而益彰家有賢明之教恩並施而斯厚國崇褒錫之文爾護軍參領加一級謨爾洪繼母覺羅氏勤克相夫慈能逮下一堂琚瑀和鳴允叶於閨幃五夜機絲儉德茂傳於媚黨茲以覃恩贈爾爲夫人於戲溥一體之榮光戟門襲慶沛九天之濊澤馬鬣生輝康熙三十六年七月十九日原任盛京工部侍郎西安書

奉天承運皇帝制曰誼篤靖共入宮必資於敬功歸誨迪能仕而教之忠爰沛國恩用揚庭訓爾布舒庫乃驍騎參領佐領奉宸苑海子郎中加三級都圖之父躬修士行代起儒風抱璞自珍克毓圭璋之秀析薪能□彌彰梓杞之良茲以覃恩贈爾爲資政大夫驍騎參領

佐領奉宸苑海子郎中加三級錫之誥命於戲貽令問於經𦿶義方久著佩徽□於策府禮秩加優茂典丕承湛恩永荷制曰移孝作忠懋簡勞臣之績推恩錫類式揚賢母之名載賁榮綸用宣懿範爾驍騎參領佐領奉宸苑海子郎中加三級都圖之母張氏蚤嫻典則夙著規型敬以從夫宜室聿徵其順德勤於訓子備官一本於慈祥兹以覃恩贈爾爲夫人於戲荷彩翟之天章徽音益暢披彤毫之仙藻惠問常流祇服寵光永綏福履康熙三十六年七月二十五日

奉天承運皇帝制曰誼篤靖共入官必資於敬功歸誨廸能仕而教之忠爰沛國恩用揚庭訓爾阿哈尼□乃包衣參領佐領兼武備院郎中錫滿丕之父躬修士行代啓儒風抱璞自珍克毓圭璋之秀析薪能荷彌彰杞梓之良兹以覃恩贈爾爲通議大夫包衣參領佐領兼武備院郎中錫之誥命於戲□令問於經𦿶義方久著佩徽章於

□府禮秩加優茂典丕承湛恩永荷康熙三十六年歲在丁丑八月吉日

康熙三十六年八月初七日皇帝遣禮部尚書加四級佛倫諭祭議政大臣經筵講官刑部尚書佐領加三級謚文恪圖納之靈曰朕惟位崇九列端良冠師濟之班職重五刑明允藉慈祥之彦邇勤勞於中外眷注良優傷奄逝於乒原酬庸滋切爾圖納性篤忠誠才優幹濟早登仕藉譽重詞曹當其表率官僚温恭茂著及乎贊襄綸閣敏練夙稱擁旌麾於山右司鐷鑰於關中膏雨殷流閭里之耕桑皆潤仁風丕布庶官之綱紀交修晉陟爽鳩俾掌邦禁秉心似水大小之獄咸清執法如山輕重之條悉協寓精明於渾厚養介直以和平賴爾式敬之小心彌予好生之至意迨膺簡命克達機宜往理朔方彌昭恪慎正朗台星之曜忽聞朝露之晞每念豐儀成勞可式爰深

軫悼恤典攸隆考行易名謚曰文恪嗚呼重西曹之法紀共念釋之

沛北闕之絲綸寔褒定國式將牲醴用布几筵靈如有知尚其祗受

雪屐尋碑録卷九

雪屐尋碑録卷十

清宗室盛昱集録

皇帝諭祭故光禄大夫鑲紅旗副都統兼管火器營加一級費揚古
之靈曰鞠躬盡瘁臣子之芳踪卹死報勤國家之盛典爾費揚古性
行純良才能稱職効力行間著有勞績方冀遐齡忽聞長逝朕用悼
焉特頒祭葬以慰幽魂嗚呼寵錫重壚庶享匪躬之報名垂信史聿
昭不朽之榮爾如有知尚克歆享康熙三十七年二月二十五日遣
禮部郎中董務立祭

内大臣謚勤僖阿爾廸碑文朕惟國家簡任良材俾列禁地冏分遠
邇務在得人其有奮迹遐荒克副任使宿衞恪謹扈從宣勞斯榮名
褒卹恩有加焉爾阿爾迪秉質樸誠識幾明決來從屬國早篤向日
之忱翼我天衢克慰瞻雲之望朕録奇取異疎逖不遺眷惟内附之

素誠優以□階之顯秩久膺恩遇屢著勤勞用是拔之內署之班陟之邇臣之上身依陛楯奉左右以不違職典周廬矢忠貞而勿替方期長享多福孰意不克永年朕瞻思往勣震悼中懷爰詔司存予之祭葬謚曰勤僖於戲亮節克宣累被闕庭之寵嘉名追錫永增泉壤之光勒諸貞珉用垂不朽康熙三十七年六月初八日

議政大臣經筵講官刑部尚書佐領加三級謚文恪圖納碑文朕惟宣力服勞臣子奉公之誼旌能彰善朝廷恤下之仁矧夫位列卿貳職掌邦禁始終一節罔替忠勤生既被以殊恩歿宜加夫異數聿頒寵綍用慰幽扃爾圖納秉性端方賦姿明敏自升仕版即居禁掖以敷文洊歷宮端復簉綸扉而贊采靖共爾位精白迺心爰特畀以封疆俾再膺夫節鉞撫循晉地既弊剔而利興保障秦關復民安而兵戢擢司秋典益裕春温庶獄精研仰體好生之德五刑欽恤上孚慎

罰之衷民皆恃以不寃朕每嘉其淑問迨夫軍旅馳驅之會著有機
宜相度之勞志實篤於棐忱才更優於練達生平敭歴並懋功庸夙
夜在公方蒙眷倚豈期溘逝深切軫傷是用載考彝章遹昭卹典諡
曰文恪以備哀榮嗚呼忱隆報國常懷匪懈之純忠禮重易名克享
無窮之令問勒之貞石式賁千秋康熙三十七年六月十一日立

總督江南江西等處地方軍務兼理糧餉操江兵部侍郎兼都察院
右副都御史加二級贈太子太保拜他剌布勒哈番謚清端傅臘塔
碑文朕惟國家所以資封疆之大吏者固在乎操履潔清正己率物
又必優幹濟之才具通明之識斯足以振肅下僚綜理□劇綏靖兵
民以無負乎簡任之重古人所謂有猷有爲有守兼之者實難其人
也爾傅臘塔秉性貞誠賦材敏達朕屢□拔擢出典屏藩入爲卿貳
稔知其品行端廉謨猷恢裕念兩江幅幁遼潤事務殷煩彈壓保釐

□需偉略爰畀爾總制之任俾展其經理之才爾能精白一心坊表
□職風清弊絶輿論翕然更能寛嚴互用咸綱舉而目張教養交修
亦害除而利溥軍民輯睦里井□安斯其才守兼優豈非國家之楨
幹臣子之楷模者與倚任方殷遽爾相□□民謳思至於流涕且籲
請□祝觀愛戴之弗諼知德施之未泯朕用是深軫於懷馳賜奠醊
卹典加渥謚曰清端親製文以褒美之嗚呼人臣能奉宣德意以嘉
惠□方生膺顯秩殁有榮名勒之貞珉傳於奕世寧不休與康熙三
十七年六月二十六日立盛京禮部讀祝官官保掌儀司員外郎加
一級張保住盛京刑部八品筆帖式桑哥監生布爾賽監生成住監
生厄魯德仝敬立

光禄大夫色公之碑皇帝制曰内府大官之職秩視諸卿中朝典膳
之臣統司列署果受成而奏績斯錫命以旌能爾光禄寺卿加三級

色特律己淸醇當官恪慎醴羞必節上下固有常經賓祭以時出入
曾無非度用頒嘉獎爰答成勞兹以覃恩特授爾階光祿大夫錫之
誥命於戲咨爾和羹宜叶戒平之頌勉其退食彌抒獻納之忠益懋
新猷嗣膺顯秩初任兵部筆帖式哈番二任兵部督捕衙門他赤哈
哈番三任本衙門主事四任加一級五任刑部員外郎六任本部郎
中七任加一級八任山西按察使司按察使九任陝西布政使司布
政使十任兵部侍中十一任加一級十二任又加一級十三任翰林
院侍講學士十四任侍讀學士十五任今職康熙三十七年九月二
十四日

原任内大臣兼輔國將軍額奇碑文自古帝王創業垂統以貽萬世
凡在宗支皆隆爵秩所以勸懿親也爾額奇乃鎮國公額克親之子
性行温樸克守厥職方冀遐齡忽焉奄逝朕篤宗親爰稽成憲勒之

貞珉以垂不朽云爾康熙三十七年十月初六日立

皇清誥贈光禄大夫鑲藍旗副都統一等阿達哈哈番又一拖沙喇哈番加一級覺羅龍公墓誌銘古來國姓之賜所以崇有功示一體優禮勳賢之大典也夫本非族屬而一旦譜系天潢與昭穆懿親同其倫序萬世子孫與被光榮焉較之五等之封三公之秩尤爲寵渥膺斯典者顧□思□自感激報稱之不遑而子子孫孫勿替引之其宣猷戮力更有不可涯涘者如鑲藍旗副都統覺羅龍公是已公諱龍席庫本姓納喇氏大父諱卓内部於哈達當太祖皇帝時以其族來歸年甚少而太祖與公曾大父有舊遂留大内撫育且賜姓覺羅生丈夫子四人叔諱羅洛即公父也公生而峻拔狀貌雄偉神氣英英年甫十齡即授一拖沙喇哈番未幾遷王府閒散章京尋授護軍參領□稔之内官凡三擢公不滿假慨然以願竭股肱心膂爲志適

察哈爾布爾尼叛奉命出關至大魯山谿公爲後勁擊逆突騎斬級俘獲過當天子嘉公忠勇又加一拖沙喇哈番擢前鋒參領嗣後累事行間功積難以枚舉蓋不愧古名將之烈云及噶爾旦遊魂塞外烏瀾布通等處地方公奮不顧身冒矢石負重創皇上耳目其勤慰卹甚至旋自本旗副都統之□與大臣班列時贈繒帛禮秩有加又以三次從征論功加一級嗚呼是亦可以見公忠誠報効之大較矣惜乎年不配德未迨懸車之歲以疾考終訃聞九重憫悼賜祭葬嗚呼公亦含笑於泉臺矣按公生於崇德三年正月十八日戌時卒於康熙三十七年四月初四日亥時享年六十有三歷任誥授光祿大夫娶武祖氏誥封一品夫人少司馬納公鎮撫山西大中丞達公之妹也子四人長阿密達光祿寺署正襲佐領次羅密達佐領次鄂密達襲一等阿達哈哈番又一拖沙喇哈番次舒密達八品筆帖式女二人俱適望族今於康熙三十七年六月十二日辰時葬於八角村

爰差次梗概如左而系之以銘銘曰天漢通兮世爵崇兮間氣鍾兮篤匪躬兮奪折衝兮截長虹兮酬勳庸兮食報豐兮譽永終兮星隕空兮帝念恫兮卹典從兮樹且封兮鬱蘢蔥兮碑石礱兮詞難工兮景遺風兮奕禩同兮慶重重兮延無窮兮誥授朝議大夫戶科給事中前戶部山西河南四川三司主事趙吉士頓首拜撰康熙三十八年三月十九日

康熙三十七年七月十三日皇帝遣禮部郎中加一級董國禮諭祭鑲藍旗滿洲副都統加一級頭等阿達哈哈番又一拖沙喇哈番兼佐領龍席庫之靈曰鞠躬盡瘁臣子之芳蹤卹死報勤國家之盛典爾龍席庫性行純良才能稱職方冀遐齡忽焉長逝朕用悼焉特頒祭葬以慰幽魂嗚呼寵錫重壚庶沐匪躬之報名垂信史聿昭不朽之功爾如有知尚克歆享康熙三十八年歲次己卯三月十九日立

皇清誥封奉政大夫呢哈里之墓大清康熙三十九年二月二十六
日孝男佐領□哈哪仝孫七十三立

康熙三十九年四月初五日遣頭等侍衛儀都額眞領侍衛壯大布
賚宗人府郎中瓦爾達禮部筆帖式巴什皇帝諭祭兵部尚書兼都
察院右都御史總督河道提督軍務拜他喇布勒哈番加十級于成
龍之靈曰朕惟熙載亮工端藉勞臣之力寧民敷政允資□事之才
苟忠勤無間於始終斯寵□不渝於存歿殊恩特沛懋績彌彰爾于
成龍秉質樸誠負材彊幹早樹聲名於州郡旋擢觀察於江淮佐理
河工不苟附和粵從外服簡在朕心擁上谷之旌旄有爲有守領中
臺之風紀克愼克勤轄羽林之禁兵膺河防之重寄敭歷多效委任
皆宜一自沙漠用兵總領餽饟間關跋涉不憚艱辛事定酬庸優加

世職於是節鉞再試良質畿甸之新猷昏墊爲憂俾就決排之往績爾能祗承朕命審度機宜馳驅而寢食俱忘籌畫而精力倍竭養痾兩月即起行河冀厥功之有成詎斯人之云謝朕心震悼越格敷恩特遣專員馳酬官舍並令護視還爾之喪嗚呼禦災捍患朕方軫念於河渠盡瘁鞠躬爾遽歸魂於泉壤安瀾未底懷舊彌殷几筵用陳靈其歆享

皇清誥封資政大夫初任內閣中書二任內閣票簽侍讀三任宗人府理事官四任都察院御史五任山西按察使司按察使加二級戴納碑賜進士出身通議大夫兵部右侍郎年家眷弟嚴曾榘頓首拜題康熙三十九年歲次庚辰七月吉旦孝子長明石圖貴升敬立

康熙三十九年八月二十五日遣禮部左侍郎覺羅三寶祭皇帝諭

祭兵部尚書兼都察院右都御史總督河道提督軍務拜他喇布勒哈番加十級謚襄勤于成龍之靈曰惟爾傑出禀秀鍾英歘歷艱鉅器局恢宏初膺州郡早著循聲迨遷皖臬斷獄稱平協贊河工矯然持議擢撫畿封毅然任事守德奉公惠民察吏仰副朕心宫銜特畀擢居臺長憲紀克持俾司禁旅戎政允釐河防是亟命汝往治勉効竭蹶三載於兹朕統六師親征絶漠汝典餉軍錫以世爵撫綏三輔展汝新猷督理黄淮効汝前籌工役方興安瀾日冀忽抱沈痾一朝溘逝追念平生厥勞足憫泉壤雖遐斐忱未泯專官唁問護汝歸喪繐帷涖止彌增盡傷酬庸勿替眷此難忘爾靈不昧享此椒漿

兵部尚書兼都察院右都御史總督河道提督軍務拜他喇布勒哈番加十級謚襄勤于成龍碑文朕覽篇什至于皇華四牡之章用增歎息蓋爲人臣者馳驅王事不遑寧處以奉簡書而上嘗述其情以

寵之則於其歿也追錄舊勞宣示無極固其宜也爾于成龍器局恢宏才力强敏自歷州縣朕重其人俾握大郡之章旋長江淮之臬曩者下河抗議朕益嘉之命撫邦畿用展幹略洎乎晉陟[]台兼領都統風紀彌肅戎政亦修時朕已軫念河防往哉維汝施功未竟以服解官及朕大漠親征爾總理餽餉事平議敘世職優加旋以畿甸要區申命往撫方倚褰帷之重泚用慰八郡之歌思而河患不寧告災益甚朕念救民仍以付汝冀收後效以續前勞昨朕南巡親授方略爾奔走無斁夙夜河干况瘁既深疾疢遂作朕遣醫賜藥慰問於病中專官護喪優卹於身後易名象行謚以襄勤嗚呼詩不云乎王事靡盬今者王事河渠是亟省覽遺疏朕爲愴然蓋庶幾勤其官以死者故援古人臣矢志靡盬之義以賜之勒我訓辭俾永有光於後祀

康熙三十九年十二月初十日立

奉天承運皇帝制曰雲霄官閥式崇開府之勳棨戟家風實始趨庭
之訓爰施寵奬用賁徽章爾雅遜乃原任總督四川陝西等處地方
軍務兼理糧餉兵部右侍郎兼都察院右都御史加四級葛恩泰之
父世授青箱庭生玉樹貽之清白蔚爲盛世珪璋敎以義方屹作輿
朝屏翰兹以爾子克襄公事贈爾爲光禄大夫總督四川陝西等處
地方軍務兼理糧餉兵部右侍郎兼都察院右都御史加四級錫之
誥命於戯稱先則古詩書藴文章之謨浴德澡身忠孝立子臣之鵠
祇承□典永荷殊榮制曰家聲光大庭幃之式穀攸先門祚蕃昌閨
閫之貽庥夙裕洊加天寵用闡母儀爾原任總督四川陝西等處地
方軍務兼理糧餉兵部右侍郎兼都察院右都御史加四級葛思泰
母拖謨氏嫻于典則著有閨型愛必先勞每助蒞官之敬忠于所事
率由貽敎之賢兹以爾子克襄公事贈爾爲一品夫人於戯錫茂奬
於蘭陔芳蕤益播被惠風於葱佩馨澤彌新祇受榮章永標淑德康

熙四十年二月二十日

奉天承運皇帝制曰國家推恩而錫類臣子懋德以圖功懿典攸存
忱恂宜勗爾拖沙喇哈番加一級圖赫愼持心克謹涖事惟勤俾典
厥司特加陞用奉公罔懈盡職靡愆盛典既逢宜加新命茲以覃恩
特授爾階中憲大夫錫之誥命於戲式弘車服之庸用勵顯揚之志
尚欽榮命益矢嘉猷制曰靖共爾位良臣既効其勤黽勉同心淑女
宜從其貴爾拖沙喇哈番加一級圖赫愼妻戴佳氏克嫺内則能貞
順以宜家載考國常應褒嘉以錫寵茲以覃恩贈爾爲恭人於戲敬
爲德聚實加儆戒以相成恩與義均豈以存亡而異視制曰嘉猷匡
國在良臣匪懈厥躬懋爵酬庸即繼室應霑盛典爾拖沙喇哈番加
一級圖赫愼繼妻王佳氏嗣徽中饋並著相夫之勤令德如琴允膺
申錫之命茲以覃恩封爾爲恭人於戲克著令儀宜恩綸之並寵式

彰壺範尙翟服之欽承康熙四十年三月穀旦立

振武將軍太子少保兼管陝西甘肅提督事務給與世襲一等阿思哈尼哈番又一拖沙喇哈番加六級加贈太子太保謚襄武孫思克碑文在昔先后哲王撫有方夏永建乃家則亦有熊羆之士不二心之臣保乂疆圉以蕃王室維時懋哉朕丕承天祐統無疆大歷服惟稽古崇德佑賢建侯樹屏以保世於滋大爾有猷有爲克勤於職舊有令聞用懋簡畀爾秉鉞於涼州爾迺踐修厥猷無替朕命俾西河黑水奠厥攸居無胥戕虐惟爾之能惟十有三祀蠢爾滇荊敢行搆亂有大艱於西土西土人亦弗靖嗚呼艱哉惟爾懋德克篤忠貞一乃心力服勞王家用底定我西夏追配於前人予嘉乃德曰篤不忘庸建爾於湟中董茲西土惟朕作民父母無有遠邇胥我蒸民一夫不獲朕心攸困弗敢康寧於時噶𡋴弗率昏迷不恭或胥譸張爲幻

反拂我中邦朕將天命明威不敢赦張皇六師用致天之□於爾□汝善□乃甲胄峙乃糗糧於荒郊弗迓克奔罪人黜伏肆朕誕以爾多士殄殲乃讐爾克迪果毅以登乃績惟良顯哉用賚爾秬鬯弓矢俾往蒞爾任爾身在外乃心罔不在王室胡天弗恤厥疾不瘳人之云淹朕心無以懌嗚呼爾功加於時德垂後裔名之曰襄武以彰汝之績禮亦宜之記功宗以功勒貞石終有辭於永世則亦有無窮之聞厥惟休哉康熙四十年三月二十日立

武英殿大學士兼吏部尚書佐領加二級謚文清阿蘭泰碑文朕惟國家之務全賴平章簡我良臣得之匪易其有克副股肱之寄積抒夙夜之勤律己彌見小心佐政能持大體方切倚毗而不假年飾終之禮有加哀往之情恆篤用泐貞石永世有辭爾武英殿大學士兼吏部尚書佐領加二級謚文清阿蘭泰有容之德大受之材自歷百

司御事以至爲冢卿罔不愼乃在位朕甚嘉之用俾爾弼余一人以
襄大政爾能和衷以協力推誠以布公勷國家蕩平正直之塗養人
心清靜寧壹之福十年之久一眚無聞豈惟朕心所素知抑亦羣情
所悦服至於潔廉之操尤著美於朝端蕭然故居朕嘗書額示寵且
性本謙沖義惟止足每一求退朕輒黯然欲斷來章温言批答間有
微疾賜問頻仍豈期近者臥病一旬遂爾不起輟朝深痛未解朕懷
賵馬賻金䘏爾身後臨喪祖奠如朕親行加祭易名悉從優異嗚呼
緬生平不事聲名之迹惟密勿常多贊助之勞朕無溢詞務傳其實
尚俾知我弼臣之遺徽茂烈足以光於邦家風於有位千秋不泯眎
此豐碑康熙四十年四月初十日立

素心松桂康熙四十年五月初十日追賜誥贈光祿□□□□□□

奉天承運皇帝制曰宣威効力事父資以事君錫類推恩敎忠本於
敎孝道存激勸志慰顯揚爾阿際賴乃滿洲都統覺羅舒書之父倜
儻負奇老成垂範鯉庭授傳家之訓□有爪牙虎臣策報主之勳人
敦詩禮茲以覃恩贈爾爲光祿大夫滿洲都統錫之誥命於戲湓官
能敬已弘昌後之基有子亢宗益勵在公之念予何吝於爵賞爾克
世其弓裘制曰能任敎忠式穀固由於母訓推恩逮下殊榮必逮於
慈幃用答恩勤特頒榮寵爾滿洲都統覺羅舒書母蘇穆陸氏順柔
叶德婉嫕宜家盛年不御丹鉛相夫以儉永夜時聞機杼敎子能勞
茲以覃恩贈爾爲一品夫人於戲先國後家惟賢母獨知大義作忠
移孝俾勞臣能紹前徽生而有聞歿且不朽康熙四十年六月

經筵講官監修明史大總裁工部尙書加一級雲間王鴻緒撰文原
任經筵講官日講官起居注纂修方略副總裁詹事府詹事長白朱

馬泰譒譯興王崛起名世間生鷹揚之佐固著氏於丹書虎賁之徒
亦載名於青史維我太祖高皇帝奮自東陲迄我世祖章皇帝撫有
方夏時則羣策羣力實多偉人從虎從龍咸建奇績有如臥公者位
不顯於朝宁名未勒於鼎鐘要其生平皆堪紀載公姓那喇氏諱臥
赫納業赫國人祖顏珠父蘇巴哈世爲業赫國貝子公年十二隨父
歸我太祖歷官佐領傳檀之後源賀顯功名於魏廷楷落之孫光弼
樹勳猷於唐室至於世祖入都神京公統帥所部翊衛有勞元勳十
八不必著搴旗斬將之功周士三千遂以收同德一心之效其後皇
師南下討定舟山公績懋戎行聲垂海澨時公子都統君嗣纘先猷
勳望漸著公輒以老乞身優游卒歲養望於枌榆社裏樂志於韋杜
天邊獨善其身克昌厥後卒以子貴誥贈光祿大夫議政大臣都統
公生於天命戊申年九月十三日卒於康熙乙巳年十月十七日年
五十有七元配宗室係鄭親王之妹繼室覺羅氏俱誥贈一品夫人

子六長鄂代三等護衛次額黑納議政大臣都統兼佐領次爾圖七品筆帖式次蘇拜拖沙喇哈番次吳拜七品筆帖式次鄂愼八品筆帖式歲在辛巳都統君以公誥命勒石墓左余因略取梗概書之碑陰使讀是碑者知公之榮名因子益彰公之勳德非因子始顯也康熙四十年歲次辛巳七月之吉日立

恭誌追賜御書奏對始末先臣□姓諱應元遼陽前衛人年十四奉孝廉太宗文皇帝選學讀書□□□世祖章皇帝特簡□書房翻譯章□進呈御覽皆稱旨屢拜寵眷日隆時上年五歲世祖章皇帝即命先□伴讀以至御極於康熙丙午年疾終於家上聞震悼遣御前侍衛□圖太□□賜茶拜賜治喪銀五百兩賜地□葬命御前侍衛□赫督造營墓備□異數更推恩□□□保累□特授內務府愼刑司主事廣□司員外郎郎中□佐領□□領又總管滿內宮□隨

皇上三次親征加級至光祿大夫得誥贈先臣如其官沐皇上之隆
恩皆先臣之遺蔭也臣自康熙甲子冬隨皇上駕幸闕里奉命立御
書聖廟碑監修周公孟子二廟各立御書碑次第告成迨上命皇長
子代祭西嶽皇三子告祭闕里兼祭東嶽咸命臣隨行督理康熙己
卯春聖駕南巡命臣同兵部尚書席爾達御前一等侍衛馬武督理
舟楫夫役四月十四日至蘇州府蒙賜御書一幅臣叩頭謝且奏曰
皇上御書賜臣勒石墓前臣父之光榮更加萬倍矣上曰俟朕回鑾
當書賜汝父臣謹叩頭謝恩訖至康熙四十年四月初一日侍皇上
早膳上諭侍臣曰□保之父當朕五歲時即伴朕讀書此皂保亦僅
五歲即□朕前其平日最孝且爲人勤愼堪以委託是朕從□所深
知者臣叩頭奏曰臣至微至賤何幸□繈褓便得日侍天顔蒙皇上
眷養成人歷膺拔擢受恩已四十三年得逢聖明之□叨蒙聖恩之
深内廷諸臣□無有在□之前者但臣雖早□□殊恩不敢以此告

人即以告人必□臣非□□妄今蒙聖諭及此臣方敢在皇上前自言五歲受恩以至今日也上又諭曰爾父十四歲即中舉人侍朕時朕未嘗見其輕於言笑人品端方學問淵博未有及爾父者此時朕雖五歲然行動氣象便與今□無異臣奏曰皇上聖質天成臣此時雖□五歲然仰覩皇上已即如今日矣上又問曰爾父精於六壬爾知之乎臣奏曰皇上聰明天縱故臣父精微之學皆敬陳於皇上之前臣並未知臣父有此學問今奉聖諭臣始知之然臣平時每念臣父臨終遺言眞神仙也上曰何謂也臣奏曰臣父疾革時謂□母曰吾幸生逢聖世得蒙皇上寵眷之深有不能向汝言之者將來吾身後必蒙聖心垂念加恩吾子吾觀三子中能承吾主之恩者其在□保乎汝其記數十卒後吾言方驗今臣之兄弟果皆早世而獨臣得受聖主深恩今日備叨榮寵家計充裕當年臣父皆先知之上曰然臣因叩頭□曰臣於去年爲臣父求御書得蒙□俞旨臣□夜仰□

待□命廹切求皇上即允賜發臣父冥漠之中亦不勝懽忭之至矣

上曰爾父之殁已經三十餘年朕時□念之欲求如爾父之人更不

可得昔年爾父同書事者今惟存明珠伊桑阿馬爾漢三人而已所

許爾父□□當即賜汝五月初十日召□赴暢□□上以黄牋書素

心松桂四大字鈐以御寶追賜先臣且諭曰前許爾父之字今特賜

汝於爾父墓前懸挂臣叩頭謝恩拜□捧歸告於家廟遂以名臣二

子長曰松次曰桂爰就清河賜塋建坊三□恭懸御書又勒之貞珉

樹於墓道永□不朽以昭聖天子篤念舊臣加恩身後久而彌深之

曠典復於十月初六日以墓坊工竣繪圖進呈皇上聖心嘉悦誠人

臣未有之奇遇也顧謭劣如臣疊受異數雖勉竭犬馬亦何足以上

答高深之萬一耶謹識其始末勒之墓門勗我子孫仰瞻奎章勉思

祖德以圖報國恩於生生世世焉康熙四十年歲在辛巳秋八月望

日立

誥授奉政大夫總管內務府廣儲司郎中加五級□恩□□□□
□□管□□內官□□□□□江西南昌府知府南青州□□
□知府戶部□□司郎中□□□□□□□鴻臚寺緒班□□

皇清光祿大夫武英殿大學士吏部尚書佐領加二級謚文清加贈
少保兼太子太保阿公碑康熙四十年九月二十九日奉上諭原任
大學士阿蘭泰立身誠正爲國勤勞殫竭忠忱効力年久今雖身故
理應加卹著贈少保兼太子太保以示朕優卹耆舊大臣之意特諭

資政大夫禮部左侍郎敖哈之碑康熙四十年十月二十日立

總督四川陝西等處地方軍務兼理糧餉兵部右侍郎兼都察院右
副都御史加贈兵部尚書太子太保謚文襄覺羅華公碑國家設官
分職於邊疆要地務簡賢臣命之總制用以誠和文武綏靖兵民任

至重也矧川陝二省迺西南屏翰地廣事繁尤資□□能其任者厥
惟艱哉爾華顯始仕司宗繼升翰苑旋充講帷復任綸扉歷居禁近
之班克矢恪勤之志迨出撫關中益昭治行爰畀以總督之任治兹
秦蜀之區比及三年遂有成效朕問俗省方至陝右民生安□軍紀
嚴明顧兹茂績心實嘉焉用是錫之宸翰御衣弓矢鞍馬予賚便蕃
恩寵優渥凡以奬勵能臣風示有位也方期假爾心膂保障西陲何
圖年力方强遽嬰疢疾遣醫診視御藥頻頒而莫起沈痾奄然長逝
念其勞勩深用惻傷於是詳考彝章稽其遺行加之宫保諡以文襄
既奠斝之再申復豐碑之永建嗚呼樹勳庸於秦隴令聞長存揭姓
氏於山丘殊恩罔替班聯傳爲盛事奕葉效其淸風昭示千秋永爲
良□云爾康熙四十年

制曰夙夜惟勤人臣寧遑內顧伉儷無忝國常豈靳隆施錫章服以

酬勳念壼儀之媲美爾拜他喇布勒哈番牛彔章京戶部理事官加
一級尙機圖妻封淑人德爾根塔塔喇氏克勤內德宜爾室家眷良
臣靖共之猷賴淑女劻勷之助爰褒令範式沛新綸茲以覃恩封爾
爲夫人於戲敬爾有官肅閨門而合好職思其內尙黽勉以同心祗
服殊恩用昭壼範康熙四十一年二月吉立孝孫牛彔章京固爾哈
曾孫木和林等敬立

皇清通議大夫拜他喇布哈番又一拖沙喇哈番陝西協領常公神
道碑賜進士及第經筵日講官起居注禮部尙書兼管翰林院掌院
學士教習庶吉士眷弟韓菼頓首拜撰文賜同進士出身通議大夫
通政使司通政使眷弟□鎧頓首拜篆額賜進士出身通議大夫禮
部侍郎仍管國子監祭酒事眷弟孫岳頒頓首拜書丹公諱常保號
誠齋長白王嶔嶺人也姓覺羅氏其上世遠弗可考我太祖高皇帝

龍興遼左公祖布穆里以驍勇聞官授護軍校代佐領事遇敵敢戰
屢著功績夫人民覺羅氏生子三公考雅思哈其次也幼而英異多
智勇弱冠官護軍校代護軍參領事四征湖襄一平雲貴所向有功
最後征李定國於磨盤山步軍深入血戰不止遂歿於兵世祖章皇
帝憫其忠勇死事詔授公拖沙喇哈番夫人舒穆魯氏封宜人時公
方八歲襲父爵公器局□成每朝會公卿諸先達交口歎美以爲將
來所至殆不可量公至孝事太夫人備極色養讀書知大義性明達
而恬退不欲以才智先人然遇事敢言臨時利害不避雖古賁育莫
之或過□稍長□職勤慎趨事必早往宴罷太夫人常憫其勞公慨
然流涕曰兒官父所遺痛父歿壯志未伸期勤勞報國慰吾父地下
母第安之兒殊不苦也年十五隨征察哈爾布爾尼賊衆大隊屯山
後而伏二百餘騎山谷間突出掩至我軍惶駭欲奔公叱所部勿動
勒伍以待已而乘間疾擊遂殲之上詔授拜他喇布勒哈番加一級

階通議大夫夫人納喇氏封淑人祖布穆里贈通議大夫祖母民覺羅氏贈淑人父雅思哈贈通議大夫母舒穆魯氏贈淑人准襲爵□世已又特旨除公陝西西安府協領公導太夫人輿之西安抵鎮治事唯勤馭衆以德鞭朴不加而强兵悍卒皆奉紀律無敢犯者厥後一鎮漢中再鎮寧夏所至兵戢民安恩威並著迄於今猶□□人口不衰公處事持大體善體人情諸大吏事有疑難必就公諮訪甚見敬禮後太夫人以天年終公哀毁骨立既免喪會噶爾丹犯順公隨征絶域至克魯倫河兵衆飢疲兼値疫癘公拊循懇至糧糗與同且委曲喻以忠義猝遇敵公奮勇先登所部㘅公恩無不冒矢石爲國效死力者已又至哈密經歷險遠積苦兵間漸染成疾返旆西安公病篤呼家人與訣曰吾垂髫承先澤受國厚恩念先人賫志歿常欲捐軀效忠以慰前人不圖一疾至此命也何尤但願我子孫以忠孝矢心即祖父爲不死矣一言不及於私遂卒詔於公拜他喇布勒哈

番又一拖沙喇哈番准襲三次贈祖若父如其官公生於順治八年二月十八日卒於康熙三十七年七月二十八日得年四十八歲三十八年二月歸櫬京師公居陝十七年歸櫬之日兵民祖奠號泣者且萬人又立碑於府治之旁而祀之曰見碑如見我公也是年四月五日厝公靈於京東之高米店又爲立石以圖不朽余遂述而誌之以示孝子慈孫奕葉之楷法焉公三子長索爾嗣公爵次那爾泰筆帖式次索爾泰太學生孫四人那拜太學生餘俱幼高米店在運河北距京十二里許康熙四十一年歲次壬午三月十九日立石

多羅平郡王謚悼訥爾福碑文粤稽古帝王平章百姓必先睦族所以重親親也朕篤念宗盟眷隆一本凡我天潢屬籍及先世宣勞克懋厥勳者咸推恩焉爾多羅平郡王訥爾福自乃祖從入關破賊戮力中原我世祖章皇帝懋嘉乃功用封爾祖爲多羅衍禧郡王惟爾

父亦克繼前人休恩封平郡以及於爾爾襲封膺寵式賴先猷年力
方强修途正遠謂朱邸之長開享白茅之永胙何期奄逝深愴朕懷
爰命所司考循彝憲易名賜葬特示優榮於戲窀穸初營悲風生感
豐碑屹立歷禩流光爾克有知其敬承休命康熙四十一年四月十
六日立

皇清誥贈光禄大夫都察院左都御史那公之碑康熙四十二年春
二月孝孫光禄大夫議政大臣理藩院尚書哈雅爾圖巴泰巴海曾
孫拜桑魏和德羅多禮泰希蘭泰桑格朱成格玄孫黑里雅圖巴圖
立齊世士大壽那海二哥同敬立

光禄大夫議政大臣都統理藩院尚書阿公一品夫人鈕祜盧氏趙
佳氏馬佳氏碑奉天承運皇帝制曰風行域外樞機實掌於中臺績

著朝端喉舌均司於北斗爰頒寵命用答賢勞爾議政大臣理藩院
尚書都統佐領阿爾尼矢懷誠慤莅事精能修意修文用佐懷柔之
德來王來享聿襄綏輯之功際聲教之覃敷八方化洽屬恩威之遠
播九譯歡騰茂奬殊庸式符慶澤茲以覃恩特授爾階光祿大夫錫
之誥命於戲王靈式暢承懷輝德之風國體丕宣無替書勳之典勉
承嘉賚益展良謨康熙四十二年歲次癸未三月穀旦妻馬佳氏敬
立

奉天承運皇帝制曰治軍命將朝廷弘燮伐之猷移孝作忠臣子著
折衝之烈爾噶巴喇乃二等護衛蘇章阿之父禔躬醇謹課子義方
戎務夙嫻克啟箕裘之緒天休錫命用敷車服之榮茲以覃恩贈爾
爲中憲大夫二等護衛錫之誥命於戲播徽章於天上祇受國恩邀
令譽於師中永昭家慶康熙四十二年三月

奉天承運皇帝制曰藩衛宣勞而奉職敬爾在公天家睦族以推恩
風兹有位爾二等護衛蘇章阿夙秉才猷常懷修謹早列服勞之職
馳驅既著□其心習聞爲善之風出入必循乎大體兹以覃恩特授
爾階中憲大夫錫之誥命於戲表英姿於邸第常分玉葉之光頒殊
寵於殿庭永荷金泥之□初任五品典儀二任三等護衛三任二等
護衛加一級康熙四十二三月

奉天承運皇帝制曰表臣報績爰歸美於貽謀司士詔功必遡原於
繩武殊榮洊被積伐增華爾道蘭乃山西等處承宣布政使司加二
級滿都之祖父衍緒開先垂麻裕後孫枝挺秀聿昭樹德之符世業
丕昌大啟承家之學兹以覃恩贈爾爲通奉大夫山西等處承宣布
政使司錫之誥命於戲錫五章而敷澤珂里流光推三葉以承恩德

門襲慶祗膺茂典永荷寵綏制曰鴻恩錫類聿彰貽穀之休令範宜家益著含飴之燉式逢慶典爰沛殊施爾山西等處承宣布政使司加二級滿都祖母佟佳氏度叶珩璜訓嫻圖史心莊體順著壼範於中閨善積慶餘表母儀於奕世兹以覃恩贈爾爲夫人於戲播蘭□之芳澤寵被重闈揚芝撿之徽音光流華胄榮章洊逮德範猶存康熙四十二年三月十八日

奉天承運皇帝制曰夙夜宣勞事君資於事父雲霄布澤教孝實以教忠特賁絲綸用光閥閱爾多哈乃山西等處承宣布政使司加二級滿都之父操守淳篤矩範嚴明術在詩書克啓趨庭之訓業恢堂構實開作室之模兹以覃恩贈爾爲通奉大夫山西等處承宣布政使司錫之誥命於戲錫天府之徽章殊榮下逮際人倫之盛美茂典欽承祗服誥詞永光譽問制曰家聲昌大夙彰式穀之休壼教賢明

不替樹蘐之慕適逢上慶用錫殊榮爾山西等處承宣布政使司加
二級滿都母烘烏氏敦習禮規恪循箴訓寢門治業著恆德於貞心
閨塾授經寓慈風於雅範茲以覃恩贈爾爲夫人於戲恩能育子挺
杞梓之良材善必稱親被笄珈之茂寵祗承嘉獎永播徽音康熙四
十二年三月十八日

奉天承運皇帝制曰奉璽書於中禁位重旬宣推節鎮於外臺職司
撫輯任專鎖鑰績奏澄清爾巡撫貴州兼理湖北川東等處地方提
督軍務都察院右副都御史加一級王燕才本優長躬能表率六條
秉憲人瞻列戟清和百郡承流地偏隨車膏雨特頒慶典誕播徽音
茲以覃恩特授爾階通奉大夫錫之誥命於戲□紀振綱賁奠安於
偉略誠民飭吏慰宵旰之深衷罔替成勞用終永譽康熙四十二年
三月十八日

奉天承運皇帝制曰國爵優崇樹鷹揚之偉烈家聲光大表蛾術之良規特布新綸用彰舊德爾李國寶乃提督雲南等處地方總兵官偏圖之父清門代啟素履恭修教子義方早授豹韜之畧傳家忠孝果符鶻印之祥慶典式逢崇階宜陟兹以覃恩贈爾爲榮祿大夫提督雲南等處地方總兵官錫之誥命於戲顯揚克遂休兹天室徽章作述交輝展也人倫盛事令名無斁世澤長垂制曰元戎受任既協吉於師貞閫範貽芳更推原夫母德克光内則載錫殊恩爾提都雲南等處地方總兵官偏圖母張氏早習規型夙嫺圖史令儀不忒表懿範於閨門慈教有成樹鴻勳於幕府式逢慶典用闡徽音兹以覃恩贈爾爲一品夫人於戲錫茂獎於蘭陔芳蕤益播被惠風於葱佩馨澤彌新祇服誥詞永揚休問康熙四十二年三月十八日

奉天承運皇帝制曰德厚流光溯淵源之自始功多延賞錫褒寵以攸宜應沛殊施用揚前烈爾吳巴海乃總管内務廣儲司郎中兼參領佐領包衣達加一級海章之祖父性資醇茂行誼恪純啟門祚之繁昌華簪衍慶廓韜鈐之緒業奕葉揚休鉅典式逢崇階宜陟兹以覃恩贈爾爲資政大夫錫之誥命於戲三世聲華實人倫之盛事五章服采洵天室之隆恩顯命其承令聞彌播制曰天朝衍慶必推本於前徽家世貽謀遂承休於再世彝章宜錫寵命載揚爾總管内務府廣儲司郎中兼參領佐領包衣達加一級海章祖母納拉氏壼範示型母儀著媺惠風肆好既比德於珩璜餘慶綿延自邀恩於翟茀特頒渥典用表芳規兹以覃恩贈爾爲夫人於戲綬帶輕裘挺孫枝之材武高文典册貤大母之顯榮祗服寵綏永昭良軌康熙四十二年三月十八日

奉天承運皇帝制曰臣子靖共之誼勇戰即爲敬官朝庭敷錫之恩
作忠乃以教孝爾禪布乃總管内務府廣儲司郎中兼叅領佐領包
衣達加一級海章之父令德克敦義方有訓衍發祥之世緒蚉大門
閭旌式穀之休風用光閥閲惟令子能嫻戎略故懋典宜沛綸章茲
以覃恩贈爾爲資政大夫錫之誥命於戲顯揚既遂壯猷一本於詒
謀締構方新殊錫永綏夫餘慶欽予時命慰爾幽塗制曰臣能宣力
愛勞固賴於嚴親子克承家令善多由於慈母爾總管内務府廣儲
司郎中兼叅領佐領包衣達加一級海章母民覺羅氏柔順爲儀賢
明著範當弧矢懸門之日瑞應虎臣迨干城報國之年恩沾鸞誥茲
以覃恩贈爾爲夫人於戲賁翟車而煥采寵命祇承摛彤管而揚徽
遺型益永康熙四十二年三月十八日

維康熙四十二年歲次癸未七月初二日皇帝遣經筵講官禮部右

侍郎加五級羅察諭祭太子太傅禮部尙書保和殿大學士加六級致仕加少傅兼太子太傅謚文靖王熙之靈曰朕惟休明之世光輔宜先密勿之司耆舊是賴苟其始終一德夙夜盡心生前之倚毗久殷身後之哀榮宜備爾太子太傅禮部尙書保和殿大學士加六級致仕加少傅兼太子太傅王熙學術醇正才品端凝早入詞林蜚聲藝苑旋叅知於綸閣復領袖乎花磚敏練夙聞恪愼久著受先帝之殊眷爲心膂之近臣迨朕御極之初洊陟列卿之任益思篤棐不懈寅恭特簡秉鈞用襄機務抱休休有客之度持凛凛不易之操熟諳典章周知庶政罔有偏倚自矢公忠常存中正坦易之心贊成寬大和平之治歲月既久勞瘁滋深屢請引年欲辭重任朕慰留至再爾求退益堅准以原官致仕旋即晋秩公孤雖身遠闕廷而家依輦下每加存問用訪起居曾遣近臣頒示手敕時逢佳節命錫芳筵尙方之文綺珍羞內府之瓊漿寶露罔不畢賜以示殊恩方謂餌藥加餐

漸冀卻病怡神養素正可延年豈意遽爾長辭朕心深爲震悼特遣
皇子臨奠格外優崇廻念生平宛然心目爰考飾終之典用酬翊賛
之勳諭祭往頒兼營窀穸賜謚文靖備禮加榮嗚呼賁綸綍於重泉
儀型已往垂鼎鐘於奕世令聞猶存靈其有知尚克歆享

原任文華殿大學士兼吏部尚書加二級致仕謚文端伊桑阿碑文

國家命官佐理特隆機務之司人臣宣力効忠尤賴老成之器果其
精勤體國恪慎持躬斯生前之依毗甚殷而殁後之恩施益茂爾原
任文華殿大學士兼吏部尚書加二級致仕謚文端伊桑阿有醇懿
之資有厚重之望出身科第筮仕郎曹旋升近禁之班洊蒞列卿之
長勤勞歷試篤棐有加用是簡爾爲内閣大學士受事之後益矢靖
共宅心一本於和平處事彌形其寬裕夙夜匪懈左右無違蓋在職
者十五年而秉心者如一日豈其告瘁遽乞懸車温語慰留至三至

再時憫其奏對之久則命同列以扶持或聞其疢疾之侵屢遣良醫而軫視乃固求釋任勉許投簪雖身遠闕廷而眷殷耆舊方期頤養共樂昇平奄忽淪亡益增憫悼嗚呼表班聯而正色儀型尚著於黄扉贊密勿而盡心名實永垂於青史彝章備舉錫謚文端爰勒豐碑用光窀穸康熙四十二年七月十八日立

皇清誥封光祿大夫世襲阿達哈哈番福陵總管誥贈議政大臣戶部尚書克公之碑康熙四十三年二月吉旦孝孫議政大臣戶部尚書加五級凱音布敬立

資政大夫二等阿達哈哈番護軍統領兼佐領哈爾呼機碑記奉天承運皇帝制曰朕惟尚德崇功國家之大典輸忠盡職臣子之常經古聖帝明王戡亂以武致治以文朕欽□□制□進賢能特□文武

勳階以彰激勸受茲任者必忠以立身□以□衆智以察微防姦禦
侮機無暇時能此則榮及前人福延後嗣而身家永康矣敬之勿怠
哈爾呼機以爾辦事有能不違指使故授爲三等阿達哈哈番後□
次圍錦州時松山馬兵來犯我紅衣礮爾不違指使領纛殺入陣亡
由三等阿達哈哈番以襲子蘇白後逢恩詔由二等阿達哈哈番陞
爲一等阿達哈哈番後往浙江舟山擊海賊故以一等阿達哈哈番
又加一拖沙喇哈番加一級世襲罔替如前茲以覃恩特授爾階資
政大夫錫之誥命弘獎夫崇階克承夫寵錫欽予時命勵爾嘉□康
熙四十三年三月初一蘇白妻關氏立

皇清誥授光祿大夫王府長史加三級民覺羅公墓表賜進士出身
奉政大夫日講官起居注翰林院檢討加三級沽河郭羅洛阿金撰
誥授奉政大夫戶部湖廣清吏司郎中海寧陳奕禧書賜進士及第

文林郎國子監司業北平黃叔琳篆從來帝王受命開創大業鍾天地貞元之運發日星經緯之華天子既以神聖文武首出御極其時英賢勳舊以非常人物爲名世之佐彪炳丹書焜煌□□世臣閥閱表□喬木良非偶也我太祖太宗肇□鴻圖握符御□文武諸臣攀鱗附翼而起卒皆遴濬之彥世祖統一區夏永造丕基入關元功龍驤虎賁濟美虞周圭圖彤盧傳諸子孫稱極盛焉若光祿公尤其俊偉卓越史乘所爲稱首者也公諱法禮生而岐嶷長而令望兼資文武年弱冠以世勳授多羅信郡王府三等護衛恪恭厥職旋陞二等護衛再陞一等護衛勳勞久著遂擢本府長史輔導賢王屢膺宸眷遇康熙二十三年九月二十四日覃恩誥授光祿大夫妻郭羅洛氏誥封一品夫人世臣之家咸以爲榮公倜儻有大志而深沉渾厚不露圭角歷職藩府襄贊忠勤雖未究其展蘊而老成敬慎爲藩屏表率後來傳相莫能媲美俾祖父以來家聲勿墜實有大過人者公之

曾祖諱阿爾塔璽家木起天命初率諸豪衆歸附嘉其誠款妻以宗女稱爲木起姑夫官佐領命護治其屬二子長諱阿山累功爵國公官都統次諱阿達海以材勇佐命在十六大臣之列即公之祖也竹帛旂常載在□府公之父諱査他以寧遠錦州松山功授拜他喇布勒哈番又以平闖賊及破騰紀斯圖謝圖汗□壘汗功進三等阿達哈哈番世襲罔替歷任王府長史六子皆官顯要公其第五子也同出母太夫人傅察氏簪纓帶礪熊羆貔虎之臣莫有加焉公生於天聰九年乙亥十二月初三日亥時卒於康熙四十二年癸未三月十六日申時享年六十有九子益賽娶副都統張公女孫二尚幼女七人俱適名族卜葬於廣渠門外之郊亭公夫人予姑母也阿金知公勳德家世最詳述其大略表諸墓道以志不朽焉康熙四十三年三月初三日勒石

維康熙四十三年四月初九日皇帝遣禮部左侍郎仍兼管國子監祭酒事邵穆布諭祭總都四川陝西等處地方軍務兼理糧餉兵部右侍郎兼都察院右副都御史加贈兵部尚書太子太保謚文襄覺羅華顯之靈曰朕惟國家敉寧疆宇亟需保障之材朝廷獎勵官聯尤重忠純之佐其有能祗承休命著有成勞者存則被以殊榮歿則加之異數所以嘉績勸功甚盛典也爾覺羅華顯才猷敏贍器識宏深始筮仕於司宗繼升華於中秘由講筵而綸閣久居侍從之班改隴右爲關中兩被撫綏之命敭歷中外克矢恪勤顧茲秦蜀之區實西南之屏翰矧惟總督之任乃文武之綱維簡在臣工畀之節鉞三年報績既政成而人和兩地承風更將嚴而士肅朕俯求民隱時邁華陽爰博采夫輿情乃備知乎治行用是特加眷待大沛恩施宸翰御衣匪頒稠疊寶弓上駟賚予便蕃方謂假爾寵靈永當資其心力忽嬰篤疾賜醫藥於頻仍遽赴重泉覺診悼之彌結載稽典禮用示

優隆晋以宮保之崇階錫以文襄之上謚嗚呼老成已謝念偉績之
猶存奠醊用將紀恩綸於弗替爾靈不昧尙克欽承唐熙四十年

都統兼內務府總管佐領謚襄貞馬思喀碑文國家愼簡老成寄之
要任果其恪愼自矢夙夜在公生則被以優崇歿則加之異數恩隆
終始禮備榮哀爾馬思喀賦性慤誠躬行純謹念累世之效藎由環
衞而參禁兵緣侍從之服勞佐統軍而總內務綜覈盡力兢業殫心
旋典羽林於天府兼轄火器於京營及膺都統之崇階正藉簡稽之
後效而身嬰痼疾予假就閒尙冀獲痊遣醫診理詎意奄然長逝深
惻予懷寵錫優加儀文畢備遣皇子以臨殯用申念舊之情謚襄貞
以易名聿舉飾終之典嗚呼緬委用之有年宜寵榮之洊被式頒綸
綍用勒貞珉輝映墓門昭垂後嗣不亦休歟康熙四十三年六月二
十八日立

維康熙四十三年七月十一日皇帝諭祭資政大夫正紅旗副都統兼佐領以功授拜他喇布勒哈番穆成格之靈曰鞠躬盡瘁臣子之芳踪賜䘏報勤國家之盛典爾穆成格性行純良才能稱職方冀遐齡忽聞長逝朕用悼焉特頒祭葬以慰幽魂嗚呼寵錫重壚庶沐匪躬之報名垂信史聿昭不朽之榮爾如有知尚克歆享

康熙四十三年七月十五日皇上遣禮部侍郎邵穆布致祭正黄旗管侍衛内大臣前鋒統領兼一等伯佐領巴圖之文曰鞠躬盡瘁人臣之美□恤亡酬勞國家之盛典巴圖資禀純篤擢爲内大謹臣慎供職方期遐昌倏然長逝朕深哀悼特頒祭祀之典以表軫念之誠嗚呼□施黄壤惟報黽勉之勞名裕清篇以旌不朽之烈如其有知來格來歆

御書太子太傅禮部尚書保和殿大學士加六級致仕加少傅兼太子太傅謚文靖王熙碑文國家優重世臣褒崇耆德其有遭逢泰運歷事兩朝久居機務之司懋著恪勤之望則必眷深存殁恩篤始終嘉謚用頒碑豐載渙所以風勵有位昭示來茲典至鉅也爾太子太傅禮部尚書保和殿大學士加六級致仕加少傅兼太子太傅謚文靖王熙學術純粹器重淵涵早通籍于詞林即受知于先帝旋參綸閣矢夙夜以在公復領清班殫靖共而罔懈迨朕躬之御極更倚毗之方殷洊陟列卿簡秉鈞軸本和衷以協力無偏倚之私敦大禮以推誠表休容之度小心常凛晚節彌堅佐成清靜寧壹之休聿遵正直蕩平之軌百爾卿士宿望攸歸二十餘年老成是賴雖歲時逾邁求退懇誠而眷念彌深慰留諄篤及敦請之再四經勉允以告歸晉秩公孤時加存問詩篇榜額既錫予之便蕃藥餌珍饈亦恩波之稠

疊方謂林泉頤養克享遐齡何期疢疾纏綿奄歸長夜特遣皇子臨奠以示格外優隆回憶生平益增軫惻諡之文靖典備榮哀於戲風度如存儀型未遠公忠奏績黄扉之事業恆新翼贊流徽青簡之聲施弗替貞珉傑峙永炳千秋康熙四十三年冬十一月二十日

多羅貝勒那□碑自古帝王承天撫民篤念宗親故生則錫以榮封歿則彰其令譽典至重也爾那□係多羅衍禧郡王羅洛宏第三子秉性端良居心敬慎誼關藩屏派演天潢方冀遐□忽焉長逝念爾屬在宗室爰特頒示隆□稽考彝章勒文貞石用傳不朽以示敦睦宗族之心永爲藩屏懿典云爾康熙四十四年正月二十七日

維康熙四十四年四月十七日皇帝遣禮部郎中碩色諭祭原任廂藍旗滿洲都統額黑納之靈曰鞠躬盡瘁臣子之芳踪賜卹報勤國

家之盛典爾額黑納性行純良才能稱職方冀遐齡忽聞長逝朕用
悼焉特頒祭葬以慰幽魂嗚呼寵錫重壚庶沐匪躬之報名垂信史
聿昭不朽之榮尚克歆享

光禄大夫議政大臣都統理藩院尚書阿公第三子阿進達墓碑生
於康熙十四年乙卯五月初八日寅時公幼而穎異敏捷長而端凝
仁恕體貌俊偉精於騎射且博通經史洞曉大義家庭内事親以孝
事長以敬至交友酬答之間靡不情文周致每常言曰男兒立身以
光前裕後建功立業爲志承藉豐厚毋庸也年十三即選拔内庭隨
侍十六歲隨皇長子出征兀魯特噶爾旦臨陣衝鋒不避矢石王獎
賚曰爾年尚幼頗有膽畧可嘉厥後夙夜靡寧勤勞惕厲旋得沉痾
醫藥罔效於康熙甲戌年十月二十四日申時溘然長逝易簀之夕
嗚咽言曰我忠孝兩虧大志未遂爲天地間之罪人矣言畢即卒尚

書公太夫人悲慟幾絶次年二月二十七日午時末亡人傅氏産一子頭角崢嶸風神秀徹尙書公太夫人顧之色喜曰吾兒雖亡今有後嗣寒家有慶存殁均賴矣太夫人繈褓捧負珍如掌珠錫以佛名衆僧保七歲時出就外傅聰慧穎悟目下數行至舉止端詳語言謹慤常曰吾幼而無父幸賴祖母鞠育日後倘能成立不知何以報劉也故祖母愛護益加晨夕教誨無不承旨豈意甫十歲患痘而殤太夫人及母氏呼號搶地幾不欲生嗚呼痛哉天道無親既奪其子又奪其孫桑榆暮景煢煢孤苦彼蒼者天何其有極竊念父子生則相背死則同穴爰卜佳城並埋玉樹靈其有知儻其化鶴雙歸集於松楸之上安得不痛生者之經營慘烈而哀鳴上下也耶用伐片石勒諸墓道康熙四十四年閏四月十八日妻包門傅氏敬立

皇帝制曰國家思創業之隆當崇報功之典人臣建輔運之績宜施

錫爵之恩此誠古今之通義爾鎮守江寧等處地方將軍一等阿達哈哈番額楚性質端謹才識宏通俾掌簡晉恪愼無慚於職守宣勞左右夙夜克矢乎寅恭任用有年小心益勵服官匪懈歷試能勤欣茲慶典以示褒嘉爾先攻西平縣第二等登進授爲拖沙喇哈番又累授爲三等阿達哈哈番後海賊鄭成功等侵取鎮江瓜州賊兵七千餘衆登岸時爾擊敗之又賊兵三萬餘衆登岸時爾擊敗之又賊兵萬餘衆移營時爾擊敗之又賊兵十萬餘衆拒戰時爾擊敗之故由三等阿達哈哈番陞爲二等阿達哈哈番世襲罔替今特授爾階光祿大夫弘獎忠貞懋勳樹德康熙二十六三年五月初三日康熙四十四年七月丙子敬立經筵講官議政大臣吏部尚書管理禮部尚書事務佐領加一級男席爾達叅領加一級孫悟禮布八品筆帖式孫世忠三等侍衛孫世祿八品筆帖式孫席禮布八品監生孫世貴

皇清誥授資政大夫護軍參領加二級巴公碑文竊惟自古人臣懿
行勞績特蒙寵榮者恆紀叙誌銘勒諸貞石上以昭國恩下以著遺
蹟也吾兄巴諸代性亶忠孝志在顯揚束髮宣勞洊擢護軍叅領覃
封父母既以刻石表墓矣兹不以吾兄生平官階勞勩按次歷陳恐
後人莫聞遂致湮沒是以叙其實而紀之吾兄年十六即任和碩鄭
親王三等護衛繼任和碩鄭親王一等護衛平闓時王出征日侍左
右奉王指揮黽勉拮据事無鉅細靡不畢舉屢承王寵賞賚頻加遂
擢授護軍叅領平楚之日戰於襄陽之南鄭率右翼兵大敗賊衆又
奉令取桂陽州率右翼兵大敗賊衆復其城賊攻永興城圍其三面
又率援兵擊敵大敗之賊衆卻走是戰也額受重傷討厄魯特之役
署護軍統領率本旗交戰足獲巨創吾兄幸逢恩詔加二級授之誥
命封資政大夫康熙三十六年五月初五日卒享年六十有七今于

康熙四十六年六月十一日胞弟薩諸代等歷叙始末永留篆碣以
垂不朽云孝男拜牙喇叅領加二紀巴諸代工部員外納爾圖三等
護衛加一紀岳諸代拜牙喇叅領蔡諸代孫三等護衛張愛七品官
加一紀嘛尼監生復永曾孫郎保明壽八品筆帖式根齊根孫佳氣

奉天承運皇帝制曰疏庸有典分五等以建官懋賞維功申九命而
作伯不有殊常之錫曷□列爵之榮而領侍衛內大臣二等伯前鋒
統□佐領巴圖間氣夙鍾壯猷克劭力能衛國允推樽俎之材忘功
臣時無忝旂常之烈既洊加以顯秩乃益勵夫小心貂蟬以答賢勞
載諸册府鼎鐘□彰盛事煥在宗枋慶典欣逢新恩益沛茲以覃恩
特授爾階光祿大夫錫之誥命於戲躬圭表端非徒組綬之光華鵠
印生輝益展經營之遠畧尚圖後效母替前勳康熙四十六年八月
吉旦孝男

都統一等阿思哈尼哈番佐領加一級謚襄勤趙璉碑文皇帝制曰
國家推恩逮下莫隆於追錫嘉稱而考行易名尤貴於詳稽實蹟必
有舊勞之足錄方膺新命之重頒爾趙璉賦資質直矢志敦勤早嗣
勳階因參軍幕挫凶鋒於雲朔摧逋寇汾關長驅榆塞之邊力戰酒
泉之郡洊陞都統旋從元戎取道粵西進征逆孽兩戰而石門失險
一鼓而黃草消氛直抵雲南之城大捷歸化之寺方息兵而振旅遽
裹革於行營念爾戮力兩朝羈魂萬里命使迎其歸櫬論功晉其世
官復允爾子孫之陳情追溯爾躬之勀績準其事蹟謚曰襄勤嗚呼
久典韜鈐歷經戰陳成勞在昔異數方新貢以絲綸永增光於堂斧
銘諸琬琰用昭示於子孫康熙四十六年八月二十六日

康熙四十六年九月二十六日皇清光祿大夫阿思哈尼番內閣侍

讀學士節公之碑

雪屐尋碑錄卷十

雪屐尋碑錄卷十一

清宗室盛昱集錄

康熙四十七年三月十三日皇帝諭祭誥封夫人賴布氏之靈曰朝廷弘錫類之恩典均存歿臣子著靖共之節榮被親闈爾賴布氏乃都察院左都御史耿額之母爾子歷任有年勤勞厥職克承家訓宜賁彝章特頒諭祭以光泉壤爾靈不昧其欽承之

康熙四十七年三月二十五日□立男席禮布等謹誌先君經筵講官議政大夫臣吏部尚書管理禮部尚書事兼管太常寺事佐領加四級席公□爾達初任贊禮郎二任佐領三任太常寺正卿四任左副都御史五任內閣學士兼禮部侍郎六任內閣學士原品太常寺正卿七任禮部左侍郎奉命往甘州會同川陝總督佛倫將軍郎坦孫恩克等爲取逆賊噶爾旦窃踞和卜多地方□三次隨駕出征滅

噶爾旦後議叙加一級八任左都御史九任兵部尚書十任署理川陝總督事務十一任禮部尚書仍署理川陝總督事務十二任轉吏部尚書兼禮部尚書仍署理川陝總督事務十三任吏部尚書兼管禮部尚書署理川陝總督事務兼西安門軍事十四任吏部尚書十五任吏部尚書管禮部尚書事兼管太常寺□奉命統領□州□□□湖廣貴州廣西三省提督□旗官兵征勦鎮筸紅□直抵龍蛟洞天心寨諸地深穴誅適撫順平定邊疆歷任事蹟□以殫述聊紀大略爰勒碑□以垂不朽云八品筆帖式男席禮布□驍參領加一級男悟禮布八品筆帖式男世忠二等侍衛男世祿八品監生男世貴男世保孫際弘際盛際獅子凝重

光祿大夫工部侍郎加三級常公碑文稽古名臣碩彥載在史冊者必有端方渾厚之質精明彊固之材于以備國家之使樹偉望於遐

陬斯所稱立德立功垂諸不朽者也工部侍郎常公諱壽家從龍以
勳績顯公生而凝重然諾不欺早歲入仕爲刑部筆帖式升本部主
事戶部員外九門提督凱公題補提督衙門員外郎提督衙門向止
設筆帖式六員凱公特奏請補蓋聞其名德久矣□是番役巡察奸
宄凡所獲未解審輒私加榜掠慘毒具備公甫莅任即力言其不可
自此嚴加禁絕番役不能爲奸奏法執公案牘以肅遂升戶部郎中
凡奉差往外省勘獄查災不下十餘次皆以才能著尋陞御史巡視
河東鹽政還朝以九卿保舉陞少詹事充東宮講官升內閣學士仍
留講官又署理番院再署禮部事以公謹慎詳密故有是命時海濱
不逞之徒聚衆爲盜上遣公往諭之公至粤東宣威德示信義招安
賊渠阿保韋等而八閩亦聞風歸附上喜之遂升刑部侍郎又差往
粤東察審盜賊蔡三十二等回至九江府道卒訃未上調工部侍郎
而公已不及見矣公爲人樸誠篤於友誼崇尙實行不事邊幅歷任

顯要盡瘁於王事嗚呼此所謂立德立功垂諸不朽者與公子孫蕃衍亭亭直上瑶環瑜珥聚於一門蓋享德之報云銘曰莪莪常公邦國之傑遷轉六曹迴翔九列數清黑獄一靖海氛銘鐘泐彝韓范之勳帝念藎臣褒綸載錫公不永年班僚痛惜楸梧落日石馬高原經其下者識公墓門公雖往兮天眷厚德繼嗣克昌載其遺澤康熙四十七年歲在丙子三月□□日日講起居注詹事府少詹事兼翰林院侍講學士加一級史夔撰文并書

皇清光祿大夫蒙古都統兼内務府大臣佐領謚襄貞馬公墓表公先世鐘靈長白家本貴族公之父戶部尚書謚敏果賦性方嚴歷官有聲既爲大司農値三逆變亂公外調兵食内參樞機朝野胥賴焉生四子公最長季則今大學公副都統公皆以將相功名爲今上所倚毗而公秉性端誠素有雅量具經世奇勳舊大臣咸歎曰此眞邦

家柱石也初授二等侍衛出入周廬恪勤其職遷佐領凡甲士貧乏者恆賑給之苟或不率必罰無貸是以其下咸知感輯遷二等侍衛署參領事征蜀之役有擊敗譚弘賊兵功班師後上以武備爲國家要務總管實樞府崇階遂專以屬公公知明處當戎政畢修俄遷副都統復遷內務府總管於是宮府軍國之重惟公兼之矣未幾擢領侍衛內大臣兼火器營總管本朝禁旅馬步軍皆精銳無敵上復加練火器以爲百戰百勝之具蓋方有事於肆討不庭故特命公以重任也及上親征噶爾丹天威所屆賊渠聞風喪膽西遁爰拜公平北大將軍統精騎追公鼓行直前厄魯特之屬丹巴哈什哈察罕西答里哈什哈等數千人悉迎降大師凱旋晉階光祿大夫官蒙都統仍兼總內務公益矢報効思酬國恩忽以疾作敦請給假上軫懷宣力篤念舊勛特賜藥醫藥存問數至奚期天不憖遺溘然長逝得年五十有五訃音上聞宸衷震悼頒來白金文馬贈賻有加大襄之日特

命皇子臨奠慰送且稽彝典諡曰襄貞嗚呼古大臣望重而功高生榮而死哀者以公之何多讓焉鴻緒自入班行獲覩公風采聞公緒論私心欽折久矣兹公子牛彔章京三等侍衛那爾泰三等侍衛薩爾泰等既奉公大葬屬余爲文表於墓石謹舉公生平積勞偉伐與始恩遇之隆以彰朝庭褒忠恤勤之典用垂奕禩昭示無窮猗歟盛矣康熙四十七年四月吉旦賜進士及第光祿大夫經筵講官工部尚書加六級雲間王鴻緒頓首拜譔

一代之興必有崛起之才以佐之或取於草野或羅於四方而其奇者則或近出於一旅父子兄弟相繼輔政如唐虞之元愷成周之周召此蓋貞元之氣會萃一家天固以一代之艱大付之所謂富貴福澤成理萬物之大資世俗不知而誇以爲榮則誤矣公諱燕字子喜號个菴文貞公之第五子而文靖公之弟也文貞公勳在王室名著

天壤彪炳史册至今嘖嘖人口文靖公以翰苑起家歇歷政府旋執國柄爲太平宰相者二十餘年公以門廕補官西曹歷刑戸兵三部先後四載出爲郡守而吳臬而楚藩遂開閫於黔中時公之兄啓齋公亦相繼建牙兩浙兄弟三人並掌大權項背相望極人間之榮遇而公不以世祿爲榮獨以振家聲報國恩爲兢兢是以在京口則勞心撫字不肯朘民以益上居吳會則矢公平反不肯任意以損下迨屏藩荊楚罷鼓鑄裁羨餘弊絶風淸百吏率職由是頌聲載道推薦之刻屢上天子曰俞予其試哉維黔當滇楚之衝居百蠻之會地瘠民貧苗猺雜處號稱難治往哉汝諧公乃以便相持節而南甫下車則請減荒田之賦額以勸開墾設庠序之師儒以崇文教表閭巷之幽貞以厚風俗絶苞苴禁苛派恤郵傳甦商困蒞黔六年上無不廉之官野無不闢之土民猺安堵禮教日興而羅施荒徼燦然有鄒魯之風然公之心力亦已憊矣四十年秋請致政不許力疾視事至四

十二年秋病轉劇復疏乞骸皇上憐之以原官致仕公自解組後休息林下者五年雖無雜務擾其胸臆而二豎已入膏肓遂奄奄以歿焉公生於順治九年十月之初七日卒於康熙四十七年七月之十二日享年五十七歲六之配匹嗣系里居氏族詳於墓誌不具載先復受公之知見公忠君愛國之志每飯不忘而後知天之富貴福澤所以畢聚於公之父子兄弟間者非爲一家之榮寵蓋培植一代之人才而爲邦家之光也於是系之以辭曰緊家聲其丕振惟青史之常垂德澤可久道義可師宦績方盛疾已不支遽爾歸田誰實使之才未盡展德未盡施天或以留此以昌乃後嗣誥授中憲大夫兵部左侍郎前右侍郎己丑科武會試知武舉都察院左副都御史太常寺卿太僕寺卿戊子浙江典試正主考大理寺少卿鴻臚寺卿少卿奉天提督學政通政使司左右參議協理江南道山東道山西道陝西道巡視北城己卯科文武監試庚辰科會試內監試陝西道監察

御史內陞湖廣大冶縣山東曹縣知縣奉旨行取西蜀受業李先復
頓首拜撰

維康熙四十七年十月癸卯朔越有七日己酉皇帝遣禮部員外郎
觀音保諭祭原任貴州巡撫加一級王燕之靈曰鞠躬盡瘁臣子之
芳蹤賜恤報勤國家之盛典爾王燕性行純良才能稱職服官年久
素有勤勞方冀遐齡忽聞長逝朕用悼焉特頒祭葬以諭幽魂嗚呼
寵錫重壚庶沐匪躬之報名垂信史聿昭不朽之榮爾如有知尚克
歆享

皇清誥贈資政大夫內務府掌儀司郎中兼參領佐領加二級晉贈
光祿大夫趙公神道碑古之君子抱道在躬不求聞達往往以布衣
而貴踰卿相蓋其內行存備修之身而施於家雖未見諸事功而隱

然繫朝野之望書云令德孝恭友于兄弟而孔子謂施於有政是亦爲政不因遭遇爲顯晦也然而嚮用錫福積善餘慶不於其身必於其子孫蘊之彌深則發也彌盛可以覘天道焉公姓趙諱拖和齊爲白山望族當雲雷締造之初鐘扶輿淸淑之氣使其得時柄用必且贊襄帷幄輝映旂常而志履隱約未展厥施迄今數十年往矣聞與二三故老訪公軼事僉曰公之宅心仁恕而處事周詳也持家嚴整而遇事和平也規言矩行一一足爲後人欽式淑配多什喀覺羅氏天宗貴室與公相莊白首門庭雍肅内外無間惜乎代遠人湮故實多缺僅能得其髣髴耳然亦可見公之生平矣公之子拖爾陛孫齊色先後膴仕累贈光祿大夫配贈一品夫人公之考妣封爵如之於是治塋大葬而樹碑於公之隧道重綸疊紫光賁泉壚公之名位未極於生前乃食報于身後孫曾鵲起蔚有令聞蕃衍昌熾之福繩繩未艾非公實啓之乎史稱漢萬石君奮無文學恭謹無與比爲諸侯

相奮長子建次甲次乙次慶皆以訓行孝謹官至二千石景帝號奮
萬石君及武帝世慶爲丞相封牧丘侯諸子孫爲吏更至二千石者
十三人時稱極盛瑄生也晚不獲炙公言範顧以備員侍從得與公
之後人遊因以習聞公之家風庭訓方諸萬石君殆有過之無不及
也萬石君及身而顯公再世而昌天之報施善人良不爽已因敢掇
其梗概書之貞石而系之以詞曰公之生兮川岳降神内行純備表
範人倫潛德弗耀爰終其身公之殁兮墓木既拱後嗣蕃昌蟬貂接
踵顯厥幽光天書褒寵緊松栢之茂兮必培其根江漢之流兮必濬
其源惟君子有穀以貽子孫高丘之原安窀穸兮過者必式緬遺澤
兮承休衍慶永無斁兮賜進士第經筵講官内閣學士兼禮部侍郎
兼管詹事府事政治典訓副總裁丙戌科文武殿試讀卷官前日講
官起居注詹事府少詹林翰院侍講學士左春坊左庶于掌坊事乙
酉科順天武鄉試正主考翰林院侍讀侍講編修三朝國史大清統

志明史三館纂修官戊午科順天鄉試副主考淸書庶吉士楊瑄頓
首拜撰文賜進士出身日講官起居注翰林院檢討丙戌科會試同
考官前淸書庶吉士徵仕郎張廷玉頓首拜書丹賜進士第翰林院
編修前淸書庶吉士陳邦彦頓首拜撰篆額鴻臚寺序班加一級朱
圭頓首拜勒石康熙四十七年□月□日

奉天承運皇帝制曰樞府崇班鎖鑰重山河之寄中臺出鎮封疆資
斧鉞之勳允屬重臣式甄勞績爾總督四川陝西地方提督軍務兼
理糧餉兵部尚書兼都察院右副都御史仍兼管陝西將軍事務世
襲拖沙喇哈番加三級博濟器資瑰偉風采嚴明覃威惠以宣猷久
矣政行化洽統文武而作憲休哉吏肅民安式弘樽俎之謀懋著保
釐之效奉斯慶澤爰賚徽章兹以覃恩特授爾階光禄大夫錫之誥
命於戲百城凛範益思表率之方三命彌恭式荷恩光之渥訏謨克

奏殊眷丕膺初任親軍校二任六品典儀三任五品典儀四任加一級五任二等護衛六任一等護衛七任管王府事八任加一級九任長史十任蒙古副都統十一任蒙古副都統佐領十二任蒙古都統十三任滿洲都統十四任江寧將軍十五任西安將軍十六任給拖沙喇哈番十七任加一級十八任今職制曰持剛秉憲良臣作節鉞之勳履順思莊淑女著珩璜之範芳型無忝茂獎宜加爾總督軍務兼理糧餉兵部尚書兼都察院右副都御史仍兼管陝西將軍事務世襲拖沙喇哈番加三級博濟妻傅查氏名家作配內則是嫺勵婦節於縞綦每覺霜威輝映謹家閑於閫閾益彰鈴閣清嚴兹以覃恩封爾爲一品夫人於戲賁錫寵章播休聲於閨闥誕敷嘉澤揚令聞於巾袿式受榮施祗承顯命康熙四十八年

誥封一品夫人宗室覺羅氏之舅和碩額駙諾公之碑文諾公本出

喀爾親固山之貝勒拉思公之長子因父率領所屬來歸聖上賜公之父拉思爲世襲三等阿思罕尼哈番將公授爲二等侍衛公賦性聰慧才識超羣騎射嫺熟而兼身躬雄偉進用侍衛以來晝夜勤□力思報聖主兩世知遇高厚之恩竭矢誠衷謹心篤行之蹟爲我皇上洞鑒拔於衆中超擢將和碩格格配公得授和碩額駙正邀寵眷忽爾棄世我皇上深惜信任軫恤公之闔宅老幼慽切悲哀言難盡悉幸公陰德有賴生子八長成世襲祖職紹公之行正思竭力顯耀祖先不意又□中途棄世嗚呼公雖無親子親孫公所創之產業未毀益加隆盛亦公之善行感格神明似此大孝特授爲一品夫人宗室覺羅氏之媳婦婦每一念及公之父子鬱鬱痛悼有恐泯沒公之善行囑余勒其情於碑其公之精奇捷要奉政大夫柏特余謹拜不能枚舉但將我皇上自侍衛超擢得配和碩格格授爲和碩額駙之實蹟勒於碑石以貽後世云康熙四十八年二月初十日謹立

皇清誥贈光祿大夫都察院左都御史加三級謚三廂公之墓康熙
四十八年己丑孟夏吉旦孝男耿額敬立

皇清誥封光祿大夫總都江南江西等處地方文武事務兼理糧餉
操江兵部左侍郎兼都察院右副都御史加一級壬辰科狀元勒吉
麻公之墓康熙四十八年孟夏吉旦孝男麻舒敬立

皇清誥封光祿大夫兵部左侍郎食正一品俸加十級兼佐領布公
諱雅努之碑康熙四十八年五月二十五日男一等侍衛加一級巴
海率孫己丑科進士色楞闍等敬立

大通河之北岸古草廠里維我先人三世卜其上後孫安圖追溯本

源勒珉於墓以誌不朽非敢作也有所述也吾父生前嘗誨圖而言曰我乃汝祖遺腹子也我上有四兄皆奉侍晨昏親承色笑平居備述汝祖行誼告我今爲汝言汝祖關爾嘉氏世居上河德林志裕經綸性篤忠孝初任内書院統理樞要纂修太祖高皇帝實録總裁遼金元三朝國史考之封度章程官級律令太宗文皇帝改元崇德置三院内閣九臣汝祖班列第二繼有大河之役以豫親王奏請爲啓心郎參贊機略每隨諸王征討籌策决勝所向成功凡三十餘次屢奉安撫蒙古朝鮮諸國太宗親征特命留守盛京轉給約束事事奏可恭遇世祖章皇帝定鼎□京統一海宇以佐命功累遷内閣學士兼禮部侍郎據拜他喇布勒哈番加爲二等阿達哈哈番世襲罔替維時汝曾祖早世爰奉汝曾祖母至都侍養雖夙夜靖共從無寧晷而温凊甘旨未嘗稍間順治二年而終享年三十有九汝曾祖母哭甚哀歎曰吾子云亡吾豈能久存乎吾没必與吾子葬一所後遂謹

奉慈命封墓於汝祖右上夫汝祖謙罴性成端慤自守家居不言國
事凡所建白雖子弟罕與聞是以不得備記惟載在史册昭昭耳目
者聊述一二汝其誌之嗚呼父言不可忘父行又何可沒哉吾父事
母克孝事兄克恭治家惟肅待下惟寬宗黨有貧乏者常賑濟凡民
有厄難者必矜紓歷任禮部郎中居官清分守正不阿恪共在位名
表客臺年踰六衮解組歸休以不逮事父抱恨終天廬墓頻年依依
不捨悲號涕泣匪特春秋祭掃爲然也康熙己丑而終享年六十有
五因合皇妣繼妣附葬祖旁以慰魂魄夫吾祖之勳名事業允堪垂
範後人吾父之仁孝精誠卓□未可澌滅今於祖壙左右勒碑載纂
惟述先人遺訓而已敢自謂表揚前烈也哉墓有三塚右上曾祖妣
查喇喇氏累封太夫人吉兆右中皇祖諱詹霸内閣學士兼禮部侍
郎二等阿達哈哈番授資政大夫祖妣覺羅氏累封太夫人吉兆左
側皇考諱安達禮禮部郎中加二級授資政大夫皇妣胡爾哈蘇氏

繼妣博爾吉金氏俱封太夫人吉兆鳴呼河流環繞覘世澤之綿長林樹陰翳卜宗支之蕃衍後世子孫其亦覩斯碑而勿忘祖德也夫

維康熙四十九年四月十九日皇帝遣禮部左侍郎仍兼管國子監祭酒事邵穆布諭祭總督四川陝西等處地方軍務兼理糧餉兵部右侍郎兼都察院右副都御史加贈兵部尚書太子太保謚文襄覺羅華顯之靈曰朕惟國家敉寧疆宇亟需保障之材朝庭奬勵官聯允重忠純之佐其有能祗承休命著有成勞者生則被以殊恩歿則加之異數所以嘉績勸功甚盛典也爾覺羅華顯才猷華贍器識宏深始筮仕於司宗繼升華於中秘由講筵而綸閣久居侍從之班改隴右爲關中兩被撫綏之命歇歷中外克矢恪勤顧茲秦蜀之區實西南之屛翰矧惟總督之任乃文武之經維簡在臣工畀之斧鉞三年報績既政成而人和兩地承風更將嚴而士肅朕敷求民隱時邁

華陽爰博采乎輿情乃備知乎治行用是特加眷待大沛恩施宸翰
御文匪頒稠疊寶弓上駟賚予便蕃方謂假爾寵靈永當資其心力
忽嬰篤疾賜醫藥於頻仍溘赴重泉覺軫悼之彌結稽諸典禮用示
優隆晋以宮保之崇階錫以文襄之上謚嗚呼老成□謝念偉績之
猶存奠醊用將紀恩綸於弗替爾靈不昧尚克欽承康熙四十九年

維康熙四十九年七月二十三日皇帝遣参領兼禮部郎中瓦哈里
諭祭原任一等伯兼佐領法寶之靈曰鞠躬盡瘁臣子之芳踪賜䘏
報勤國家之盛典爾法寶賦性純良居心敬慎承襲祖廕厥職□勤
方冀遐齡忽爾遽逝朕用悼焉特頒祭葬用展哀悰嗚呼寵錫□壚
庶沐匪躬之報名□信史聿昭不朽之榮爾如有知尚克歆享

皇清誥贈通憲大夫東淑之子席禧幼而聰慧方數歲時見人即有

禮貌長而沉靜好學鄉黨推重之年二十八歲偶以病終其妻沃岳
氏尚在少艾父母因其無出强令改適而沃岳氏以公姑年邁無依
誓不再醮侍奉公姑不憚勞□頗有孝聞且克送終有禮沃岳氏自
夫故之後兢兢以冰霜自守從無笑容惟見公姑强爲承歡是以族
人戚屬莫不憐其貞節而敬重焉今於康熙四十九年十二月十八
日奉部奏聞覃恩賜以貞節牌坊族人戚屬皆欣然爲之碣記永垂
不朽癸未科五經進士出身原任翰林院庶吉士食五品俸才住拜
撰

皇帝諭祭鑲白旗漢軍都統包衣佐領謚襄敬偏圖之靈曰國家酬
庸有典不□□□之□念舊推恩□著□□之禮厚生前之爵禄賚
厥成勞□身後之哀勞昭茲□□爾偏圖素秉忠誠□兼謀勇利具
陛楯遂膺簡擢之知効力秦疆特寄折衝之□當賊兵□□獗卒勁

卒以指揮一鼓□□□□前屢戰而威名益振捷書累至諭加遊擊
以馳驅□□尙留命副元戎而撲滅蕩西川之伏旃掃盡□□克南
詔之崇墉身當矢石□□□提□績既懋夫邊陲再統親軍□更勤
夫訓練方□□□□聞□□□之嬰隨遣良醫冀獲有瘳之喜奄殂
具告□□殊深俾世職以加隆專大臣□□錫之美謚長增綸綍之
光布以芳筵用賁馨香之○□□垂書竹帛□桴之壯略猶□□賁
泉□醊之榮□□□爾靈不昧尙克□□康熙五十年二月十一日

奉天承運皇帝制曰五辭具聽詰姦首尙廉明三典昭垂勅法務存
欽恤玆惟弼教是用推恩爾經筵講官刑部尙書佐領加四級傅臘
塔秉志寬平律躬敬慎典司邦禁允推折獄之良恪守王章克佐好
生之德權重輕而議律澤逮圜扉僅出入以讞疑恩流嘉石式逢慶
典庸奬成勞玆以覃恩特授爾階光祿大夫錫之誥命於戲民以不

寃懋爾平反之績刑期無措成予惇大之休尙祇服于訓詞益勉修

乎淑問康熙五十年九月

御書壽萱餘慶記皇上久道化成重熙累洽至治馨香被於四表格

於上下協氣旁流嘉祥翕集于時斂福敷錫下逮臣工積善高明之

家不克凝承介祉康强逢吉與祚無極非苟而已也夫白麟奇木紫

從甘露之屬聖朝下以爲瑞惟夫黃髮國琛耇成臣寶告存珍從引

養乞言是弘壽考作人之化者也乃若坤道順承永貞含美而從王

光大鞠子式穀報國悅親令妻壽母斯不亦盛世之休徵天倫之樂

事耶然而于古有之未足艷述茲恭閱大司寇賴公吳蘇太夫人祝

聖恩榮事蹟及先後便蕃寵賜不禁雀而興曰是誠曠古希聞數千

年而僅見者矣昔者巴圖魯翁公從龍定鼎時維膺揚功高汗馬其

敦龐英上之氣見諸刑于舊矣旣而誕育都官兼資文武敭歷禁近

逡長秋司此其翟茀輝煌湯沐大郡誠何待言迺上之所以加禮於太夫人者有異數焉太倉相國王公之記迎駕圖也曰康熙癸巳萬壽周甲之辰太夫人適壽躋九十恭率子姓舞蹈嵩呼跪迎道左天顏大喜停鑾慰問者久之隨召至西苑饌出天廚坐聯御榻祝鯁祝噎動止輒勅中涓扶侍無令跪謝施諸繪事載在典禮而少宰傅公又詳核其恩禮之隆者爲十可紀略云上每召見輒稱之曰老人或呼之曰福壽既喜其齒髮之不衰復嘉其子孫之昌熾温語垂詢款曲如家人禮上避暑迴鑾太夫人嘗遠出奉迎至尊爲之下馬勞問隆禮殊恩書契以來未之有也宣賜之盛不惟其物兼肴重錦衣食天家無論已至如御墨龍箋貂珥雲裘松醪綺饌大茗温香輿夫靈囿之一鱗一羽行宫之一果一蔬靡不遣使馳賚將以諄命皇恩稠疊正難縷數而唯獨壽萱寶額更屬非常之寵且不徒以太夫人已也天子穆然深思親灑宸翰錫爾北堂于以見介福之無疆焉于以

見永錫之不匱焉于以世德之懋建而厥後之克昌焉蓋宇宙有太
和則斯民有壽考之祥朝瑞有令子則庭闈有底豫之樂事親孝而
忠移于君居家理而治移于官體樛木葛覃之風以勸洛誥周官之
政俗美化行治幾刑措閨門之舞綵公堂之稱兕皆是物也其斯以
爲德之本而教之所由生也歟書云一人有慶兆民賴之言率土之
胥慶也而况于天府喉舌之臣乎廷樞與賴公忝同爽鳩既歎慕太
夫人之殊榮而于皇上所以寵示之至意實不敢不共勉焉于是乎
書賜進士第光祿大夫經筵講官刑部尚書加二級韓城張廷樞頓
首拜撰賜進士及第翰林院編修桐城張廷璐頓首書丹

親近一等侍衛兼佐領加一級授爲副都統品級謚果毅海清碑文
禁廷清切端資心膂之臣國典優崇特表勤勞之績必竭誠盡瘁期
無過於生前斯予賵易名俾有光於身後聿頒温諭用勒貞珉爾海

清秉資純良守躬端恪凜□冰于夙夜幼直周廬樹令望於指麾兼
司佐領小心翼翼既闕失之無聞惟日孜孜復精誠之可白蓋自巡
行遐邇以及征討邊庭常效馳驅不離左右御前之服勞者垂四十
年爾心之恭謹者恒如一日尚衣御物廣被恩波榜額宸章誕膺天
錫方謂克享遐年詎乃遽罹疢疾特加存問爰命使臣還遣御醫頒
茲上藥何期罔效日就沉綿猶冀旋瘳手書慰諭及身尊顯特加副
都統以示殊榮奄忽殂終復命衆皇子親臨喪次賜之御馬賻以白
金典禮從優悉如爾父寵施勿替逮及後昆申命禮臣特加祭葬諡
之果毅樹以豐碑嗚呼芳徽具在飾終之典宜加貞石常存眷舊之
思何極昭垂奕禩不亦休歟康熙五十二年三月初六日立

奉天承運皇帝制曰夙夜宣勞事君資於事父雲霄布澤教孝實以
教忠特賁絲綸用光閥閱爾□□阿係陝西西安按察使司按察使

加□級滿普之父操修淳篤矩範嚴明□在詩書克啓趨庭之訓業
恢堂構實開作室之模茲以覃恩特贈爾爲資政大夫錫之誥命於
戲錫天府之徽章殊榮下逮際人倫之盛美茂典欽承祇服誥詞永
光譽問制曰家聲昌大夙彰式穀之休壼教賢明不替□□之謀適
逢上慶用錫殊榮爾陝西西安按察使司按察使加九級滿普母馬
佳氏□習禮規恪循箴訓寢門治業著恒德於貞心閨塾授經寓慈
風於雅範茲以覃恩贈爾爲夫人於戲恩能育子挺杞梓之良材善
必稱親被笄珈之茂寵祇承嘉奬永播徽音康熙五十二年三月十
八日

奉天承運皇帝制曰翼亮天工象協三台之列弘敷帝載位居庶職
之先惟懋丕績以酬迺乃沛新綸而錫爵爾文華殿大學士兼吏部
尙書佐領加四級文達鳳閣清才鸞臺雅望典章練達服勤匪懈於

寅恭器識淵凝顧問時資於靖獻屬在論思之地參機務之殷繁每
抒欽翼之忱佐經猷於密勿崇階𧏡陟弘奬申加兹以覃恩特授爾
階光祿大夫錫之誥命於戲啟乃心以沃朕心倘嘉謨之時告愼厥
位以風有位期庶績之咸熙永劭休聲祇膺榮命初任都察院七品
筆帖式二任加一級三任都察院都事四任加一級五任戶部員外
郎六任加三級七任都察院監察御史八任吏科給事中九任吏科
掌印給事中十任加三級十一任佐領十二任兵部督捕司右理事
官十三任加三級十四任內閣學士兼禮部侍郎十五任戶部右侍
郎十六任議政大臣十七任議政大臣吏部右侍郎十八任經筵講
官十九任經筵講官議政大臣都察院左都御史二十任經筵講官
議政大臣工部尙書二十一任經筵講官議政大臣吏部尙書二十
二任今職制曰職在鈞衡元宰樹中朝之望宜其家室良臣資內助
之賢式播徽音茂膺寵錫爾文華殿大學士兼吏部尙書佐領加四

級温達之妻宣氏柔嘉維則淑愼其儀言采蘋蘩主饋佐和羹之節克勤絲枲相夫成補袞之勳配令德於台司表休聲于壼則崇奬用逮懿範斯揚兹以覃恩封爾爲一品夫人於戲象服是宜聿著温恭之範龍章載賁弘敷雍肅之風祇服殊恩益光令善康熙五十二年三月十八日

奉天承運皇帝制曰功隆賞懋式弘錫類之仁積厚光流必溯貽謀之澤榮名上建義聞彌彰戶部銀庫掌印郎中仍支三品俸加四級永泰之祖父阿爾達喀爾長子戶部主事愛穆布次子護軍參領馬琯渾三子吏部郎中邁圖次子馬琯渾爾原係護軍參領平定雲南時有賊僞將軍何繼祖王弘勳等率領賊萬餘將石門坎山險窄隘口堅壁拒敵擊戰時代領本甲喇將對敵擊敗之賊又在對路大山排列拒敵擊戰時帶領本甲喇將對敵擊敗之賊僞將軍何繼祖王

弘勳王有功張光先等率領賊約及二萬在黃草壩地方設立鹿角排列象挨牌礮銃鳥槍拒敵擊戰時帶領本甲喇將對敵擊敗之賊僞將胡國秉劉起隆黃明等率領賊萬餘出雲南城設立鹿角排列象挨牌礮銃鳥槍拒敵擊戰時帶領本甲喇將對敵擊敗之病故後優陞授爲拜他喇布勒哈番與親男永泰承襲戶部銀庫掌任郎中仍食頭等護衛俸佐領永泰之祖阿爾達喀作室基先開祥裕後一經代授傳家澤衍縹緗再世寖昌匡國名高黼黻興宗兆叶縻爵階崇茲以覃恩贈爾爲資政大夫錫之誥命於戲良臣茂績實承舊德之光大父蒙恩丕煥新綸之采式承休渥庶慰顯揚康熙五十二年三月十八日

奉天承運皇帝制曰奮庸熙載經綸闡報國之忱錫類貽謀詩禮識趨庭之教象賢昭于堂構巽命及乎台垣爾文華殿大學士兼吏部

尙書佐領加四級温達之父原任佐領工部員外郎胡世禮令德夙聞芳型早著義方式穀聿生隆棟之材善慶流徽用啟高門之祚普休施於弘緒表淳德以新綸俾踐崇階允彰寵渥兹以覃恩贈爾爲光祿大夫文華殿大學士兼吏部尙書佐領加四級錫之誥命於戲賁敬事君實本一經之訓推恩逮父聿登三事之榮祇服國章流光家乘制曰大臣爕理之猷端由母教盛世褒崇之典並重壺儀彰惠問於閨闈被寵光於綸綍爾文華殿大學士兼吏部尙書佐領加四級温達之母馬佳氏毓自名門歸於華閥勞能將愛和羹成鼎鼐之勛貴不忘勤補袞衍機絲之緒宜邀殊渥以播休聲慶典欣逢恩施爰逮兹以覃恩贈爾爲一品夫人於戲大錫類於所生訓庸黄閣畀榮名於自出沛澤紫泥用佐弘庥尙期克佑康熙五十二年三月十八日

顯考吳公諱努春初任刑部七品他齊哈哈番二任都察院主事三
任戶部員外郎加三級紀錄五次四任保舉才能改授御史巡視中
城紀錄二次五任吏部郎中六任兼管刑部郎中紀錄二次七任陝
西提刑按察使司按察使八任陝西承宣布政使司布政使九任太
常寺正卿加三級十任內閣學士兼禮部侍郎恭遇覃恩加一級十
一任兵部左侍郎十二任經筵講官十三任議政大臣由議政大臣
特簡隨康親王福建軍前參贊大臣十四任代理鎮閩將軍印務十
五任禮部左侍郎管右侍郎事十六任兼管佐領嫡母瓜爾佳氏繼
母覺羅氏皆封一品夫人公生於天聰壬申年十月十七日戌時卒
於康熙甲戌年二月二十九日巳時享年六十有三大清康熙五十
二年三月十八日戶部八品筆帖式加二級承德郎孝子吳敏謹立

奉天承運皇帝制曰臣子靖共之誼勇戰即爲敬官朝庭敷錫之恩

作忠乃以教孝爾鄂爾弼乃一等護衛署參領加一級常在之父令
德克敦義方有訓衍發祥之□緒丕大門閭旌式穀之休風用光閥
閱惟令子能嫻戎略故懋典宜沛綸章茲以覃恩贈爾爲資政大夫
錫之誥命於戲顯揚既遂壯猷一本於詒謀締構方新殊錫永綏夫
餘慶欽予時命攢爾家風制曰臣能宣力受勞固賴於嚴親子克承
家令善多由于慈母爾一等護衛署參領加一級常在之母王家氏
柔順爲儀賢名著範當弧矢懸門之日瑞應虎臣迨干城報國之年
恩沾鸞誥茲以覃恩贈爾爲夫人於戲賁翟車而煥采寵命祇承擒
彤管而揚徽榮施勿替康熙五十二年三月十八日

奉天承運皇帝制曰麟閣酬勳首重統戎之寄龍牙建績允資上將
之能既專制乎一軍宜申錫以三命爾都統偏圖訏謨經遠器識超
羣夙裕韜鈐載協大人之吉勤抒籌策克彰元老之猷勒部曲以嚴

明威揚禁旅秉旌旄而整暇望峻中權惟居重以馭輕爰推恩而錫
福欣逢慶典用畀光榮茲以覃恩特授爾階光禄大夫錫之誥命於
戲疏爵報功天語特宣夫鳳誥揚休拜命臣心益勵夫鷹揚崇奬欽
承嘉猷勿替初任陝西督標右營遊擊二任陝西督標中軍副將三
任雲南永順鎮總兵官四任雲南全省提督五任今職制曰勞臣宣
力爰高閥閲之勛淑媛同心聿佐干城之績既相夫而克順宜行慶
以維均爾都統偏圖之妻翟氏允嫻内則茂著壼儀居然女士之規
卻丹華而不御雅有丈夫之槩勤告誡以相成佐爾良人爲予爪士
茲以覃恩封爾爲一品夫人於戲肅雝表度笄□□美咸宜貞□承
□□翟之光有耀服茲休命蔚爲禮宗康熙五十二年三月十八日

奉天承運皇帝制曰建旟設旄上將著軍容之盛治兵振旅重臣策
武略之勳用布綸章懋揚嘉績爾奉國將軍加一級宗室蘭鼐系出

天潢職司羽衛明止齊而山立嚴然旌鉞之司整部曲以星羅並作爪牙之士身依日月奉禁旅以周旋氣振風雲衛周廬而出入宜膺異渥以示崇褒兹以覃恩特授爾階資政大夫錫以誥命嗚呼軍威孔肅允推帷幄之功國典欣逢特賁綸綍之錫欽兹休命益劭良謨

康熙五十二年三月十八日

奉天承運皇帝制曰宣威效力事父資以事君錫類推恩敎忠本於教孝祥開哲嗣寵賁新綸爾庫布蘇渾乃奉國將軍加一級宗室蘭鼎之父名重宗英德優碩耆鯉庭授傳家之訓支衍金柯虎臣策報主之勳慶流玉葉兹以覃恩特授爾階光祿大夫錫之誥命於戲蕤官能敬已弘昌後之基有子承家益勵在公之念予何吝於爵賞爾洵世其弓裘康熙五十二年三月十八日

奉天承運皇帝制曰茂德建勳良臣克昭其果毅酬庸錫類中朝特畀以褒崇爰布正言用彰庭謨爾庫爾禪乃駐防西安將軍兼拖沙喇哈番加一級席柱之父訓備義方慶餘積善肯堂肯構良材資樸斲之勤懋賞懋官明廷申顯揚之錫欣逢國慶式廓家聲茲以覃恩贈爾爲光祿大夫錫之誥命於戲因嚴爲教成令器於班行移孝作忠煥綸章於策府祗承朕命永賁泉休制曰能仕教忠式穀固由於毋訓推恩逮下疏榮必逮於慈幃用答恩勤特頒榮寵爾駐防西安將軍兼拖沙喇哈番加一級席柱之母那拉氏順柔叶德婉嫕宜家盛年不御丹鉛相夫以儉永夜時聞機杼教子能勞茲以覃恩贈爾爲一品夫人於戲先國後家惟賢母獨知大義作忠移孝俾勞臣能紹前徽生而有聞歿且不朽康熙五十二年三月十八日

奉天承運皇帝制曰錢穀持籌列職以郎曹爲重度支經國分猷推

會計之才爾戶部四川司郎中加四級唐奇廉隅夙勵心計兼精上佐地官績奏含香之署典司民部躬親握算之勞茲以覃恩特授爾階中憲大夫錫之誥命於戲不懈於位克稱車服之庸益懋厥功庶副簿書之寄初任戶部八品筆帖式二任兵部主事三任理藩院員外郎四任內務府都虞司員外郎五任盛京員外郎六任刑部員外郎七任盛京兵部員外郎八任宗人府員外郎九任盛京戶部員外郎十任戶部郎中十一任三旗牛羊副統管十二任今職制曰臣心恪慎著茂績於周行婦職修明樹令儀於中閫爰頒慶典俾荷榮褒爾戶部四川司郎中加四級唐奇妻覺羅那氏茂族含芳名門作儷素風自矢克敦圖史之型箔節相規無改縞綦之度慈以覃恩贈爾爲恭人於戲表從夫之大義翟茀承恩沛逮下之深仁魚軒被寵祗承休命永播幽貞制曰匡贊賴乎嘉猷特褒臣節疏榮及乎繼室咸沐恩光爾戶部四川司郎中加四級唐奇妻覺羅氏幼嫻內則少習

壼儀慶卜鳳凰叶和鳴於初吉聲調琴瑟傳靜好於同心兹以覃恩
封爾爲恭人於戲應地含貞允紹前徽而罔間從天沛澤尙揚淑問
於無窮永傳令譽於來兹康熙五十二年三月十八日

奉天承運皇帝制曰奉輦期門久追趨於豹尾珥貂中禁應荷寵於
龍章爾一等侍衛兼佐領加三級常在武勇夙諳恪勤茂著周旋禁
闥歷夙夜以宣勞環衛廷墀直雲霄而奉職允稱爪牙之選宜膺綸
綍之褒兹以覃恩特授爾階資政大夫錫之誥命於戲紫泥璀璨式
瞻扈蹕之榮朱紱輝煌益勵奉公之誼初任三等侍衛二任二等侍
衛三任兼佐領四任加二級五任一等侍衛制曰干戈載戢端資碩
畫於戎行琴瑟咸和更賴同心於閫內爾一等侍衛兼佐領加三級
常在之妻馬家氏柔嘉維則淑愼其儀勤以相夫虎旅奮從王之烈
敬能聚德雞鳴矢戒旦之忱兹以覃恩封爾爲夫人於戲恪修內職

膺玉佩以無慚克贊中樞捧寶綸而加悉康熙五十二年三月十八
日
奉天承運皇帝制曰廉察一方飭紀綱而執法典司庶獄適輕重以
祥刑任寄外臺職專秉憲爾陝西西安按察使司按察使加九級滿
普居官勤恪用法寬仁戢貪暴以六條風行鄰縣寓平反於三尺澤
遍方州慶典式臻寵章宜錫兹以覃恩特授爾階資政大夫錫之誥
命於戲政和□□□膺綸綍之褒吏畏民懷尙勵冰霜之操益宣德
意用副恩光制曰奉職恪共懋舉勞臣之績同心黽勉載嘉□配之
賢壼範□□國恩斯沛爾陝西西安按察使司按察使加九級滿普
之妻□佳氏毓自名家嬪於皇族釆藻蘋於□澗允襄□祀之誠詠
紕緎於素絲克勵自公之操兹以覃恩封爾爲夫人於戲被寵光於
象服□□□□錫榮奬於鸞章惠風益暢祇承顯命彌勵閫儀康熙

五十□年三月十八日

奉天承運皇帝制曰褒忠表義昭代之良規崇德報功聖王之令典
特頒恩命以奬勤勞爾三等阿達哈哈番加一級錫達性資醇謹才
識淵宏茂延世之恩克承先業篤象賢之誼無忝前徽奉職有年小
心益勵崇階洊陟歷試能勤欣兹慶典之逢宜沛恩綸之寵兹以覃
恩特授爾階資政大夫錫之誥命於戲恩推自近乃弘奬夫崇階業
廣惟勤尚克承夫寵錫予時命勵爾嘉猷制曰夙夜惟勤人臣寧遑
內顧伉儷無忝國常豈靳隆施錫章服以酬勳念壼儀之媲美爾三
等阿達哈哈番加一級錫達妻吳郎漢氏克勤內德宜爾室家眷良
臣靖共之猷賴淑女匡襄之助爰褒令範式沛新綸兹以覃恩封爾
爲夫人於戲敬爾有官肅閨門而合好職思其內尙黽勉以同心祗
服殊恩用昭壼德康熙五十二年七月初一日

皇清誥授正議大夫理藩院侍郎加三級薦良墓表奉天承運皇帝
制曰篤忠貞而報國臣子之常經眷勳舊以敷恩朝廷之大典特申
寵命用答成勞爾三等阿達哈哈番佐領加三級薦良器量弘深才
資驍勇能延世澤常依日月之光克謟戈韜用奮熊羆之氣迨祗承
夫任使益懋著其忠勤慶典欣逢新恩宜霈茲以覃恩特授爾階正
議大夫錫之誥命於戲宜壯武之家聲用嘉偉畧荷彝章之國寵勉
樹弘猷敬爾在公欽予時命制曰臣忠報國戎旃著揚武之功婦順
宜家譽命表同心之助爾三等阿達哈哈番佐領加三級薦良妻哈
喇車忒氏終温且惠已貴而勤順以相夫克佐賢勞於夙夜敬能聚
德益彰靜好於閨幃慶典式逢朝章宜賁茲以覃恩特封爾爲夫人
於戲揚令範於紫泥禮宗擅譽播芳蕤於彤管内則揚休康熙五十
二年七月初一日孝男常禄齊什阿麟仝百拜立□□□□□□□

皇清誥贈資政大夫阿達哈哈番加一級錫達墓表孝孫常祿齊什阿麟仝百拜立

奉天承運皇帝制曰功隆賞懋式弘錫類之仁積厚光流必溯貽謀之澤榮名上逮義問彌彰爾鄧安民乃三品官兼管營造司郎中加二級鄧光乾之祖父作室基先開祥裕後一經代授傳家澤衍縹緗再世寖昌匡國名高黼黻興宗兆叶縻爵階崇兹以覃恩贈爾爲資政大夫三品官兼管營造司郎中加一級錫之誥命於戲良臣懋績實承舊德之光大父蒙恩丕煥新綸之采式承休渥庶慰顯揚制曰職崇朝宁嘉丕績於良臣澤沛綸章推鴻慈於大母重闈錫慶累世承庥爾三品官兼管營造司郎中加二級鄧光乾之祖母周氏軌儀嫻習風範淑嘉主饋宜家啟再傳之令□含飴裕後邀三錫之寵光啟佑有原恩施宜沛兹以覃恩贈爾爲夫人於戲芳規未邈尚貽昌

大於方來寵賚仍加庶保昭融於罔斁用酬母□永荷王綸制曰誼
篤靖共入官必資於敬功歸誨迪能仕而教之忠爰沛國恩用揚庭
訓爾鄧顯國乃三品官兼管營造司郎中加二級鄧光乾之父躬修
士行代啟儒風抱璞自珍克毓珪璋之秀析薪能荷彌彰杞梓之良
茲以覃恩贈爾爲資政大夫三品官兼管營造司郎中加二級錫之
誥命於戲貽令問於經籝義方久著佩徽章於策府禮秩加優茂典
丕承湛恩永荷制曰移孝作忠懋簡勞臣之績推恩錫類式揚賢母
之名載賁榮綸用宣懿範爾三品官兼管營造司郎中加二級鄧光
乾之母馬氏早嫻典則夙著規型敬以從夫宜室聿徵其順德勤於
訓子備官一本於慈祥茲以覃恩贈爾爲夫人於戲荷彩翟之天章
徽音益暢披彤毫之仙藻惠問常流祇服寵光久綏福履制曰職在
禁廬布諸司而課績秩居郎署綜庶務以程能爾三品官兼管內務
府營造司郎中加二級鄧光乾小心集事强力當官□爵中朝早奏

精勤之效策名内府聿流恪慎之聲茲以覃恩特授爾階資政大夫
錫之誥命於戲灑慶澤於丹霄式承嘉渥爛徽章於紫誥勉副恩光
制曰臣心恪慎著懋績於周行婦職修明樹令儀於中閫爰頒慶典
俾荷榮褒爾三品官兼管營造司郎中加二級鄧光乾之妻張氏茂
族含芳名門作儷素風自矢克敦圖史之型箴節相規無改縞綦之
度茲以覃恩贈爾爲夫人於戲表從夫之大義翟茀承恩沛逮下之
深仁魚軒被寵祗承休命永播幽貞制曰匡□賴乎嘉猷特褒臣節
疏榮及乎繼室咸沐恩光爾三品官兼管營造司郎中加二級鄧光
乾之繼妻馮氏幼嫺内則少習壼儀慶卜鳳凰叶和鳴於初吉聲調
琴瑟傳靜好於同心茲以覃恩封爾爲夫人於戲應地含貞允紹前
徽而罔間從天沛澤尙揚淑問於無窮康熙五十二年八月十三日

皇淸誥封通議大夫内務府廣儲司郎中管佐領兼護軍參領加一

級仍督內學祁公墓表誥封通議大夫內務府郎中祁公旣殁之二十四載繼配誥封淑人卒於內寢公子七十二來保福海卜於康熙五十二年十二月二十一日啟公之藏而合窆焉公之葬也大學士桐城張公旣銘其墓矣公之子泣告於余曰志以藏諸幽吾父母生平懿行淑德未彰於今庸俟後世乎敢以表阡之辭請按志公諱桑格字致遠著姓以來代有顯者父達敏公克昌厥世仕致內府佐領生子十人公於兄弟行第三生而聰慧不凡孝友茂著稍長器宇軒豁事至迎刃縷解無不洞切機要年十七即補筆帖式識者以遠到期之未幾晉秩六品皇上親選入直章奏公以勤慎蒙恩嘉獎錫以衣冠御書純誠二大字賜之尋拜慎刑司掌印郎中持法平允獄無留滯有盜內帑物者事發逮治盜冀緩獄以自解牽連者衆公獨曰事關帑藏遽行遣捕則無辜者或恐滋蔓復加鞫問果屬誣罔獄具不累一人時服其明怒他案率多類此西十庫收貯官物自明季以

來未行淸釐公爲分別查注使新舊不混出納有司事者可按籍而稽也織染局例有經費公手自釐定者爲程式人不得以意爲增減二十五年管驍騎參領兼內學簡㩁滸墅關甫涖任即具祛積弊定章程一疏凡商民官吏之利弊罔不振興釐剔肌擘理解務期上可杼國下不病民錙銖之末非所較也疏入得奉俞旨筦㩁朞年人心感悅建祠入志江浙之民迄今有遺愛焉因閉塞北橋修濬便民橋落職上鑒其情頃之復起爲會計司副郎遴轉廣儲司遷本司正郎管佐領兼驍騎參領加一級仍督內學公長身玉立美鬚髯善騎射明於吏治當官涖事衆所終日不決者徐以一言斷之事輒立定謙謹自飭不矜不伐廉潔之操同列視傚兄弟怡怡式好無間與人交然諾不苟居恆樂易喜怒有常於温厚和平中仍具有毅然不拔之概二十九年九月奉命恭代大和宮展謁竭誠盡瘁往返四閱月因以成疾公不以介意三十年擢授護軍參領秋七月澄心園告竣舊

患復作至二十七日猶力疾薄書達旦啟視奄然逝矣公歷仕二十餘年凡內府政務與聞獨多考修典禮同修會典序試人才皆爲時所推重駸駸乎將不次枋用而年壽不永弗竟其志惜哉公生於順治丙戌年正月二十三日卒於康熙辛未年七月二十八日享年四十有六元配贈淑人那喇氏生一女先公卒繼配封淑人那喇氏柔順有儀雞鳴交儆公任職時夙夜在公淑人綜覈壼政具有條理內外婣族譽頌歸焉公初卒時遺孤方幼淑人撫育教誨俱成偉器其慈和令人善蓋天性也淑人生於順治己亥年七月初二日於康熙癸巳年十一月初十日享年五十有五子四人長佛保住歿次七十二侍衛三來保御前奉直四福海供內職孫一尚幼保住出公生平行事不可殫述爲書其大者使刻石而表諸墓上賜進士及第經筵講官內閣學士兼禮部侍郎蔡升元頓首拜撰

皇清資政大夫吳公之墓碑康熙五十三年歲次甲午季春吉旦製造庫掌印郎中兼佐領加三級男京柱敬立

皇清光祿大夫庫公之墓碑康熙五十三年歲次甲午季春吉旦鎮守西安地方將軍世襲拖沙拉哈番加一級男席柱敬立

宗人府左宗人輔國公鄂飛碑文自古帝王創業垂統以貽萬世凡在宗支皆膺顯爵所以重懿親也爾鄂飛乃鎮國公馬爾圖之子性行純良克循職任方冀永享遐齡何乃遽聞奄逝朕篤念宗親爰稽成憲勒之貞珉用垂不朽庶昭朕敦睦之懷云爾康熙五十四年九月初一日

皇清誥封承德郎顯考倪公
誥封安人顯妣何氏之墓康熙丙申年三月吉旦男從祥稽

首立

誥封光祿大夫沈公輔庵府君墓碑文古之君子教成於家而功著於國不待有位而能然者惟其道足以相及也方我國朝定鼎伊始一時扈從入關者材無大小文武皆得有所振發以共依日月之末光照耀天下何其盛也誥封光祿大夫沈公蘊蓄道德適際斯盛脫令抒所抱以大其設施必有出於人者乃獨以兩尊人高年左右色養絕意仕進既又以伯兄季弟相繼早世諸孤藐然無托撫育教誨專任於己益不忍以爵祿入其心敦行孝友夫非古君子之風歟然公雖終已隱淪而所以教諸子若姪者必以事君大義忘勞忘身之節諄諄誠勉以故子若姪先後列位於朝或勳在政或績著行間無不克供厥職大其家聲是則公孝友之所敦即子若姪忠勤之所本雖謂公教家之道即公報國之道可也公諱朝綱字輔庵其先三韓

人俱以第三子吏部右侍郎朝爾岱之貴贈封光禄大夫一品夫人
配韋氏定興兵備道韋公諱顯宗女□□封一品夫人子四長獨立
庚戌進士歷任翰林宗人府理事後分汎遼陽次祉立鑾儀衛主政
次朝爾岱吏部右侍郎世襲拖沙喇哈番次業立任部□□孫男尤
多材俊今詹事府右春坊右庶子掌坊事僧格勒者有道而文推重
館閣即吏部公出也予與吏部公之子以文字一日之雅緣獲知公
家世最悉一日垂涕告予曰先大□□□□□□□□□□□八里
莊北之原距今南北鞅□墓碑尚未刻文敢以請於先生先生其□
□□□□□□□□□□□□□未易殫述也爲特揭其敦孝友而
敎忠勤之大端如此此誠以不朽於後世矣時雍正四年三月穀旦
進士第誥授光禄大夫工部尚書康熙癸已科會試大總裁年通家
眷晚生李先復頓首拜撰維康熙五十五年歲次丙申六月己丑朔
越二十一日己酉

諭祭康熙五十五年八月初七日皇帝遣禮部主事加六級常泰諭祭二等精奇尼哈番二等侍衛佐領加一級保柱之靈曰鞠躬盡瘁臣子之芳踪賜恤報勤國家之盛典爾保住性行純良才能稱職方冀遐齡忽聞長逝朕用悼焉特頒祭葬以慰幽魂於嗚呼寵錫重壚庶沐匪躬之報名垂信史筆昭不朽之榮爾如有知尚克歆享

康熙五十五年十月十九日皇帝遣禮部石侍郎仍兼光祿寺事薩哈布諭祭總督雲貴等處地方軍務兼理糧餉兵部右侍郎兼都察院右副都御史加五級謚恪勤郭琜之靈曰職司靖獻臣子報國之常經禮示褒嘉朝廷恤下之大典惟生前既著其勞勩斯身後爰被以恩施爾郭琜器識宏深才猷敏贍早登郎署已建清標繼晉冏卿復彰令望轉階憲府每懷司直之風秉鉞軍門時懍飲冰之節封疆

寄重澤已被於一方鎖鑰任專政能行於兩省曩昔丹廷召對祕殿
賜書方期永作屏藩詎意忽嬰疢疾幽扃長逝軫悼良深錫謚易名
延休聲於罔斁推恩賜葬舉異數以有加芳醴維馨彝章特賁嗚呼
撫循著績念未泯之勳庸泉壤增榮昭常新之寵渥靈如不昧尚克
歆享

總督雲南貴州等處地方軍務兼理糧餉兵部右侍郎兼都察院右
副都御史加五級謚恪勤郭瑮碑文勤事効忠臣子靖共之節酧庸
惇典國家禮下之仁矧夫職在封疆任專屏翰成勞既著褒恤宜崇
所以昭厥殊恩風玆有位也爾郭瑮器宇淵深才華英敏自登郎署
奉職宣猷洊長冏卿在公亮采遂進階於憲府惟靖白乎乃心用膺
秉節之榮出撫天南之地旋以滇黔重鎮命爾總制邊陲澤已被於
一方政復施於兩省恩威並濟羣吏肅清德化遐宣百蠻綏靖方謂

股肱攸寄何圖年力早衰奄忽云殂用深軫恤彝章特賁褒寵有加謚曰恪勤垂之不朽嗚呼麻聲克副實行彌昭揭姓氏於貞珉樹勳庸於策府服茲休命永示千秋康熙五十七年三月十五日建

鑲白旗漢軍都統包衣佐領謚襄敬偏圖碑文奮武宣威臣子奉公之顯績褒□□□朝廷逮下之弘仁惟恪勤無忝於初終斯典禮兼隆於存歿所以勵官箴昭國憲也爾偏圖韜鈐素裕勇□□□初□□於□□繼披堅於秦甸羣推偉略加遊擊以專征克懋□□副元戎而效力風淸西蜀巴山消伏莽之奸威攝南□□海掃長鯨之□歷階提鎮績既著於□疆旋晉統軍職更勤於□□方寵綏之勿替乃淪逝之遽聞追溯成勞良深軫悼謚之襄敬錫以□官嗚呼傳之靑史尙留竹帛之光□以貞珉永賁□□之色承茲休命勉爾後人

康熙五十七年□月十四日

奉天承運皇帝制曰麟閣酬勳首重統戎之寄龍牙建績允資上將
之材既專制乎一軍宜申錫以三命爾歸化城都統加一級扎拉克
圖訏謨經遠器識超羣夙裕韜鈐載協大人之吉勤抒籌策克彰元
老之猷勒部曲以嚴明威揚禁旅秉旌旄而整暇望峻中權惟居重
以馭輕爰推恩而錫福欣逢慶典用畀光榮茲以覃恩特授爾階光
祿大夫錫之誥命於戲疏爵報功天語特宣夫鳳誥揚休拜命臣心
益勵夫鷹揚崇獎欽承嘉猷勿替初任三等侍衛二任二等侍衛三
任一等侍衛四任護軍參領五任護軍參領兼拖沙喇哈番六任前
鋒參領七任蒙古副都統八任滿洲副都統九任滿洲副都統兼佐
領十任前鋒統領十一任今職康熙五十八年二月

維康熙五十八年歲次己亥二月二十九日壬申皇帝遣禮部郎中

壽柱諭祭鑲黄旗原任領侍衛内大臣一等公國舅佟國維之靈曰鞠躬盡瘁臣子之芳踪賜邺報勤國家之盛典爾佟國維性行純樸擢内大臣敬慎厥職方冀遐齡忽然長逝朕用悼焉特頒祭葬以示憫惻嗚呼寵錫重壚庶沐匪躬之報名垂信史聿昭不朽之榮爾如有知尚克歆享維康熙五十九年歲次庚子五月初七日癸酉皇帝遣禮部尚書貝和諾諭祭原任領侍衛内大臣一等公國舅佟國維妻一品夫人何奢禮氏之靈曰國家優崇勳舊逮及閨闈苟内則之用修宜特恩之下賁爾何奢禮氏含英華胄作配名門淑慎性情早樹珩璜之節範柔嘉素著茂膺褕翟之榮誕育孝懿皇后備德璇闈流徽椒掖鍾祥所自始實賢母之篤生故每被以殊恩頒之異數比當屬疾軫念殊深爰遣良醫輔以藥石頻命中使問其起居迨奄逝之遽聞用悼傷之滋甚典隆賜奠禮備飾終嗚呼託肺腑于天家累世之寵光既久畀綵綸于幽壤中閨之褒錫維新靈如有知尚其歆

享

皇清誥贈通奉大夫固山達加一級阿賽碑康熙己亥年戊辰月吉日長子驍騎校德齊諾次子固山達德布齊立

皇清誥授資政大夫内閣侍讀學士穆公諱成格之碑康熙五十九年歲次庚子二月吉日立内廷供奉翰林院待詔今任大理寺司務曹日瑛敬書

皇清誥封光禄大夫鑲白旗滿洲都統議政大臣鎮安將軍馬公神道碑皇清誥授光禄大夫鑲白旗滿洲都統議政大臣鎮安將軍那蘭公神道碑光禄大夫議政大臣經筵講官刑部尙書巢可托撰文日講官左春坊左中允南書房舊直汪士鋐書丹翰林院檢討萬經

題額公諱那蘭氏諱馬齊先世爲哈達部落酋長太祖滅其國以公曾祖蘇伯海歸尚公主太祖征高麗以都堂職留鎮遼陽祖馬烏官佐領父馬朗蚤卒公幼雋偉善騎射喜讀書弱冠充顯親王府護衛上以嗣王幼特簡公爲長史府中無巨細皆决于公擢護軍統領太和殿灾公以巨繩拽仆左右直廬俾無延燒上知公能授鑲白旗滿洲都統吴三桂反廷選大帥命公督師上親授方略俾親臣餞於盧溝橋公至柳州降賊二千僞官三十餘人由石門坎攻安陸所賊將扼隘值歲除公密令軍士進攻賊無備遂據山口公令諸將各率所部從徑路入而自統滿漢兵下馬步行山路險峻峯嶂盤迴三十里仰面莫窺其頂且隘甚士不能並進賊據隘待我漢兵先攻之少卻賊衆尾之而出公率將士拔木石奮擊自午及酉大破之生擒賊將兵校二百餘人奪其纛翌日令統軍俄和諾率師先發公與都統勒貝西弗等以大兵戰于安陸所破之拔其城賊將李法直降粤西遂

平大兵之下雲南也至曲靖府公與大將軍賴塔軍合黄草壩者賊之咽喉也僞將持重兵連營泥淖中據險固守越數日賊忽出公接戰大破之復與大將軍秉勝連破賊營二十二生擒僞將王友恭王景陽又取賊膠水屯糧所令勒貝俄和諾率漢兵攻之僞將設伏公乘之奪其西門賊潰追殺始盡又輕騎襲陽陵拔之令協鎭索㨗堪都海進攻僞將軍獻玉於板橋大兵亦至擊破其軍渾水塘賊亦潰師至雲南僞將軍胡國龐劉其龍等驅五象以數萬衆逼我勢甚鋭公直前搏戰自卯至午大破之追至城下斬國龐其龍及總兵十二人生擒偏校兵卒六百九人大將軍手持觴勞公進圍雲南依黄土岡結營城礮石如雨公建議夜奪銀定山我軍移營俯視城中如指掌乘高以攻矢石連發賊不能支僞將軍獻玉僞巡撫李元慶等以城降賊首吴世蕃自殺雲南平天子嘉公乃命公爲鎭安將軍留守三載威信素著後削籍家居復從大軍征羅刹蹴其城下受成而歸

又數年從裕親王征噶爾丹遇賊于烏欄堡公奪擊賊披靡宵遁王
嘉公忠勇慰勞倍至凱旋天子愍公復命爲佐領公口不言功小心
奉職卒年六十三葬廣渠門外三里小板橋之原自皇上御宇以來
削平禍亂開拓疆土武功赫奕前古罕及而平吳三桂降羅刹征噶
爾丹諸大討伐維公實左右戎行懋著勞績何其偉歟公娶覺羅氏
封一品夫人卒年七十五子男六人長巴金泰王府護衛次巴克達
恩廕生次齊格刑部山西清吏司員外郎管佐領兼參領次長海恩
廕生次常賚候補主事兼管雍親王府包衣大人事次存柱候補主
事女三人皆適名族諸孫十五人曾孫三人以其財伐石紀功者次
子齊格也銘曰以勞定國計功孰崇中跌而復其惟有終有質其文
碣于隴首以慰幽靈永昭厥後康熙五十九年歲次庚子秋七月甲
申八日癸酉上石

皇清鎭南將軍蟒公墓表日講起居注官左春坊左中允兼翰林院
編修南書房舊直長洲汪士鋐撰文並書及篆額吏部郎中布瞻君
出爲通州坐糧廳三年漕政無缺余爲文頌之君來謝曰余之得至
於斯也非余之能皆吾祖舊德之所遺留也吾祖鎭南將軍削平兩
粤以死勤事天子明其功而貰其罪柄政者不可卒從吏議賴天子
仁聖始終保全後三十餘年天子篤念前勞推恩子孫布瞻得以王
府典儀特授護軍參領不逾年復擢文職爲吏部郎中自顧孱劣未
由仰酬聖天子恩澤惟念吾祖功在疆場獨天子知之使遂湮沒無
聞是上辜聖天子之恩而重余之不德也今墓道之碑猶缺而未書
先生其爲我表之死且不朽余曰發顯闡幽史氏之事也其何敢辭
按國初諱吳達禪者君之曾祖也以勇力聞從龍入關拔城得三等
世職阿達哈番鎭南將軍其長子也諱蟒吉圖襲職以固山大防禦
江寧康熙十三年吳三桂反滇中分道出討公以署副都統率師入

粤受將軍舒恕節制分駐廣東肇慶府時尙之信反粤中賊帥馬雄等圍肇慶甚急外無救援城中總督金光祖巡撫陳鴻名麾下兵亦叛公提孤軍千餘人突重圍出九猺十八洞轉戰二千餘里身經大小七十餘戰時下馬步行或士卒病輒以所乘騎與之不辭其勞踰九十日始度梅嶺聞賊將困信豐公收復殘卒數百人救信豐至贛州與大軍會公自具棄城退保狀請置於法天子不之罪也乃實授副都統拜鎭南將軍兼護軍統領密授方略四品以下官許便宜行事公宣布天子德意勸撫並至康熙十六年夏四月大軍遇梅關降其渠帥五月復南雄韶州時都統穆成格守韶州賊帥馬寶等擁衆數萬環攻累月公保蓮花山以通餉道內築土城以拒之城潰者數矣賴土城獲全公遺書馬寶而身自與戰擊走之冬十一月師次蒼梧復桂林保潯州克柳州復南寧廣西悉平是時朝議欲急進兵滇黔公以兩廣初定賊將馬承蔭雖降猶懷攜貳宜爲犄角拒守否則

恐承蔭之躡吾後也力持不可密疏奏聞已而承蔭果復叛公親督戰懸厚賞以巨礮擊之承蔭勢蹙復降遂班師南寧至潯州公疾作猶張目奮聲調兵進發遂以卒公之既平廣西非逗遛不進也以州四川去滇中尚遠惟廣西密邇交阯可由安南至金沙江直達其境公將假道安南以圖之會安南權國事莫王清與安南黎王搆兵公撫諭其衆使與和好安南國王感動遣使入貢復厚遺公公卻其儀而達其貢天子嘉公智略將召見公公辭曰封疆任重不可輕離必欲召臣臣僅圖形以進其後公薨於軍而由安南進滇之謀亦不復行矣公卒之日煙雲滿室大星殞天鼓鳴其兆尤異者師方行軍士言曰有大蟒當道公曰殺之或曰公名蟒殺之不祥公曰我受天子命勦除逆亂夫何畏軍士一發中其項而公遂病喉不起矣年四十七喪歸南寧百姓感公威德羅拜於道後爲繪像入五公祠以比公之功於伏波也公約士最嚴師行之日秋毫無所犯既克韶州賊將

張星耀鼠竄公籍其家貲軍費不以一錢入私槖獲其妾良家子也有殊色公嚴禁軍士無污辱而召其父還之蓋公嘗奉其母夫人之命毋殺降毋掠民故謹守不失也初朝議削公世職與其弟博和禮其弟曰吾兄平粤有勞績天子嘗褒之吾不可使吾子孫復襲此職也乃以公之孫撫爲子使以次承襲即布瞻君也後君得王府官復辭不就仍與其子始天子不知君爲將軍孫也後乃知之故不次用君及爲郎中以公事詿誤當奪四級亦特留本部皆異數也史氏曰天子之報功者厚矣故表而出之以勸天下之忠於君孝於親勤於職以無愧其先者康熙五十九年太歲庚子秋七月丙寅火朔十七日壬午木立石欽差督理漕務兼管糧儲河道税務戶部坐糧廳吏部文選清吏司郎中兼驍騎參領前吏部考功清吏司稽勳清吏司郎中鑲白旗驍騎參領加三級嫡孫布瞻建碑於京城東便門外二閘之墓次劉茂石刻字

皇清誥封昭陵總管阿達哈哈番加三級資政大夫温公之碑康熙五十九年歲次庚子八月吉旦立長男參領智伯渾次男副都統常官保孫護軍參領哈岱

皇清誥授光祿大夫議政大臣領侍衛内大臣一等精奇尼哈番兼一拖沙喇哈番都察院左都御史達爾罕諸諾彥多公之碑康熙五十九年八月吉旦孝子一等精奇尼哈番兼一拖沙喇哈番散秩大臣加三級博孝孫管理武備院事務一等侍衛加一級色仝敬立

康熙六十年歲次辛丑清和月穀旦孝男石成峨得禮弘峨常德赫德本德成德等敬立

皇清誥贈光祿大夫議政大臣鑲藍旗都統刑部尚書一等阿達哈
哈番又加一拖沙喇哈番佐領加三級相公之碑康熙六十一年歲
次壬寅秋八月吉旦立

皇清誥封□等阿達哈哈番二等下□哈丹之墓康熙□年八月吉
日男□等阿思哈哈番□格立碑

皇帝諭旨遣禮部尚書管左侍郎事王熙致祭故太子太保加一級
交羅郎丘之靈曰鞠躬盡瘁臣子之芳踪䘏死報勤國家盛典爾郎
丘性行純樸才能端良効力年久著有勤勞方冀遐齡忽焉奄逝朕
用悼焉特頒祭葬用展哀悰嗚呼寵錫重壚庶享匪躬之報名垂信
史聿昭不朽之榮爾如有知尚其歆享愚男交羅卜祿謹跋先公分
緒天潢夙稱國器獨蒙太祖高皇帝之恩拔擢在位讞獄總師夙夜

孜孜靖恭無替展拓輿上替弼王基及事太宗文皇帝累晉議政大臣晉尙書晉纛章京庸展忠謨載恢帝緒先公殫盡瘁之誼著匪躬之節席寵履榮良云厚矣曁定燕京之後先公耿直盡瘁益勵忠貞出則督七萃之士剪芟鯨鯢入則贊一人之謨總理機務見利不瀆臨險不懾一心勞貫効力多年久蒙世祖章皇帝褒嘉前功歷踐吏戶禮刑四部尙書兼都統少保兼太子太保朱紱方來紫綸疊被此皆由先公廉正端勤有以仰乎子宸極故恩榮終始罔間也恪敦臣節爲天子心膂股肱之佐克承世德無忝先人矣愚男自幼考妣云亡明發有懷不勝痛悼每念教訓養育之恩等於覆載祿養靡逮扠血摧心寸草春輝仰酬無計謹於塋前用勒貞珉以表先公之德及累朝相繼聖天子褒嘉之恩誌於誥命之後以垂萬世嗚呼□□君恩寵被浩蕩無涯我考高厚之仁揄揚罄冀我子孫銘心世世竭忠盡孝圖報牙無窮焉爾

皇清誥授光祿大夫一等阿思漢呢哈番兼管佐領加三級先考伊公府君行實碑記世有積勳勞於國敦善行於家前業賴以光大後人資其佑啓食福報於無窮沒世而忍聽其實弗彰而名弗著謂非爲人子者之咎歟噫我先考光祿大夫捐賓客卜吉阡於廣渠門外八里莊距今已十載矣男能泰嘗欲從當時賢豪長者乞其言以永昭我□先公行實每以念及輒爲潸然懼其功德久而無述將遺之也爰從給事兵科掌印時得窺三朝實録及簡閱奏牘載□先公功績甚詳謹按次戰功最著者而表諸原數年以來屢膺寵命歷任川陝去國日無從得奉仁賢長者之教恐因循日久致□先公功業湮沒無傳遂成投世之恨故不揣荒陋約略撰記以俟名賢之纂述焉我□先公弱冠時當喀爾喀（國名）遁回察哈爾（國名）飢荒之際□先公以前鋒護衛屢從征伐早有决策制□之譽世祖章皇帝定鼎燕京剏

平禍亂關中盜寇既殲我□先公得功蒙賞又征討四川張獻忠我□先公以前鋒護衛奮勇有功得受恩賞既而□命將分取湖廣□先公告出征以營總從事及大軍進勦雲南追擒永曆□先公復告出征以營總從事皆著戰功康熙十二年癸丑逆賊吳三桂弄兵滇池變起倉卒雲南貴州四川陝西驕將悍卒乘間竊發與吳逆遥相嚮應上赫然發禁旅聲罪討叛□先公又告出征以營總事隨都統阿密達進次陝西寧州距城一十里偵賊衆屯聚遣□先公相機勦撫馳詣門家寨示令連據四寨薙髮投誠又隨都統阿密達進寧州至米家寨僞千總米三春抗顔距命又命□先公率領官兵圍困賊寨止斬米三春等首亂四人舍其妻孥餘賊許其歸誠頒給告示百餘張導以向化由是曹社鎮等二十餘寨以次就撫遂服寧州賊僞總兵羅駝駝周門子魏虎山馮嘉德等率八千餘賊於寧州城東山口列陣拒敵都統阿密達令□先公率本旗官兵擊敗之又離寧州

十五里有僞總兵□二表四率賊千餘於通文安太平大路橫掘濠塹列陣拒敵都統阿密達令參贊副都統鄂克濟哈同□先公率領滿漢官兵抄賊尾後擊敗之又多羅貝勒董格進攻平涼離城八里逆賊王輔臣之子僞總兵王繼禎率馬步賊萬餘列陣拒敵□先公率本旗官兵力戰自巳至未擊敗之僞總兵王繼禎等又率馬步賊萬餘於塔側山腰險峻之處列陣拒敵□先公率本旗官兵復擊敗之大將軍圖海進攻平涼僞總兵王繼禎率領各僞總兵及賊衆萬餘於平涼城北護山墩步前馬後列陣拒敵先公率本旗官兵交戰自巳至午擊敗之逆賊王輔臣於大將軍圖海軍前獻納平涼城池時□先公亦在軍中又僞將軍陳君績率領各僞總兵及賊萬餘欲據谷門鎮西南高山安營列陣由山左而拒敵大將軍圖海特令先公相機進攻隨奪賊所據山頂砲擊南山之賊不令安營日暮始罷先是□先公自西安赴援平涼諸將帥皆欲棄涇州回軍邠州□先

公獨謂邠州決不可回當固守涇州以待援兵若回邠州則涇州咽喉之地必爲賊有凡諸險要賊得與我共之不但平涼難以規取而西安亦大可虞三秦且無寧日矣决以涇州爲駐兵固守之地不可輕移尺寸棄以資賊持議甚堅卒守涇州及進□平涼時

大清誥封資政大夫戶部員外郎拜他喇布勒哈番加三級顧公誥命碑奉天承運皇帝制曰褒忠表義昭代之良規崇德報功聖王之令典特頒恩命以獎勤勞爾戶部員外郎拜他喇哈番加三級顧把納性資淵謹才識宏通初列官階克著勤勞之績爰膺任彌昭敬慎之忱奉職有年小心益勵崇班洊陟歷試無愆欣兹慶典之逢宜沛恩綸之寵兹以覃恩特授爾階資政大夫錫之誥命於戲恩推自近乃弘獎夫崇階業廣惟勤尙克承夫寵錫欽予時命勵爾嘉猷康熙

康熙□十□年八月十六日皇帝遣禮部員外郎加二級常在諭祭
□□佐領□四品官因殉節難□贈都□僉書董□□之靈曰鞠□
□□□□□□蹤□□報勤國家之盛典爾董□□志□□□□□
□不避艱阻□□□□值逆□□□遂捐軀而盡節朕用悼焉特頒
祭葬□慰□魂爾如有知尚克歆享康熙

雪屐尋碑錄卷十一

雪屐尋碑錄卷十二

清宗室 盛 集錄

朕惟誼重酬庸宜先忠烈恩隆念舊用展懿親況乃大節炳於寰區令聞傳於戚里優崇之典必首及焉所以表純臣旌淑範也爾佟國綱德比圭璋志同金石職司環衛寵渥素優爵冠班聯勤勞夙著居內則趨承禁籞在外則勠力疆場敵愾捐軀勳業流傳於竹帛易名賜䘏恩光照耀於旂常既抒爲國之忱復播齊家之化爾他他喇氏毓自高門歸於鼎族德容祇慎度光協於珩璜禮教修明行罔愆於箴史勤相夫之內則勤裕後之宏規並表幽阡爰彰特典於戲青珉壯色勵臣節於千秋彤管流徽樹壼儀於奕世貽之後嗣永示光榮

雍正元年賜進士出身署理日講起居注官翰林院檢討張廷珩敬書

維雍正元年歲次癸卯八月戊申朔越八日乙卯皇帝遣經筵講官
太子大保禮部尚書張廷玉諭祭於太子太傅保和殿大學士兼禮
部尚書加六級致仕加少傅兼太子太傅謚文靖王熙之靈曰任隆
密勿端賴賢臣世際承平每懷舊德苟贊襄之烈克著於生前斯奠
醊之榮宜加乎身後爰稽祀典特沛恩綸爾王熙學術閎深才猷練
達早從藝苑入侍經筵既領袖乎清班足楷模乎庶職振紀綱於憲
府抒籌策於中樞進秉國鈞久襄機務惟篤棐不懈於夙夜故禮遇
無間於初終雖引年而錫予便蕃秩崇保傅迨既沒而恩施稠疊典
備哀榮朕嗣纘丕基追思碩輔潔苾芬而寵錫煥綸綍以丕宣於戲
歲月遷流悼老成之莫覯簡編照耀覺風範之常存惟靈有知尚其
歆格

奉天承運皇帝制曰華胄清資佑啓必原於嚴父令儀碩望蕃昌聿

振於石門爰渙國恩用彰家訓爾齊色乃内閣學士兼禮部侍郎軍
功議敍拖沙喇哈番加三級朝爾岱之父操修醇粹啟迪勤劬儒席
傳珍琢就珪璋之器良材肯構蔚爲臺閣之英門祚方新寵章洊被
茲以覃恩贈爾爲資政大夫内閣學士兼禮部侍郎軍功議敍拖沙
喇哈番加三級錫之誥命於戲承家有子聿昭孝治之風被命自天
用作義方之勸式承茂奬追念德音制曰推恩遡本爰錫慶於親闈
禀訓入官並歸功於母教式頒渥典用播嘉聲爾内閣學士兼禮部
侍郎軍功議敍拖沙喇哈番加三級朝爾岱之母韋氏順以成夫勤
於課子宅能三徙夙成俎豆之容織就七襄早晨文章之緒徽音久
著寵命宜加茲以覃恩贈爾爲夫人於戲鴻章疊布尚伸慈孝之思
閫澤長流彌篤令共之誼廣宣休問永樹芳儀雍正元年十二月二
十三日

頭等侯巴渾德碑文朕惟國家弘奬舊績篤念前勞生既錫以寵班
歿更加之殊禮所以隆飾終之義重易名之典也爾巴渾德居心克
慎奉職維勤早宿衛於禁廷持躬匪懈洎典戎於楚甸專閫宣勞屢
授統軍勵潔清而自好常參議政贊機務以抒誠雖臣子分在馳驅
無忘精白而朝廷眷茲故舊不靳寵榮賻以帑金賵之上駟勅王臣
而輓送用彰優䘏之文予祭葬以推恩聿著酬之禮式循彝憲謚曰
恪恭嗚呼馬鬣新封珉石煥松楸之色龍章載賁金泥增泉壤之光
用示深仁永垂不朽雍正二年月日

皇清誥贈資政大夫都公諱達哈之墓雍正三年歲次乙巳四月穀
旦敬立孫圖理琛塔克興阿伊靈阿費揚古皇清誥贈資政大夫哲
公諱備之墓雍正三年歲次乙巳四月穀旦敬立男圖理琛塔克興
阿伊靈阿費揚古

御製光祿大夫巡撫湖廣等處地方兼提督軍務都察院右副都御史加六級謚勤恪納齊喀碑文朕惟撫綏要地表率羣僚必資篤棐之臣以重旬宣之寄念成勞之猶在宜渥典之攸加所以示酬庸昭優卹也爾納齊喀祇慎持躬靖共矢志久居郎署懔夙夜於在公出蒞藩垣振紀綱而率屬俾膺節鉞往撫荊襄殫力抒誠克荷封疆之寄民安吏肅正資屏翰之猷痾疾忽嬰眷懷良切許子之省侍遣良醫以載馳倘冀速瘳竟聞溘逝彝章備舉葬祭從優特頒琬琰之章丕煥松楸之色謚曰勤恪象爾平生於戲功存保障允爲百職之楷模恩篤始終永荷九重之寵命式垂奕世誕被弘庥雍正三年八月十四日

維雍正三年十月初五日皇帝遣禮部侍郎三泰諭祭於光祿大夫

巡撫湖廣等處地方兼提督軍務都察院右副都御史加六級謚勤恪納齊喀之靈曰任典封疆實賴拊循之績恩施綸綍爰酬保障之功念夙夜以紓忱俾始終而受眷爾納齊喀持身謹恪秉性樸誠歷職郎曹諳兵刑之規畫宣猷岳牧著屏翰之聲稱朕以荊楚爲要區特授節旄之重寄廉隅足式官吏賴其激揚綏乂有方軍民資其輯睦俄疾疢之見告即彌樂以頻頒方冀漸差遽聞淪謝錫嘉名以象行樹豐碣以增榮特遣專官以陳祀事於戲風清槃戟遡未泯之勤勞光被泉扃昭常新之渥寵苾芬攸薦尚克歆承

原任禮部尚書加贈太傅謚文端顧八代碑文國家褒崇舊學眷念前勞其有品望重於班聯經史陳於朝夕勵靖共而匪懈宜寵錫之加優所以表嘉型昭茂典也爾顧八代純粹宅衷端方制行早受知於聖祖洊奉職於清班出贊軍麾佐蕩平之謀略入司典禮矢夙夜

之寅恭命講讀於內廷効恪勤於歷歲論聖賢之奧義深契朕心闡性道之微言懋抒誠悃比老成之告謝誼篤始終緬模範之猶存禮隆贈卹特頒祭葬載復官階晉爵秩於三公垂琬琰於百世易名象行曰文曰端於戲睠懷素履師資之益難忘誕彼新恩耆舊之恩彌切絲綸代賁竹帛流光雍正四年

皇清誥封資政大夫佐領兼護軍統領承理護軍統領事加二級赫公神道碑文雍正四年丙午歲五月朔二日叔父卒於官本年六月十一日葬於祖塋芳弟傳柱立將述叔父之懿行以誌不朽而屬草於芳芳不文奚敢言操觚事雖然芳於叔父猶子也芳而不言其何以使叔父之令德表彰於後世哉叔父諱赫騰額字子九生而岐嶷不苟言笑惟至孝持身簡而御下寬與朋友交始終如一自念世受國恩情深報效忠愛之忱溢於眉宇始仕民部筆帖式黽勉職大司

農以下無不敬而愛之既而襲佐領以賢能特簡治揚州運河疏淪
有方公私咸賴事竣之日一塵不染揚州人至今稱之官侍衛以小
心勤謹選送澤布尊丹巴胡土克圖到西藏未幾管護軍參領承理
護軍統領事潔己奉公正身率屬羣僚寀服其風裁兵弁深其愛戴
方謂永膺遐齡詎意命隨星隕享年有八溘然一朝遂成千古易簀
之日人人流涕非盛德感人之深入人之切烏能若是乎芳也情關
一本痛切九原想象音容徒形蒙寐雖言之無文不足以傳叔父立
身行己之萬一然後之人遇邱墓而與思得以彷彿叔父之梗概者
在於斯碑芳安能已於言乎芳安能已於言乎銘曰邦之彥兮家之
賢忠孝性生歸受全豐碑崒律何巍然佳城鬱鬱慶緜緜丙子舉人
佐領散騎郎加二級侄石芳拜撰增廣生音布書孝男傳柱立
雍正五年歲次丁未二月吉旦立

雍正四年九月二十六日皇帝御祭遣禮部員外郎童仕虎與原任
正藍旗副都統署都督同知管河南南陽府總兵官事董玉祥之靈
曰鞠躬盡瘁臣子之芳踪賜邺報勤國家之盛典爾董玉祥性行純
良才能稱職方冀遐齡忽聞長逝朕用悼焉特頒祭葬以慰幽魂嗚
呼寵錫重壚庶享沐匪躬之報名垂信史聿昭不朽之榮如爾有知
尚克歆享雍正五年歲在丁未夏月二十日丁丑立

原任王府長史謚果毅額爾德黑碑文[]朕惟憫賢勞而賜邺所以
勸功追隆典以表幽亦由教孝雖松楸之已舊俾泉壤之如新爰沛
綸言用昭珉刻爾額爾德黑昔仕藩僚屢隨軍伍身能奮勇歷戰陣
而愈雄職在從征著勤勞而不伐功因暫掩賞未及身今爾子噶爾
弼願辭議叙之勳請作移褒之典朕深懷邺舊奬効力於師中俯允
陳情特追崇於格外爰勒文而賜謚且加秩以賜碑於戲不辭勞瘁

於生前是用名標華碣仍被寵光於身後依然榮賁幽阡爲臣子者

尙其式諸雍正五年□月□日

維雍正六年歲次戊申七月庚戌朔越二月八日丁丑遣禮部右侍

郎仍兼管太常寺事孫卓皇帝諭祭復行賞給一等公鄂備之靈曰

體大公以馭世恩威並用而皆宜考實事以衡人功過具存而不掩

惟睠懷於壯烈洒特沛夫鴻於施爾鄂備賦性矜豪秉姿果勁當世

祖開基之運爵列上公逮聖祖纘緒之初位叨元輔權重而每多僭

妄秩崇而遂肆驕盈咎戾已深刑章莫逭聖祖尙復錫後昆之寵命

授世職之榮階朕恭覽實錄以披尋追念成勞而感惻身經百戰衝

勁敵以長驅勇冠三軍攻堅城而必克知勳庸之甚鉅洵瑕疊之可

蠲俾紹土茅之封並頒牲醪之奠於戲勤勞未泯堪留信史之輝閥

閱重高爰作力臣之勸靈其不昧享此苾芬

太子太傅武英殿大學士兼吏部尚書加二級謚文恭富寧安碑文

朕惟輔昇平之政理職重中台揚赫濯之聲靈任歸上將其有歷內外而克彰譽望閱初終而勿替誠勤則垂信史以留芬勒豐碑而紀烈爾富寧安秉心恪慎立操潔清佐統軍而掌旅禁營貳農部而持籌天庾旋司邦憲勵澄肅之風裁再踐文昌著端方之績效際聖祖申威之會簡授旌麾當朕躬纘緒之初擢居鼎鼐端凝之度洵濟美於相門訓練之方復宣勞於帥府□資毗倚忽感凋零設祭特遣夫專官賜金用資其全葬載稽彝典定謚文恭於戲懋報□之宏猷位兼將相酬致身之大節禮備哀榮其載在青珉揭諸隧道式昭久遠聿表寵光雍正六年八月二十三日

領侍衛內大臣兼佐領加五級追封伯銜加贈勤慎謚號馬武之碑

奉天承運皇帝制曰地當禁近身依日月以爲光位冠班聯氣壯風雲而動色宜賁顯休之命用酬翼衛之勞爾管侍衛内大臣馬武附鳳雄才材珥貂偉望首扈六飛之蹕清漢扶輪獨居七校之先重霄捧日豈止媲於圻父俾作爪牙實亦賴爾元臣有同心膂欣逢慶典爰沛彤綸宜沐殊施以彰丹悃兹以覃恩特授爾階光祿大夫錫之誥命於戲自天有喜祇應左右先知後國宣勤尚冀始終匪懈敬承顯命永荷恩光初任六品官二任三等侍衛三任佐領四任二等侍衛兼佐領五任鑲白旗漢軍副都統六任鑲白旗漢軍副都統七任鑲白旗護軍統領又左翼前鋒統領八任鑲白旗蒙古都統兼内務府總管奉宸院卿管侍衛内大臣佐領九任本職雍正六年九月二十七日

維雍正六年歲次戊申九月戊申朔越二十七日甲戌皇帝遣經筵

講官禮部尙書加二級常壽諭祭太子太傅武英殿大學士兼吏部
尙書加二級謚文恭富寧安之靈曰綸扉贊化標風度以率百寮幕
府臨戎播聲威而張九伐念藎臣之盡瘁頒茂典以飾終爾富寧安
秀挺高門榮躋貴仕倉儲是掌遂崇風憲之班邦禮攸司旋綜銓衡
之任入登政府資舟楫之良材出握軍麾統熊羆之雄鎭秉端方以
立品廉愼夙彰本敬恪以持躬勤勞懋著眷衷懷之匪懈謂精力之
未衰冀延耋耄之齡尙展謨猷之效忽聞凋謝深切軫傷乃賁徽章
聿加優卹賜帑金而營兆議謚法以易名用設几筵式陳牲醴於戲
翊星雲之景運業紀靑編沛雨露之殊恩光流黄壤爾靈不昧庶克
歆承

領侍衛内大臣兼佐領加五級贈伯爵謚勤恪馬武碑文朕惟恩隆
念舊垂渥澤於泉扃禮重飾終錫嘉名於琬琰眷成勞之弗替宜異

數之頻邀意至厚也爾馬武坦白居心和平成性趨龍墀而嚴宿衛
隨豹尾而扈宸遊堪寄腹心弗離左右皇考深嘉其敬慎爾誠無間
於初終閱五十年有如一日朕眷惟勞績方篤倚毗遽告沈疴良深
垂念遣皇子以宣温諭賜御醫而視良方更賚兼金特加世秩疊頒
恩命冀永天年溘逝忽聞軫懷彌切贈之伯爵加子祭筵沛逾格之
鴻施誄易名於素行溯多年之宣力盡職惟勤鑒方寸之自持禔身
以恪考之謚法爾實攸宜式樹豐碑用彰優邺於戲雲凝宅兆猶存
奉國之忱日麗松楸永著酬庸之典垂諸奕世不亦休歟雍正六年
九月二十七日

領侍衛内大臣公品級謚慤敬鑲黄旗殷德碑文朕惟宿衛大臣近
光華於殿陛上公高爵申錫命於組珪其有恪慎持躬公忠奉國則
生前既蒙夫渥眷身後復被以殊榮爾殷德賦質端凝秉心淳實選

材勳胄始効職於御閑擢雋羽林遂服官於禁地膺承家之茅土兼統戎行領扈蹕之班聯仍參密議久經歲序胸懷備見其樸誠洊歷階資器度彌形其恭謹比因夙疾頻予休閒尚冀享夫康寧何遽聞於徂謝徽章用煥卹典從優既原賚以治喪仍全貲其營兆諡之慤敬表厥勤勞於戲珉石嵯峨式壯川原之色松楸蔚藹聿霑雨露之恩備載寵光永昭奕世雍正六年

皇清誥贈光祿大夫佐領兼總理內務府三旗火器營事務金公神道碑國家受天府命肇建丕基弘億萬年無疆之曆其間雄駿不羣之材應時奮跡致身佐命重庥襲慶穀其人後人所謂凡周之士不顯亦世宜得大書特書彰厥遭逢之盛者也公姓金氏諱新達禮朝鮮翼州人性果敏多幹略我太祖高皇帝勃興遼海神武天授疆圉式郭任賢使能俾各盡其謀力一時人心翕然嚮順公於天聰元年

卒其弟音達禮三達禮季達禮來歸太宗文皇帝任一通事官摘發奸弊折其機互間諜莫逞越二年朝鮮歸附人戶益衆分置佐領太宗文皇帝察公忠悃特命入內務府授佐領兼總理三旗火器營事務公在軍首尾十餘年每於危急時獨身奮死推鋒陷陣爲士卒先數立奇功著聲疆埸太宗文皇帝再四褒嘉恩禮踰同列白金文綺子女良馬之賜不可備紀世祖章皇帝素悉賢勞方欲大用而公遽以勞勩卒於官年五十有一時論惜之公生於天命丙午年九月二十二日卒於順治十四年四月初七日墓在順天府宛平縣西山之原以孫今散秩大臣常明恭遇覃恩贈光祿大夫娶妻姜氏繼娶林氏皆贈一品夫人子三人長噶布拉三等侍衛次胡住二等侍衛參領兼佐領總理內務府三旗火器營事務次花住襲佐領任都虞司員外郎總理內務府三旗火器營事務孫七人長巴朗次色林次檀保次四格次常明由佐領累陞散秩大臣兼內務府總管奉宸苑正

卿次釋端次九格嗚呼公負通達俊偉之識具武勇幹濟之才懋著
成勞垂光史册世勳舊德奕葉相承施於後嗣用能保世亢宗以承
庥於勿替此神靈和氣萃於一家與國家泰運相爲參會非偶然也
玆者散秩大臣以事狀謁余文其隧道之碑余不敢以辭爰爲之銘
曰列聖之興肇基東土俊傑挺生翼衛光輔猗歟我公遘會風雲歸
誠効命懋著勤忠間諜屢擒果毅敏達姦人授首逆謀潛奪臨陣决
策數中機宜維謀維勇聿能兼之功著戎行誠孚廊廟嘉乃勳勞内
臣特召後嗣紹述前烈用光慶綿澤遠歷世彌昌鬱鬱佳城閟玆山
麓子子孫孫卜爾百福制書寵錫豐碑屹然永世有詞懿躅斯傳賜
進士出身光祿大夫經筵日講官起居注太子太保保和殿大學士
兼戶部尚書仍管翰林院掌院學士事加二級張廷玉頓首拜撰誥
勅撰文內閣中書舍人戴臨頓首拜書雍正七年歲次己酉秋月孝
妻那母都里氏長子京奇尼哈番三等侍衛寶壽次子佛佑三子二

達子

皇清誥贈光祿大夫佐領兼總理內務府三旗火器營事務金公神
道碑蓋聞川岳降靈特啟從龍之彥簪纓振美宏開翼燕之謀標偉
烈於鼎鐘軒裳代襲紀豐功於帶礪册命重光所以永茲幽宅極哀
榮之報於當年而題厥墓門昭積累之功於此日公諱花住姓金氏
其先朝鮮翼州人考諱新禮達禮始歸我國臣服太宗文皇帝屢奇
其功爰授厥職至是徙居渤海遂爲遼左名家効力戎行用作熙朝
碩輔白金文綺天府之賚予便蕃武畧雄才臣職之忠勤聿著生子
三人次即公也幼而頴異克紹家聲長復岐嶷蔚成國器當世祖章
皇帝定鼎造邦之初奇勳始奏迨夫位事建官之日懋績彌彰初授
都虞司員外郎之職起曹郎功在河渠允寄司平之任水衡使恩流
山澤信堪俾介之司五材曲直以從繩帝嘉其績列宿參差而有耀

天鑒其忠乃兼佐領總理內務府三旗火器營事務受賞賚功爰有
兼官之寄策勳錫爵兼誇雙綬之榮六郡良家公實爲之統轄五陵
名族誰不怵其嚴明繼乃晋職秩晋親臣職居重任幸承恩於禁近
天家之翼衛維嚴更緹騎於金吾仕宦之光榮已極雲屯魚麗雖無
烽燧之驚電閃雷轟獨掌平安之報既拜稽於楓陛位必躋乎台衡
胡奄逝夫虞泉年竟摧乎强仕以康熙二十年正月十七日卒於第
春秋四十有五溯其政績誠銘竹而無慚緬彼風儀悵騎鯨而不返
即以其年葬於西山之原子七人次君常明散秩大臣內務府總管
兼奉宸院正卿少承家訓夙禀義方曾奉職於近侍乃起官乎司馭
朝趨紫禁繞鈎陳之六星且捧黃麾屯玉車之千乘總畿南之巨浸
羽獵時臨耀內府之星矛軍聲特震所以文通武達門懸五等之銀
釭而虎嘯龍蟠第繞八雙之畫戟也邇者思傳舊德式建豐碑隧道
常新春秋變其霜露佳城在望麟鳳繞其崗巒戴安道作頌於鄭元

浮詞不襲蔡中郎披文於郭泰惇史常存是用爲文兼繫以銘銘曰
天眷有德篤生偉人英奇磊落佐命之臣行部從容郎官之望入掌
內務軍容式壯胡不壽考中道而殂令嗣鵲起接武天衢言念前勳
賁乃窀穸崇坊峩峩豐碑兀兀撰詞書石安公之靈於斯萬年信而
有徵賜進士出身光祿大夫經筵日講官起居注太子太保保和殿
大學士兼戶部尚書仍管翰林院掌院學士事加二級張廷玉頓首
拜撰賜進士出身文林郎翰林院編修加一級俞鴻圖頓首拜書雍
正七年歲次己酉秋月

和碩怡賢親王廟碑記雍正八年夏六月內務府總管差督淮宿榷
稅臣希堯請就所居之房山縣建立怡賢親王廟以修歲時祠祀奉
勅曰可竊以詩人之美衛武公也曰有斐君子終不可諼兮而傳之
推原其說以爲君子賢賢而親親小人樂樂而利利蓋其所施者遠

則其所慕者深是以聖人通人情而定禮曰有功德於民則祀之誠以知天下有難已之思無忘之誼也我怡賢親王以介弟之貴獲奉元良翊聖戴天勤民恭己八年之間天子方運堯舜之治而王即弘皋夔之業天子方隆手足之寄而王即効心膂之忠天子方除莠剔痡以播上蟠下際南曜東漸之澤而王即手奉風霆雨露以整齊而鼓舞之故其德業之盛如日月之得乎天而益明江河之振乎地而益沛春風之得乎時而益偃是雖子淵之善頌有不能形容其際會焉而王金玉其度彌慎彌恭嘉謨忠告善必歸君是以道濟天下而不知功在社稷而弗有至於庶績毫纖百度釐切又靡不裁成中則泛應而曲當焉未幾王以疾薨於位天子震悼弗寧凡所以致哀榮於王者無所不備而其讜言隱德造膝陳情於□容密勿間者又悉以敷告中外天下臣民奔走謳思若將弗及朝廷用矜其志許祭許祠而後天下之人得以尸而祝之是豈王之私義感人哉王之忠誠

足以動物也故享於大蒸禋於太室酬庸之典亦云備矣而非以慰四方尙德之情也希堯從大夫之後沐浴王之德澤勤篤王之訓誨出於凡百有位者奚啻萬萬又何敢自遺其鄉邑而徒殷邦人以袞衣繡裳之思也哉用是庀材於林伐石於山既構既塗越明年而廟成而王之靈如水由地中宜亦無往不在也將使祝釐介景者恆於是祈年潦雨者恆於是王之蔭佑則固然已然非所以奉而祠之之微願也夫希堯受生成於王之恩斯勤斯者至矣一念不忘行年六十惟有矢此心以奉君國勵此守以勤職業勗此志以淑其昆弟子孫歌之詠之至於沒齒若徒云俎豆蒸嘗而已是豈王之所降鑒者乎書曰黍稷非馨明德惟歆嗚呼其敬之哉大淸雍正九年春三月

內務府總管差督淮安宿遷等關兼倉廠稅抽事務年希堯恭建

原任議政大臣戶部尙書加二級紀錄五次加贈太子少保謚端勤

德明碑文朕惟國家倚任良臣典司邦賦其有生時宣力克殫其忠勤則歿後酬庸必加之恩邺凡以昭國典勵官方也爾德明才猷練達品望老成持躬秉翼翼之小心立朝表温温之雅度洊更郎署歷試外臺旬宣著績於封疆爵賞爰升於喉舌三年司寇無忝祥刑兩載地官克遵成憲方勵靖共之節遽聞疢疾之嬰念爾凋零良為軫悼峻秩既加夫宮保殊榮更錫以嘉名嗚呼龍章式賁松楸增劍履之光馬鬣常存綸綍煥泉壚之色豐碑既勒令聞永彰雍正十年六月二十九日立

文華殿大學士兼吏部尚書佐領加四級謚文簡温達碑文人臣身秉國鈞殫匡襄於夙夜靖共爾位砥清白於始終則必禮備哀榮恩均存歿用以嘉兹良弼煥厥彝章至優且渥也爾温端凝之質敏練之才由粉署而歷臺垣聲華茂著晉參知而躋卿貳恪謹彌昭屬憲

長之特膺惟紀綱之是飭司空旋陟綜核靡遺冢宰晉階銓衡攸敘
用登政府愈深欽翼之衷克贊昇平共仰休容之度乃乞身之頻請
暫許養閒比睠舊之殊殷仍趣視事方倚毗之甚切何館舍之忽捐
溯歇歷於當年成勞既懋示褒寵於此日異數有加錫以嘉名謚曰
文簡嗚呼舊德猶存新恩載賁名垂典册綵綸流泉壤之光寵眎豐
碑琬琰燦松楸之色用以丕昭奕禩垂芘後人不亦休歟康熙五十
六年十二月初六日
自少存心致孝友中年幽思畹蘭平掖垣華省看封事儲粟均貧制
重輕清晏絲綸霑霖雨時雍湛露啟和羹君臣鬚髮蒼然矣爲爾佳
言善者旌賜大學士溫達康熙五十一年六月二十二日聖駕避暑
熱河先臣□扈從蒙皇上御製詩章親灑宸翰特示褒嘉先臣即遣
臣費揚古恭勒匾額懸奉廳事今聖藻如新墓門宿草爰於五十五
年四月朔日復建亭移奉表彰天獎兹恐歷年久遠匾額字蹟或致

糢糊用敢敬謹勒於賜諡碑後昭樹墓前俾子孫世世瞻仰永戴皇
恩垂諸不朽雍正十年八月吉日戶部郎中兼佐領加一級臣費揚
古恭紀

奉天承運皇帝制曰雲霄宦閥式崇開府之勳棨戟家風實始趨庭
之訓爰施寵奬用賁徽章爾張惟遠乃巡撫雲南兼建昌畢節等處
地方贊理軍務兼督川貴兵餉都察院右副都御史加四級紀錄六
次張允隨之父世授青箱庭生玉樹貽之清白蔚爲盛世圭璋教以
義方屹作興朝屏翰茲以爾子克襄王事贈爾爲光祿大夫巡撫雲
南兼建昌畢節等處地方贊理軍務兼督川貴兵餉都察院右副都
御史加四級紀錄六次錫之誥命於戲稱先則古詩書藴文武之謨
浴德澡身忠孝立子臣之鵠祗承渥典永荷殊榮制曰家多淑媛流
澤被於後昆國有重臣貤封逮乎前母惟令子不忘舊德故興朝均

沛新恩爾巡撫雲南兼建昌畢節等處地方贊理軍務兼督川貴兵餉都察院右副都御史加四級紀錄六次張允隨之前母唐氏氣和瑟琴名貞琬琰方相夫之克順憫不實于春華迨厥子之有聞溘已先於朝露兹以爾子克襄王事贈爾爲一品夫人於戲梧棬澤在猶貽式穀之謀風木情殷彌切樹萲之慕慰之泉壤賁以絲綸制曰家聲光大庭闈之式穀攸先門祚蕃昌閨闥之貽麻夙裕洊加天寵用闡母儀爾巡撫雲南兼建昌畢節等處地方贊理軍務兼督川貴兵餉都察院右副都御史加四級紀錄六次張允隨之母李氏嫻於典則著有規型愛必先勞每勗蒞官之敬忠於所事率由胎教之賢兹以爾子克襄王事贈爾爲一品夫人於戲錫茂獎於蘭陔芳蕤益播被惠風於葱佩馨澤彌新祇受榮章永標淑德雍正十年十二月初四日

奉天承運皇帝制曰九章錫秩先疏閥閲之勞三世承恩聿著燕貽之澤特敷茂典用闡休聲爾張一魁乃巡撫雲南兼建昌畢節等處地方贊理軍務兼督川貴兵餉都察院右副都御史加四級紀録六次張允隨之祖父淳心抱質善氣儲祥樹坊表於鄉邦人瑞夙推舊德擁節旄於方域孫謀式播新猷茲以爾孫克襄王事贈爾爲光禄大夫巡撫雲南兼建昌畢節等處地方贊理軍務兼督川貴兵餉都察院右副都御史加四級紀録六次錫之誥命於戲錫璀璨之雲章高門溢慶沛瀸汪之天澤奕葉流輝寵命丕承嘉修永著制曰釆甄世德嘉貽穀於前人導詠閨風邇鍾祥於大母爰敷茂典特賁鴻章爾巡撫雲南兼建昌畢節等處地方贊理軍務兼督川貴兵餉都察院右副都御史加四級紀録六次張允隨之祖母屈氏履順宜家凝休昌後蘭儀被體垂奕葉以揚芳椒實盈升擢遠條而振秀茲以爾孫克襄王事贈爾爲一品夫人於戲國恩稠疊用摛彤管之輝天澤

優霑式沛篆章之寵令名無斁渥澤永膺制曰國資開府之重臣賞延於世家有嗣徽之大母祥降自天載錫寵榮並揚柔懿爾巡撫雲南兼建昌畢節等處地方贊理軍務兼督川貴兵餉都察院右副都御史加四級紀錄六次張允隨之繼祖母楊氏以禮以法能儉能勤備著母儀紹芳規於前武肇興門祚留遺澤於後人茲以爾孫克襄王事贈爾爲一品夫人於戲貽來許之孫謀用亢宗而保艾賚陰行之祖德信善積而慶餘澤衍再傳光昭奕禩雍正十年十二月初四日

生死之際難矣哉三綱五常禮之大體萬世由之不能易所以範圍斯人於不過者此也故子之死孝臣之死忠妻之死節其實歸於一致焉已矣當今聖天子御宇禮教大行化及閨閫乃者圖公之妻薩葛達氏其祖文炳公原任國子監司業父爵噴公原任刑部筆帖式

禮法傳家庭訓攸深又其祖母章經氏母吳佳氏淑愼相沿克嗣徽
音以是幼女承祖父母積慶及厥父母教誨早嫻女範敦行孝義聞
夫陣亡殉節不虧已蒙聖旨入節孝祠立坊垂訓昭來茲矣夫以節
烈之眞有死無干能與忠臣孝子流芳百世不洵足以植綱常培名
教上之有光國家且爲世道增榮也哉愚輩不揣固陋爰聞而爲之
贊曰天生淑女克配君子夫則盡忠妻惟一死三綱丕振道義維持
身雖渺茫名列青史節比柏舟義同孟姜誰實媲休維英及皇緬彼
閨秀丈夫之剛節烈之貞萬古流芳雍正十一年仲秋月穀旦立雲
南省昆明賜進士粟希聖河陽丙午孝廉許人龍拜敬書

維雍正十一年九月十七日皇帝遣筵講官議政大臣禮部尙書仍
管太常寺事務三泰等諭祭原任西安振武將軍佛尼勒之靈曰翊
熙朝之泰運端賴良臣稽册府之鴻猷宜崇元祀蓋成勞懋著生平

之風概如存斯盛烈昭垂奕世之寵褒益篤載申綸綍式薦牲醪爾
佛尼勒秉性樸忠賦姿果毅統戎秦土屢揚破敵之鋒耀武蜀中克
奏恢疆之績鼓行間之鋭氣奮勇爭先宣閫外之仁風行師以律於
戲流芬竹帛卓然一代之完人樹範巖廊允矣千秋之茂典列豆籩
於祠宇渥澤攸隆布筵几於里閭湛恩疊沛靈其不昧尚克歆承

奉天承運皇帝制曰朕惟尚德崇功國家之大典諭忠盡職臣子之
常經古聖帝明王戡亂以武致治以文朕欽承往制甄進賢能特設
文武勳階以彰激勸受兹任者必忠以立身仁以撫衆智以察微防
姦禦侮機無暇時能此則榮及前人福延後嗣而身家永康矣敬之
勿忽陣亡時得騎都尉又一雲騎尉合之海蘭所有騎都尉著襲爲
二等輕車都尉原有騎都尉著世襲罔替海蘭陣亡所得騎都尉又
一雲騎尉著再承襲三次雍正十一年歲次癸丑九月己卯十九日

丁酉日吉時立貝子弘景書石

維雍正十□年歲次癸丑九月朔己卯越十九日丁酉皇帝遣禮部祠祭清吏司主事□□諭祭於陣亡參贊護軍統領二等輕車都尉兼佐領加二級覺羅海蘭之靈曰鞠躬盡瘁臣子之芳踪卹死報勤國家之盛典爾海蘭賦性忠勇才能稱職捐軀報國効力師中奮不顧身力戰陣歿朕用悼焉特頒祭葬以慰幽魂嗚呼聿昭不朽之榮庶享匪躬之報爾如有知尚克歆享雍正十一年歲次癸丑九月乙卯十九日丁酉朔旦吉時立貝子弘景書石

維雍正十一年歲次癸丑十月己酉朔越初六日甲寅遣禮部祠祭清吏司主事加一級皂保皇帝諭祭陣亡副都統常祿之靈曰鞠躬盡瘁臣子之芳踪卹死報勤國家之盛典爾常祿賦性忠勇才能稱

職捐軀報國効力師中奮不顧身力戰陣歿朕用悼焉特頒祭葬以慰幽魂嗚呼聿昭不朽之榮庶享匪躬之報爾如有知尚克歆享雍正十三年歲次乙卯七月甲申吉旦副都統署理護軍統領事務常祿墓表一統志纂修官翰林院檢討加一級卿悅恭錄恩廕騎都尉兼治儀正孝男文殊□百拜

維雍正十一年歲次庚丑十月己酉朔越二日庚戌皇帝遣禮部祠祭清吏司掌印員外郎加一級都喀納諭祭陣亡三等阿思哈尼哈番蘇喇章京給與拖沙喇哈番郎保之靈曰鞠躬盡瘁臣子之芳踪卹死報勤國家之盛典爾郎保賦性忠勇才能稱職捐軀報國効力師中奮不顧身力戰陣歿朕用悼焉特頒祭葬以慰幽魂嗚呼聿昭不朽之榮庶享匪躬之報爾如有知尚克歆享雍正十二年四月初十日子訥蘇肯立

西寧辦理青海夷情事務及噶斯軍需滿洲都統鑲紅旗謚勤僖德成碑文朕惟人臣受任中外宣力朝廷翊衛之勤典司夫禁旅服勞之誼克著於邊陲載考彝章宜加褒卹爾德成稟性樸誠持躬謹飭始官郎署兼參佐領之職班繼直周廬遂副統軍之任朕撫臨區夏益茂恩榮歷躋都統之崇階並轄京營之火器屬承簡命涖職師中司輓運於西寧駐旌麾於青海倚畀方切溘逝遽聞爰賜謚以易名用飾終而垂後於戲龍章特賁綵綸垂五色之光馬鬣初封珉石歷千秋之永昭諸奕世不亦休歟雍正十二年

諭祭正黃旗滿洲都統護軍參領夸蘭大加一級薩龍阿碑文□□

□維雍正十一年歲丁巳□□□□□□□□□□皇帝遣禮部祠祭清吏司員外郎加二級彰寶諭祭陣亡護軍參領夸蘭

大加二級給與拖沙喇哈番薩寵阿之靈曰鞠躬盡瘁臣子之芳踪
邺死報勤國家之盛典爾薩寵阿賦性忠勇才能稱職捐軀報國効
力師中奮不顧身力戰陣殁朕用悼焉特頒祭葬以慰幽魂嗚呼恩
施壙穴庶享匪躬之報名垂史册聿昭不朽之榮爾如有知尚克歆
享皇清雍正十二年六月吉日立

奉天承運皇帝制曰德厚流光溯淵源之自始功多延賞錫褒寵以
攸宜爾洪庫乃一等侍衛保德之祖父性資醇茂行誼恪純啟門祚
之繁昌廓韜鈐之緒業兹以覃恩贈爾爲資政大夫錫之誥命於戲
三世聲華實人倫之盛事五章服采洵天室之隆恩制曰天朝行慶
必推本於前徽家世貽謀遂承休於再世爾一等侍衛保德之祖母
趙佳氏惠風肆好既比德於珩璜餘慶綿延自邀恩於翟茀兹以覃
恩贈爾爲夫人於戲綏帶輕裘挺孫枝之材武高文典册馳大母之

顯榮制曰臣子靖共之誼勇戰即爲敬官朝廷敷錫之恩作忠乃以
教孝爾傅喀乃一等侍衛保德之父令德克敦義方有訓衍發祥之
世緒蚤大門閭旌式穀之休風用光閥閲惟令子能嫻戎略故懋典
宜沛綸章兹以覃恩贈爾爲資政大夫錫之誥命於戲顯揚既遂壯
猷一本於貽謀締構方新殊錫永綏夫餘慶欽予時命振爾家風制
曰臣能宣力愛勞固賴於嚴親子克成家令善必由於慈母爾一等
侍衛保德之母□氏柔順爲儀賢明著範當孤矢懸門之日瑞應虎
臣迨干城報國之年恩沾鸞誥兹以覃恩贈爾爲夫人於戲賁翟車
而煥采寵命祗承擒彤管而揚徽榮施勿替大清雍正十三年九月
初三日原任御前一等侍衛兼營造司郎中贈内務府總管孫男保
德遺命孫男保興敬立

奉天承運皇帝制曰誼篤靖共入官必資於敬功歸誨廸能勞而教

之忠爰沛國恩用揚□訓爾佟惠乃都察院監察御史加二級紀錄二次承恩祚之父躬修士行代啟儒風抱璞自珍克毓珪璋之秀析薪能荷彌彰杞梓之良茲以覃恩封爾爲通議大夫錫之誥命於戲貽令聞於經籯義方久著佩徽章於策府禮秩加優茂典丕承湛恩永荷雍正十三年九月初三日

奉天承運皇帝制曰宣威効力資父資以事君錫類推恩教忠本於教孝爾馬齊乃內大臣兼鎮安將軍常賚之父倜儻負奇老成垂範鯉庭授傳家之訓國有爪牙虎臣策報主之勳人敦詩禮茲以覃恩特贈爾爲光祿大夫錫之誥命於戲蒞官能敬已弘昌後之基有子亢宗益勵在公之念朕何吝於爵賞爾克世其弓裘制曰能仕教忠式穀固由於母訓推恩逮下疏榮必逮於慈幃用答恩勤特頒榮寵爾內大臣兼鎮安將軍常賚之母覺羅氏徽柔叶吉婉順宜家盛年

不御丹鉛相夫以儉永夜時聞機杼教子能勞茲以覃恩贈爾爲一
品夫人於戲先國後家惟賢母獨知大義作忠移孝俾勞臣能紹前
徽生而有聞歿亦承休制曰名貴所生恆因子而並貴恩隆自出亦
從嫡以分榮文以情生禮緣義起爾内大臣兼鎭安將軍常賚之生
母王氏式是嬪則克有令儀絺綌明勤應歸妹以娣之吉蘋蘩將事
叶有齊季女之賢惟我効忠之臣實爾克家之子茲以覃恩贈爾爲
一品夫人於戲翟車煥采用酬佐箠於當年綸誥疏榮俾獲申情於
此日恩施泉壤痛釋蓼莪雍正十三年九月十三日

奉天承運皇帝制曰臺階拱翼班同天上斗魁宿衞忠勤人倚禁中
頗牧爰考懋功之典用昭褒德之封爾内大臣兼鎭安將軍常賚器
宇軒昂才猷練達從容朝請之列夙夜在公預參謀議之班靖共爾
位愼爾出入常懷捧日之心善厥始終克遂循牆之志式逢鉅典慶

衍天家宜煥新綸榮旌臣閥兹以覃恩特授爾階光祿大夫錫之誥
命於戲上璇穹而曳履既昭翊輔之勳服朱綬以從王彌篤忠貞之
義祇服朕命永荷天休制曰勞臣宣力爰高閥閱之勳淑媛同心聿
佐干城之績既相夫而克慎宜行慶以維均爾内大臣兼鎮安將軍
常賚之妻鄂卓氏夙嫻内則茂著壼儀居然女士之規卻丹華而不
御雅有丈夫之概勤告誡以相成佐爾良人爲予爪士兹以覃恩封
爾爲一品夫人於戲肅雝表度笄珈之美咸宜貞靜承恩褘翟之光
有耀服兹休命蔚爲禮宗雍正十三年九月十三日

朕爲酬庸之典首被元臣錫類之恩尤隆戚畹况乃公勤懋著温順
夙彰宜表德於豐碑用揚休於奕葉所以篤懿親重丕績也爾佟國
維器識弘深性資純篤一心愛國歷終始以不渝五年崇班守謙沖
以自牧侍禁廷而寄心膂夙夜輸忠宿環衛而効股肱賢勞奉職義

方示訓垂翼子之良謀禮法持躬著宜家之令則爾黑奢里氏誕生
華冑作儷名門盡婦道而佐嘉猷蘋蘩致潔啓坤儀而緜景福褕翟
凝祥既敬慎之可風宜施之並茂是用彝章下賁世襲桓圭渥澤頻
加疊封幽壤爰示優崇之典特昭錫賚之榮於戲緬遺範之如存允
作臣工矩矱溯芳型之儼在長爲閨閫箴規式煥鴻文垂光永世雍
正年月賜進士出身署理日講官起居注翰林院檢討張廷珩敬書

雪屐尋碑録卷十二

雪屐尋碑錄卷十三

清宗室盛昱集錄

奉天承運皇帝制曰龍牙建績允資上將之材旣專制乎一軍宜申錫以王命爾都統掌滿洲火器營印加五級查爾泰訏謨經遠器識超羣欣逢慶典茲以覃恩特授爾階光祿大夫爾查爾泰之妻那拉氏雅有丈夫之槩勤誥誡以相成茲以覃恩封爾爲一品夫人於戲承茲休命蔚爲禮宗都統查爾泰初任由侍衞屢次陞至都統之職乾隆元年以疾卒於正寢享年七十一歲蒙恩給與全葬遣官致祭皇帝遣禮部員外郞都喀納等諭祭都統查爾泰之靈曰鞠躬盡瘁臣子之芳踪賜䘏報勤國家之盛典爾查爾泰性行純良才能稱職方冀遐齡忽焉長逝朕用悼焉特頒祭葬以慰幽魂嗚呼爾如有知尙克歆享

原任禮部尚書贈太傅加贈太師謚文端顧八代碑文國家崇耆舊之恩久而逾篤人臣食詩書之報遠乃彌彰惟才望之兼隆斯寵榮之疊沛用以表夙範式前型典至懋也爾顧八代學綜博物行著純修初列位於清班旋贊謀於戎旅寅清三禮矢夙夜而特正容臺原本六經研理道而進登講席先帝每資其啟沃維爾益謹其敷陳追念老成錫之嘉謚晉階太傅列祀宗祠繄良弼之攸昭實恩榮之勿替朕緬懷碩德洵一世之名臣載予隆銜進三公之顯秩庶副曩時之坐論聿展此□□酬庸於戲紀琬琰於生前儒風足式沛絲綸於身後舊學常欽傑峙豐碑永垂奕禩乾隆元年

原任親近一等侍衛兼佐領加一級授爲副都統品級加贈太子太保謚果毅海青碑文朕惟聖世必有熊羆之士不貳心之臣夙夜在公左右厥辟生既隆其寵眷歿復備其哀榮乃至高爵顯秩閱世增

加綸誥窮碑因時疊建匪徒篤念故舊示恩澤也蓋褒叙勞伐勸忠
孝焉爾海青賦質端淳持躬正直事我聖祖仁皇帝早充宿衛久侍
直廬日近天顔長恪恭而匪懈時承帝訓益謹慎而有常干城居禁
省之中爪牙効腹心之寄會當脱劍談經之日未銘方面殊勳然領
從鑾翊駕之班屢著贊襄成績馳驅千萬里賢勞實倍羣工供職四
十年誠節祇如一日是以聖祖軫服勤之久得邀特典於易名皇考
承丕顯之謨再沛湛恩於晉秩朕惟呂伋掌兵名載周家之簡册賈
侯異衛功垂漢室之丹青眷念成勞宜加優卹用是錫以崇銜進階
宮保於戲推誠宣力惟乃之休殊錫酬庸厥施孔厚紀諸竹帛將永
遠以不磨勒彼貞珉並傳示於無斁乾隆元年六月初八日

維乾隆元年歲次丙辰七月癸巳朔越十七日己酉皇帝遣禮部祠
祭淸吏司員外郎加一級六十七諭祭騎都尉正藍旗滿洲副都統

署理鑲白旗漢軍都統印務鑲白旗滿洲德爾芬之靈曰鞠躬盡瘁

臣子之芳踪卹死報勤國家之盛典爾德爾芬性行純良才能稱職

方冀遐齡忽聞長逝朕用悼焉特頒祭葬以慰幽魂於戲寵錫重壚

庶沐匪躬之報名垂信史聿昭不朽之榮爾如有知尚克歆享

奉天承運皇帝制曰王臣之樹嘉績典重褒崇人子之詒令名情周

鞠育錫名不嫌於匹嫡恩勤必溯其所生爾兵部尚書御前大臣領

侍衛內大臣鑲黄旗滿洲都統鑾儀衛掌衛大臣兼理內務府總管

事管理上虞備用處事兼管角抵硬弓騙馬十五善射馬箭善射射

鵠事務大臣協辦總理事務一等果毅公加一級紀錄三次訥親之

生母魏氏女德克修婦儀夙協風規婉淑曾無踰梱之言分義謙沖

聿著克家之美兹以覃恩贈爾爲一品夫人錫之誥命於戲母因子

貴茂承寵賚之章禮以義興彌表賢明之範式彰壼德永奉綸音乾

隆二年三月初六日

皇清誥贈光祿大夫提督直隷總兵官都督同知管轄通省兵丁節制各鎮富公神道碑文賜進士出身光祿大夫經筵講官戸部左侍郎加七級紀錄二次年家眷侍生趙殿最頓首拜撰文欽取博學鴻詞戸部河南司額外主事前翰林院庶吉士年家世晚生陳士璠頓首拜書丹賜進士出身翰林院庶吉士年家眷晚生周玉章頓首拜篆額惟公卜吉於海甸以南雙榆樹之阡越三十有七年恭遇今天子龍飛御極之元載誥贈公光祿大夫正紅旗滿洲副都統明年又晉贈光祿大夫提督直隷總兵官都督同知龍章鳳篆焜耀泉壚令子都督公既敬鐫寵章於墓門乃復啣哀致誠而請曰先大夫孝友仁恕才器拔俗方將策勳王家而無祿早世予小子生甫六月以藐孤當大事弗克記述梗概乞當代名公卿一言發潛德之幽光中心

負疚何日忘之今雖不獲盡述生平常從諸父尊行側敬得一二嘉言懿行敢請揭而表諸道庶垂不朽余維墓文之有補作也昉諸古也昔曹成王之子李道古觀察鄂岳諸州提其師以伐蔡且行泣請於昌黎韓愈曰先王薨於今三十五年吾昆弟在而墓碑不刻無文其實有待子無用辭退之乃序而詩之又歐陽文忠公四歲而孤葬其皇考崇公于瀧岡後六十年始克表於其阡且自言曰非敢緩也蓋有待也今都督公文章勳業媲美古人而幼孤克自樹立孝顯其親尤與文忠事同一輒固宜表厥所自昭示來兹矧余忝同朝之雅慕公世德有素何敢以不文辭公諱富格先世爲金三十一姓之望族始祖星懇達爾漢滅扈國收其納蘭部而遷葉赫河之濱因爲納蘭氏六傳至公高祖諱金臺師又傳曾祖諱倪雅漢世爲葉赫貝勒後率所部歸本朝授爵功臣列而編其所部爲佐領我孝慈高皇后金臺師之女弟也作嬪太祖高皇帝篤生太宗文皇帝納蘭氏之兆

祥有自來矣倪雅漢公以佐領累贈金紫光祿大夫夫人墨爾齊氏
累贈一品夫人公祖相國太子太師諱明珠夫人覺羅氏爲太祖高
皇帝嫡孫女英王正妃之第五女誥封一品夫人相國有子三長即
公考諱成德後改性德中康熙癸丑進士通議大夫一等侍衛以孫
貴今誥贈光祿大夫副都統又晉贈光祿大夫提督直隸總兵官都
督同知學有師承爲海内宗仰而入侍殿廷出驂羽騎一以敬慎勤
密自持聖祖仁皇帝眷注方屬尋以疾卒夫人盧氏顔氏並誥贈一
品夫人公爲顔氏太夫人所出生而穎異篤好圖史至今積書巖中
牙籤插架緗帙整如公雖下氏已久而手澤猶新見之者猶深津逮
之羡十歲失所恃持喪動中禮則擗踊如成人相國既傷侍衛公之
早逝而復慮公之孤露也特愛憐之公能曲體先志以孫代子居嘗
感深木風雖悲不自勝而勉强抑制惟恐傷相國心顔太夫人苦節
持家茹荼集蓼賴前膝有此佳兒差以自慰然公愈自檢束色養彌

謹不敢持愛稍有放佚也友愛兩幼弟式好無閒庭闈之内怡怡愉愉未嘗不晨夕砥礪用能相與有成次弟諱富爾敦登進士第公鍵戶讀禮初未出干外事而崢嶸頭角忠誠報國之忱早已名動帝廷未幾即選充近侍趨走虔謹悉稟侍衛公家法使天假以年其建樹未知何如不謂僅逾弱冠竟以一疾長逝也詎不惜哉雖然公往矣公子都督公忠純翼亮爲國柱石行將上承相國休風而繼侍衛及公未竟之志身後之榮正未有艾又可於公卜之公卒於康熙庚辰春正月距其生年二十有六夫人覺羅氏裴氏並誥贈一品夫人子男一瞻岱誥授光禄大夫正紅旗滿洲副都統又誥授光禄大夫提督直隸官總兵都督同知管轄通省兵丁節制各鎮裴夫人出娶舒魯穆祿氏誥封一品夫人孫男一達洪阿恩蔭生未聘女孫二長許字鑲藍旗滿洲雍正癸丑科進士翰林院編修鄂倫次許字鑲黄旗滿洲生員哈賞阿余既序其畧復爲之銘曰雙榆鬱鬱公之幽堂

紫誥下賁維泉石光其光孔多天子之賜子孝臣忠宜膺不次納蘭
肇氏葉赫河濱綿綿先緒既蹶而申篤生太姒比隆周室爰及相君
丹心捧日醞釀積累大啟詩書名父之子不與凡俱十歲而孤克孝
克友定省之餘卷不釋手將寳氣上燭層霄選侍禁近綠繡珥貂趨
走維虔一承家法天假以年勳名孰申云何不弔長往九京生平懿
矩僕數難更有子克家王國楨幹佇卜爲霖崇溥煥既鐫綸命樹以
垂休阡銘有待夙夜勤求方之古人歐陽宗匠榆樹瀧岡後先相望
乾隆二年歲次丁巳仲秋上澣榖旦立

原任正藍旗漢軍都統謚桓僖馮國相碑文朕惟臣子虔共有位克
存篤棐之□國家褒録舊臣爰有旌揚之典既春秋之式享聿謚號
之宜彰爾原任漢軍都統馮國相性行端醇才□練達隨征西域克
踴躍乎戎行擢統禁軍表忠勤於羽衛典司公庫歷有歲年每綜理

以靡遺持躬恪慎務度支之謹核經國精詳成績懋昭功宗丕載追
維梗概謚曰桓僖於戲夙夜靖共臣心自將其一德綸綍□朝章
普訓於百寮詒爾後人永懷前烈乾隆二年九月二十四日

原任江寧將軍謚簡慤吳納哈碑文朕惟國家任隆將帥允資鎮撫
之才臣子績懋旂常宜沛褒嘉之典成勞既著寵命爰頒所以表殊
勳昭異數也爾原任江寧將軍吳納哈賦質赳桓持躬謹恪初由宿
衛從討不庭既奮武於嶺表滇池復揚威於臚朐瀚海洊膺閫寄風
霜遠涉西陲遂建牙旗號令肅清南郡繼而還朝請老皇考之眷禮
彌隆因之授節巡行江省之旌旄再擁今朕躬之纘緒倚任方殷期
令聞之弗渝勤勞益著□圖溘逝良切軫傷稽䘏典而加優禮兼祭
葬考平生而賜謚恩備哀榮於戲琬琰常新奕世壯松楸之色綸綍
丕煥千秋耀竹帛之徽用勒貞珉昭茲來許

乾隆二年閏九月十四日

奉天承運皇帝制曰篤忠貞而報國臣子之常經眷舊勳以敷恩朝廷之大典特申寵命用答成勞爾内務府總管加一級保德器量宏深才質驍勇能延世澤常依日月之光克諳戎韜用奮熊羆之氣迨祗承夫任使益懋著其忠勤慶典欣逢新恩宜沛兹以覃恩特授爾階資政大夫錫之誥命於戲宣壯武之家聲用嘉偉畧荷彝章之國寵勉樹宏猷敬爾在公欽予時命制曰臣忠報國戎旃著揚武之功婦順宜家譽命表同心之助爾内務府總管加一級保德之妻李氏終温且惠已貴而勤順以相夫克佐賢勞於夙夜敬能聚益彰靜好於閨幃慶典式逢朝章宜賁兹以覃恩贈爾爲夫人於戲揚令範於紫泥禮宗擅譽播芳蕤於彤管幽壤承休制曰良臣矢衛國之忠每資内助女士表型家之範均沐恩綸爾内務府總管加一級之繼室

郎氏義克代終禮同正始潔蘋蘩而將事中外稱賢鏘環珮以和鳴
後先合德慶期式際嘉命宜頒茲以覃恩封爾爲夫人於戲象服是
宜既委蛇於五絨龍章有耀尙黽勉於百年
大清乾隆二年十月
皇清誥贈資政大夫鄂公諱克濟之墓乾隆三年歲次戊午二月穀
旦敬立男福成

弘毅公祠堂碑記恭惟太祖高皇帝誕膺天命肇造區宇我曾祖弘
毅公際風雲之會首識眞主早蒙知遇運籌帷幄則决機制勝允協
聖心授鉞臨戎則奮勇推鋒屢摧勁敵用此爵冠五等姻連帝室一
心一德爲佐命忠臣自列聖相承篤念舊勳既已配享廟廷世綿封
爵至於過墓致奠□賜御書勒石褒功遣官薦告隆禮異數不可勝

紀初建家廟在北城之南制庳狹弗稱數世以來子孫繁衍至數百人每當時享室堂庭廡幾不足以容僉□宜更諸爽塏以恢前度乃卜兆於安定門外里八臺與公之子恪僖公祠址相連辨方定位庀材鳩工適會我皇上叔□總理事務王大臣等公之曾孫訥親蒙賜雲騎尉世職上書陳奏臣無涓埃之効徒以先臣之故叨冒聖恩榮其後嗣臣曷忍自私願讓還雲騎尉世職惟先臣祠堂乞賜褒榮列於典祀有旨頟宜都巴圖魯乃開國名臣勳績懋著照訥親所請於伊族祠賜與祭曲永成勞至賞給訥親雲騎尉世職不必懇辭恭承寵命子姓支屬莫不感勵協心僦功廟貌有嚴以乾隆三年二月十八日遷主入祠春秋時太常致祭有司薦徹親賓觀禮焜耀里閭公有子十七人世嗣相承者十有一支十七公神位並設兩廡每官祭之丞日肅將牲醴家薦歲事享侑獻酬依古禮經粤稽詩書丕記宗功從享大蒸已稱盛典而家祠秩祀比前哲令德之爲民質者則惟

我皇上逾越之恩前代所傳未有倫比凡公之子孫仰瞻榱桷顧視
几筵必勤思前人奮迹致忠之艱聖崇德報功之厚自少以長或仕
或處各隨其分而勉爲忠孝以仰承祖德則可以入茲祠而不怍矣
公之勳績紀於旂常載在冊府無庸備述故惟記更祠之始末敬勒
麗牲之碑永久不忘以交相砥勗焉乾隆三年二月十八日

弘毅公後裔職名曾孫原官致仕領侍衛內大臣兼佐領薩穆哈馬
甲德清常泰郎進泰正藍旗護軍統領兼佐領哲爾金泰陵總管鄂
圖渾原任筆帖式永綬刑部司獄德爾彬原任三等侍衛兼佐領阿
爾邦阿散達色額爾登額果爾敏原護軍五海一等子鑲黃旗蒙古
副都統達爾當阿護軍丹巴御前行走署理福州將軍印務鑾儀使
策楞御前大臣太子太保議政大臣領侍衛內大臣鑾儀衛掌衛事
吏部尚書協辦戶部事管理戶部三庫事務一等果毅公訥親戶部

員外郎阿敏爾圖吏部員外郎兼佐領愛必達御前行走兵部右侍
郎兼内務府總管阿里衮元孫泰陵頭等侍衛兼騎都尉寶色一等
子又一雲騎尉恆親王門上散騎郎善岱戶部郎中兼佐領蘇柱原
任筆帖式阿蘭泰原任佐領傅柱原官致仕察哈爾游牧總管一等
男恆德刑部郎中博興步軍副尉佛倫泰寧鎮總兵官公元原任二
等侍衛兼佐領連綬驍騎參領兼内務府郎中恩特工部侍郎兼騎
都尉德齡原護軍德成格兵部八品筆帖式富海格圖肯原前鋒寧
綬佛柱繙譯官德麟步軍總尉兼騎都尉又一雲騎尉海長生員書
蘭泰佐領德馨和柱前鋒諾侮工部員外郎五柱刑部郎中佛倫印
房驍騎參領兼佐領和邦額昭西陵贊禮郎通義善翰林院八品筆
帖式和陞額光禄寺九品筆帖式多隆額刑部九品筆帖式尊柱親
軍薩蘭泰德舒衮佈盛京九品筆帖式德隆德勇德周粘杆拜唐阿
普海三等侍衛薩爾善補詹雲騎尉慕克登工部九品筆帖式詹泰

六品官哲書藍翎侍衛托□廕生薩靈阿原護軍德成格護軍普海和世巴愛盛阿海祿文殊保明保諳保馬甲廣福那瑪禮福江托蘭泰博靈額六格佛保圖桑阿圖明阿塔克興阿養育兵達桑阿閑散彩福德書韓楚哈安楚庫根泰訥爾泰勒得渾訥爾佈訥爾特德佈尚阿泰德恆果阿德成阿爾靖阿塔思哈達朗哈特通額額爾登佈得盛額四世孫佐領伊興阿原任筆帖式海相雲麾使唐澐五品官全保原任佐領奇蘭鑾儀衛八品筆帖式德英倉場衙門八品筆帖式馬欽綏遠城佐領科昇四等侍衛海麟刑部郎中兼公衆佐領增綬保監察御史書山一等輕車都尉兼治儀正長生粘杆拜唐阿霑佈藍翎侍衛嵩山通泰內閣中書書阿三等侍衛陽舒廷喜騎都尉綬長光祿寺署正舒明阿諭館委署主事佛成原任筆帖式伍格侍衛筆帖式常亮箭匠拜唐阿來增六品官書寧戶部九品筆帖式興福三等侍衛兼佐領明海咸安宮官學生馬明阿書方阿吏部貼寫

筆帖式郎綏理藩院額外員外郎魁罡謄録官馮義生員福克晉俟
補筆帖式富昌養育兵海塘蘇昌達清阿海泰伊昌阿拉佈坦麽生
達靈阿親軍蘇海塞楞格恆泰廣寧護軍昆泰馬清阿福昌阿德爾
塞書倫特克愼馬甲馬斯哈常海禪佈明通松德松泰察克愼龔錦
圖可善博爾塞豐盛額閑散魯雲書寧阿班達亦錫企善班第五十
九英圖明倫額爾寵額鶴綬圖敏查爾賽鍾德興寶書麟塞爾色富
爾敦書昌五十八積爾德博寵渥乘龍隆羅奇和順德楞額開平富
昇額□□五世孫戶部九品筆帖式祿泰三等侍衛方海雲騎尉訥
蘇肯護軍唐武唐蘇馬甲偉騰額得意奇通阿和騰額奇騰額苓珥
額爾登額俊德廷安佈

皇清誥封資政大夫一等侍衛內務府總管加一級保公碑記誥封
光祿大夫進世出身翰林院教習庶吉士提督順天等處學政陞禮

部尚書加三級紀錄五次靑陽吳襄篆額詔舉賢良方正己酉□孝廉前奉政大夫授戶部河南司主事兼管佐領加一級紀錄二次鐵嶺王國撰并書內務府總管保公諱德正白旗正白長白人也世系完顏氏之裔祖諱洪庫曾爲驍騎父諱傅喀由文林歷任蘇州織造副使於康熙十二年乙卯歲十一月初五日辰時生公幼而聰穎動止有常善謀精思言語必謹凡人日夜思維殫智竭慮所不能至者公遇之輒解悉辨其曲折得其深微人以是異之共爲悅服甫十一歲恭値我世祖憲皇帝選拔侍衛從人員因公動合禮法遂擢爲贊御由謹愼勤勞遷二等侍衛於康熙三十五年從征中路奮勉前驅迨平定沙漠奏凱旋師屢遷爲一等侍衛於雍正元年兼養心殿總管督理圓明園工程事務兼總管於雍正二年爲協理崇文門稅課副使於雍正三年陞爲管理崇文門稅課正使於乾隆二年十月初九日公以疾卒十月十三日奏事郎中張文彬代爲轉奏本日奉旨

保德患病淹逝深屬惻然著錫予内務府總管職銜欽此欽遵内大
臣戸部尚書兼内務府總管海望親至柩前口傳諭旨弔恤存問禮
遇之隆人臣蔑以加矣計公年六十三歲身受我皇上天恩生荷教
養卒叨追嘉凡出入用委四十餘年一應公務未嘗遺誤而悉稱得
宜則公生平之節儉正直謙恪公忠概可知矣恩錫克勤堂匾公敬
貯焉公妻李氏早卒繼妻郎氏皆誥封夫人生三女一子公身高五
尺劍眉虎目高顴豐準赤面稀麻多質寡文謙默善笑藹如也然言
行峭直不可犯累遷重任受寵若驚事無大小皆詳慮周思然後辦
理溽暑嚴寒不敢少自暇逸親戚故舊未嘗少顧私恩其他行誼之
美善凡諸墨不及述者亦不能盡載也公餘俸錢輒修理宗墳塋製
備祭器嘗曰根深者發自榮源遠者流自長子孫爵祿崇高將以致
孝享也疾篤謂夫人郎氏曰我夙夜在公未得先塋立追封碑文心
常耿耿我歿後敬將我一等侍衛追封祖父通議大夫之誥封立石

鐫文再賁宅爲我立塋夫人敬遵遺命先塋立碑刻文遂賁所居之宅立塋而葬焉銘曰朝乾夕惕必恭敬止廉隅正直櫛風沐雨矢心忠孝慮終謹始古大臣風公有之矣

大清乾隆三年二月

奉天承運皇帝制曰國爵優崇樹鷹揚之偉烈家聲光大表蛾術之良模特布新綸用彰舊德爾富格哈哈柱色乃提督直隸總兵官管轄通省兵丁節制各鎮瞻岱之父清門代啟素履恭修教子義方早授豹韜之略傳家忠孝果符鵲印之祥慶典式逢崇階宜陟茲以覃恩贈爾爲光祿大夫錫之誥命於戲顯揚克遂休茲天室徽章作述交輝展也人倫盛事令名無斁世澤長垂制曰元戎受任既協吉於師貞閫範貽芳更推原夫母德克光内則載錫殊恩爾提督直隸總兵官管轄通省兵丁節制各鎮瞻岱之母覺羅氏早習規型夙嫻圖

史令儀不忒表懿範於閨門慈教有成樹鴻勳於幕府式頒慶典用
闡徽音玆以覃恩贈爾爲一品夫人於戲茂奬於蘭陔芳蕤益播被
惠風於葱佩馨澤彌新祇服誥永揚休命制曰名重所生恆因子而
並貴恩隆自出亦從嫡以分榮文以情生禮緣義起爾提督直隸總
兵官管轄通省兵丁節制各鎮瞻岱之生母裴氏式是嬪則克有令
儀絺綌明勤應歸妹以娣之占蘋蘩將事叶有齊季女之賢惟我効
忠之臣實爾克家之子玆以覃恩封爾爲一品夫人於戲翟車煥采
用酬佐饁於當年綸誥疏榮俾獲伸情於此日愈懷淑愼勉迪賢勞
乾隆三年三月初六日

竊聞爲國忘身方爲無忝人臣之職述功顯行不過稍盡人子之心
我先人心上有奇韜半壁東南砥柱目中無勍敵一麾陸海縱橫幸
遇覃恩歷受封誥緬惟希覯勳業曷忍有致湮埋謹將誥命之榮敷

備泐瑱珉而永峙則聖主之寵錫既感戴於世世子孫而先人之謀猷亦不泯於昭昭耳目矣奉天承運皇帝制曰分五戎而布略臣職攸司沛七命以酬庸國恩覃被閥閱既光夫舊德綵綸宜賁以新榮爾三等阿思哈哈番一等親軍侍衛衣都額眞兼佐領加三級武格素抒藎誠備閑武事入參環衛久歕奔走之才出佐戎行克赳赳桓之氣幸際風雲欣逢慶典誕敷雨露宜荷寵褒茲以覃恩授爾階光祿大夫錫之誥命於戲夙夜匪懈無忘敵愾之思章服斯皇尚勵効忠之業佇須後命式紹前猷御祭文惟乾隆三年歲次戊午三月癸丑朔越二十一日癸酉皇帝遣禮部祠祭淸吏司員外郎加二級六十七諭祭總理三陵內外事務衙門散秩大臣三等男加五級正黃旗滿洲武格之靈曰鞠躬盡瘁臣子之芳踪䘏死報勤國□之盛典爾武格性行純良才能稱職方冀遐齡忽聞長逝朕甚悼焉特頒祭葬以慰幽魂嗚呼寵錫重泉庶沐匪躬之䘏名垂信史聿昭不朽之

榮靈其有知尚克歆享

原任正藍旗滿洲都統莽鵠立碑文朕惟宣猷中外實資諳練之才佐理軍門端藉老成之彦生則隆其爵秩歿則錫以綸章所以昭國恩勵臣職也爾原任正藍旗滿洲都統莽鵠立靖共自矢材略夙優垂粉署之令名肅百臺之成憲舟車戴德敷惠澤於天關商竈騰歡布嘉猷於海國晉班貿於卿貳益懋恪恭秉節鉞於邊陲彌勤撫字軍容整飭應武職以無愆火器精良訓戎行而罔懈凡兹歇歷俱有聲稱冀享修齡何期溘逝眷平生之勞績頒此日之殊恩賜祭賜阡考彝章而贈䘏曰勤曰敏綜實行以易名於戲琬琰長輝日麗龍文之彩松楸永護雲生馬鬣之封勉爾後人敬承庥命乾隆三年六月十六日

追封一等公李榮保碑文朕爲國家誼敦外戚聿昭錫爵之仁臣子績著成勞式沛褒忠之典其有一心奉職矢精白於初終五等□封賁絲綸於泉隧垂諸青簡勒以蒼珉所以獎前勳光戚里恩至渥也爾李榮保端方立己恪愼當官□葉貽謀紹淸芬於弗替聯枝競爽耀花萼以同輝列環衛之班行藎誠素蘊出宣猷於蕃部總理尤勤□毓坤儀邇鍾祥之有自重申巽命晉顯秩以酬庸功在旂常名垂琬琰於戲龍章載賁情實篤於姻親□蠶攸封禮特崇乎舊德豐碑永建勳閥常新爾子孫其敬承哉乾隆三年七月初二日

皇帝諭祭黑龍江將軍鑲紅旗滿洲烏里布之靈曰鞠躬盡瘁臣子之芳踪賜卹報勤國家之盛典爾烏里布賦性忠勇才能稱職方冀遐齡忽聞長逝朕用悼焉特頒祭葬以慰幽魂嗚呼寵錫重壚庶沐匪躬之報名垂信史聿昭不朽之榮爾如有知尚克歆享乾隆三年

七月二十五日

貞節趙母徐氏碑記國家旌表節婦凡以風勵天下昭兹來許也嬸母徐氏少適叔父雅圖詎意年未二旬遂失所天揆以恆情鮮有不奪其志者矣乃能賦柏舟撫弱息貞潔成性金石爲心雍正二年得邀恩賞旌表銀兩不幸孤子偏頭又先嬸母而故建坊之事無人舉行至雍正辛亥歲嬸母含笑而入九泉可傷家無次丁惟有孫女一人而已竊念嬸母青年守志歷盡艱辛如使湮沒不彰非但嬸母抱恨且有辜聖王旌表之恩也因鳩工勒石而爲之記乾隆四年歲次己未春三月穀旦孝姪女卒孝孫女八十一建立

正黄旗滿洲固□七十六佐領下護軍馬那氣軍前陣亡□妻孟氏自二十九□歲□節堅貞至四十四歲病故今蒙旌表富門孟氏貞

節之碣乾隆四年歲次己未戊寅清明穀旦立

奉天承運皇帝制曰臣子凛靖共之誼剛正即爲敬官朝廷隆敷錫之恩□忠乃以教孝爾璜瑛乃頭等護衛加一級又加一級嘎喇嘛之父秉性淳良居心公正顯義方之芳軌長發其祥旌濟善之休風世濟其美惟令子能承先志故懋典宜沛綸章兹以覃恩贈爾爲資政大夫錫之誥命於戲顯揚既遂壯猷一本於貽謀創業方新殊永綏錫永綏夫餘慶欽予時命榮爾幽塗乾隆四年四月二十七日資政大夫頭等護衛加二級嘎喇嘛仝弟中□夫大夫兼佐領加一級二格承德郎驍騎校加一級薩隆瑪敬立

乾隆歲次庚申五年請旌表□□□□旌表貞節皇清誥贈奉直大夫諱陞馬公之妻宜人張氏貞節碑鑲紅旗□衣佐領下蒙古馬吉

□氏□□□□□□□□□□□男恪唐阿百拜□建

佟嘉毓秀博室凝祥外而柔順內而剛方於歸未久伉儷失常年將
念九八月兒郎柏舟矢念節礪冰霜艱難困苦薪膽均嘗撫成孤子
宗祧馨香承前裕後兩姓增光幸逢特典勒石流芳乾隆五年四月
二十日子鑲黃旗滿洲文舒監立

奉恩鎮國公諡恪順諾音託和碑文朕惟酬庸錫類國有常經備物
飾家承異寵在臣子敬勤匪懈祇循分所當然而朝廷軫卹加隆每
施恩於勿替絲綸重錫琬琰垂光爾奉恩鎮國公諾音託和早侍周
廬久膺顯秩奉清芬於累世依禁近之崇班在公之庶務咸修持躬
醇謹守位而始終如一宣力勤勞未享遐齡宜邀特典既易名以諭
祭報爾前猷更勒石以貽休昭兹後葉嗚呼青松白石載天家雨露

之膏紫誥銀泥壯地府泉原之色豐碑永樹潛壤知榮乾隆六年六

月

維乾隆五年歲次庚申十月戊戌朔越二十七日甲子皇帝遣禮部

祠祭司主事加一級永常諭祭病故正紅旗滿洲原任光祿大夫禮

部尚書加五級原官致仕覺羅蘇庫之靈鞠躬盡瘁臣子之芳踪卹

死報勤國家之盛典爾蘇庫性行純良才能稱職方冀遐齡忽聞長

逝朕用悼焉特頒祭葬以慰幽魂嗚呼寵錫重壚庶沐匪躬之報名

垂信史聿昭不朽之榮爾如有知尚克歆享乾隆六年六月初九日

建

奉天承運皇帝制曰忠勤可□常居侍從之班寵渥惟新應錫酬勞

之典隸□□通於內府分勞□煥乎天章爾御膳房七品□管孟國

柱中□趨蹌內庭奉職父傍□□□□夙夜惟勤宜施雨露之勞推
恩永茂慈□覃恩授爾爲文林郎錫□勅命於戲名列散曹恆在公
而恪慎身叨榮紀宜報國以忠誠勿替前勞□圖後效乾隆七年正
月三十日立

輔國公謚恪恭魯賓碑文自古帝王創業垂統以貽萬世凡在宗支
皆膺顯爵所以重懿親也爾輔國公魯賓乃貝勒科奇之子性行純
良克循職任方冀永享遐齡何乃遽聞奄逝朕篤念宗親爰稽成憲
勒之貞珉用垂不朽庶昭朕敦睦之懷云爾乾隆九年八月初一日
立

原任領侍衛內大臣薩穆哈碑文朕惟禁衛深嚴允賴赳桓之士羽
林輯睦良資暇整之才考彝憲以飾終眷成勞而示獎典至隆也爾

原任領侍衛内大臣薩穆哈韜略夙嫻馳驅是効翊宸居而侍値宣力有年扈法駕以從行服勤不懈持己有撝謙之度居官昭謹恪之風朕篤念舊臣推恩務渥迨兹窀穸彌用殷懷既頒奠醊以酬庸更易嘉名而作勸謚之勤恪象厥生平於戲焕宅兆之窮碑松楸永護表干城之偉績泉壤增輝勗爾後人敬承休命乾隆九年十二月初三日

奉天承運皇帝制曰績懋臺班正色立紀綱之地恩頒策府敷詞揚謇諤之聲爾都察院掌京畿道事監察御史加三級紀錄六次傅色納砥節端方矢懷直亮披陳凱切能令蘭署風生建白公忠務使鵷行氣肅兹以覃恩特授爾階朝議大夫錫之誥命於戲秩晉豸冠之列寵命其承榮分鳳誥之光嘉謨益勵大清乾隆十年五月穀旦立

鈞衡重寄隆眷顧於明廷鼎鼐鴻聲薦馨香於奕世惟太常之有紀
宜曠典之攸頒丕煥絲綸聿昭琬琰大學士鄂爾泰秉資忠亮植品
端嚴早懋儒修京兆升賢而入直夙嫻經術曹郎贊職而分猷睠民
力於東方承流宣化樹官常於南激濁揚清既高列爵之勳庸克
任羣僚之表率爰登揆席遂踐台階玉署崇文總詞林之著作金符
飭武統禁旅以驤契一德之休風備三朝之榮遇昨聞抱疾親莅慰
存迨覽遺章再臨奠醊展月禋而加禮幽宅先封象懿行而易名豐
碑繼峙咸舉飾終之典宏敷念舊之恩於戲配饗方隆侍列聖在天
之靈爽崇祠載啟媲熙朝累代之賢良式鑒貞珉永彰寵命乾隆十
年五月十三日

奉天承運皇帝制曰習六韜而建績譽望攸崇溯三世以推恩舊勞
宜奬特頒異渥以示崇褒爾雲騎尉達漢乃圓明園營總領加二級

玉柱之祖父爾冷口關防禦齊喜乃其父才猷夙藴德器深沈美積
家門啓箕裘之令緒穀貽孫子策閥閱之高勳盛典欣逢殊榮宜被
兹以覃恩贈爾等爲資政大夫錫之封命於戲圖功勿替爰資裕後
之模錫命重申用慰光前之志欽承國爵永播德馨制曰采擢前勞
遡祥源於詒穀甄明内德流惠問於含飴式奬家聲載揚國慶爾謝
氏乃營總領加二級玉柱之祖母爾舒穆魯氏乃其母稟賦温恭敦
修禮則標兹閫範夙流珩璜之聲詒以孫謀大展韜鈐之業芳儀夙
著寵命宜加兹以覃恩贈爾等爲夫人於戲徽音無斁被象服以增
輝闓澤長流捧鸞函而賁采休光洋溢潛德馨香乾隆十一年歲次
丙寅三月吉旦立

烈婦覺羅氏傳我國家風化之隆遠軼周室本支女婦皆能以禮義
自防宗人府歲上貞節名無慮數十其年少夫死而以身殉之者相

踵也余忝史筆三十年所紀載多矣今又得花尙阿妻覺羅氏氏鑲藍旗覺德盛次女也曾祖華顯康熙時川陜總督祖福昌内閣侍讀福昌兄弟九人皆有文行其第五弟名昌以五經成進士官翰林余與之締交素欽其家法氏生而端淑言笑不苟幼時嘗鞠於母家母富察氏亦名族先是母有妹嫁碧魯德寶婚九日其夫得病死竟以身殉外□□常念之輙欷歔竟日氏年其小徐以言慰之如曰如姨乃眞得死所耳外祖母心異其言爲之擇婿不欲輕字人年二十五歸鑲白旗謄錄官花尙阿花尙阿姓蘇完□□爾佳氏其父鏞寧任副都統駐防成都信勇公傅爾丹鏞寧之叔父也信勇公女弟爲安親王次子護軍統領奉國將軍塞伯禮夫人夫人愛花尙阿以其久遠宦代爲婚娶結褵甫三月花尙阿舊病咯血至是忽發氏晝夜侍湯藥衣不解帶默禱於神求以身代花尙阿自知病劇謂氏曰吾殆不可起吾親皆在遠若將奈何氏哽咽不能語固問之曰君如不幸

予惟相從於地下耳親黨中有聞而勸之者氏泣曰婦人之義從一而終予命値此矣第弗克終事尊長於孝道有虧誠不幸也及花尙阿卒氏躬視飯含畢乘家人經理□□事□□即闔戶自經死時年二十四寒公夫人哀氏之烈能踐其言以殉夫而又懼其事之湮沒不傳也使其子姪經營爲之拴請於朝得報於是以乾隆十年四月甲子會姻黨具几筵致祭與花尙阿合葬於京城廣渠門外大板橋之原其舅氏富琦偕余充實録館纂修官述其事其詳乃爲之傳贊曰烈婦生於名宗又習聞內外姻家範視其身之存亡惟夫是從蓋其志固早定矣吾聞富察氏之將殉其夫也適姑病重恐傷姑意遷延數月俟姑愈而卒死之今覺羅氏之死若有不可須臾緩者隨時以就義均合於中此固其天性然哉殆亦陶淑於盛化者深歟寒公夫人作嬪天潢躬有四德惟恐一女子芳名不彰維持世教厥功豈少也哉賜進士出身朝議大夫日講官起居注翰林院侍講學士加

一級紀録五次南昌萬承蒼撰賜進士出身光祿大夫經筵講官戶部尚書加一級紀錄二次錢塘梁詩正書乾隆十一年四月初一日

皇清誥贈奉政大夫趙公諱明之碑乾隆十一年仲秋朔日承祚立

皇清誥贈光祿大夫參贊大臣護軍統領兼佐領鑁巖覺羅公神道碑公諱紹兹建州靈椿里人也美丰儀性醇謹國初同父屼岌摩柯槎漢歸命歷任至昂邦貝勒府總管大人兼佐領配誥贈一品夫人古爾佳氏生三子長諱穆齊禮仕至前鋒校以子貴贈通議大夫三等護衛子二長鄔赫次克士圖皆官三等護衛授通議大夫次諱柯爾現仕至參贊大臣護軍統領兼佐領世襲拖沙喇哈番授光祿大夫子二長巢可託官經筵講官議政大臣總裁律例兼管正藍旗官庫事務刑部尚書加三級授資政大夫次莫洛洪官宗人府員外郎

署驍騎參領世襲拖沙喇哈番授奉政大夫季諱戚世拔仕至佐領
授通議大夫子三長常久官佐領兼管火器營營總事次哲庫納官
護軍校兼管火器季哲爾肯充護軍令巢可託以光禄公任子厚沐
皇恩忝膺九列仰追庭誨敬表光榮用承父志云康熙四十七年歲
在戊子七月朔孝孫巢可託等建立南安府知府海寧陳奕禧敬書
維璲巖覺羅公之曾孫十五人鄔赫出者三長武保官中書次常保
官工部侍郎正白旗副都統季佟惠以子貴贈通議大夫克士圖出
者二長常禄官筆帖式次兆保八品官巢可託出者二長巢世熙怡
親王府委署典儀次巢世馨恩科副榜莫洛洪出者四伯郭丕筆帖
式仲巢爾璘國子監助教叔巢爾玢怡賢親王行營總管季鄂爾和
順充親軍長久出者二長尹泰委署前鋒校次保柱戶部郎中哲庫
訥出者一名高亮襲雲騎尉哲爾肯出者一名鄂時鎮守青州驍騎
通議大夫穆公之曾孫五人長兆明贈奉政大夫武保出次禧柱怡

親王府長史參領襲佐領加五級季錫爾璘癸丑舉人己未進士吏部堂主事常保出承祚欽差稽察寧古塔等處地方□□道監察御史加□□□□□□□□□出光祿大夫柯公之曾孫七人長博爾鐘峩怡賢親王府四品典儀□□□護軍郭丕出穆克德克驍騎巢爾璘出寧古立甲子舉人候補筆帖式巢爾玢出恆德充驍騎□德幼巢世熙出佛德幼巢世馨出通議大夫戚公之曾孫八人長兆柱充護軍□泰出雙□雙安雙德俱幼保柱出德林布襲雲騎尉福森布幼高亮出金齊憲厄爾登俱幼鄂時出公之五世孫工部主事福衍兆明出怡親王三等護衛加二級記録一次蘇和監生崧山禧柱出監生富寧永安出驍騎明誠博爾鐘峩出音登幼賽音布出六世孫查拉芬呼圖禮俱幼蘇和出盛德幼富寧出瓜瓞綿綿螽斯蟄蟄正方興未艾矣謹按斯碑購自司寇□□□司空鐫自西臺後先輝映代有哲人潛叨丙辰薦與司寇之季子有年誼焉因悉其

世系如此敬爲譜之用垂永久云時乾隆□□丙寅之辰月也詹事
府正詹沈德潛撰年眷同學弟王懿德書怡親王府八品官陳書鐫

土門仇氏□□□節碑蓋聞景星慶雲天之瑞也嶽峙川流地之靈
也靈□屈軼蓂之□也□柏□松木之楨也以此觀之山川草木莫
莫不特出者也豈獨人□反無特出者乎如土門仇氏夫人者豈非
特出者乎夫人生長名門幼嫻內□有字土門咸遵閨訓事祖姑以
孝□甘旨親奉相夫君以勤而井臼身操不忮不求鄉黨咸照賁譽
克勤克儉宗□共仰高□□宜偕老百年常調琴瑟不意夫君太翁
諱保住一疾不□□□捐館老夫人年方廿七驟□孤鸞之嘆柏舟
自□□□冰雪之清□有二子長曰□□□曰□□□方在襁抱夫
人晨昏針黹以供衣食□□能□以□□養今之成立皆係棟梁將
求策天府翼弼盛朝皆夫人貞節之徵教養之效也□逢曠典□旌

表貞節二賢郎囑余爲誌余又敢處與但誌其實事耳乾隆十二年
二月初九日吏部候選縣丞李之□拜撰男傅德立石

正紅旗蒙古都統保祝碑臣子篤在公之誼不著賢聲朝廷宏逮下
之仁優加卹典程功考績猷爲既展於生前褒德易名寵渥宜隆於
身後爾正紅旗蒙古都統保祝才裕干城智嫻韜略周廬列衛不忘
夙夜惟寅專閫旋膺更見輯綏有術建牙旗而風靜駿譽昭宣統禁
旅而霜嚴龍驤帖服勿聞溘逝良用軫懷封馬鬣以餘哀拂鸞緘而
紀實諡之恭簡以概生平嗚呼澤沛幽宮松檟煥雲霞之彩烈垂貞
石旂常生琬琰之輝泉壤有知天庥勿替乾隆十二年十二月初七
日

大淸誥封武顯大夫綽公諱綸之墓乾隆十三年四月初四日立

內大臣一等伯欽拜碑文朕惟宣力効忠臣子靖共之分褒功命德朝廷軫卹之仁生膺五服之章歿溉重泉之澤易名有典表墓垂文所以酬勞績而勸方來恩至渥也爾內大臣一等伯欽拜名閥承先華簪啟後襲躬圭之繅藉班居蒲穀之前執書戟於周廬身列金貂之貴宅心謹厚靡愆尺寸之儀秉節純勤尤著馳驅之義忽聞溘逝良用愴懷爰思盡瘁之勤特備彝章之錫謚爲肅敏象厥生平於戲薤露易晞表絲綸於阡隴瑤鐫不朽垂琬琰於松楸貽爾後人欽承無斁乾隆十三年九月初三日

正黃旗滿洲都統原任內閣中書傅道之妻係鑲藍旗滿洲都統覺氏孀居三十年於乾隆十三年十二月奉旨旌表

維乾隆十一年歲次丙寅十一月壬辰朔越十五日丙午皇帝遣禮部祠祭清吏司員外郎加四級紀錄二次永常諭祭病故原官致仕食半俸内大臣鑲白旗滿洲常賚之靈曰鞠躬盡瘁臣子之芳蹤賜邺報功國家之盛典爾常賚性行純良才能稱職方冀遐齡忽聞長逝朕用悼焉特頒祭葬以慰幽魂嗚呼寵錫重壚庶沐匪躬之報名垂信史聿昭不朽之榮爾如有知尚克歆享□□□乾隆十四年己巳四月十八日

多羅平郡王謚敏福彭碑文國家建立藩垣以資屏翰其有勤勞職守宣著猷爲生而列五等之封播令名於當代歿則核一生之行昭美謚於來兹典至鉅也爾多羅平郡王福彭派衍銀潢支分玉牒賦才幹練允稱宗子之良秉性恭勤克備天家之選恩承餘慶錫茅土以邀榮譽起英年展旂常而著績懋宣威於絶域力任馳驅敬奉職

於內庭心虔夙夜何奄終之遽及惟軫悼之無涯考彝典以易名樹豐碑而示後綜諸行實於敏爲宜於戲禮備哀榮賁丹綸於黃壤光垂久遠鐫綠字於靑珉用揚宗室之輝永煥松楸之色勗爾有後尙克欽承乾隆十四年五月十七日

原任直隸總督那蘇圖碑文抒誠宣力緬懷屏翰之勳賜邮酬庸備舉哀榮之典式稽彝憲用錫鴻稱爾原任直隸總都那蘇圖禀性樸誠賦才優裕承恩世職列衛內廷戎閫揚威早著干城之望秋官執法聿彰明允之聲綸綍頻宣荷封疆之重寄節麾屢畀具經緯以咸宜兩江三楚之區風淸日燠百粵八閩之域吏畏民懷洎總制邦畿益勵公忠而奉國更兼司河務尤攄恪愼以集功錫宮銜而秩亞公孤領羽衛而職親左右乃勤勞之日積遽疢疾之弗瘳眷念勳猷良深哀軫布芳筵而設奠進宮傅以增榮飾終之禮有加頒帑金而營

葬垂後之恩宜渥核素行以易名謚曰慤勤以彰勣歷於戲駿烈長流於奕世鐘鼎生輝龍光永賁於豐碑松楸煥彩勗爾有後昭示來兹乾隆十四年十二月十九日

奉天承運皇帝制曰貽厥孫謀令德克傳爲家範服乃祖訓殊恩用錫夫朝章俾服皇休曲成臣孝爾禮部尚書總管樂部兼管太常寺鴻臚寺事務世管佐領加六級紀錄四次木和林之祖父薩齊德能垂後業足開先積行累仁越再傳而滋大流光篤慶歷三世而彌昌既克佑乎後人宜崇褒其往烈兹以覃恩特贈爾爲光禄大夫於戲源遠流長實啓造家之澤根深枝茂益昭報國之猷寵綍欽承幽光用顯制曰良臣奏績溯積累於先型壼教垂休逮恩榮於大母聿徵内德式煥王綸爾禮部尚書總管樂部兼管太常寺鴻臚寺事務世管佐領加六級紀録四次木和林祖母佟佳氏赫舍利氏張氏慈著

含飴教先貽□閫儀克備流風垂女史之規門祚彌昌介福食孫謀之報徽音既茂淑行攸嘉茲以覃恩特贈爾爲一品夫人於戲譽美崇班用錫重闈之慶榮膺寵命常敷奕葉之光被厥殊恩彰茲世德

乾隆十五年□月

奉天承運皇帝制曰家聲光大庭闈之式穀攸先門祚蕃昌閨闥之貽麻風裕洊加天寵用闡母儀爾御前侍衛總督湖廣等處地方軍務兼理糧餉都察院右都御史軍功加一級紀録二次永興提督甘肅安西等處地方總統哈密防務軍功加一級紀録二次永常之生母李氏嫻於典則著有規型愛必先勞每勗蒞官之敬忠於所事率由胎教之賢茲以覃恩贈爾爲一品夫人於戲錫茂獎於蘭陔芳蕤益播被惠風於蔥佩馨澤彌新祇受榮章永標淑德皇帝諭祭於總督永興提督永常之母李氏之靈曰義方式訓壼儀表範於生前彝

典推恩寵錫垂榮於身後特頒奠醊用示優崇爾總督永興提督永
常之母李氏淑愼其儀柔嘉維則蘋蘩蚤歲克勤儉以持家丸荻深
宵更劬勞而教子貽謀式穀久膺翟茀之榮積善凝庥冀享期頤之
福淪徂遽告褒䘏宜加於戲彤管流芬永著珩璜之譽瑤章賁彩彌
增筵几之光靈如有知歆兹寵渥乾隆十六年正月初六日

皇清誥授光祿大夫太子太保東閣大學士兼禮部尙書管理鑲黃
旗漢軍都統事務謚文和張公神道碑賜進士出身光祿大夫經筵
講官太子太保東閣大學士兼理工部事務桂林舊屬陳宏謀頓首
拜撰賜進士及第光祿大夫經筵講官禮部尙書前戶部尙書兵部
尙書都察院左都御史安州姻弟陳悳華頓首拜書丹并篆額廣寧
張文和公總督全滇時余方官滇藩爲公屬吏公氣宇端凝平心應
物凡民瘼國體所在罔不虛衷諮詢曲盡籌畫其遇屬下也開布公

誠黜陟公當皆余所目擊而心佩者迨余擢撫西安與公迹久疏值三年自陳例得舉賢自代公以余名列薦剡云以實心行實政視國事如家事噫此公平昔身先作則以訓屬下者獨於余有深契焉至今思之旣感相賞之有眞彌愧知遇之難副也今上乾隆十有五年公以總督入覲遂膺枚卜之命蓋異數也又一年而公以疾卒邸第爲是年三月十四日上聞之軫惻有加特賜賻邮謚曰文和諸孤葬公於祖塋新阡幽堂旣有銘矣而墓道之碑未立嗣余復荷殊綸厠位東閣距公沒已十有餘年公子復以墓碑請余雖不文烏得辭公諱允隨字覲臣號時齋先世由山左徙遼東遂隸漢軍鑲黃旗代以忠貞著公始筮仕得江南寧國郡佐陞滇之楚雄守歷廣南曲靖洊擢糧道臬藩巡撫總督舊制滇黔各設總督後改制黔亦屬於滇公遂兼任之歷滇黔三十餘年故凡邊防兵制民生利弊無不體訪周至熟誌於胸任所措施皆合機宜滇境多山少樹石率產五金金銀

銅錫在在有之其爲鼓鑄所必需者莫如銅向來京局需銅委員領帑招商採辦洋銅重洋遠隔不能如期而至官羅參賠公由糧道而藩司洞悉其艱總理廠務持己以公任事以兼調劑鼓舞備極周善舊廠有洞老山空者幾至中止公採得實情量加銅價舊廠復增旺盛新廠如大龍湯丹碌碌所得之銅自數十萬以至七八九百萬足供京局鼓鑄停辦洋銅省國帑而除官累自公任歷今廿餘年無虞缺供又於金釵坡銅廠廠民虧本官帑無著衆議停採公知洞雖深而礦仍旺量增銅價節省浮費夫匠踴躍歲約產銅數百餘萬鄰省鼓鑄皆需於此銅日多而帑益省今亦二十餘年矣江楚之民爭趨赴廠春至冬歸不獨可以養本省之窮黎并可養各省之商民公之上裨國計下益民生造福滇南莫大於此自宣威至昭通程經五百餘里大都險峻崎嶇中多溪流間阻公委員勘查鑿其險隘平其偏陂溪流泛溢則駕浮梁以資濟涉又有察拉利濟水河三水發源夷

域滙入高魯水發之時尤虞泛漲公設法疏濬引三河之水廣滋灌漑向之受水害者今且羣受水之利矣安寧地勢高峻三面俱乏水泉公爲之築石壩六座使水有所蓄開渠一百餘里使水有所洩附近數百里居民田地皆不虞乏水利賴至今不朽焉至於苗猓偶爾犯順如東川烏蒙猓夷之叛普洱等屬緬僧之擾臨安孽種之跳梁公統兵進勦按其險易相其機宜以時捕滅地方辦理軍需州縣往往藉詞派擾而附近土司尤易滋累公嚴立禁約凡軍事所需一草一木皆出公帑不以遺累閭閻亦不以遺累土司也他如裁曲靖稅口以蘇民困建元江他郎觀音九道二河浮梁以濟行旅建義學設義租敎苗猓讀書以廣敎化至今景東蒙化科甲繼起此固公之遺他也酌增滇黔倉儲使緩急有備招來土司若猛緬南掌諸地使邊圉永定此皆公之大有造於滇黔也蓋公治理地方一秉寬和督辦公事悉規勤敏故德洽中外澤浹士民利賴以興風俗以振固有流

之數十年之後而始徵其效始被其恩者公生平無疾言遽色見於顔面滇之兒童婦子無不知公者官日高績日懋而德化及民亦復日深且厚公身事兩朝荷承天眷皆膺殊禮入佐綸扉實邀特簡天子方資公贊勷密勿而公乃以疾亟不起天生公以黼黻休明霖雨蒼生何未竟其施而奪公之速耶然公之德政懋績其著於滇黔者至今人猶能道之公享年五十有九其生卒日月官階俱詳見志中子光宗啟宗崑玉朝宗岱宗景宗三寶孫世駿世祿世安世榮世倬銘曰公之經濟樂易和平公之志念篤棐肫誠公在滇久百度克貞政與民習事有令名帝心簡在枚卜邀榮經綸未竟哲人遽傾公身雖逝詒厥有聲碣銘永勒百世崢嶸

多羅平信郡王碑文朕惟帝室展親爰重本支之序宗臣藩國聿昭磐石之安故生則膺章服之榮殁則沐華衮之錫恩至渥也誼莫隆

焉惟王派衍天潢枝分玉葉秉温醇之茂質懷恭慎之小心屬在懿
親維城攸寄纘兹舊服屏翰斯昭方期永翊乎天家詎意溘先乎朝
露朕丕承鴻業篤念宗盟既行醊奠之儀更考易名之典豐碑用建
嘉諡曰僖於戲綸綍流輝表殊恩於勿替松楸焕彩顯令譽於無窮
欽哉訓詞光昭奕世乾隆十六年閏五月十八日

朕惟贊襄機務爰資亮采之功優眷台衡載布易名之典飭禮官而
議諡已廷論之僉同特沛絲綸用光泉壤爾大學士張允隨策名仕
版勵志官方始佐郡於宣州口碑騰頌洊分猷於洱海命服懋膺迨
持節於苗疆尤宣勤於吏治儀型僚屬奄甸封圻任簡綸扉甫周歲
序優承恩眷遽隕台星錫逾格之寵榮嘉服官之勞績已頒清醑以
酬幽靈賜諡文和爲鐫貞石於戲龍章焕彩長垂青簡之光馬鬣封
高永誌黄壚之澤式承琬琰益賁松楸乾隆十六年七月十三日

皇帝諭祭於大學士張允隨之靈曰身依日月聿隆綸閣之司履曳
星辰尤重台垣之寄矧宣猷於節鉞曾樹績於封圻眷念成勞用頒
卹典爾原任大學士張允隨早膺循譽克茂清聲膺卓薦而徧歷苗
疆陟監司而恪循職守屬遐陬之向化允賴撫綏率羣吏以宣勤兼
資節制爾能祇承德意上贊廟謨籌畫機宜下求民瘼奉簡書於丹
徼幾易星霜晉崇秩於黃扉方流寵渥遽披遺疏良軫予懷爰推芬
苾之恩以備哀榮之禮於戲彤墀翔步緬風度以猶存紫綍光榮布
几筵而罔替靈其不昧尚克歆承乾隆十六年七月十三日

奉天承運皇帝制曰雲霄官閥式崇開府之勳棨戟家風實始趨庭
之訓爰施寵奬用賁徽章爾納親乃御前侍衛前任總督湖廣等處
地方軍務兼理糧餉都察院右都御史軍功加一級紀錄二次永興
現任總督湖廣等處地方軍務兼理糧餉都察院右都御史軍功加

一級紀錄二次永常之父世授青箱庭生玉樹貽之清白蔚爲盛世圭璋教以義方屹作興朝屏翰茲以覃恩贈爾爲光祿大夫錫之誥命於戲稱先則古詩書藴文武之謨浴德澡身忠孝立子臣之鵠祇承渥典永荷殊榮制曰家多淑媛流澤被於後昆國有重臣貤封逮乎前母惟令子不忘舊德故興朝均被新恩爾總督湖廣等處地方軍務兼理糧餉都察院右都御史軍功加一級紀錄二次永興永常之前母趙氏氣和瑟琴名貞琬琰方相夫之克順憫不實於春華迨厥子之有聞溘已先於朝露茲以覃恩贈爾爲一品夫人於戲杯棬澤在猶貽式穀之謀風木情殷彌切樹萱之慕慰之泉壤賁以絲綸制曰家聲光大庭闈之式穀攸先門祚蕃昌閨闥之貽麻夙裕洊加天寵用闡母儀爾總督湖廣等處地方軍務兼理糧餉都察院右都御史軍功加一級紀錄二次永興永常之生母李氏嫻於典則著有規型愛必先勞每勗蒞官之敬忠於所事率由胎教之賢茲以覃恩

贈爾爲一品夫人於戲錫茂獎於蘭陔芳蕤益播被惠風於蔥佩馨

澤彌新祇受榮章永標淑德乾隆十六年十一月二十五日

雪屐尋碑録卷十三

雪屐尋碑錄卷十四

清宗室盛昱集錄

皇清誥封承德郎享耋壽諱國喜李府君墓原命康熙丁巳年正月十二日辰時生大限乾隆丙子年五月十九日寅時卒孝猶子李永興李二格立

誥封資政大夫薩寵阿之碑經筵講官國子監祭酒加一級兼佐領覺羅吳拜書致仕太學士福敏碑文朕惟位隆輔弼膺夙眷於綸扉德重師儒溯成勞於經席惟藎誠之在念宜贈典之攸崇致仕太學士福龍翰先生植品端方禔躬純正選吉士於登瀛之日恬淡爲懷遇皇考於潛邸之初恪勤自勵旬宣中外撫循克任夫封疆表率班聯聲望洊高於槐棘朕惓惟黄髮久値彤闈晉保傅之榮階畀鼎台之重任在昔髫齔受學允資啟迪之維諄逮夫密勿論思亦時敷陳

之有要旋蹟大耋遂予引年揮翰摛詞稠疊歲時之存問分甘植菓優游林壑之安頤視疾造廬幸勿藥以遄喜訃聞屬纊更灑淚以親臨賻卹有加儀章備舉稽於彝憲謚曰文端嗚呼想道範於平生彌切夢楹之感紀輓章於昨歲猶深易簀之悲載勒豐碑用光來葉乾隆二十一年十一月十四日

原任荊州將軍宗室尚嘉保碑文朕惟建節封疆愼簡維垣之寄銘勳鐘鼎用酬克壯之忱惟撫馭之有方宜恩榮之勿替爾原任荊州將軍宗室尚嘉保銀潢衍派玉牒分支早承襲乎世封遂入參於宿衛洎乎分閫荊州擁旄楚甸柳營日暖整荼火之軍容玉帳風清講韜鈐之武略夙夜匪懈初終不渝既於入覲之時許遂養痾之請遽聞淪逝實用軫傷寵卹爰頒祭葬如禮嗚呼豐珉載錫永增竹帛之光大樹猶存尚擁風雲之氣服予休命勵爾後昆乾隆二十二年四

月二十五日

通公者正黄旗滿洲人也由監生於康熙四十六年正月補用理藩院筆帖式差往崗地思星宿海畫圖取水差竣回京纂誌進呈奉旨交一統誌館欽此五十七年五月題補本院主事派往西路軍營出兵五十八年十二月奉聖祖仁皇帝特旨補授員外郎雍正元年六月題補本院郎中三年二月世宗憲皇帝特旨補授內閣侍讀學士四年正月補授大理寺卿二月奉旨差往寧夏查漢托輝地方辦理城渠工務五年十月奉旨補授盛京工部侍郎仍留查漢托輝地方辦理開墾事務六年三月補授禮部侍郎六月調補兵部侍郎十年十月工程告竣來京十一月奉旨協辦理藩院侍郎事務十一年八月補授正紅旗蒙古副都統仍兼侍郎任十二年奉旨派往歸城署理都統事務十三年八月奉旨通智自奉差歸化城以來所辦事件

輕重緩急悉得至宜從來奉差諸臣之所罕見者著補授兵部尙書
欽此壽享七十一歲於乾隆九年恭遇覃恩誥授光祿大夫十二年
七月十二日申時卒於正寢二十二日午時安葬於塋吏部驗封司
主政加一級姚左垣撰文乾隆丁丑年孟冬吉旦

詩云彤管遺徽光傳史册蓋貞節懿行乃風化所關□倫所重由來
罕覯也陣□長鎗護軍普福之妻留嘉氏賦性幽貞持躬淑愼奉庭
闈而篤孝婦道無虧歷冰霜以矢志卅載有餘節同松茂操比霜淸
潛德貞芳俯仰無慚恭逢聖旨建坊旌表謹遵立碣留嘉氏之苦志
貞節載在不朽不永與古之貞賢比美爲同觀耶易曰安貞之吉應
地無疆留嘉氏誠常此而無忝矣飛龍乾隆二十四年秋七月穀旦
立

原任太子少保湖廣總督碩色碑朕維秉節鉞以宣風翰垣攸寄畀老成而宏化耆舊興懷既膺委任於生前復備哀榮於歿後宜隆褒贈聿舉彝章爾原任太子少保湖廣總督碩色植躬謹重在職勤勞早歷郎曹備賢能之上選既登薦版荷特達之殊知時則屬在大農出遂司夫陳臬明刑奏績旋膺方伯之除布政宣猷遂撫關中之衆朕用申命俾歷諸州麾大纛而載馳部行隴蜀蒞中邦以分治惠逮豫齊允惟總制之宜實副殿邦之任由是專樞粤嶠崇牙閱禺海之師開府滇黔高傳問苗峒之俗既予來覲錫汝保臣屏障奏功控要區於全楚股肱宣力荷□任以五年何遽逝之忽聞遽遺章之入告爰頒嘉奠載考易名寵命既備於初終可謂恭矣成績有懷夫今昔不亦勤乎爰命禮官著之貞石嗚呼封疆久事遺風留苗黍之思耆造不忘令典重龍鸞之碣靈其未昧式視斯文乾隆二十四年十月二十四日

原任陝西固原提督董孟碑文朕惟國家勤思保障懋奬勳庸永懷盡瘁之臣特備飾終之典矧夫威惠素揚於閫外勤勞丕著於師中萬里鷹揚已樹磨崖之績一時物化能忘繪閣之勳爰錫恩綸用彰偉烈爾原任陝西固原提督董孟韜鈐素裕果毅性成仗三略以奪標早入貔貅之宴環六宮而作衛實稱虎旅之班迨參幕於湘衡益現偉抱旋副戎於魏博雅號能軍是用寄以干城授之節鉞南陽西蜀聲威肅而風靜牙旗粤海秦關組練明而霜凝玉帳當王師之西討時效前驅比回部之東歸還邀優敘方期委任何意淪殂爲肇錫以嘉名謚稱勇確俾昭茲於來許績紀貞珉嗚呼杯土深埋空想丸泥之烈松楸長護能知大樹之名鏤螭碣以高懸鼎彝同貴揭龍章而丕煥琬琰常新咨爾後昆式茲前武乾隆二十五年九月二十三日

奉天承運皇帝制曰夙夜匪懈王臣既死厥忠黽勉同心命婦爰從
其貴既含章而正内因錫爵以疏榮爾經筵講官議政大臣領侍衛
内大臣兵部尚書署禮部尚書事務御前大臣正紅旗蒙古都統總
管内務府大臣步軍統領一等果毅公加三級阿里衮之妻瓜爾佳
氏順以正家慈能逮下贊良規於琴瑟徽柔不讓女宗致孝養於尊
章問視悉符内則既代終而餘慶宜受祉以分榮茲以覃恩封爾爲
一品公夫人於戲躬親蘋藻以用之公侯之宮象表山河永薹爾子
孫之慶益端懿範勿替徽音乾隆二十六年十一月二十日
京城德勝門外之東距城其近有本藩園地一區方二十三畝命形
家相之謂可作窀穸之所予因令藩府之太監等有歿者窆而會葬
焉嘗思古人掩骼埋胔載諸史册其推恩骨肉之誼周于庶類□以

暴露之堪憐則瘞埋之當恤矧予太監等晨夕侍從宣力服勤一旦奄然而逝顧使幽魂無依夜臺飲泣非所以嘉奬勤勞慰答藎忱之義也兹地寬敞塚壘可以次列諸人生嘗相聚歿亦相依長夜首邱冥踪或慰自兹以往許續厝烏其永著爲令其不願者聽之嗚呼生寄死歸考終爲福歿寧存順吉壤宜安諸太監等其亦得所依托而庇□其人家也已時乾隆二十有六年歲次辛巳十二月吉旦立

原任都統兼侍郎多爾濟祭文皇帝諭祭於原任正藍旗蒙古都統兼理藩院左侍郎多爾濟之靈曰奉公宣力常資篤棐之材示眷推恩式奬忠勤之誼惟靖共無懈克昭懋績於生前斯褒卹有經爰備寵綏於身後爾多爾濟持躬恪慎率屬端嚴當筮仕之初即稱幹練迨服官之久益著純誠迴翔郎署之班洊歷京卿之任洎乎擢綜旗務統虎旅之赳桓因而兼典藩封領象胥之職貢榮階遞進率履無

僭往者殊域馳驅既肅將乎使命邇日軍書籌畫亦洞悉乎夷情正

倚任之方殷遽遺章之入告老成溘逝軫惻良深爰命禮官載申邺

典嗚呼勸作忠於後起視此衪筵酬盡瘁於當年歆予芳醴尚其祇

受慰爾幽靈

原任都統兼侍郎多爾濟碑文朕惟明廷効職臣懷盡瘁之忱翠琬

鐫銘國有酬庸之典是以恩邺垂諸身後永笒成勞彝章追美生前

益申眷命爾原任正藍旗蒙古都統兼理藩院左侍郎多爾濟賦材

練達行己端嚴筮仕而克効其長奉職而益昭其謹入直郎官之署

列宿名高出參司馬之曹題輿望重佐襄旗務羣推約束之明晉秩

京卿無改靖共之素嗣是才猷懋著統武備之干城因而倚畀方深

典藩封之職貢馳驅殊域蔥河之跋涉維勤籌畫夷情榆塞之烽煙

早靖念服勤之罔懈欣倚任之得人何圖朝露易晞遽爾遺章入告

爰飭厚終之令禮備哀榮用明眷舊之思恩榮祭葬載稽掌故謚曰
勤僖嗚呼名紀豐碑綸綍煥龍鸞之彩魂歸華表松楸依雲日之輝
貽爾後人欽兹懋典乾隆二十七年十月初七日

原任黑龍江將軍綽爾多碑文朕惟宣威重鎮成勞已著於旂常紀
績貞珉令譽斯垂於琬琰沛易名之曠典徽號攸加篤念舊之深情
隆恩載錫爾原任黑龍江將軍綽爾多以忠成性由任得官效戰陣
於戎行知方有勇布明威於下國奉使無慙重譯知名夙領藩封之
職貢六韜展略疊分統制之軍符蓋胸有甲兵屢受熊羆之任而令
嚴鼓角聿彰彪虎之威疊膺隴右之干城一領安西之督護大帥建
臨江之節列帳風清諸臺興挾纊之歌連營春暖肘懸金印曾誇入
奉前驅隊擁牙旗爰命出屏南服再啟伊涼之幕府仍搴塞闥之蜺
幢三朝承眷顧之隆廿載荷提封之寄坐鎮方期其難老遺章遽告

夫奄殂表厥生平謚以質慤於戲靈歸黑水身膺節鉞之殊榮塚象
祈連歿領絲綸之厚邺覩兹華碣表爾幽阡乾隆二十七年十一月
十四日

皇淸誥封光祿大夫兼世管佐領原任湖廣荊州將軍德□墓碑誌
蓋聞人生謝世禮必有葬葬必有祭此所以安先靈於地下而慰孝
子之心於萬一也故養生送死人子之大節報本追遠萬世之常經
是以自古訖今凡紳衿士庶之家莫不設立墳塋俾後世子孫望墓
田而生感因風木而堪悲禴祀烝嘗四時之孝享無虧音容笑語一
念之思成克篤庶其承先啟後子子孫孫勿替而引長之也惟我祖
塋限於地狹難以安葬余無可如何圖維數載方卜葬於東直門外
東壩之北另造新塋立向子午兼癸丁三分週圍植樹三百餘株置
地二頃三十五畝又十畝五分內建造陽宅陰宅共用地三十五畝

外尙存地二頃十畝五分其每歲所收租息以備修理牆垣補種樹木之需恐後世子孫支派日繁賢愚不一不能謹遵祖訓恪守先型是以用列十條預垂遺訓爾子孫尙其遵行而無忽焉計開一御賜碑文乃□□國家之曠典後世子孫務宜敬謹看守毋致損壞如有毀壞碑文者準衆子孫公同逐出戶外一祖父墳墓毋因乏嗣而聽風水之言遷棺移葬致使骸骨不安如有遷移墳墓者準衆子孫公同逐出戶外一祭田存公其每歲地租以備修葺牆垣補種樹木之用毋得以餬口無資相一月臺圍牆宮門務須隨時修補不得折毀以失觀瞻如有折毀者準衆子孫將伊應得地租扣除賠修一所栽樹木偶有回乾理宜補種毋得砍伐活樹以作炊爨如有砍伐活樹者准衆子孫將伊應得地租扣除補種一陽宅原爲上墳聚集起坐之所毋得率性居住任意騷擾如有住公所以省房租者准衆子孫將伊應得地租扣除賠修一子孫內或因陣亡而有功於□□國家

者准其入葬外其非正命而死者概不准入如有妄行入葬者准衆
子孫公同擲出一使妾本非敵體豈容並葬除□□配葬之正妻而
妾有生子嗣者權許並葬外其餘概不準入葬墳院如有擅行入葬
者準子孫公同擲出一無子嗣並未娶室者不得冒入安葬有礙風
水如有擅行覇入者准衆子孫公同擲出一輪流祭掃本令皆得盡
其誠敬源無分於爾我每逢上墳務須各家皆到如有託故推病指
差不到者異日令伊知會衆人自行補奠以上十條凡我後裔咸宜
遵守得抗違則事死如生事亡如存無負先人屬望之心葬之以禮
祭之以禮自有瓜瓞雲礽之慶詩曰不衍不忘率由舊章又曰永言
孝思孝思維則其斯之謂歟乾隆二十八年三月十八日

原任荊州將軍德敏碑文朕惟剖麟符於南服雅資保障之才拜龍
節於中朝素重赳桓之望故典禮飾終於惠幕眷此几筵而絲綸寵

賁於幽阡用光琬琰爾原任荊州將軍德敏拔自旗員克稱世秩積階資於朱邸充護衛於早年三遷而入領牙旗班齊禁旅再出而重開戎幕令肅江關嘉奉職以維勤進提衡於柏府念成勞之有在還駐節於荊州方期屹峙以干城何遽溘先乎朝露當遺疏之上達軫惻彌深逮卹典之下頒恩施宜渥易名溫懿肖厥生平刻石封塋榮施窀穸嗚呼樹豐碑於馬鬣尚載休聲垂奕葉以鸞章永存舊德用昭眷命貽爾後人乾隆二十八年三月十八日

御賜太子少保安西提督劉順祭文皇帝諭祭於太子少保安西提督劉順之靈曰折衝攸寄常思將帥之才褒錫有加式獎忠勤之誼揚威名於閫外生前之懋績既昭頒卹典於中朝身後之寵綏爰備爾劉順韜鈐諳練紀律森嚴初膺朶殿臚傳蚤備期門宿衛耑營居守還依上苑之旁佩印分麾遂久西秦之任雖陞擢屢遷於他郡而

題留常隸乎茲邦遍歷參遊洊臻協副迨雄藩晉秩旌旂乍拂黔關
而重鎮需材牙纛仍移白水金川烽靖與有勳勞戈壁泉通實資疏
導方肅軍門之號令遽聞溘逝之遺章軫惻良深苾芬用奠嗚呼雲
氣變鸛鵝之陣英爽猶存綸音宣鸞鳳之書渥恩斯沛尚其祗受慰
爾幽靈乾隆二十八年四月二十二日

祖塋自創建後歲久未修林木廬垣間有傷毀不及時補葺漸就傾
頽爲之後者能無恫諸今春有元孫九德虔奉百金供修葺栽培用
所不敷者本支公議約入三載祭田全租克成厥事更定嗣後每年
酌取田租以備歲修以永鞏固於是鳩工庀材閲月事竣展奠之下
復見繚垣環塋槐陰覆路門庭宇舍侖奐悉新修祖兆而妥先靈謂
非孝感之所致與後起者觀感興思歲修有藉亦何憂乎廢墜哉是
爲記時乾隆二十九年夏四月穀旦族長蕬扎齊曁本支公鐫

原任正黄旗蒙古都統廣成碑文朕惟國家簡任世臣優崇華閥沛
飾終之令典表身後之榮施用奬純誠以昭渥澤爾原任正黄旗蒙
古都統廣成喬木故家彤闈右戚初策名於郎署宣旋著績於卿曹
嘉石平民棘寺樂景風之扇靑驄首路烏臺凛成憲之遵領兩翼之
嘉師總千屯之禁旅正殷委任忽告淪徂爰命考行易名鐫之珉石
温勤錫謚概厥生平嗚呼列戟承恩嗣家聲而勿替豐碑紀歲綿世
澤以長新朂爾後人敬承庥命乾隆二十九年九月二十一日

皇清誥封光祿大夫諱文焻石府君之墓大清乾隆歲次乙酉仲春
月穀旦鑾儀衛雲麾使兼佐領孫珠蘭泰敬立

奉天承運皇帝制曰朕惟恩隆錫鋱賚倚畀於干城典重勒銘賁光

榮於泉壤悼武臣之長逝爰卹命之有加載播温綸用昭寵譽爾原任寧夏將軍覺羅永泰懿恭秉性勤慎居官禁旅程材邀先朝之簡拔盛年宣力早軍政之精嫻遂以積資屢膺委任始分旄於滇海旋移鎮於浙中用能整飭戎行克勝閫寄牙旗獨建指北口之雄關王節重持控西陲之重鎮服勤罔替垂四十年忽覽道遺章倍殷軫卹既飭之終之備典命考行以易名按厥生平謚之恪靖嗚呼據鞍嚄唶猶然名將之風勒石岧嶤長此豐碑之建敬承休命垂爾令名乾隆三十一年十月穀旦

原任太子太保戶部尚書果毅公謚襄壯阿里衮碑文朕惟封陲展力重臣參授鉞之權册府銘庸勳舊著運籌之略眷成勞之未泯生則望重干城期寵卹之攸加殁乃光壤爾太子太保戶部尚書果毅公阿里衮久膺簡用克著賢能供宿衛於宸居先備□陳之選奉甸

宣於壤甸洊登列岳之班逮乎入贊中朝優兼衆職尙書象天之喉舌已徧陟乎六卿禁旅爲國之爪牙更統司夫七萃往以馳驅克奮斫營參黑水之勳因之倚任方深持軸佐黃扉之政靖共益著敭歷攸資屬當小醜之不恭用副元戎而致討軍移赤徼徵師律之方嚴路出朱波見將星之忽隕班都護之屯部已虛關內生還馬伏波之行營竟致壺頭病困深加軫悼特示優崇俎豆維新備哀榮而展祀絲綸載賁表襄壯以易名於戲績在旂常圖畫炳功臣之閣寵延閥閱聲光留上將之垣武樹豐碑用輝幽兆欽予時命勵爾後人乾隆三十五年五月十九日

康熙五十一年正月二十八日辰時生山西太原府榆次縣西南鄉弓村淸故王府總管太監元俸羅公之墓修做寶頂安立碑弟羅元祿侄緗緯綰□□乾隆三十六年六月二十八日戌時卒

奉天承運皇帝制曰政重伍兵參佐允資乎豹略恩隆三錫□□□
□□□章爾鑲紅旗滿洲包衣佐領兼三等護衛加一級孫榮職司
軍旅材裕韜鈐迪果衆於戎行爪牙攸寄懋勤勞於王室茲以覃恩
特授爾階武□□□□□命於戲師克在和倘輯起桓之衆功期
罔懈益彰赫濯之靈制曰干戈載戢端資碩畫於戎行琴瑟咸和更
□□□□□爾鑲紅旗滿洲包衣佐領兼三等護衛加一級孫榮
之妻樊氏柔嘉繼則淑慎其儀茲以覃恩贈爾爲淑人於戲恪修內
職膺丕佩以無斁□□□□□章兩永煥制曰軍容整肅特資介
冑之臣中饋勤勞實藉□□□□□紅旗滿洲包衣佐領兼三等
護衛加一級孫榮之繼妻郭氏性資端淑禮法修明茲以覃恩封爾
爲淑人於戲宜其家人誕賁彤庭之令典勗哉□□益杼□帳之良
圖乾隆三十六年十一月二十五日

奉天承運皇帝制曰治軍命□朝廷弘燮伐之猷移孝作忠臣子著折衝之烈爾孫興乃鑲紅旗滿洲包衣佐領兼三等護衛加一級孫榮之父禔躬醇謹課子義方戎務夙嫻克啟箕裘之緒天休申錫用敷車服之榮兹以覃恩贈爾爲武翼大夫鑲紅旗滿洲包衣佐領兼三等護衛加一級錫之誥命於戲播徽章於天上祇受國恩邀令譽於師□永貽家慶制曰國重干城之□宣威允賴乎武臣典隆綸綍之施錫類必加夫賢母爾金氏乃鑲紅旗滿洲包衣佐領兼三等護衛加一級孫榮之□内則素嫻令儀久著愛勞兼至用昭□戟之光誨育彌勤每聽鳴機之響兹以覃恩封爾爲淑人於戲勵榮名於蘭錡懿範克彰荷嘉祉於芝函殊恩益永乾隆三十六年十一月二十五日

晉贈太子太保原任陝甘總督吳達善碑文朕惟位總行臺克表巖
廊之望地恢分野光資屏翰之庸眷大吏之可風愴老成之遽逝絲
綸載錫琬琰爲昭爾太子太保陝甘總督吳達善精白褆躬恪恭奉
職始擢農曹之選優登政府之階徵靖獻咸之咸宜遂旬宣之特任
寵隴坂洮雲之表早建旌牙滇池洱水之區重移棨戟逮乎兩臨楚
境綏馭爲勞因之三鎮秦邊附循克協轄鈐久寄頻年覘制府之長
樞鑰攸資萬里控方輿之遠謂練材之素著倚任方深軫遺奏之上
聞飾終宜修既表賢良而展祀復稽典禮以易名象厥生平諡爲勤
毅於戲垂麻汗簡封圻傳苗黍之歌紀熾錮珉墓域煥松楸之色欽
予時命勵爾後人乾隆三十六年十二月十九日

和碩顯謹親王碑文朕惟備崇封於帝室秩冠頒璜推宿齒於宗盟
儀隆賜杖恩先敦本每懷玉牒之分輝典重飾終彌惜金枝之掩采

情傷挽紼禮具銘碑惟王稟氣沖和持躬淑慎溯派出文皇之系緜
瓞偏長承封當聖祖之朝分茅最久小心飭榘昭禮度以無愆耆德
流禔荷恩施於弗替向香山而繪像衣冠先九老之班開策府以延
庥帶礪重諸王之列方冀遐年之更享何期奄逝之遽聞展祀以時
旣雕筵之疊薦易名有憲庶隧道之丕光象厥生平謚之曰謹於戲
老成已謝空纏朱邸之悲譽望猶留永煥翠珉之色爾靈克慰奕禩
爲昭乾隆三十七年三月日

奉天承運皇帝制曰宣威効力事父資以事君錫類推恩教忠本於
教孝道存激勸志慰顯揚爾巴爾賽乃御前大臣領侍衛内大臣正
白旗滿洲都統兼右翼前鋒統領掌健鋭營印信大臣盟主管武備
院事務大臣管十五善射善騎射大臣管舊營房大臣管南府景山
事務大臣管御虞備用處大臣管内火藥庫大臣上駟院卿革職留

任總理阿哥等諳達鑾導統領御船統領三旗虎鎗統領公中佐領
騎都尉又一雲騎尉加一級努三之父倜儻負奇老成垂範鯉庭授
傳家之訓人敦詩禮虎臣策報主之勳國有爪牙兹以覃恩贈爾爲
御前大臣領侍衛内大臣正白旗滿洲都統兼右翼前鋒統領掌健
鋭營印信大臣盟主總理阿哥等諳達騎都尉又一雲騎尉加一級
建威大夫錫之誥命於戲蔬官能敬已宏昌後之基有子亢宗益勵
在公之念予何吝於爵賞爾克世其弓裘制曰能任教忠式穀固由
於母訓推恩逮下疏榮必逮於慈幃用答恩勤特頒榮寵爾舒木魯
氏乃御前大臣領侍衛内大臣正白旗滿洲都統兼右翼前鋒統領
掌健鋭營印信大臣盟主管武備院事務大臣管十五善射善騎射
大臣管舊營房大臣管南府景山事務大臣管御虞備用處大臣管
内火藥庫大臣上駟院卿革職留任總理阿哥等諳達鑾導統領御
船統領三旗虎鎗統領公中佐領騎都尉又一雲騎尉加一級努三

之母順柔叶德婉嫕宜家盛年不御丹鉛相夫以儉永夜時聞機杼
教子以勞茲以覃恩贈爾爲一品夫人於戲先國後家惟賢母獨知
大義作忠移孝俾勞臣能紹前徽生而有聞歿且不休大淸乾隆三
十八年二月二十四日孝子御前大臣領侍衛內大臣正白旗滿洲
都統兼右翼前鋒統領努三敬立塋碑

順治十六年勅諭固山勤慎貝子特爾祜牌文自古帝王創業垂統
以貽萬世凡在宗支皆膺顯號所以重懿親也爾特爾祜乃多羅安
平貝勒都度之子賦姿英敏制行端重方冀永享遐齡何乃遽聞淹
逝朕篤念宗親爰稽成憲謚曰勤慎勒之貞珉以垂不朽庶昭朕敦
睦之懷耳乾隆三十八年三月初十日建

皇淸誥授資政大夫鑲紅旗滿洲署涼州鎭總兵永昌協副將兼世

襲騎都尉加二級佛公墓碑□公覺羅禪氏諱佛遜乃巴智宜喇赤後裔祖諱阿克敦原任副都統出征四次力戰有功蒙恩賞給雲騎尉準襲兩代父諱伯喜原任歸化城副都統公生於雍正戊申年稍長失怙受祖母太夫人撫養教育成人幼即自勵仰荷皇恩承襲騎都尉益加奮勉身歷行間精勤本藝且憤志讀書以期文修武備行年二十四歲陞補副護軍參領二十八歲補授前鋒護衛旋陞前鋒參領由健鋭營出授永昌協副將以署涼州總兵統兵三千於三十七年十一月二十三四五等日同健鋭營翼長富虎三等侍衛明仁遊擊沈寛等在札馬山松林口横亙山木陽崗木了山等處勦賊攻戰六晝夜奪獲碉砦三十餘座火燒賊木城四座殺賊無算經提督董保奏議功十二月十二日率兵搶獲□板昭馬兒党二處接應將軍温大隊以兵隷焉十五日跟隨參贊大臣果毅公豐住營宜喜復打仗數十餘次三十九年正月奉副將軍公豐奏明住劄孟必山要

處身任戰字三月定西將軍阿調守色木多三面通川要路十月調
往密喇噶喇木黑山梁又打仗數次四十年二月初三日因劫賊營
奪其險要鼓勇爭先被賊礮所戕遇害上聞之爲震悼賜卹葬遣禮
部員外郎蘊泰諭祭命入昭忠祠賞一恩廕例得守備承襲二次今
窀穸既成請誌於余而爲之銘曰維公世曹承先榮懷啟後感風烈
□沙蟲羡氣吹公牛斗成千古之功名酬九重之高厚報國惟誠持
身不苟生也何慚死眞弗朽榮君賜勒石彌久乾隆四十一年三月
□日

原任漕運總督阿思哈碑文朕惟勤宣中外靖共懷久事之勞典備
哀榮展卹悵遺徽之杳惟敬慎罔愆於夙夜斯表物無間乎初終紫
綍延休翠珉勒媺爾原任漕運總督阿思哈程材練達勵志樸誠始
參特稟之班旋預含香之選擢之郎署雄疆特試以旬宣簡自藩維

腹地更覘其撫治迨選曹之錄用籌邊而牧政攸資旋運務之權膺
考績而綸言進掌是用還其舊秩西江之節鉞重頒亦嘗滌彼微瑕
東粵之封圻繼典嵩洛畀移轅之寄拊循既越五年滇黔當授律之
初控制實兼兩省乃愆尤之再集使圖贖於先驅仍矜宥之頻加冀
榮收夫後效自銓卿而削職遠臨塞外分屯俾樞院之司存晉副臺
端執憲遂總持綱之任兼資統衛之長機務參襄復錫崇銜於議政
天官暫攝還遷右族以升旗嘉勩歷之彌深值漕輸之藉理方倚毗
而遽有沈痾之告俾攝調而竟虛賜假之恩既飭奠以飾終爰易名
而考行於戲綜和止禔躬之素莊蒞惟能溯温恭執事之忱恪居靡
忝舟楫愴老成之逝松楸期譽望之留慰爾幽途昭茲來許乾隆四
十二年

奉天承運皇帝制曰國資開府之重臣賞延於世家有嗣徽之大母

祥降自天載錫寵榮並揚柔懿爾周氏乃兵部侍郎兼都察院右副
都御史巡撫貴州等處地方提督軍務加節制通省兵馬銜兼糧餉
世襲雲騎尉覺羅圖思德之生祖母以禮以法能儉能勤備茲母儀
紹芳規於前武肇興門祚留遺澤於後人茲以覃恩贈爾爲一品夫
人於戲貽采許之孫謀用亢宗而保艾贊陰行之祖德信善積而慶
餘澤衍再傳光昭奕禩
乾隆四十二年五月初二日□己亥仲夏孫兵部尚書湖廣總督世
襲雲騎尉圖思德内閣學士兼禮部侍郎副都統圖思義恭謄勒石

奉天承運皇帝制曰奉璽書於中禁位重旬宣領節鎮於外臺職司
撫輯任專鎖鑰績奏澄清爾兵部侍郎兼都察院右副都御史巡撫
貴州等處地方提督軍務加節制通省兵馬銜兼理糧餉世襲雲騎
尉覺羅圖思德才本優長躬能表率六條秉憲人瞻列戟清霜百郡

承流地偏隨車膏雨特頒慶典誕播徽章兹以覃恩特授爾階資政
大夫錫之誥命於戲釐紀振綱賓奠安於偉畧誠民勅吏慰宵旰之
深衷罔替成勞用終永譽制曰持綱秉憲良臣奏節鉞之勳履順思
莊淑女著珩璜之範芳型無忝茂獎宜加爾兵部侍郎兼都察院右
副都御史巡撫貴州等處地方提督軍務加節制通省兵馬銜兼理
糧餉世襲雲騎尉覺羅圖思德之妻岱佳氏名家作配内則是嫻勵
婦節於縞綦每覺秋霜輝映謹家閑於閫閾益彰鈴閣清嚴兹以覃
恩封爾爲夫人於戲賁錫寵章播休聲於閨闥誕敷嘉澤揚令聞於
巾褘式授榮施祇承顯命乾隆四十二年五月初二日

晉贈太子太保原任領侍衛内大臣户部尚書一等果毅繼勇公謚
誠武豐昇額碑文朕惟忠貞繼美卿材增閥閲之光篤棐宣勞公望
焕棘槐之色樹宏猷於壯盛業著旂常昭優錫於始終銘留琬琰爾

晉贈太子太保原任户部尚書一等果毅繼勇公豐昇額家傳忠藎
性秉樸誠由世胄而擢侍禁垣承舊勳而寵膺上秩掌兼庫務仍領
宿衛之班聯位正卿階更授專旗之統轄寄典司於内府精白無愆
預機要於戎樞靖共彌凛俾裁青簡藉覘董局之勤許控花驄特軫
趨朝之瘁屬以金川申討分符彰撻伐之猷因之雪嶺揚威秉鉞奏
敉寧之效凌烟表績備圖讚而交榮戴斗承庥歷兵農而迭任號加
兩字酬庸之典逾隆錫雙圓懋賞之恩益渥綜禮樂而贊襄是賴
持筦鑰而譏禁攸資方期殊眷之茂膺詎意華齡之遽謝晉宮銜而
加禮用紀成勞頒衮禭以飾終還循彝典謚爲誠武象厥生平於戲
抒忱悃於中朝再世之聲聿紹播勳名於絶徼没身之譽常垂式是
貞珉輝兹奕葉乾隆四十三年三月二十六日

皇清誥授中議大夫福建鹽法道前福建糧驛道分巡福州福寧等

處直隸河間府知府戶部員外郎盛京船廠理刑司主事吏部筆帖
式加二級韜菴達公墓誌銘賜進士出身原任山東夏津縣知縣前
翰林院編修翰林院庶吉士治年家眷晚生朱仕琇頓首拜譔甲午
科舉人治年家眷晚生楊金華頓首拜書公諱明號韜菴正紅旗人
也以繙譯生補吏部筆帖式陞授盛京船廠理刑司主事又陞戶部
員外郎京察一等出爲河間府知府以捕蝗不力革職効力河工期
滿引見復爲戶部員外郎遂授福建糧驛道調補鹽法道三年大計
薦爲卓異入京引見病卒京師公寬長者厚長者待人尤誠信爲糧
驛道時治福建福州兼管鼇峯書院事愛士而嚴巡視甚勤故書院
人役祇皆畏諸生肅然守規矩福建鹽商日疲病每不能供稅公加
意撫卹商力稍蘇性淸靜寡欲雅好讀書嘗曰吾因繙譯略通文義
每於吏事之暇喜展近思錄宋儒先書時取歷朝大臣奏議閱之開
拓見識甚覺有味於他戲劇性不樂也仕琇時掌書院教事兄鎬園

主諸生膏火公皆禮而信之筠園以癸巳之春歿而公亦於是冬亡於京師年六十五歲祖曰鳴臯父曰長壽祖母孫氏母徐氏生母李氏妻李氏繼妻伯克氏李氏生子一善寧石門工部筆帖式孫德存公卒之二年善寧自京師書來因魏君瑛劉君永標求爲公之墓銘善寧學於二君二君皆感公知又嘗肄業鼇峯故催促余文甚切始善寧屢言於魏君欲得見余及公入京將挈家北還善寧閒訪魏君書院因相見書院中今又數千里書請余文余不自意辱公父子之愛如此也夫勢位所在世之耳目與夫心之美善咸集焉若夫親閒退之人收不售之言則其人之嗜好異矣抑亦別有所見耶葬以乾隆三十九年甲午二月吉日卜於阜城門外之八里莊銘曰貌則孔莊而坦然無疑才則不耀而澹然可思綱持而目畢舉大得而小無遺官事既已治矣又何爲苛細矜懻以鳴察察之知耶大清乾隆四十三年歲次戊戌孟秋月穀旦立男善寧孫德存仝泣血勒石

多羅克勤良郡王碑文朕惟恩綿瓜瓞天家垂惇睦之經爵列屏藩
宗祀揚永終之譽佐績無忘乎先世推仁宜備夫彝章爰勒克珉用
光來禪爾多羅克勤郡王慶恆瑤牒分華璇源導派前型克纘推茅
土而啟封令緒相承振箕裘而繼美效恪勤於庶職旗務攸司佐董
正於本支宗盟共勗偶以微愆示抑終緣公過見原邇者追念成勞
緬懷延賞錫殊庥於後嗣奕葉常貽襲嘉號於始封新綸賁方冀壯
猷克紹衍世澤而寖昌何期永逝俄驚悵音塵而遽邈詔奠以申恩
宜輟朝以示哀榮加謚稱良遺徽堪紀於戲溯舊勳於册府尚思翊
運之初舉䘏典於禮官更式展親之篤樹兹豐碣用表崇阡庶克有
聞以貽永世乾隆四十四年月日

原任領侍衛内大臣努三碑文朕惟迴翔中禁聿推陛楯之班翊拱

辰居最重干城之選念常陪於仙仗著有成勞宜式建夫豐碑昭兹榮遇爾原任領侍衛内大臣努三宅衷敬慎秉質樸誠始奮跡於羽林繼備員於環尹侍周廬而謹凛進止無愆統鋭旅而嚴明簡稽有要洊司旂務奉職惟虔兼歷卿階承恩益勵典天閑而考牧上駟雲屯導玉輅以巡方皇輿星麗戎行是佐殊榮俾世職之叨法從久參顯爵晋御前之秩嗣以古稀已届慮告瘁於馳驅乃當温旨頻宣益矢勤於夙夜扈□京而遘疾即命遄歸際殘臘而賜醫尚期漸愈俄聞溘逝深用軫懷既錫芳筵復頒嘉謚於戲追隨豹尾依光已逮廿年番直螭頭宣力恆如一日勗靖共在立表純恪於生平詒爾子孫欽承無斁乾隆四十五年五月初八日

原任湖廣總督圖思德碑文朕惟制閫宣猷端重封疆之寄褒綸展卹聿酬屏翰之勳眷久事之勤勞名垂汗簡備飾終之典禮爀勒貞

珉爾原任湖廣總督圖思德敬愼禔躬樸誠矢志始備員於光祿洊膺世職之榮繼服政於農曹克樹望郎之譽佐理爰兼乎旗部靖共益勵夫官方會諸道之需才簡外台而奏績遂司臬事於皖江明刑弼教旋任藩宣於黔省布化承流嘉乃顯聲申之顯擢專樞特畀旌牙增幕府之雄大纛頻移黔轄控滇疆之遠迺晉總師之秩正卿實長乎夏官式覘節制之材重鎮還臨乎楚服謂成勞之夙著方切倚畀邊遽遺奏之上聞用深軫念既錫芳筵而展祀復稽往績以易名象厥生平謚爲恭慤於戲彝章載賜恪勤昭匪懈之忱巨碣長留篤棐表在公之素欽予時命勵爾後人乾隆四十六年十月□□日

原任綏遠城將軍宗室弘晌碑文朕惟旗門展績籌邊資分閫之才册府酬庸備禮重勒珉之典念成勞之未泯宜寵卹之攸加特賁綵綸用光琬琰爾原任綏遠城將軍宗室弘晌宗潢衍派禁籞承恩初

參宿衛之班長徵决拾洎晉統軍之任旅帥勾陳遂分旌旄鉞以宣猷閫海壯風雲之色爰建牙幢而移鎮陪京昭屏翰之勳洊膺嘉命之頒俾贊宗盟之治屬偶疏於奉職散秩猶叨旋載錫以隆施巖疆仍寄方重期夫保障迺遽告夫淪徂式薦芳筵奠醊之儀以舉用標豐碣易名之制斯彰象厥生平謚爲勤肅於戲表壯猶於建節尚懷策裕韜鈐申休命於題碑長見輝增兆域庶垂令問勿替方來乾隆四十七年□月

維乾隆四十七年歲次壬寅十一月甲午朔越五日己亥皇帝遣禮部左侍郎達椿諭祭於原任刑部尚書德福之靈曰光依華省端資喉舌之司秩正秋卿最重權衡之寄惟篤棐不忘乎夙夜斯恩施無閒於初終式考彝章特頒奠醊爾德福禔躬諄謹蒞事精勤踐郎署而迴翔恪恭弗懈擢監司以表率廉潔可風績著平反既共徵其清

望政成熙洽因廣播夫賢聲用是久任旬宣頻移繁劇備馳驅於屯墾疆域新開資綜核於曹司紀綱永肅陳臬而重邀眷顧提封兼理夫兵民建牙而勉效撫綏制府遙開於滇蜀尋蒙薄譴降列羽林俾滌前愆洊登卿貳會宣勞於柔遠使命方膺旋佐轄於分旗倉儲是掌歷尙書之清要昭司寇之均平遂參議政之班更畀統軍之職綸扉暫佐講幄親承驗歷試之猷爲正深委任悵未衰之精力忽告淪徂展䘏惟優哀榮兼至於戲憶山莊之晝接尙看矍鑠之容洎鑾輅之秋迴遽失老成之望靈而不昧式是苾芬

賜刑部尙書謚勤肅德福碑文朕惟政均溫肅法曹思明允之才禮備哀榮恩䘏表賢勞之節敭歷咸宜中外靖共靡閒始終顯綍允昭貞珉是勒爾刑部尙書德福材猷幹練力著勤宣早稱雲署之良洊展星郎之績簡孚考最資觀察於分司風紀升華畀旬宣於劇任當

軺車之奉使亟佇嘉猷洎芻輓之貽愆仍規後效賜環期代重入西曹陳臬遄行再臨南紀開楚湘之節幕爰賴撫綏督巴蜀之軍符更深毗倚雖昧機宜於遠略倍懷奮勵於小懲假蘭錡之散銜出蒲昌之絶域遂因藩部歸誠之請克襄邊臣坐鎮之勳往盡乃心實嘉汝績是用入司秋憲出領天囷尙書陟台斗之班都統總干城之寄授崇階而議政宿德允升修明禁以連刑宏綱具舉成勞勿替方宏弼教之休速化堪傷載考易名之制諡曰勤肅象厥風規於戲致身淸愼所先凛朝常而不懈於位執法公平爲本掌邦典而能敬其官緬爾遺徽孚茲榮號丕光幽隧式樹豐碑乾隆四十七年十一月初六日

奉天承運皇帝制曰國爵優崇樹鷹揚之偉烈家聲光大表蛾術之良模特布新綸用彰舊德爾富格哈哈柱色乃提督直隸總兵官管

轄通省兵丁節制各鎮瞻岱之父清門代啟素履恭修教子義方早授豹韜之畧傳家忠孝果符鵲印之祥慶典式逢崇階宜陟茲以覃恩贈爾爲光祿大夫錫之誥命於戲顯揚克遂休茲天室徽章作述交輝展也人倫盛事令名無斁世澤長垂制曰元戎受任既協吉於師貞閫範貽芳更推原夫母德克光内則載錫殊恩爾提督直隸總兵官管轄通省兵丁節制各鎮瞻岱之母覺羅氏早習規型夙嫻圖史令儀不忒表遺範於閨門茲教有成樹鴻勳於幕府式頒慶典用闡徽音茲以覃恩贈爾爲一品夫人於戲錫茂獎於蘭陔芳蕤益播被惠風於葱佩馨澤彌新祇服誥詞永揚休問制曰名重所生恆因子而並貴恩隆自出亦從嫡以分榮文以情生禮緣義起爾提督直隸總兵官管轄通省兵丁節制各鎮瞻岱之生母裴氏式是嬪則克有令儀絺綌明勤應歸妹以娣之吉蘋蘩將事叶有齊季女之賢惟我効忠之臣實爾克家之子茲以覃恩封爾爲一品夫人於戲翟車

焕采用酬佐釐於當年綸誥疏榮俾獲伸情於此日愈懷淑愼勉迪賢勞乾隆三年三月初六日

誥封中憲大夫碩公諱岱淑人那門覺羅太君之墓乾隆四十八年三月男那德那善那福恭立

國史館爲欽奉上諭事文武功名續纂請入列傳一摺於乾隆四十八年六月二十四日奉旨著入傳欽此其列傳曰傑音滿洲正旗人其先世居朝鮮有韓明璉者仁龜城府使與昌城總兵李适謀逐其纂位國王李倧爲他將所殺子潤與弟尼脫走來歸太祖高皇帝以潤爲遊擊尼爲備禦傑音尼次子也初任二等侍衛尋管護軍參領事聖祖仁皇帝康熙八年擢正旗滿洲副都統十一年遷護軍統領十四年四月察哈爾布爾叛命同内大臣佟國綱率兵鎭宣府五月察哈爾平詔平逆將軍畢力圖率師赴榆林會剿叛賊朱龍以傑音

參贊軍務六月師次謝村分兵三隊傑音乘夜先發黎明至河岸賊三千餘拒楊家店渡口我師鳴角渡河擊潰賊衆即日克吳堡縣遂趨綏德賊距虎爾崖山口傑音率兵仰攻射殪僞遊擊黃文英餘賊敗竄追擒七十餘人獲馬匹器械進克臥牛城遂復米脂延州等縣與署副都統覺和托分兵攻延安傑音領隊前進擒賊諜諜斬之敗僞總兵李士英於宜州復延安城及屬諸縣宜州所屬二十六寨悉平八月會大軍勦叛賊王輔臣於平貝勒洞鄂令傑音領左翼兵爲前隊距城八里許賊萬餘列陣迎戰傑音督兵衝口中堅自巳至未挫賊者三復分兵四路環擊殲賊甚衆十月拙壕南山城内馬步賊出犯擊卻之斬百餘級十二月賊黨蔡元自西山來犯傑音副都統鄂克濟哈奮擊敗之破其壘十五年二月叛鎮吳之茂欲爲王輔臣外援引賊萬餘盤踞城西三十里鋪及附近諸堡洞鄂令傑音移師禦勦賊師於谷山崖斬級五十餘與將軍佛尼勒提督王進寶會師

秦州議繞賊壘後絶其糧運三日傑音同副都統翁愛率兵先行遇賊二千餘出羅家堡抗拒陣斬二十餘級進趨鹽關擊斬護糧賊三百餘生擒僞官及兵三十餘人獲馬贏器械焚其餘糧又乘夜由賊壘左趨牡丹園賊以二千兵護糧駐三十里鋪傑音督兵撲剿斬獲甚衆四月賊揚言斷關山道截臨鞏路傑音移師伏羌遣兵敗賊於平頭山進圍馬塢攻破三寨斬賊千餘生擒四十餘人焚賊糧三百餘袋僞總兵陳姓李姓引賊萬餘陷通渭縣城傑音率兵前進遇賊於十八盤山坡分左右翼擊敗之乘勝奪門復縣城賊四散奔逸追斬七十餘級獲馱馬器械無算回守秦州□吳之茂通平凉路五月大將軍圖海下平凉檄諸將進兵吳之茂引賊遁傑音同佛尼勒率兵乘夜追剿及之於牡丹園分兩翼夾擊自午至未屢破賊陣遂克祁山堡别有賊三千餘西和縣北山追敗之於紅山嘴及清陽峽又選輕騎躡追至石牙兒關吳之茂率三十餘人越山遁餘賊潰散先

後斬僞官及兵五千餘生擒五百餘人獲僞劄百五十有奇鎗礮馬驘器械無算禮縣西和俱復賊率王屏藩遁走階州窮追至小川子單家河招撫僞遊擊等五員兵三百餘留兵防守西河傑音返駐秦州圖海以聞得旨嘉獎下部優叙十一年閏三月遣兵克扶風縣之潼關堡及午井黎虎諸寨十九年正月會師進保寧同佛尼勒覺和托等領軍奮擊大敗賊衆追勦三十里陣斬僞將十員兵三百獲僞劄五百餘馬匹器械甚衆復順慶府所屬三州十一縣悉平尋卒於成都軍賜祭葬如例追叙前功予騎都尉世職以其子花色襲曾孫豐盛阿敬刻

王進保順天大成人也縣人也以乾隆四年進宮至御膳房當差時年十一歲嗣於乾隆二十七年恩授御膳房首領於乾隆四十二年蒙恩陞授三山總管一年又於乾隆四十三年蒙恩授御膳房總管

伏念王進保自數十年以來身受殊恩厚賜浹髓淪肌復得以賞賚所入自營窀兆然古人無生諸墓者敬誌數語□以毋忘恩澤也王進保自記乾隆歲次五十年月吉日立

誠武公豐之室人趙佳氏謹白嘗聞水木本源通乎遠近春秋享祀別以親疏情固無窮力則有限故經費一稟成規斯奉行可垂奕禩我顯考襄壯公阿於乾隆八年蒙賞灤州地二十四頃七十畝土房十二間半此乃朝廷特賜之產而顯考一人之業也自當世世守之罔有失墜乃爾時歷官外任家務就荒竟被原業主盜典於民人至乾隆二十七年始經查出遵奉部文代交典價五百兩贖回管業繼於四十五年因聘福晉奩費無資遂將此地指借鑾儀衛官銀二千兩每歲息銀三百兩後因息銀拖欠四房公議將此地歸於長房聽其售價以繳官項立結存照氏思先誠武公豐去世家業凋零囊無

餘物然此地斷不可委之他姓乃索氏舊存釵鈿衣服全行質售始
得了此二千三百兩之項而此地仍歸我家矣雖然氏不敢施諸己
也每歲租息謹備顯考妣先誠武公豐並寬街祖祠中歲時祀事餘則
存爲修理墳墓之費蓋以此地作爲我長房之祭田昭□恩而延祖
德非近族公中之祭田也惟是世閱人而漸遠物無主則必爭向來
近族因無祭田一切祭掃之事藉襲公爵者出資辦理固亦情分宜
然但念公俸所入諸凡差務先應竭力奉公羨餘無幾況各房祭掃
漸祭漸多將來勢難徧及氏身在世勉力支持異日子孫承業惟令
以長房之祭田辦長房之祭祀而已夫我族皆有襲公爵之分惟子
爵乃我先誠武公豐軍功所得也嗣後長房子孫有襲公者有襲子
者則此地歸之襲公之人如不襲公而襲子則此地歸之襲子之人
倘後人陵替無爵可襲例惟先誠武公豐胞弟二三四房之嗣應襲
子爵即令襲子者承管此祭田奉我顯考妣先誠武公豐並寬街祖祠

歲時祀事及修墓之費別項祭掃概不支用茲特存記并一切祭器祭品等物開寫清册存於家祠其總數附寫於後以示久遠庶幾祀田有專屬祀典有責成即代遠年湮可以恪守而我長房子孫當思永懋繼承克申孝享毋俾失緒則尤宗支之厚幸云乾隆五十年五月日祭田每歲租銀計收三百兩寬街祠堂年節朔望需用香燭供獻共十處計用銀一百八十兩襄壯公阿誠武公豐二處三節祭掃計用銀五十兩餘銀七十兩備修墓用

原任江寧將軍謚莊靖萬福碑文朕惟建威南服夙資分閫之才紀績中樞式著易名之典眷成勞之未泯爰賁彝章宜賜卹之攸加載光豐碣爾原任江寧將軍萬福禔躬嚴肅鎮國綏寧慶閥承恩早授領軍之佐榮階襲職洊登散秩之班衛尉升華統旗營於左轄韜鈐展略作垣翰於雄藩控虎踞之江山方資防禦念鷹揚之壁壘遽感

淪徂既陳錫窆之儀用樹勒功之石諡曰莊靖象厥生平於戲勵宣
力於干城緬風雲之猶護舉酬庸而表墓俾琬琰之長留幽兆孔安
令聞無斁乾隆五十二年二月十三日

奉天承運皇帝制曰孝以忠成奏膚功而錫寵母因子貴邀令典以
揚名爾今直隸正定鎮總兵德克精額之生母趙氏淑愼其儀柔嘉
維則衮稠在御早知佐饋多才棨戟當門共羨克家有子兹以覃恩
贈爾爲夫人於戲濊澤誕敷式表閨闈之範素風可被常流泉壤之
光乾隆五十五年正月初一日男德克精額謹刊

正黄旗滿洲常□保佐領下護軍伊靈阿之妻關門趙氏旌表貞節
乾隆五十五年辛巳月立

原任浙江巡撫諡勤毅海寧碑文朕惟封疆宣力端資幹濟之材棨戟承恩聿著浚明之望緬成勞於出□□常□□彝典以飾終褒綸特錫爾原任浙江巡撫海寧操秉堅貞才猷敏達起□□□克籌省試之經晉秩星郎備舉虞衡之職隸太府而愼司出納直樞廷而敬効□□□問俗於滇池巡方攸寄遂持平於楡谷臬事時陳嗣以晉尹陪京旋罹吏議爰命□□於邊徼俾之洗滌夫愆尤既後效之可嘉宜新猷之益勉佐邦政而戎兵克詰理旗務而撫戢攸資式嘉鎭靜之才用授旬宣之任風淸山右則吏士畏懷澤潤河東則商民樂利方冀量移浙水策功効以維新迺聞督緝甌江因勤勞而遽逝加禮既昭夫憫惜易名爰象厥生平勤著匪躬允矣實心實力毅能致遠誠哉有守有爲於戲綱紀畢張經祓濯而益抒報稱靖共無忝荷寵榮而足慰幽潛用詔來兹以風有位乾隆五十六年十月十五日

原任御前侍衛御前頂馬御船處統領御前善獵統領都統護軍統領散秩大臣領隊大臣御賜誠勇賜謚號果肅台斐英阿碑文奉天承運皇帝詔曰遣禮部侍郎多永武御祭於原任御前侍衛都統護軍統領散秩大臣台斐英阿之旌碣文曰朕惟勳昭鐘鼎雖十全成耆定之功思□鼓鼙彌一介睠死綏之義維擐甲鼓直前之氣不問鞶□斯出車篤恤下之仁載旌鐫碣爾原任御前侍衛散秩大臣都統護軍統領台斐英阿姿材毅烈性行忠勤早列軍行洊充宿衛徼循宮外管禁鑰而環廬扈從御前佩儀刀而侍陛洎分司於左轄兼掌公中遂總秩于護軍爰升統領至於祿優散秩官晉兼銜禁中既隸以專旗閫外常資其別將金川掃穴石堡殲渠攖鋒鏑以不驚冒雪霜而罔避是以功牌四十武畧冠於三軍畫像丹青英名傳於紫閣屬者烏斯不靖虎旅爰征領隊亦藉乎勳臣安邊方綏夫藏地首

攻檫木突衝踰超石之功繼克濟嚨縈攬著搴旗之效逮爇索橋之既度更東覺山之無前赤燄轟雷紅衣沃雩巴圖魯之舊號心膽皆驚甲爾古之殉身爪牙□□弓方滿月隕遽奔星爰賜卹以酬庸式昭忠而秩祀謚之果肅狀厥生平於戲心寫楚於四言貌誌嘉於再畫憫臣心之不二幸我武之維揚念爾勳名式畀螭文之字欽茲寵贈庶揚馬革之忱用渥殊恩以綏吉兆騎都尉兼一雲騎尉長子安桂乾清門二等侍衛次子安慧立碑乾隆五十九年四月初九日

皇帝制曰奮揚威武固資宣力之臣敷錫寵光用表推恩□典爾主國□乃驃騎跤□王上之□躬修克毖庭□時□門祚開祥早授豹□之業天家有慶聿頒鸞□之書茲以□恩加□贈爾爲中憲大夫錫之誥命於戲義方懋著其□思□□負荷休命□酬其□穀□爾劬勞制曰戎□宣勞無興懷於將□王沛澤□錫類於榮親爾驍騎

校加二級王玉之母何氏克修壼則聿著母儀教子□□忠藎之□
兆□增來酬庸本庭幃之訓綸綍□先茲以覃恩贈爾爲恭人於戲
□際燕喜□昌期□忘國命授□□□典册永振家聲乾隆十六年
十月二十五日乾隆六十一年三月□日立孝孫玉文

雪屐尋碑録卷十四

雪屐尋碑録卷十五

清宗室盛昱集録

追封三等公清泰碑文朕惟賞懋懿親賁徽章以示寵班躋上秩逢嘉以承恩念戚畹之鍾祥荷桓圭之錫命所以沛殊施光令典也爾原任內管領清泰職勤內府瑞啟德門近日月以依光襲簪纓而拜爵靖共無忝仕列班聯善慶有餘穀貽闈壼茲以蕃釐有本正尊號於母儀錫類宜宏晉崇封於外族彝常載考異數聿追是用封爾爲三等公於戲賚渥典以丹書豐碑孔固煥新綸於汗簡奕葉欽承嘉慶元年四月吉日

追封三等公來賢碑文朕惟椒塗澤遠家承巢䕶之貽茅土封崇國美絲綸之報播前徽於戚畹四世推恩積餘慶於宮闈萬年啟緒旣錫圭而列爵宜勒石以垂芬爾三等承恩公來賢著族鼎門宣勞介

士祥源濬發編鳳紀而流長奕葉榮開賁鴻章而本茂篤生聖母外家慶衍於三傳庸建上公殊錫褒加於九命爾三等公夫人陳佳氏揚庥煒管表範慈幃欽燕喜之芳徽恭齊饋食荷龍光之盛典慶啟含飴訓奉金根遙緬穆宣於壼則□封紫綬用符尊禮於朝常嗚呼式考彝章茂追顯册俾爾榮施於璽紱五等最尊庶幾賞懋於旂常千秋斯永永茲豐碣勉爾後昆嘉慶四年四月穀旦

皇清誥封從二品武功大夫正藍旗蒙古七甲喇塔什訥佐領下齊韓齊克克楚忒氏勦捕雲南金州貴州四川等處賊匪軍功四次殺賊二十四名得賞銀一百兩功牌十九個加級五次紀錄九次由委鳥槍護軍叅領陞任雲南劍川營都司由劍川營都司任內陞授開化鎮中營遊擊由開化鎮中營遊擊任內陞授永北營叅將於嘉慶二年六月初三日在四川營魔子壩勦捕邪教賊匪終於陣前享年

五十七歲奉旨交部製造牌位入祀昭忠祠欽賜䘏典建立塋墓銀八百兩致祭銀一十六兩議敘雲騎尉是以勒之琠珉上昭國家之厚典下表臣使之微忱庶幾永著不朽云嘉慶五年歲次庚申二月二十八日

孝淑皇后曾祖父母碑文朕惟靈鍾渭涘應推毓瑞之源慶衍嬀山合溯承庥之本播清芬於椒闥德冠六宮沛渥典於鸞書恩加四世既剖信圭而錫爵宜銘樂石以流徽爾三等承恩公愛星阿賦性淳和居官清白門多積善裕家國之禎祥世有貽謀奉高曾之規矩儲茲介福作內輔於宸樞賁以殊榮建上公於戚畹爾三等公夫人王佳氏夙嫺姆教克麗女宗表懿則於中闈常存貞矱仰芳型於奕葉式啟洪庥職比采蘩彤管絢五花之誥禮同錫紱紫泥增八座之光於戲懋典攸昭徽章永荷布新恩於朝右備極優隆憶良佐於宮中

倍深眷念表茲豐碣勵爾後昆嘉慶五年歲次庚申孟冬吉日立

孝淑皇后祖父母碑文朕爲澤永貽謀遡前型於戚畹恩周錫類躋上秩於台階既賜策以被榮名宜表阡以章潛德穹碑載屹幽壤斯光爾三等承恩公常安世篤忠貞家傳純謹清芬作誦夙號華門令譽克彰允稱賢裔當一官之効職黽勉毋渝逮再葉之鍾祥徽柔聿啟爾三等公夫人李佳氏張佳氏温恭濟美淑愼匹庥肇纘蘭儀懿範叶雍容之度追芳蕙問嘉休式琬愬之規苣獻承歡早諗禀經於內則貽含篤慶曾賚翌政於中宮愴椒帟之淪徽入娥庭而睠德降芝函之封綍崇戚閱以展親高爵列於桓圭寵章宜於褘服用仿勒勳之制俾鐫樹石之詞於戲披文闡祖德之遺輝流簡册刻翠峙泉臺之域色煥松楸永垂奕葉之庥弗替世家之守嘉慶五年歲次庚申孟冬吉日立

維乾隆二十五年正月日孫爾松阿　嵩噶禮 蟒古賚等於前歲贖回祖塋
明堂地一頃二十三畝以存公中每歲所獲租銀以備修理墳塋之
資當時未將若此緣由勒諸於石以戒將來今恐世遠年湮抑或後
世兒孫及取租人等或典或售以至指地借貸不顧先靈許看守墳
塋之人來禀衆人會同秉公辦理毫不姑容是爲記祖遺道南明堂
地一段共一頃二十三畝每年所獲租銀以備永遠修理祖塋之需
我先人意慮淵深恐後世子孫爭競典售致廢修理已於乾隆二十
五年刊字於碑後以垂永遠固我後世子孫所當謹遵而固守者也
茲緣年深日久字畫不眞故重刊數字以示將來以免我後世子孫
有違往訓後世子孫其凛遵勿違嘉慶七年中浣孫魁順　來儀 來成孫
愛申祿　愛申誠
愛申明　愛申達重刊

祖營塋祭田由來舊矣但於田段畝數久未清釐誠恐積漸因循後人無從稽考非所以慎重明禋也兹因董修塋工之餘特爲細心查核現存祭田三頃一十三畝詳載段落謹泐諸石以垂久遠計開柏靈寺北地一段二十八畝柏靈寺西地一段六十畝營房東門外地一段二十八畝南北道道東地一段四十五畝墳前地一段二十四畝墳西地一段十八畝墳東地一段十畝河沿南地一段五十三畝半河溝地一段三畝半以上地九段計二頃七十畝共交租銀九十兩零四錢東西南北俱至道墳後地一段十畝墳東地一段六畝墳後地二段一畝半墳西北地一段一畝半以上地五段計十九畝係張姓養贍家口并葬埋下人無租墳後地一段十畝三角坑地一段一畝一分大太爺墳上地一段四畝於管家墳西地一段二畝山子後地一段四分接連地一段三分沈家墳地一段二畝九分南坡上地一段八分接連地一段八分老墳西地一段一畝七分以上地十

段計二十四畝係高姓養贍家口並葬埋下無租人無租自乾隆丁酉至嘉慶辛酉存積餘剩祭費銀五百五十四兩五錢作爲修理墳塋之費於壬戌二月鳩工庀材內外公門內外月臺內外通道周圍土牆東西角門耳房遞加修葺完固閱匝月而工竣計共用銀五百六十兩嘉慶七年歲次壬戌四月日六世孫慶安謹立

故翰林院侍講學士裕軒先生之葬今大學士朱公實文其碣越十有八年元配阮恭人卒□於□生之兆又一年裕鍾岱謹立石記於墓以垂不朽先是先生以後事屬副憲劉公湄劉公於墓旁延寧菴院宇置香火地於戒臺經紀阮恭人家事劉公歿又以屬昌裕鍾岱增建延寧菴住持張合皓亦受先生屬始終其事故世謂先生知人先生姓佟氏諱圖鞳布世稱圖裕軒先生阮恭人卒於嘉慶八年癸亥三月年八十有三立石之歲嘉慶十年乙丑先後出貲襄事者縣

令劉公□□司馬祝君德全刺史趙君華明經劉君廷楠書石者拔貢生翰林院孔目孫□□副憲公及縣令劉公及昌裕鍾岱華崇玷之父皆先生庚辰典試山左所取士明經則副憲公子司馬又副憲公之門人也先生出處大略已詳墓碣副憲公經理先生存歿事詳所自撰石刻並在延寧菴及戒臺茲不復書嘉慶十年歲次乙丑二月穀旦

支分黃祚親賢推元愷之升望冠淸曹禮樂重伯虁之掌絪寅承於篤棐履聽台階賚申錫以飾終銘垂碑碣爾原任禮部尚書琳寧勤勞楙績敬愼褆躬系出天潢早隸藩廳而贊治秩遷風紀遂資憲府以升華襄統御於繁旗班逾八校佐轄鈐於巖鎮令肅重關授鉞初臨黑水白山之地總戎載蒞金口鐵背之區洎依丹陛以承暉旋擢冬官而亮釆列屯統屬仍覘虎帳之專樞禁闈趨蹌更許驄鞍之綏

鞓經繙寶牒實總編摩藝課雲礽復資省校迴翔選部百寮之藻鑑
攸司領袖容臺五典之惇庸允敍洊優崇於碩輔閣務參知彌眷注
於耆臣宮銜晉錫劻勷匪懈倚畀方隆迺以銓鏡之偶淆遂致綸扉
之暫罷雖察疏蠹吏臣門莫掩夫臣心而宥荷鴻慈宗考仍膺乎宗
伯綜三千條之繁縟兼訂韶韺勵四十載之靖共久歟中外昨以養
痾未遂特予休閒詎期遺疏俄聞倍深軫惜覈其行誼謚以勤信考
典易名鐫辭崇實於戲麟族之茂勳丕著留雅範於冰廳龍章之寵
命惟新賁殊榮於石闕式遺奕葉勿替欽承嘉慶十一年四月十九
立

盛京兵部侍郎一等忠勇公豐伸濟倫碑文幹貞濟美上公增戚里
之榮黼黻貽庥隆禮篤世臣之惠昔日班崇青瑣寵沐龍章此時典
邺素車封瞻馬鬣既陳雕俎聿建豐碑爾豐伸濟倫譽表壬林秀鍾

甲含早依光於殿陛豹尾隨趨洊領職於旗營象胥分掌溯前勳而桓圭顯爵備宿衛而貝胄宣勞調騅駓驒駱之司兼醯醢菹醬之掌朕式嘉偉器追念勳門擢司馬之貳卿五戎訓士畀祝鳩之分職九式懋官襄內府而轄林丞蹕統軍而平權政騑乘紫禁恩昭錫賚之蕃麾擁黃輿任典鑾儀之重惟尙書爲天喉舌亦常伯作朕股肱乃因小過之簿懲仍列崇階於散秩旋膺虎節作鎮馬蘭爰習藝於陪京更升華於武庫方謂瑕瑜不揜重拭虹光何圖耆艾難臻遽馳電影嘉茲恭恪用勒貞珉於戲鶴表常存宰樹煥松楸之色鴻文永賁褒綸垂彝鼎之光勗爾後人承茲庥命嘉慶十二年□月□日

原任兩廣總督永保碑文朕惟疆宇重敉寧之績節鉞攸資廟廷隆褒勵之文旂常載勒卹典既光於賜奠彝章更切於銘勳用答公忠聿昭範眷爾永保儲才世閥奮迹戎場薇省摛毫久奉絲綸之誥柳

營擐胄親承弓治之傳襄猷旋懋於樞庭報最乃崇於郎署价藩秉
政依輦轂以承流開府升華寄麾幢□布令出塞則符分閫外豹略
風行還朝而節駐關中龍光日近早階一品迭轄三軍偶膺失算之
懲仍荷棄瑕之用銜恩感激撫綏方浹於滇池戴命馳驅總制佇臨
於粵嶠淪徂遽告軫□殊深嘉乃勤勞謚以恪敏於戲鸞書日麗丕
增册府之輝螭碣雲封永壯泉臺之色欽兹錫命昜爾後人嘉慶十
四年月

勅賜原任協辦大學士刑部尚書謚文敏覺羅長麟碑文皇帝制曰
朕維執法而位司喉舌象應紫垣宣猷而任寄股肱榮分黄閣典隆
考績既寵綍之頻頒禮重飾終俾貞珉之永勒爾原任協辦大學士
刑部尚書覺羅長麟台符翊運霄路飛聲登春榜以題名入秋官而
觀政農曹遷秩用揚粉署之輝憲部需才重領雲司之守外擢旋陳

皋事風清遂委以宣藩内遷俾貳卿班霜肅克襄乎司寇復揚旌於
東國郇黍膏多更移節於南邦召棠蔭廣晉疆淛水兼藉翰屏桂嶺
珠江實資鎖鑰雖瑕瑜之不掩終倚賴之有加别賜頭銜鎮遠鎮邊
陲之俗克敷心膂特隆參贊之勳迺專閫於滇黔載總師於秦隴忱
依丹陛攝銓宰而還副樞曹論峻金城掌冰廳而兼裁芸館錫圭符
於制府仍咨蔀屋以保釐念瀹瀡於親闈宜賦蘭陔而請養爰宣鳳
詔許遂烏私統旗屬於八屯聽履聲者五部分皋府金闕之寄職獨
重夫爽鳩居瀛洲蓬島之間班自先乎振鷺洊優崇碩輔閣務參知
彌眷注於耆臣宫銜晉錫前以養痾未遂曾予休閒詎期遺疏俄聞
益深軫惜任馳驅者十二省職守維勤敭中外者卅餘年事機無滯
謚以文敏彰厥聲稱考典易名鐫辭崇實嗚呼麟族之寅恭丕著留
雅範於沙隄龍章之申命維新賁殊榮於石闕式貽奕葉勿替欽承

大清嘉慶十八年五月十八日

御製追贈尚書覺羅桂芳靈柩至京命皇三子代賜奠酒詩誌悼惜
應運生名哲仕朝僅十年才華學有本直爽性無偏樞府新參政書
齋舊侍筵何因遘痼疾難得是英賢酹酒酬師誼輓詩述己悁楚疆
隕三世定數縈牽覺羅桂芳由嘉慶四年翰林洊擢侍郎學優長才
華素裕每於召對時見其心地端正遇事直言因令在內廷行走歷
經供職南書房尚書房內務府大臣去冬因政府事繁著在軍機大
臣上行走本年春間緣粤西有應訊事案派令前往審辦旋擢漕運
總督予方以年力正强足資倚任不意行抵湖北省城陡患時疫竟
於四月初十溘逝良才難得深爲悼惜當降旨賞贈太子少保加尚
書銜並著伊弟桂菖帶同伊子炳奎馳驛前往扶櫬回京准其入城
治喪伊曾授皇三子書兹伊靈柩至京特命皇三子代賜奠酒用誌
恩眷兼酬師誼伊祖圖思德曾任湖廣總督伊父恆慶曾任湖北糧

道先後皆歿楚中今桂芳又以暴疾卒於武昌行館三世宣勤同方顛隕豈此果有定數耶抽毫杼念良用憮然臣英和敬書

晉贈太子少保加尚書銜原任漕運總督覺羅桂芳碑文朕惟保邦制治聿資亮采之謨勒石銘勳爰重酬庸之義生既彰其勞績歿宜畀以恩施爾晉贈太子少保加尚書銜原任漕運總督覺羅桂芳屬籍起家文章華國立心直爽處事精明早邀上第之登旋膺清班之選居端尹而受榮秩躋台階以奉綸言乃眷世臣用貳宗伯銓曹繼佐農部遞遷書帷預儤直之勤史局備編摩之任擒華東壁領袖羣英簪筆南齋迴翔清禁且總司乎旗務復進侍乎經筵鑰俊於首善之區恪襄冰鑑掄材於兩江之藪速返星軺久膺內府之繁克副樞廷之寄嘉其識幹出乘桂海之使車試以轉輸令督茭隄之運艦忽陳郵牘遽告沈疴神彷彿而志切驅馳語嗚咽而情深依戀奏聞畺

吏款失良臣晉秩加銜入城舉殯念曾授讀命皇子以奠卮咨俾孔懷攜汝孤而扶櫬胥懋飾終之典更隆壹惠之儀旌彼器能諡之文敏於戲書稱弼直屢予欲宣力之思古曰才難動生不延年之概彝章載賁巨碣長留貽爾後昆欽茲寵命嘉慶二十一年七日

晉贈都統原任吏部侍郎熙昌祭文表履跡於貳卿無愆奉職晉頭銜於一品有典飾終惟戴星屢効夫馳驅斯湛露克邀夫軫恤爾晉贈都統原任吏部侍郎熙昌箕裘衍澤閥閱承華始由郎署起家超遷薇省旋荷冬官進秩移直藤廳緝奸而草竊嚴懲褒績而花翎特錫肅清輦轂治贊金吾聽斷桁楊猷襄司寇豸衣鞫獄南湘乘使者之車鳳綍宣恩西粤攝中丞之纂道遠而命猶未達疏來而秏已俄聞念其年正富强加以才堪造就遽聞溘逝實切縈懷俾返櫬以入城爵崇身後免鐫階而賜帑觴奠筵前於戲捧日輸誠勵悃忱於篤

棐臨風灑淚沐眷之優隆靈而有知尚其祗受嘉慶二十四年歲次己卯春正月建

晉贈都統原任吏部侍郎熙昌碑文朕惟金鏡高懸六計佐天官之治繡衣直指四方仰星使之榮積勞則丹悃載攄褒績則蒼珉爰勒爾晉贈都統原任吏部侍郎熙昌趨庭禀訓華國襄猷溯從蘭省蜚英即倚薇垣持簡掌綏徠於屬國洊陟水衡參讞決於刑曹旋移銓部塞垣捕獲恩畀翠翎旗翼糾桓威宣赤棒案牘屢咨訊鞫節中寬嚴郵程頻効馳驅廉徵操守允稱陶成之令器況當壯盛之華年委任方隆旄鉞俾權夫嶺右淪徂遽告旌幢猶滯於湘中墮淚感增縈懷軫切入城而優頒厚賻奠几而懋晉崇階彰厥聲稱謚之敬慎於戲露醲寵綍獎勤勚以有加霜冷行輶篤靖共而匪懈宜膺渥典式煥豐碑嘉慶二十四年歲次己卯春正月建

蓋創業之艱難然守成而不易非幹蠱之兒孫安能創業惟知恥之子弟方可守成也夫鄒氏者原籍崑山新陽縣人氏自嘉慶己未歲至京供奉天家仰承榮遇兢兢業業克慎克勤供職持家晨昏無怠既沐朝廷之恩眷益思養育之劬勞都下客居祖山迢隔爰於甲戌之歲創置塋地一區爲□父母身後安居之所築造瓦屋數楹便春秋祭掃息足之地凡置地構屋修飾等事非一舉而成乃數年間傾囊竭力日就月將今始完備謹勒數言以記兼示我後代兒孫能念先人之艱苦備嘗創此薄業當篤勤篤儉永保長存天必降爾福祐若使荒廢其基忽略祭祀甚至棄賣其地不顧廉恥者天必降爾災殃惟願後裔兒孫知感知懼恪志守成以此薄業期保永存足矣豈必輪奐之爲壯哉嘉慶二十四年歲在己卯春三月上澣吉日□□

□□□鄒錦文自撰幷書

朕惟旌鉞宣勤勷歷允期乎表率鼎鐘績顯恩榮克荷夫優隆載沛絲綸用貞珉石爾總督銜原任山東巡撫和舜武聲蜚髦士位應郎官當考績而予嘉授監司而汝往旋陳時臬繼擢維藩多其經緯之才畀以封疆之任撫綏三晉移熊軾而麾蒞中州保障二東握龍韜而轄兼各鎮俗潛消夫險健案牘清釐治力挽夫因循紀綱整飭年資雖淺倚任方殷何遺疏之忽聞竟沉痾之莫起身後之官階特進一品銜崇生前之吏議胥捐九重眷注焭旌遄返許靈櫬以入城雕俎爰頒設奠筵而展幕謚之恭慎象厥生平於戲執事無愆丕煥易名之典持躬匪懈益申錫命之文式是豐碑昭兹寵綍嘉慶二十四年十月二十五日

予告大學士三等襄勇侯明亮碑文朕惟台衡贊治聿隆宰輔之勳

鐘鼎貽庥允繫元戎之望既職修於中外宜禮備乎初終彝憲攸遵貞珉載泐爾予告大學士三等襄勇侯明亮家承清白世篤忠貞曾嚴宿衛以分班爰總師干而振旅秉麾西域横矛而鍔拭霜鋒移節南滇馳檄而郵傳露布緊膚功之克蔵由勝算之先操拔壁壘而烏駭巢焚巴蜀之餘氛淨熄展韜鈐而螳驚折甘涼之遺孽全除殲蓮匪於荊蠻勦苗頑於遠檄戎豈憂其伏莽冒矢石以擒渠武乃取於止戈洗欃槍而偃伯以故黎庭雪沃蘭郡螢澆帝嘉宣力之勤國舉酬庸之典黄鞍示寵騰驤成掃穴之功紫閣留題颯爽入凌烟之畫襲封而拜爵恩溢彤墀專閫鉞以申威光生翠羽蓋上將任股肱之寄輕裘則靜鎮邊陲而尚書爲喉舌之司聽履則時趨禁籞遂迺甌枚協吉樞密襄猷晉宮銜而具懔惟寅綜部務而兼知典午褒功賜額命稱綠野之觴益壽宣綸丕煥丹綎之彩惟高年已逾乎八秩籲請方殷而恩遇益篤於三朝慰留滋至迨養痾瀝陳於闕下故致仕

始允其家居冀享期頤爰賁三椏之餌優沾全俸仍從五等之階溘
逝俄聞眷懷倍切迺賫經祓復賻精鏐特遣親藩薦馨儀渥躬臨奠
醊軫舊恩深俾崇祀於賢良克垂模於耆碩象其行誼謚以文襄於
戲偉績長昭信史柄旂常之烈成勞勿替豐碑留柱石之銘式播清
芬用光來葉道光三年十月初一日

予告三品卿前太子少保吏部尚書梅菴鐵公神道碑兵部尚書兼
都察院右都御史總督陝甘兼巡撫事務受業那彦成頓首撰文並
書道光四年正月丁卯□□予告三品卿前太子少保吏部尚書梅
菴鐵公薨越明年四月十六日葬於八寶莊之原公之孤瑞元瑞恩
郵書門下士那彦成請表神道那彦成乾隆己酉公總裁禮闈所奬
拔受知至深不敢辭公諱鐵保字治亭號梅菴滿洲正黄旗棟鄂氏
曾祖諱賚柱祖諱富起臣考諱誠泰字淳齋直隸泰寧鎮總兵妣輝

赫太夫人生子二公其長也次爲閬峰侍郎諱玉保先公卒公生而異敏念家世習韜鈐當以文章顯攻苦顓壹年二十一成進士由銓曹入詞苑高宗純皇帝試翰林擢第一又嘗校射中三矢□□□賞戴孔雀翎先後爲侍講洗馬各一學士三鴻臚少卿少詹事各一內閣學士二禮部侍郎二吏部侍郎三禮部吏部尚書各一盛京兵部刑部侍郎各一奉天府尹一日講□起居注官教習庶士各一管理□咸安宫二總理國子監一稽察右翼宗學四譯官各一都統二副都統五山東巡撫一漕運總督兩江總督各一廣東浙江巡撫未赴各一葉爾羌喀什噶爾大臣各一主順天江南山東鄉試各一總裁會試二知貢舉三主試□咸安宫八旗教習一公天秉沈厚寬博有容涵操精明在割能斷於處曹司介然孤立意所不可廷辯無屈撓以是爲先文成公所深器由員外郎至副都統皆公保薦也其居卿貳也劾選司欺蒙請芟吏兵苛例條時政得失多見施行於當時襄

贊□□□□授受上儀海內稱美其蒞封圻也於漕斥加賦籌郵丁斟斠科條可通可欠於河不浚海不增堤堰蔪復曩利去今害河以從軌於馭吏布公推誠進賢黜不肖務爲坦夷不設城府吏以大和於治民抽擿良奸區折淑慝彰癉互施强威弱懷無敢不若所至建書院育嬰堂義學昭忠祠或創或因頌歎溢路誅水手張湖廣鹽□□五董際雲洋盜蔡廷秀周文達亂民劉茂修余連樊名揚殄殲渠魁鷹化鳩革其他飭士習肅軍伍改營制勤民瘼拯災黎權度緩急經緯衡從沈幾獨照赴義如矢引咎不以諉寮屬建言不知有畛域綜而論之皆公緒餘仁宗睿皇帝手勅褒曰治國如治家又曰得大臣禮煌哉□□□聖言微公疇克堪茲公督兩江四年以失察屬邑冒賑謫戍烏魯木齊既而遷階賜環洊升冢宰矣又以在喀什噶爾時過聽回民訟褫職戍吉林然公之西也甫八月而由辦事晉參贊升講學□□□恩綸屢賁在北庭稍久尋亦以洗馬□□□召還今

上初元因目疾乞休蒙□□召對予三品卿銜致仕□□□恩禮三朝始終弗替何其媺也公憐才好士每司衡無不校之卷己酉春榜擁節旄升槐鼎者相望壬子江南榜得大魁四人門牆之盛罕有倫比與閬峰侍郎最友愛人以擬之二蘇業師有子來自遠方館而資之因以成名姊壻艱於嗣爲納姬竟延似續平生義舉多類此有惟清齋詩文字帖行世詩文爾雅沈實不事鉤棘動循規繩長慶會昌未足驂靳楷書模平原草法右軍出入懷素孫過庭臨池之工天下莫及嘗輯八旗詩進呈仁宗御制序賜名熙朝雅頌公論詩貴氣體深厚又云貴實境不貴虛詞論書云豐者無骨瘦者少腴尚氣魄者失怒張矜風韻者趨柔媚皆非書之正格也論者謂惟公不愧其言云嗚呼公生長勳閥慨然自奮於詩書弱齡登上第敭歷中外四十餘年持節東南澹沉菑夷巨盜曾不一動其聲色繼而出玉門涉龍沙重跰西北數萬里篤棐之忱訏謨之告未嘗一息以懈晚而考終

邸第優被□□殊渥功名在天壤忠藎在邦國文章翰墨在古今斯可謂無憾者已夫人寧古塔氏內閣侍讀學士諱巴克棠阿之女於歸後遂能詩工於草書子二瑞元辛巳□恩科舉人刑部員外郎瑞恩國學生銘曰白山炳靈實生才雄二惠弱一爽惟我公堂二少踔文囿有弸厥中日大以富出建旌鉞入登棘槐爰作舟楫以濟江淮道有舒卷時有通塞公一視之砥平繩直絕塞歸來皤二鬢須疏泉蒔花揮翰以娛藝也緊道言也緊德益以事功不朽斯克有佳鬱葱左林右邱勒此貞石用垂千秋

誥封中憲大夫那公諱善淑人那門烏蘇太君之墓道光六年四月男文桂文枚文松恭立

奉天承運皇帝制曰委質策名榮既膺夫簪紱克家纘緒光必逮乎門閭爾姜長生西巡捕中營圓明園汛千總加一級姜鵬之胞兄道

足持躬情殷訓弟經傳詩禮青緗揚雁序之輝慶篤芝蘭丹綍煥龍章之麗芳徽允懋新典宜頒兹以覃恩貤贈爾爲武德佐騎尉錫之誥命於戲被章服以增榮聿顯友恭之義承絲綸而無忝彌彰善慶之風道光八年十一月初九日

自古親親爲始雖代遠年湮支分派衍當溯其水源木本之所由興也吾張氏始祖諱明浙自東海徙日照之安子頭莊二世祖諱宜三世祖長諱鎔次諱鉞三諱鑑鉞祖嗣志在四方遂遷藉瀋陽之廣寧至昌胤祖從龍奮起攀鱗附翮興朝定鼎簪笏蟬聯始入內務府鑲黄旗漢軍佐領自國初至康熙間雖族隔山東嘗通音問朝珍祖因將吾先世名諱錄付吾族高祖諱有苞曾祖諱蘭持回以符世系迄今百有餘年山川阻隔通問無因幸朝珍祖所付世系字跡猶存族叔式平家迨嘉慶庚寅命族弟作武帶至京師賴族叔名式思出家

山東九仙山受戒京西檀柘寺住持昌平上念頭九聖廟法印玄明在京師訪數年乃得通譜爰命侄佐武道一煦負牒來京師因流溯源符合本末從此宗派璧全尊卑□序而或恐時殊世易莫名其故因伺京中族叔名嵩鳴等於京西萬全莊之祖塋鐫石爲誌庶永垂不朽以昭來兹云道光十年歲次庚寅三月穀旦山左京都裔孫仝立

正黄旗滿洲原任内閣中書覺羅王諱成聘定未婚妻博爾濟吉特氏係鑲黄旗滿洲原任刑部郎中廷諱祿之女甘心守節立志堅貞今奉旌表貞節道光十一年孟冬月日

朕惟課績必兼内外方徵幹濟之才酬勳罔閒初終彌表忠勤之悃載稽彝典用勒貞珉爾晉贈太子太保都統銜休致工部侍郎松筠秉性清廉持躬端謹早登郎省洊擢卿班二民部以綏猷直樞廷而

佐治冬官奉職始爲喉舌之司西藏宣勤克副爪牙之寄逮揚仁於
關隴幕府肅清嗣出鎮於天山嚴疆安謐洎乎兩江之奉使更臨百
粤以宣風協贊綸扉允獻謨猷於禁籞晉膺揆席仍資鎖鑰於邊陲
雖吏議時干未免先幾之昧而臣心可鑒常邀不次之榮望收效於
桑榆俾升階於槐棘勉竭銓衡之力勤參密勿之思載長憲臺執簡
而威嚴夙著兩權節鎮臨事而恭愼如初實惟舟楫鹽梅六職之迴
翔幾徧用作股肱心膂三朝之倚畀滋殷已逾賜杖之年用遂懸車
之願庶優游於歲月獲頤養於臨泉遺疏忽來典刑遽謝允懷耆舊
生前之一眚胥捐丕贈宮銜身後之殊榮特沛綜其行誼謚以文清
於戲材任棟梁宜荷易名之典功銘鐘鼎益昭錫命之仁式此豐碑
永垂奕葉道光十有六年歲次丙申三月吉日立石

上闕明之禮云射以觀德持躬審固早徵之於幼沖矣厥後從征逆

匪捕獲叛亡衝鋒於湖北陷銳於河南被重創竟漠漠無受知者雖久湮屈沉猶坦爾蕩蕩襟懷心無適莫迨從役羌城奮擊回域大呼陷陣所向披靡捡生殲斃公志遂矣振旅旋歸恭逢賞宴笙鏞以間合止柷敔依詠和聲簫管備舉穆穆棣棣公固在矣以曠世之盛典際一時之奇遇公何幸哉於焉名譽日隆受知日益洊階翼長管理合營門卻私謁一秉大公經擢拔皆中其選几薦舉咸稱其職貴而不驕謙以自牧昔與修禊者雖卒伍亦接以禮今與同寅者或未協必虛以衷此其廉隅之素著仁恕之明徵及歿殯時八旗致祭路旁號泣原野可謂生榮死哀矣恭疏短引勒諸碑記云道光丁酉年天貺荷月穀旦孝姪立善敬立

正黃旗滿洲五甲喇玉柱佐領下恆安之妻正黃旗滿洲四甲護軍千金保之女旌表貞節道光十八年八月二十七日建立

奉天承運皇帝制曰盛代酬庸之典申錫命於五章良臣報本之榮
極推恩於四世載嘉舊德爰沛新綸爾永弼迺東陵承辦事務總管
內務府大臣加一級嵩年之曾祖父善以開先業能昌後一經垂教
發詩禮之菁華奕世貽休表弓裘之矩矱欣逢慶典特賁天章茲以
覃恩贈爾爲榮禄大夫東陵承辦事務總管內務府大臣加一級錫
之誥命於戲秩報渥邀寵澤於中朝源遠流長樹風聲於來禩欽承
顯命永闡幽光制曰朝廷布榮綍之褒禮求其始彝典錫重闈之澤
恩逮所生嘉命載頒徽音益遠爾楊氏迺東陵承辦事務總管內務
府大臣加一級嵩年之曾祖母柔嘉維則淑慎其儀矩法嫺明夙協
宜家之化風規表著式昭啟後之模集介福於曾孫遡芳型於累世
茲以覃恩贈爾爲一品夫人於戲龍章煥采猶傳珩瑀之聲鳳誥增
華益煥笄珈之色倘承寵渥長席鴻庥道光二十年十一月十七日

正黄旗漢軍宋繼□佐領下已故馬甲王國祥之原配妻牛氏係本旗盛箎佐領下已故馬甲牛廷志之女自嘉慶二十一年五月十九日夫亡該氏年二十五歲守節起至五十歲□其□歷二十六載節婦牛氏並無產業侍奉親姑十餘載惟恃女工克盡婦道實係飢寒併迫阨窮堪憫經禮部於道光二十一年十一月十五日具題十六日奉旨節婦牛氏孝義兼全著交工部□祠設碑照例賞給旌表建坊銀三十兩以彰節義欽此道光二十二年五月二十八日

禮部准刑部咨稱大興縣李氏因矢志不□殉節捐軀可嘉題奉旨旌表建坊烈婦流芳道光二十五年三月十一日

皇清誥贈武功將軍夫人顯考八十一府妣彭氏太君之墓旹道光丙午年年十月十

五日孝男一等護衛富保敬立

皇清誥贈武功將軍夫人顯祖考李福府妣王氏太君之墓道光丙午年十月十五

日孝孫一等護衛富保敬立

朕爲光聯載斗老成隆鈞軸之謨望杳騎箕碩輔重旂常之譽懋績允垂於信史崇褒宜勒於貞珉爾晉贈太子太傅原任大學士富俊立品端方宅心純樸肄國書而通籍陟郎署以超遷薇垣直躋直閣之班葱佩飭理藩之度壯戎行之純制孔翠翎彰寄閫外以將軍中黃隊肅略跡嘗原夫一眚揚威仍領夫三邊維隬館之淳風人歌七月仿屯田於往制地闢雙城凡龍江烏喇之區盈鳩杖羊車之誦成勞丕著宣力彌勤朕御極臨軒任賢求舊乃授尚書而聽履寵錫宮銜洊登宰執以持衡欽承枚卜論道備經筵之選讜言兼憲府之權

總三庫而剔弊整紛率百寮僚以黜華崇實靖共匪懈番番黃髮之
嘉猷廉介自持皎皎素絲之亮節值日獨從乎優養引年常望以期
頤乘車轎於元正榮叨紫禁頁絲綸於上考眷倚冄忱用作股肱事
三朝而精神孔固當兹疢疾假一月而存問時殷方期勿藥之占松
雲贊化儵致云徂之歎薤露含凄省覽遺章殊深軫悼家無私蓄厚
殯庀事之金禮有殊施特給陁羅之被先遣藩而展卹復賜奠以親
臨俎豆維馨附賢良而秩祀冠裳足式晋宮傅以垂型典茂飾終恩
佺紀嫩象其梗概謚曰文誠於戲寅恭永矢於修齡金甌表範申命
垂敷於華碣石墨流輝俾樹休聲以昭來許

蓋聞坤維首重堅貞國典遹隆表著日晶霜肅信有嫩之必彰彤瑄
青編自無微而不闡褓崇所在懿範垂焉歸博爾吉濟特室霍訥特
氏年甫三旬節操一己柏舟載詠蘭蕊齊芬爲特爲儀全終全始於

咸豐三年五月即世時年四十有三嗚呼風淒露冷月暗林疏志潔行清名留跡往謹遵旌善之文欽迓綸恩之霈幽明共慰戚黨同瞻爰勒貞珉流播奕禩咸豐四年菊月穀旦胞弟雙全敬立長白潤琦撰幷書

咸豐三年九月因粤西逆匪北竄直境健鋭營正黄旗蒙古前鋒祥麟奉派出師歷經勇戰乃於四年二月在河□府屬培輝村等處打仗陣亡蒙古賜恤銀兩祥麟之妻趙白氏建石旌表

朕惟明刑置廉察之司令嚴禁虣臨難就從容之義節著匪躬抗素志而無渝錫隆恩而斯稱是以褒之華衮壽以貞珉爾原任湖北按察使司按察使瑞元性本剛方品尤端毅起家任子歷職曹郎讀律而見器雲司讞獄而屢隨星使溯粤猺之蠢動偕大帥以徂征決勝

算而丹徼歸誠膺懋賞而翠翎耀首嗣是嘉禾典郡閩嶠儲糧自陳臬以至於開藩皆整躬而兼能率物皇考念邊陲之要地需砥柱之良才歘歷於八九年中馳驅於萬里外備舉安邊之略彌深戀闕之思籌海陳謨曾見密章之入告書屏紀績遂令郵騎以來歸及朕踐阼之初元特簡舊人而圖任俾提刑於荊楚值弄兵於潢池妄肆鴟張遂同鹿鋌惟爾謀先羣策誓殲貳負之尸豈期力盡孤城遽膺彭亡之讖竭忱報國但知臣節之當全視死如歸遑恤家人之盡殄覽飛章而霣涕加峻秩以旌忠旣勅建夫專祠復賞延於後嗣銘幽表碣稽古易名綜厥生平諡爲端節於戲風號宰木長途之馬革空還名永江衢萬古之鴻流不廢庶爾靈之未沬將有感於斯文咸豐四年月日

咸豐三年十一月十三日在獨流打仗陣亡本正紅旗蒙古六甲護

軍奇克坦布之□靈墓芳傾獨仗咸豐五年三月十一日胞弟托克
托布敬立

欽加都統銜原任鑲白旗滿洲副都統達洪阿碑文朕惟閫外策勳
特重干城之寄行間致命宜隆册府之稱賁以温綸銘諸貞石爾賞
加都統銜原任鑲白旗滿洲副都統達洪阿公忠自矢韜畧素嫺由
護軍而洊歷參遊躋副戎而旋膺總鎮遠踰黔嶺俾伸專閫之威移
駐閩疆更扼重洋之要掃狼煙之烽火我武維揚靖鯨海之波瀾厥
功尤偉吉羽煥雙圓之彩宫銜昭異數之榮騎都尉既予世恩巴圖
魯更膺勇號偶因公類先朝之信任不衰追念舊勳朕志之眷懷尤
切命鑲旗務統馭有方俾佐金吾靖共益懋屬在粤西用武克効賢
勞嗣因冀北陳師復襄撻伐情殷敵愾每陷陣以衝鋒志竟忘身猶
裹創而轉戰用念致身之義特頒賜卹之恩秩晉崇銜賞延後裔爰

易名而孝典宜勒石而酬庸狀厥生平謚爲武壯於戲逝者不作空懷報國之忱死而有知尚識旌忠之典睠兹毅魄式此豐碑大清咸豐五年四月

欽賜都統銜原任鑲白旗滿洲副都統右翼總兵兼管圓明園八旗內務府三旗槍營事務大臣賜謚武壯洪阿厚菴達公墓誌銘公生而奇異志量超羣壯歲從征滑縣以功授藍翎侍衛進陞三等侍衛初以都司出任江西歷陞松溪營遊擊署督標左營參將任同安營參將紹興協副將貴州威寧鎮總兵出師臺灣迅奏膚功遂領臺灣鎮總兵任臺數年訓練精勤因平嘉義匪徒亂以功賞戴花翎又因平匪徒亂以功加提督銜賞騎都尉世職嘆夷內犯公宿謀勝算兩碎夷舟擒斬無數以功加宮銜賞戴雙眼花翎加阿克達春巴圖魯名號會當事者力主和議公因誣被逮臺兵一時激於義憤公從容

喻以大義衆皆感泣由臺起程航海遇風八站水程一夕至岸皆知
天之風驚默佑公也公居刑曹特蒙恩宥降爲五品銜旋授爲哈密
辦事大臣起程後途次加副都統銜轉授爲伊犂參贊大臣抵任後
授爲鑲白旗漢軍副都統在任年餘以疾告歸病痊奉旨甘肅查辦
事件旋授爲西寧青海蒙古番子事務大臣番子滋事恃黑錯寺爲
巢穴公率兵直搗其巢焚掃無遺會與督臣意見齟齬遂告病退居
咸豐初年搜羅宿將因冢宰花公之薦遽蒙召對授爲鑲黄旗蒙古
副都統轉授爲鑲白旗滿洲副都統右翼總兵兼管理圓明園八旗
内務府三旗槍營事務大臣會廣西不靖欽命公與大學士賽都統
巴防堵湖南特賜黄馬褂等件公趨粤西與廣東帶兵主將會攻新
墟公居其前直破賊壘賊已分竄而後師不繼賊望兵單遂返而死
戰公幾履不測機宜一失賊遂愈肆旋因病大學士賽奏請使公靜
養潯州蒙聖主恩召回京仍兼舊職迨粤賊逼入直境公以欽派進

勦賊距獨流大兵雲集公以受恩深重晚志愈壯因初戰稍失利主帥遂以銳進失機參奏奉旨革職留營効力公雖被參革忠心爲國勦賊聊無私□會僧王督兵倚公爲股肱言聽計從迭次獲勝奏請賞還舊職及賊窮竄歷舒城阜城追殺攻取公績甚多賊復竄距連鎮公臨陣受鉛傷奏聞特賞其侄孫二等侍衛欽賜藥料遣其子員外郎賫往軍營探視未及公竟於六月十三日還眞聖主憫其忠詔入城治喪入祀昭忠祠加都統銜照都統陣亡例賜卹賜謚武壯以例襲騎都尉世職加恩特授其子爲郎中遣禮部侍郎率官十員奠醊此公一生之忠勇出師之實蹟因爲之銘曰乾坤毓秀河嶽鍾靈誕降奇尤俾作藩屏三朝著績七旬馭戎公之禀賦本於列星公之精忠洞鑒聖明惟公勇敢華夷並稱惟公英烈婦孺皆驚乃武乃壯爰始爰終大節永垂萬古留名大淸咸豐歲次乙卯年辛巳月

皇帝勅諭王化始自閨門禮教首重節義榮褒未賁雅化奚彰爾鑲
旗滿洲宗室德順之妻李佳氏閫範素嫺母儀克著夫亡守節冰孽
自持潔志堅操深可嘉尚念係宗室之婦兹特賜勅奬諭用昭朕褒
貞勸俗至意故諭咸豐六年三月二十日諭

咸豐二年十一月十二日在大龜山打仗陣亡皇淸特授榮祿將軍
河南北鎭總兵長公諱慶之墓咸豐六年七月吉日立

恩賞八品首領張公墓誌公諱進祿河間交河人也世居治東北之
白洋橋郵由十五歲進宮當撥補御膳房精勤敏愼恪共乃事嘉靖
己卯蒙恩賞給首領至道光丁酉賜致數十年中無一劣蹟公之生
平概可矣咸豐丙辰余授讀於公之阿咸家持□狀屬余作遺表蓋
欲表其素也余謂誌石之作無取多辭孔子題季札墓云嗚呼有吳

延陵季子之墓□傳之秦漢而降褒功頌德其人或湮沒不彰余既不敢見譏於前賢又逮公之盛德即以所聞乎公者爲公紀之仰見我朝垂訓之深亦以見公之所以爲公也公生於乾隆乙亥十一月十七日子時生

緬樞庭之贊治允賴藎臣稽彝典以酬庸宜崇秩祀成勞可紀煒煌已勒豐碑明德維馨妥侑更申巽命桂祠休享椒糈升馨爾晉贈太保原任大學士文慶謹愼褆躬虔共莅位蓬瀛通藉宣勞已閲乎卅年華省揚輝任事常兼夫數職兵農禮樂六官分體國之猷明聽翼爲一德協同心之佐賦皇華於原隰念切茅檐操文枋於春秋堂懸藻鑑卿材歷試揆路延登青蒲之晝接常親黃閣之日裏攸賴乃心精白居衮職而彌昭爾位靖共踐台庭而益勵迪卷阿之吉士官長詞垣領祕閣之青班書窺册府勤司歲會籌國帑之盈虛誓殄妖氛

翊廟謨於機祕方深委任遽嘆淪徂親奠申哀隆誼錫寵考其行誼則正直可嘉揆厥生平則忠誠永矢無忝賢良之日宜膺廟食之榮於戲卜甌纔閲乎一年倏騎箕尾銘鼎同垂夫百世式焕榱題靈而有知庶其來格咸豐七年七月二十八日

朕爲經邦論道黃扉資棟梁之材稽典酬庸紫綸壯松楸之色生則榮登揆席俾展猷爲歿則勳勒貞珉用彰正直絲綸賁寵泉壤生光爾晉贈太保原任大學士文慶立品溫恭宅心醇粹蜚聲蓬館早列清班晉秩芝坊允符令望耀冰銜於卿月禁樹常依畀文柄於使星皇華四出荷先皇之知遇膺異數之頻仍署立六官踐貳卿於列諫任兼七萃提勁旅於重闉尚書爲喉舌之司省疊掌機務乃腹心之寄密勿親承五服五章躋峻秩而虔共益懍三仕三已碣藎忱而喜愠不形朕用是金甌卜相玉鉉升賢微垣占戴斗之輝樞院重秉鈞

之任領羣英於芸館士盡通經總清秩於槐廳人知勵品寵之優異
嘉乃公忠用渥錫夫宮銜俾綜持夫國計文章報國宣卅載之勤勞
端謹持躬作百僚之表率追維良弼緬想遺徽豈徒昭清儉之風實
無愧通明之譽既飾終之備禮爰褒德而易名諡以文端象其行誼
於戲功懋懋賞碩輔於上台思贊贊襄紀成勞於豐碑永貽來裔勿
替休嘉咸豐七年七月廿八日

原籍天津府天津縣民南書房諱太安公之墓生於乾隆己亥年大
限咸豐戊午年十一月十七日寅時告終

皇清誥授瑞郡王府七品總管吕公諱常祿之墓生於嘉慶丁巳九
月廿四日卯時痛於同治壬戌四月廿一日午時

同治元年七月二十有二日皇帝遣禮部侍郎存誠諭祭於原任文
華殿大學士桂良之靈曰績懋鈞衡良弼樹百僚之望芳流圭瓚嘉
猷思一德之遺緬中外之宣勞克承簡任宜哀榮之備禮式煥彝章
爾大學士桂良忠純志矢淵粹量涵初歷儀曹即書上考出膺郡守
尋擢監司陳臬則明允咸稱開藩而旬宣聿著封圻六載節鉞三遷
禁陛就瞻許覲顏而向闕旗營統制懍職掌而揚麾文明飾雀羽之
華武部修貙劉之典惟巡防之任重總畿輔以勤宣平章而揆席洊
登蹌濟而講筵祇侍及朕躬之在疚尤耆彥之深資入贊樞廷襄庶
務而重加倚畀恭修實錄綜三長而克述典謨溯知遇之方隆四朝
勿替何淪徂之遽告六氣爲灾覽厥遺章心惟愛國嘉茲忠悃語不
及私爰隆加隧之文更重頒金之典贈銜太傅列祀賢良申奠醊而
命親藩篤恩施以延後嗣於戲風淒黃閣徒興大耋之嗟露渥丹宸
永矢千秋之報爾靈不昧尚克歆享同治二年歲次癸亥四月吉日

勒石

晉贈太傅文華殿大學士桂良之碑朕惟綸扉贊治靖共資匪懈之臣樞省宣勤啟沃重老成之望念□勞之未泯彰篤眷以推恩紫綍爰頒青珉式泐爾大學士桂芳正直持躬忠勤爲國歷容臺而報最由守郡以遷階秉臬開藩屢奏賢能之績專圻建節備膺倚畀之隆既外治之宣勞尋內遷而奉職總旗營而兼權武部猷著詰戎統灤陽而移駐閫關任隆專閫冠彯翠羽旋移蕩節於畿疆枚卜金甌洊晉華資於端揆綜比部而克稱明允侍講筵而聿著論思洎朝政之更新眷耆臣而任舊樞廷特簡謀猷資碩輔之勳實錄恭修編紀闡先皇之業方謂長承渥眷豈期遽告淪徂既薦潔於瑚筵更鐫芳於貞石用稽彝典予謚文端於戲鼎輔云亡空憶前猷於日贊豐碑永峙尚傳良弼之風徽貽爾後昆欽予時命同治二年歲次癸亥四月

吉日勒石

先姊瓜爾佳氏五十七壽之不字女也幼明敏不苟言笑知書善女紅長通曉義理能容物鑒別是非遇事斷之輒中肯綮戚里見而悦之曰之子寓精明於渾厚將來可爲載福之器勢必至理固然也迺天既予以十全之心竟不予以十全之身先姊年甫七齡即染脫骨傷寒病症愈後半載腰骨忽然隆起先父母日夜憂思多方覓治延外科數十人服良藥數百劑而筋骨日見曲拳竟至不可救藥厥後藥毒結瘡頻年屢發垂死者不知凡幾此齡所以追溯昔年而潸焉出涕者也先姊年十齡即知仰體親心病劇時多方掩護不使親知稍愈即攻鍼黹事無鉅細從不敢疾言遽色稍露於親迨先父母見背之日生事死殮無不盡禮盡誠其孝行有如此者先兄未歿時齡年尚幼先姊則諸事推讓一切飲食衣服除供奉先父母外無不次

及兄弟每遇大事則見其早作夜思多方籌畫並不揭手足之短以炫一已之長其友於有如此者方先姊之及笄時也先父母憂甚呼齡等至前示之曰女大不嫁吾死豈能瞑目因議賣婢議婚事寖成矣不期先姊得聞以爲父母恐留身後之孽會當以死報親恩乃竟撤其□瑱三日不食家人勸慰不怒亦不喜一若置生死於度外俾親心無憾於生前無疚於身後而後安者我先兄窺之惻然不忍也於是攜齡等跪父母前而告之曰兒等雖俱不材豈遂不念手足情異日無論貧富甘苦願與共之淚隨言下舉室哭之皆失聲先父母歎息曰良久始允所請而先姊至此轉悲爲喜意氣因之愈平言行因之愈謹蓋其所見者大斯其所就者宏既無傷父母之心復無失乎手足之義噫其殆北宮之女嬰兒乎復見於今日耶其節烈有如此者齡十六歲時慈母棄養先兄相繼辭世彼時先嚴年近七旬遭此不幸精神大爲頹減呼齡至榻前而告曰吾老矣不能爲汝作經

營將來汝讀書有成便是給汝留下家計汝好自爲之無負我言齡跪聆之下悲感交集先姊以嚴親年邁自理家務上以盡養親之志下以紓愛弟之情齡夜讀姊夜織蓋三十年如一日也迨嚴親見背之後齡始得舉孝廉成進士皆先姊佐理家政俾齡無内顧之憂之所致也其勞勣有如此者伏念齡一介寒儒十年水部甫邀外用又擢京卿正思鶴算添籌冀酬積勞之素豈圖瑶池返駕竟成無主之魂先姊於客秋染患痌疾一病遂至不起延至今年九月初十日竟爾溘然長逝是五十年之艱難困苦終不得一二日之休息安閑胡天不弔一至於此耶嗚呼終天抱恨子職既不能無虧同氣興懷悌道更無由克盡謹述顛末以示不忘我後世子孫覩斯誌而觀感興起庶不使斯墓之淪於荒煙斷草中也是則予之志也夫是則予之志也夫賜進士出身日講起居注官詹事府詹事同懷弟魁齡撰并書同治三年歲次甲子九月

胞叔邗山公諱卿保長女予姊也貌端莊性最慧女紅之外嫻文章尤工詩賦家庭几杖之間嘗以唱和承歡不減謝家風味先叔鍾愛之掌上珠不啻也戊申歲嫁有期矣一病忽殁叔哀痛欲絕者屢屢浮厝於輝邑嗣叔□繼逝予與二妹扶櫬歸葬仰體親意並攜姊櫬來都葬於祖塋之側予恐世遠年湮致沒於荒烟斷草之中不惟負二妹之心亦無慰先叔之靈爽謹泐石以誌之庶不致日久湮沒云

同治八年十一月十六日

賜恤旌表入祀節孝祠春秋致祭載在例典鄉謚文貞劉母胡太安人夙誓昭著舉行三願敬錄於前墓誌碑銘國子監助教辛酉科舉人劉淑寬撰紀爲大興縣先表姑母胡太安人昔年守節歷歷事跡聲明請旌事竊爲我姑丈太學生劉公諱治忠少習儒業屢試不第

是後認充工商□厥外事繁冗夙志未逮更遇喪葬諸故勞瘁成疾於嘉慶十六年冬月謝世嗚呼其爲人正直和平盡孝椿萱友愛棠棣彼時安人年二十七歲突遭大變家務凋零僅能朝夕度活幃範克端清白昭著撫孤表兄永懷一脉辛勤備至令人欽服繼而教育讀書俾益身心接續宗祧孰不謂皆出安人素日栽培競業苦守三十餘年及子若孫漸登仕籍良有精感云而安人自幼受讀於胡舅氏始通文藝拈筆立就詩翰平生篤嗜觀音經文孳孳好善戒殺放生茹素有年嘗訓表兄曰吾□年誓有三願惜字施棺葬園迄今尚未了結且未亡人撫汝成就殊屬非易苟延歲月已逾五十有六死在旦夕耿耿於玆因其曩年家事力微貧辦勢阻計今幸叨祖德餘蔭少屬寬裕倘從吾志縱然即死亦是如生抑或不測見先人於地下容有餘矣汝代吾行之否表兄聞示惺然遵命竭力盡誠斯於道光二十一年歲次辛丑仲春首先捐理字社每日倩夫九城走取而

南城人文集滙書字猶盛送簍積至三千六百餘家月獲字紙一千四五百斤之多每夕安人親視焚化此其一願也二十三年履堪朝陽門外馬道口地方購置高平淨地三十餘畝安人欣然往視周歷地脈創設義園規分男女義以有别地劃四段編立方向元亨利貞特立四號而關吉凶按年轉向以避諸煞妥慰靈骸該園擬準不論遠近及異鄉男婦無地者均可收葬抑或園中開坑遇有古棺現出即令掩埋培塜立碣上書古墓從此而享餘祭皆登簿册以備日後查核諸墓或他年遷葬不致錯移其二願也二十四年安人出貲助施棺木更思其次貧者或有塋而無棺查明送於該家任其合葬毋令失所如寒尤甚者棺地皆無即加擡夫統入義園每逢清明培土諸塜按册查對補换殘碣以免朽落諸家姓氏至中元盂蘭冥節該園設僧唪經超度孤魂焚化冥貲其看園工食坑碣等項亦屬安人捐給嗣後辭世遺施三願表兄遵理迨今葬有一千四百餘塜字紙

收化三十餘萬斤猶能盡力行之川流不息斯誠成慈志略贖子道之愆此三願者也按厥三願各條章程等序皆出安人手筆裁定偶逢暇日必呼家人環侍訓講大義作人須要渟樸處事勿存奸險更念蒼天垂佑雖然不語自有攸分書云善不積不足以成名惡不積不足以滅身此之謂也吾子孫切遵箴言勿負諄焉安人持念眞經三十餘載力行功過□有奇驗愈老愈健精神備增忽於二十五年夏五月晨起庭中覺有異香趺坐微趺坐微笑曰吾塵世已盡諸願畢矣斯去另有境界非爾等所知至再瞑目而逝享年六十有三歲茲以寬近在戚屬確有見聞而且衆目共覩人皆惜之咸稱善人鄉謚文貞迺安人一生聰明過人猶多雅量侍姑至孝柔順敬恪深識大義禮法綱常甘受冰霜撫孤歿子誓行三願慷慨捐施人所最難何况閫中殊屬更難諺云彼不欲爲而爲之心存古道積厚流光遺愛於後世試觀而今家聲丕振德種子孫可謂承先啓後名勒碑石

弗愧於世哉寬於光緒元年乙亥秋曾授文衡來謁瑩園不覺悽愴
聲淚難禁悼念太安人由嘉慶十六年居孀青年寒嫠堅操至道光
二十五年仙逝守節三十五載伏思朝廷軫念烈女貞婦無微不至
獎恤優隆載在例典寬因名節所關斷不敢泯歿直陳其義以昭德
烈斯以會同大宛二邑官紳公呈守節事跡申明禮部懇請代奏是
年十二月十五日經部題奏十七日奉旨依議著准其賜旌建立節
坊額曰心志冰堅照例入祠春秋致祭欽此欽遵於二年八月二十
八日曾奉木主入祠享安於位永延不朽愚表姪劉淑寬謹序

劉氏家傳詳註籍譜洎太安人昔年孀居苦節烈跡皆勒碑後宜應
聲明先文貞妣貫籍梓里家世書香乃渤海舊族也緣我始祖諱承
芳公行四派係浙江紹興府山陰縣城中水澄巷著籍由廪貢生於
康熙二十五年遊幕京師旋登仕版授官京秩即家焉嗣後生齒日

繁更擬名派曰錫承紹兆治永裕冀延良枝分派衍孟仲叔季迨後族蕃各樹生計不果紀述斯大概水源木本也書載家紀安人生前守節諸跡曾録前碑未便贅序兹以追敘安人於乾隆癸卯年十一月十八日受生原籍直隸滄州城裏鐘巷[　]生諱鏞胡公之次女於乾隆四十八年遷居順天府大興縣懷母自沖齡從舅考胡孝廉玉和公讀書窮理文藝詞賦悉通至嘉慶八年十九歲適聘大興縣太學生劉公諱治忠號輔諫字德園行一乃先君也幼學詩書後習木賈更因商務初興内事不克分理議令諸叔父經營各鋪以致悮於覺查至諸父並夥友奢華日熾轉瞬數十年積蓄一空店敝歇業債逋波及先君念同胞亦靡如何而友愛益篤斯時先母操持家計和睦諸嬸柔敬常存量入儉出朝夕兩食必調肉食先奉祖妣次及闔家共食粥饘雖然溫飽無如祖妣憐念諸父賦閒暗淚不休母與諸嬸互相解慰略稍釋然母因日度爲艱晝夜玆思祖妣倘受饑寒或

有不測作後嗣者何立於世而逃其譴歟慨然與父相商隨將奩妝簪珥服物等統出變售以濟燃眉父聞泣下深感母賢償負諸債少舒抑鬱不意數歲以來天降凶喪諸父嬸兄漸已作故又逢祖妣西歸巨難頻遭家貧罄盡殊覺慘然我先君悼念祖妣悲憫諸父哀痛愈恆猝□成疾竟於嘉慶十六年冬月辭世懷母年二十七歲也彼時撫膺泣血痛不欲生蘇而復泣□願隨去戚屬互相勸阻母太息曰吾家夙年老幼歡呼滿庭且吾所生三子悉及夭殤今日淒慘觸目傷情苟存未亡一懦婦烏足以承厥宗祧不如同歸往謁先人隨侍左右以報孝誠吾意決矣維時親族駭措幸而外祖妣馬太孺人急至知其志不可奪徐以大義探其原委而詳示之曰女子立身端重四德人生百歲終有一別死要死得清白胡不思尚有娠腹夫君託孤言猶在耳今欲何爲汝只曉夫歿婦隨奈何而效愚婦□指期分娩忽然汝命輕若鴻毛不知倫義何烈之有縱有死義殊弗知劉

氏絶矣汝乃讀書明理孰識昏昧已極令人不解然我係汝之生母
置若罔聞居然不顧何有於孝乎吾漸年邁亡在朝夕汝更不問安
晨昏省視毫無柔順之誠竟欲長逝捫心試問天理何容負罪愈深
可謂厚者薄矣未之有也抑或祖宗有德幸生男子禋祀有繼昌樹
門庭光前裕後豈不是德義兩盡庶不負汝之夫君託孤之義及列
祖雖在九泉皆感遺愛若能育孤勉而矜持敢謂汝命重若泰山宜
何如鄭重也吾今剴切開導堅然不悟仍蹈前轍不識良語則即非
吾女翌日吾亦盡矣汝爲自暴自棄悔恨何及吾懼汝尚干神怒下
侮先靈此三者須熟思之去留任汝榮辱定奪皆決今夕等語我安
人聞訓悚然惶悟伏地拜泣渥蒙禮教頓覺前非顧遵慈訓而今而
後伏望賢母垂顧以存殘生北向設誓甘貧苦節奉祀先墓惟有竭
力恪守奚敢辜負先人遺命至或他日有萌異念鬼神誅之於是戚
族聞語淚下沾襟嗟美不已而稱義焉是月先君發殯柩入泉壤成

禮畢即隨外祖妣共食同居杜門苦守治理生活迨明年歲在壬申夏六月丁未生懷至我外祖妣歡不自勝曰幸從吾教以全汝命幾乎隳身難贖不憶今日母子團聚烏能有孤耶母且悲且感惠愛莫可言宣始願茹素朝暮唪經答報慈恩祝釐壽域我外祖妣欣言允從而歎吾母苦忱節孝也至安人前碑舉行三願諸規條目悉已備載其平生嗜文墨日註功過善跡濟貧施藥等事較冗不克詳錄大清光緒二年八月穀旦立男劉永懷孫裕珩裕琛裕珠曾孫冀勳等敬誌

贈太子少保原任刑部尚書署盛京將軍崇實祭文朕惟才兼文武立朝推幹濟之賢志矢公忠在位盡鞠躬之誼生貸倚寄歿備哀榮馨薦特頒彝章用賁爾贈太子少保原任刑部尚書署盛京將軍崇實器識宏深才猷敏練科名早掇詞苑旋登職翊贊於青宮注起居

於丹扆學士則清華共羨總司則崇替攸分關冠錫貂蟬班崇鵷鷺冏卿奉馳驅使賓門司徒司空襄勤任事專受專對承旨恩濃迨其駐藏宣勞揚威專閫名齊大樹輕裘緩帶之風府建高牙翠軸鑾書之寵遠籌邊徼氛已盡夫牂牁兼主武闈才盡儲夫桓糾嗣膺內召載奉恩綸統馭禁軍超司秋典直講幄則敷陳剴切典春闈則衡鑒公明賜壽而拜龍章天敎益算入覲而趨鳳闕詔許垂鞭昨赴陪都重承廸簡萑苻既靖節鉞旋持治軍而法備韜鈐課吏而效收指臂正資敭歷忽告淪徂披覽遺章彌深軫悼爰加卹典特晉宮銜畀乃弟以重權冀收功於末竟榮爾孫以一第期繼武於前徽於戲愴箕尾之歸眞靈光如在憶履聲之入聽雅範猶存歆此苾芬尚其來格

光緒三年正月二十日

贈太子少保原任刑部尚書署盛京將軍崇實碑文朕惟統師羽羽

台勤施端藉孚老成稽典酬庸恩眷不殊於存歿求舊憫耆臣之逝
飾終重嘉績之垂巽命載頒豐碑式勒爾贈太子少保原任刑部尚
書署盛京將軍崇實禔躬忠篤績學優長始由芸館起家既迺芝□
晉秩講帷侍直獻納彌勤香案趨班起居必注學士領承明之選宮
詹爲彈肅之官職煥冰銜冠輝吉羽洊歷乎外臺左御迭權乎民部
冬官嗣待制於西班復承恩而外簡烏斯駐藏龍鉞籌邊聲名直勒
范韓治軍有法綏撫遠追羊杜開府垂勳校士武闈才呈貔虎防秋
絕塞氛靖獚猺迨奉恩綸召歸朝右俾統綠營之旅兼掌白雲之司
樹望經筵允孚一德持衡禮部蔚起羣材寵賁丹綸大衍有延鴻之
慶恩承紫禁康侯昭錫馬之榮客歲馳驅陪都奉使克殲醜類遂擁
節旄澄敘官方繕修軍政罔弗重資經畫獨矢公忠眷顧方深遺章
遽告震悼而優加䘏賞哀榮則特晉宮銜諡以文勤易名允協於戲
嘉效忠於往日績炳貞珉期繼武於後賢澤留累葉光緒三年二月

二十日

女子筱蘭墓誌銘女子筱蘭蘭州太守鐵公紹裴之長女也生而淑婉穎悟過人太守以男子視之延內師以教十歲工書畫辨音律尤嫺禮則與時進無已父母好善鐫施善書能力贊成其志體而行之雖微蟲不忍殺弱枝小草不忍折也以故才名溢於璇閨芳聲播於蘭郡夫何梅月前身方驚麗質曇華一現遽萎香塵春秋僅十有五以大清同治十三年五月微疾終於蘭州府署越三日安於署之側廬將俟歸葬於燕京悲夫上天降福亦既多止促茲芳齡胡竟不弔父母之心其何以堪也爰爲預銘其墓銘曰雲慘兮風淒雨晦兮日迷摧幽質兮春融萎瑤姿塗泥問天兮天高歎逝水兮滔滔憐慧才兮波瞥願在世兮兒曹殫畢生之精誠兮報前生之劬勞沅州易孔昭撰并書光緒三年三月二十日立

雪屐尋碑録卷十五

雪屐尋碑錄卷十六

清宗室盛昱集錄

皇清誥封光祿大夫昭武將軍柯公神道碑公諱永隆字桂林其先出吳子柯盧之後世爲貴池人王父曰特進光祿大夫來鳳當明之末官遼陽衛指揮使始占遼籍考曰特進光祿大夫汝棟公生而俶儻有才氣能騎射習兵家言順治二年以將軍子從世祖章皇帝入關有功授昭武將軍俄奉命率禁旅往攻金華克之明年卒於軍年三十有七有子男四人鼎今爲貴州布政使鼐殤彝副都統鼒今爲佐領孫男四人貞乾貞朝貞本貞孚曾孫男三人宗顯宗傑宗英咸能世其家當公之攻金華也金華人城守逾月不下公築長塹守之申儆士伍芻蕘不淫及城下之日安集撫慰不妄殺一人金華人至今能道其遺事往往有泣下者吾聞活千人者子孫有封今所活殆不啻萬萬人然則公之有後蕃衍碩大宜也公以順治四年四月十

五日葬八里莊阡爲刻石於隧而系銘曰吳之十傳厥姓始分於江之南累葉有聞桓桓將軍蒞官遼左遂家於是世有負荷公繩其武英毅而才六弢金版洞悉精微聖祖龍飛撫定九有公於斯時立慬報國乃統戎車星馳電赴用討弗庭致師於婺既薄於婺婺人乘隅公不急敵困以長圍實後聲先勝毋我狃以恩懷之不以力取婺人力盡婺城自開持節鎮慰士民樂嬉在職亡何營中星隕遺澤在人歷年未泯曲逆有廢高密有興興廢在德天道可徵公德不爽克昌厥後刻文兹石式告來者賜進士出身光祿大夫太子太傅戶部尚書保和殿大學士加三級高陽李霨頓首拜撰賜進士出身翰林院編修充明史纂修官彭孫遹頓首拜書丹

奉天承運皇帝制曰國家思創業之隆當崇報功之典人臣建輔運之績宜施錫爵之恩此□□之宏規誠古今之通義爾二等阿達哈

哈番佐領加三級阿玉壐性質端謹材識淵宏茂延世之恩克承先
業篤象賢之誼無忝前徽奉職有年小心益勵崇階洊陟歷試能勤
欣兹□典之逢宜沛絲綸之寵爰頒新命以示褒嘉兹以覃恩特授
爾階光祿大夫錫之誥命於戲推恩申命爰宏奬於忠貞樹德懋勳
尙益勤於篤棐祇服朕命勉盡乃心皇帝制曰作朕股肱良臣所以
矢夙夜釐爾女士內則亦以効助勷休命用申壼儀維懋爾二等阿
達哈哈番佐領加三級阿玉壐妻撥喇克七忒氏相夫克諧宜家著
範爾夫恪勤盡職藉爾黽勉同心內則旣嫻褒綸宜錫兹以覃恩贈
爾爲一品夫人於戲睠此勤勞之□□藉同嘉爾貞順之賢載頒異
數幽靈不昧佩此明綸皇帝制曰人臣宣勞於外寧恤其家朝庭代
體其心均從乎貴爰申寵命以奬令儀爾二等阿達哈哈番佐領加
三級阿玉壐繼妻博和羅素氏嗣相爾夫克著令儀踵彼前徽彰兹
合德內則無忝兹錫褒綸兹以覃恩封爾爲一品夫人於戲顯命特

頒用表宜家之範小心是式益勤內助之賢永相爾夫用諧予治

欽惟聖朝恤下之典凡大臣身後蒙被恩澤賜有祭葬者皆宗伯按故事上請惟遣使諭祭之辭則進撰於詞林侍從之臣而出以皇言所以褒美勤勞榮施幽壤者甚厚其子孫感上異恩皆書以副墨勒之貞珉一以侈上賜一以昭先德蓋將永思忠孝於不忘也故予告吏部尚書臣吳達禮既蒙恩賜祭葬其子和碩額駙管佐領兼散騎郎臣乃格將奉所得天章睿藻刻石於墓道以垂不朽而屬臣紀其事臣熙聞之朝庭設六卿建立長貳雖分職不同要以熙帝載而亮天工非才德優於爾位者莫能勝任愉快至於歷掌政治皆宜所在無施不可則其蘊抱全備又兼才德之衆美而時出之號稱尤難焉惟時逢景爍肇開名世而出其人庶足當之觀其風雲既際委寄日隆敭歷各曹書勳皆最荷非常之遇流無窮之聞猗與休哉爲古今

所同慕已冢臣年未弱冠即受知於太宗文皇帝擢任大學士陪侍論思從世祖章皇帝入關定鼎年勞既久恩遇有加五年課績異等轉工刑二部啟郎秋視中台之貳尋授爲兵部督捕左侍郎十八年暫掌銀臺旋晉少宰俄而引疾乞休恭遇我皇上求舊咨賢起佐司寇歷陞工刑禮吏四部尚書鳩工貞度祥刑來章夙夜演清澄序允當生平被受三朝隆遇六卿之席踐登其五名德隆重莫與同焉迨功成身退樂志丘園逸老之情既殷飾終之典孔厚生榮死哀又何其盛也若夫生平閨門雍穆□妻偕老諸子以才能紆青鳴玉貴女以令淑作配王家斯不獨見冢臣忠勤積慶衍澤弘長亦足見上天純佑國家其敦龐之氣凝固翔流旁及於世臣大姓者如此而聖朝所以惠下酬庸德意至爲優渥爲臣子者必何如而後可以仰答隆恩也哉於戲凡爲冢臣之子若孫者歲時享祀丘隴覩此貞石所書雲漢昭回感皇恩之旁沛則思所以報効念祖父之融顯則思所以

纘承詩不云乎肇敏戎功用錫爾祉尙其永念之哉臣向承乏冬官與冢臣同蒙聖恩委任因莊誦綸音之次思賢感舊幷書其閥閲勞績累受天慈眷注之厚者以風勵其家人幷爲臣子昭垂無極焉賜進士出身光祿大夫禮部尙書保和殿大學士加三級宛平王熙頓首拜撰

奉天承運皇帝詔曰國家思創業之隆當崇報功之典人臣建輔運之績宜施錫爵之恩此激勸之宏規誠古今之通義爾三等精奇尼哈番閑散大臣加二級奇他特性資端亮才識宏通簡使禁庭恪慎無懈於職守宣勞左右夙夜克矢乎寅恭任用有年小心益勵服官匪懈歷試能勤欣茲慶典之逢宜沛恩隆之寵爰頒新命以示褒嘉茲以覃恩特授爾階光祿大夫錫之誥命於戲推恩申命爰宏奬於忠貞樹德懋勳尙益勤於篤棐祇服朕命勉盡乃心初任三等下二

任二等下三任襲父職三等精奇尼哈番四任加一級五任三等精
奇尼哈番加一級一等下六任今職

奉天承運皇帝制曰父有令德子職務在顯揚臣著賢勞國典必先
推錫用申新命以表前休爾穆哈達乃太子太傅都統吏部尚書中
和殿大學士一等阿思哈尼哈番管佐領加二級圖海之父持身有
道迪子成名嘉予懋績之臣實爾傳家之嗣爰褒義訓用賁恩榮兹
以覃恩贈爾爲光祿大夫太子太傅都統吏部尚書太和殿大學士
一等阿思哈尼哈番管佐領加二級錫之誥命於戲率行式穀澤流
靑史之光教孝作忠榮耀紫綸之色永培厥後益庇昌隆制曰國家
最重者惟是忠藎之臣家所由興者以有劬勞之母特頒恩命用慰
子情爾太子太傅都統吏部尚書中和殿大學士一等阿思哈尼哈
番管佐領加二級圖海母覺爾察氏慈能育子教可傳家念兹靖共

之猷實本恩勤之訓母德既著渥典宜加茲以覃恩贈爾爲一品夫人於戲頒爵用以榮親褒忠因之教孝錫隆恩於不匱表嘉譽於來茲欽服寵綸用光泉壤

奉天承運皇帝制曰貽厥孫謀忠藎識世傳之澤繩其祖武恩榮昭上逮之休忠厚之道攸存激勸之典斯在爾噶哈納太子太傅都統吏部尚書中和殿大學士一等阿思哈尼哈番管佐領加二級圖海之祖父爾有貽謀以啟乃孫傳至再世克勤王家褒寵之恩宜及大父茲以覃恩贈爾爲光祿大夫太子太傅都統吏部尚書中和殿大學士一等阿思哈尼哈番管佐領加二級錫之誥命於戲再世而昌無忘貽德之報崇階特晉用昭寵錫之恩奕世垂休九原如在制曰孝子之念王母情無異於慈幃興朝之獎勞臣恩并隆於祖烈爰沛貤封之命用慰報本之懷爾太子太傅都統吏部尚書中和殿大學

士一等阿思哈尼哈番管佐領加二級圖海祖母爾察氏爾有貽恩
追於再世乃孫襲慶績懋國家喜爾淑儀宜錫褒寵茲以覃恩贈爾
爲一品夫人於戲章服式賁沛介錫於大母綸綍寵頒保昌隆於百
禩永承家慶以妥幽靈

奉天承運皇帝制曰興朝開創之業端藉元勳良臣輔弼之材實資
世德式遵令典用沛洪恩爾胡錫乃太子太傅都統吏部尚書中和
殿大學士一等阿思哈尼哈番管佐領加二級圖海之曾祖父源遠
流長本深支茂蓋積德於乃躬故發祥於奕世曾孫有慶惟爾之休
茲以覃恩贈爾爲光祿大夫太子太傅都統吏部尚書中和殿大學
士一等阿思哈尼哈番管佐領加二級錫之誥命於戲一德交孚迓
天休而洊至數傳始大荷帝眷之方來尚其欽承式佑爾後制曰德
隆宗社於開國爲崇功恩及曾闈於承家爲異數肅頒崇命以著殊

休爾太子太傅都統吏部尚書中和殿大學士一等阿思哈尼哈番
管佐領加二級圖海曾祖母覺羅氏慶衍曾孫徽流四世重幃培德
乃啟後人溯水木之深長用恩榮之遠被茲以覃恩贈爾爲一品夫
人於戲徽音邈矣佑後嗣而克昌寵貺赫然保昭融於無斁傳之永
遠服此休禎

賜進士出身資政大夫吏部尚書錢塘徐潮撰文我太祖龍興受命
剖符奄有八圻一時佐命之材虓臣虎將霞蔚雲集如喀喀穆公其
一也公瓜爾察薩哈爾齊氏烏喇人父唐阿理率其屬百戶來歸太
祖愛其勇敢受拜塔喇布勒哈番加佐領後進校騎嗣參領以軍功
授一等阿達哈哈番公承襲三等阿達哈哈番兼佐領以軍功進一
等阿達哈哈番兼參領陞副都統宣力既久功績茂著進加三等阿
思漢尼哈番以副都統兼吏部侍郎是時大江以南烽烟未息公沈

毅雄偉有大將才特授征南將軍攻拔潮州底定世祖嘉公忠勇可
以當大任遂掛將軍印鎮守江寧海寇鄭氏餘孽哨聚遠島因□便
賊舟直走長江窺京口公聞警即分布諸將水陸並進總擊於牛渚
賊衆駭散鄭國信單舸遠遁公之鎮金陵也東南半壁幾危而復安
公之才智忠勇有過人百倍者公之豐功□烈載在縈府而墓道之
碑永之於石以□家乘之有所考云

皇清誥贈總督四川陝西軍務兵部右侍郎兼都察院右副都御史
前誥封光祿大夫三等阿達哈哈番佐領署參領覺羅公神道碑賜
進士及第通議大夫經筵講官禮部尚書奉勅充典訓方畧一統志
館總裁年家眷侍生長洲韓菼頓首拜撰賜進士出身奉直大夫内
廷供奉日講起居注官詹事府左春坊左諭德兼翰林院修撰年家
眷晚生海寧查昇頓首拜書國家受天休命長發其祥子孫公族繩

繩振振各以別子爲小大宗多有聞人卓雅不羣光於屬籍而重休襲慶穀其後如我光祿覺羅公其一也公諱圖丹父諱圖魯世襲三等阿達哈哈番公生而器局異凡兒甫九齡喪母夫人馬氏哀毁不自勝善居喪者弗如也後母一子公頗失愛内自傷而色謹甚奉事如不及母所欲輒先之過於其弟也母大感悟兒乃愛我則侍之均族人咸嗟其孝及長授佐領職一切辦雅好讀書寢食寒暑弗暫輟也嘗以周原伯以不悦學而知其將落鄭七子以賦詩而覘其保家皆公族也可無懼乎亦不廢戈獵尤習射曰古人所游也居父喪泣慕如孺子葬祭皆以禮悉推家財異母弟以長當襲職度不可辭久乃受知尋署參領事益勤慎能舉其官都統才之欲推薦者數矣公謝曰幸甚不蒙無狀之責於志畢矣且臣子勞常分敢言勞乎即堅求解退君子以爲公於讀書眞有得云覃恩誥封光祿大夫卒時年五十七夫人郭氏賢明有法度後公卒合葬西山之陽公既自力於

學教子皆以身示之子華顯久在翰林歷官內閣學士余素習其言論風旨蓋皆得於公之教尋改右副都御史撫陝西威惠甚著進兵部右侍郎總督四川陝西軍務西南控御萬餘里燭利病如堂戶軍民安之衽席天子方依賴之追贈公如子官而侍郎寓書於余曰願著之碑也余諾其請而銘之銘曰不怨不辰鳲鳩平也不弔不咸脊令鳴也進惟處後退雅欲先有籲一卷勿悔十年有子始賞惠我西土三秦兩川勳勒鼎釜我作銘詩用追懿躅白馬青烏藏斯麟角

皇帝遣禮部司務孟來諭祭誥封夫人宜爾根覺羅氏之靈曰朝廷弘錫類之恩典均存歿臣子著靖共之節榮被庭闈爾宜爾根覺羅氏乃兩江總督赫壽之母爾子封疆重臣勤勞素著克承家訓宜賁彝章諭祭特頒以光泉壤爾如有知尚克歆享

皇清誥授資政大夫二等哈達哈哈番刑部理事官加一級古爾佳公碑銘碑古蓋以木爲□□□麗牲下窆後世乃易以石以之載文辭誦揚人之德業政事文章搜潛剔隱務得其實始足以垂世示信然夸者爲之未免作諛辭攫金帛迋往爲人之所鄙賤求蔡中郎之於郭有隨碑者實難其人託不文復不工佞世爲侍衛巴海之所素知以其先人古爾佳公行實見示欲託質言之以傳其子孫億萬世巴海託從母昆弟也誼不忍辭遂忘其荒□□□爲之銘曰德林蔚居長合東王業興隆間氣鍾篤生英傑皆人雄是爲資政大夫公公諱郝善德符充有祁查鼎佐兵戎有□瞻覇列侍從有弟四人公其龍弱冠襲職爲郎中剛斷明□吏事通□曹讞決囹圄□□載考績屢省同名譽大噪魁羣工清廉正眞直褒書封加階錫賚拜恩崇公年方妙清望隆是時海寇勢正□波揚閩地起燧烽羽書直達甘泉宮親藩特將盛軍容公爲參佐領前鋒聞柳湖店當賊衝公帥左掖

右掖攻賊梟甘惠敗奔窮載驅鯨鱷列艨艟公用火迫爇其篷燭波
沸浪焦鯪鱫生擒賊將如縛豵閩安一鎮時從寵爲閩門戶壘□重
賊欲奔突來窺墉礮師驅車佚靊靂一震直擣黿蛟胸剷賊窟穴馘
其兇扶桑日出曉掛弓凱歌飲至當策功奚遽以疾告令終溯生已
巳干支逢歲及三十未登庸彼蒼者天其夢夢賴有賢配相彌縫佛
儀模氏號女宗遺腹生子賢且恭名曰巴海起孤童鷹揚執事侍重
攆孫色楞閣才其鴻黃榜題名標錦紅厚德之積報必豐其在子孫
如在躬公亦何憾歸冥瞢□□者原石新礱□□□□表公忠奕葉
丕顯光昭融經筵講官議政大臣刑部尙書加三級靈椿巢可託撰
文并書

原任內大臣工部侍郎三和碑文朕惟職隆邦事程工嘉式敍之宜
寵荷朝章篤藎勵維寅之節領班聯於近陛華髮承恩瞻風采於垂

紳丹忱效績既著圭璋之令望宜留琬琰之芳聲爾原任內大臣工
部侍郎三和端謹持躬慤誠宣力光依執戟早充宿衛於期門榮溢
彯纓洊綜勾稽於內省相是材能之懋允惟任使之良擢農部而分
猷泉刃克裕佐冬官而董治水王咸平進參正席之班率屬而仍司
飭庀再洊貳卿之列鑴階而倍凛冰淵履近星辰極品之崇銜特晉
鞭垂禁籞稀齡之優禮加隆當歷考以彌多宜介禧而愈茂工虞居
六職之一將永藉夫劻勷康寧爲五福之三乃遽嬰夫疾疢閔勞職
事頤安許就私家軫慮沈綿療治勅頒珍藥遺章竟告愍綍遄宣免
官□以紓逋發帑金以歸賵節其壹惠諡以恪勤於戲世年膺將作
之司守度克彰於盪樹奕世賁飾終之典崇褒式煥於堂封表厥幽
阡昭兹來許

御前大臣參贊大臣中藁大臣閱兵大臣領侍衛內大臣正白旗蒙

古都統管理健鋭營大臣南苑大臣總理三旗虎鎗處一等超勇公
謚武壯海蘭察碑文奉天承運皇帝昭曰遣禮部侍郎多永武諭祭
於御前大臣參贊大臣閲兵大臣中轟大臣領侍衛内大臣正白旗
蒙古都統管理健鋭營大臣南苑大臣總理三旗虎鎗處一等超勇
公謚武壯海蘭察之靈曰朕惟封疆立武聿先致果之材竹帛銘勳
彌念匪躬之節藎奏凱屢賚其効命斯飾終宜備爾海蘭察賦資沈
毅秉節夫酬庸式焕豐碑用昭懋典爾御前大臣領侍衛内大臣正
白旗蒙古都統一等超勇公武壯海蘭察戎行奮跡宿衛宣勞勇畧
超倫巴圖魯早膺榮號功牌敍職騎都尉更予世恩爾迺大漠揚威
將厄魯特王巴雅爾首功一矢金川贊畫噶喇依掃穴兩甄殲螳臂
於石峯奠鯢身於臺海摧鋒陷陣所向無前領隊參軍在事有績累
任豹樞之籍統旅頻襄長趨鵠禁之班環廬分錫爵洊優於闕内專
旗兼掌於公中頃當小醜之優邊仍副元戎而安藏橋通熱索埋根

連七戰之勳路越雍鴉褫魄乞同巢之命佐威稜而樹幟維汝同同晉高等於執桓予將將歸歌雨雪載車騎以迅馳勞軫星霜許肩輿以優養方殷昆倚何意淪徂諭奠初頒祠列昭忠而秩祀恩綸載賁禮崇表行以易名狀厥生平謚爲武壯於戲弓矢冠虎賁之列承我武於十全丹青炳麟閣之勳圖汝形者四次勇將更兼於福將百戰功名知人方足以任人一心駕馭年猶未老聽鼓鼙思將帥之臣禮亦從宜區文武準賢良之報歆茲奠醊慰爾英靈綏茲吉兆貽爾後昆

奉天承運皇帝制曰國家思創業之隆當崇報功之典人臣建輔運之績宜施錫爵之恩此激勸之宏規誠古今之通義爾三等阿思哈哈番加一級線應藻性資端敏才略宏通初列官階克著勤勞之績爰膺任使彌昭敬慎之忱奉職有年小心益勵崇班洊陟歷試無愆

欣兹慶典之逢宜沛恩綸之寵特頒新命以示褒嘉兹以覃恩特授
爾階光禄大夫錫之誥命於戲推恩申命爰宏奬於忠貞樹德懋勳
尙益勤於篤棐祇服朕命勉盡乃心

皇清誥封資政大夫護軍參領加一級拖沙喇哈番兼管佐領李公
誥命碑奉天承運皇帝制曰褒忠表義昭代之良規崇德報功聖王
之令典特頒恩命以奬勤勞爾李固性資端謹才識宏通俾管護軍
參領恪慎無懈於職守宣勞政務夙夜克矢乎寅恭任用有年小心
益勵崇階洊陟歷試能勤欣兹慶典之逢宜沛恩綸之寵兹以覃恩
特授爾階資政大夫錫之誥命於戲恩推自近乃弘奬夫崇階業廣
惟勤尙克承夫寵錫欽予時命勵爾嘉猷初任護軍校二任驍騎校
三任加一級四任拖沙喇哈番五任理藩院員外郎六任加一級七
任本院郎中八任兼管佐領九任護軍參領十任加一級後以陣亡

皇上遣禮部員外郎哈爾吉布諭祭

奉天承運皇帝制曰揚名顯親爲子者願以令德歸之父考績褒賢
教子者宜以高爵作之忠是用推恩特申休命爾李繼盛乃二等阿
達哈哈番管牛彔拜他達新達子之父義方有訓式穀無慚念爾嗣
之勤勞既克家而報國俾爾澤之昌大爰錫類以昭仁兹以覃恩封
爾爲通議大夫二等阿達哈哈番牛彔章京拜他達錫之誥命於戲
教誨爾子永勿忝於家聲聿修厥德尙無負於國恩欽承寵命益勵
嘉猷

奉天承運皇帝制曰臣子靖共之誼勇戰即爲敬官朝廷敷錫之恩
作忠乃以教孝爾葉成額乃郎中兼驍騎參領佐領加一級董下闕

旌表節孝□□□□□□□□□佐領下儒學生員王達子之妻

傅氏立

自古勞臣每荷帝眷先大人服官勞功勳洊陟崇階御仗益勤隆恩

覃錫嗣征黔滇搴旗功懋晉秩申榮厥後勞深躬隕恩寵世榮膺敬

勒貞珉用垂永久

皇帝諭祭原任文華殿大學士兼吏部尚書加二級致仕謚文端伊

桑阿之靈曰朕爲老成之臣邦家所重寄之心膂用佐謀猷苟秉德

始終而不渝宜殊恩洊加而未已生則錫之光寵沒乃備夫哀榮爾

原任文華殿大學士兼吏部尚書加二級致仕伊桑阿稟貲純穆立

品端凝早掇巍科服勤庶職旋升卿二表率崇班迨膺密勿之司益

勵匪躬之節公忠內凜偏黨咸消鎮靜自持紛更罔事不絿不競佐

治化以和平一德一心樂君臣之交泰乃因久勞機務遂以衰老陳情朕溫慰再三曾賜扶攜於廷陛爾求退彌切遂俾安養於林泉舊老難忘新恩益渥聞危疴而賜珍藥加胗視而遣御醫每廑朕懷時勤使問尚冀桑榆之末迫何圖薤露之忽歌覽遺表而興哀命大臣以致奠飾終之典國有彝章錫謚文端爰頒諭祭於戲十五載之孜孜罔怠爾勞尚著於綵綸一個臣之休休有容朕念常思其風采靈其來格歆是椒筵

皇淸誥封光祿大夫議政大臣鑲藍旗都統刑部尚書加二級 男 托賴皇淸誥封資政大夫管理火器營事務護軍參領兼佐領加一級 孫 托寶皇淸誥封資政大夫管理火器營事務一等阿達哈哈番加一級 孫 托山候補筆帖式 孫 托壽皇淸誥封中憲大夫三等護衛 孫 托福監生 孫 托卿候補筆帖式 孫 托祿候補筆帖式 曾孫 僧保俊秀

曾孫八十

皇帝制曰宣威閫外牙章高上將之權錫命師中玉帳播元戎之略
勳庸既著光寵宜加爾原任江寧將軍兼散秩大臣世襲騎都尉佐
領覺羅萬福才優果毅志勵忠勤具樽俎之壯猷出爾節鉞總貔貅
之勁旅坐鎮金湯節制嚴明壁壘煥山川之色封疆寧謐兵民資衽
席之安任每寄乎腹心望益隆乎保障式逢慶典宜賚榮褒兹以覃
恩特授爾爲振威大夫於戲旌麾千里標燕頷之雄名綸綍九天揚
虎臣之茂列欽承休命勉奏膚功

奉天承運皇帝制曰勞臣宣力爰高閥閲之勳淑媛同心聿佐干城
之績既相夫而克順宜行慶以維均爾原任江寧將軍兼散秩大臣
世襲騎都尉佐領覺羅萬福之妻伊爾根覺羅氏允嫻内則茂著壼

儀居然女士之規卻丹華而不御雅有丈夫之概勤告誡以相成佐爾良人爲予爪士茲以覃恩封爾爲一品夫人於戲肅雝表度笄珈之美咸宜貞靜承恩褘翟之光有耀服茲休命蔚爲禮宗男吉慶恭刻

奉天承運皇帝制曰國家思創業之隆當崇報功之典人臣建輔運之績宜施錫爵之恩此激勸之宏規誠古人之通義爾太子太保一等阿思哈哈番又一拖沙喇哈番管牛個牛彔黑白昂邦加一級哈世屯性資端亮才識宏通簡侍禁庭恪愼無慚於職守宣勞左右夙夜克矢乎寅恭任用有年小心益勵服官匪懈歷試能勤欣茲慶典之逢宜沛恩綸之寵爰頒新命以示褒嘉茲以覃恩特授爾階光祿大夫錫之誥命於戲推恩申命爰弘獎於忠貞樹德懋勳尚益勤於篤棐祇服朕命勉盡乃心初任壯大二任管牛個牛彔三任噶把喜

賢章京照舊管半個牛彔四任二等下總管內事五任一等下照舊
管內事六任拜他喇布勒哈番照舊管內事七任二等阿達哈哈番
照舊管內事八任一等阿達哈哈番黑白昂邦照舊管內事九任一
等阿達哈哈番又一拖沙喇哈番照舊管黑白昂邦管內事十任拜
他喇布勒哈番照舊管內事管黑白昂邦十一任一等阿達哈哈番
又一拖沙喇哈番照舊黑白昂邦管內事十二任二等阿思哈哈番
照舊黑白昂邦管內事十三任二等阿思哈哈番照舊黑白昂邦管
內事十四任二等阿思哈哈番又一拖沙喇哈番照舊黑白昂邦十
五任加太子太保照舊黑白昂邦十六任今職制曰作朕股肱良臣
所以矢夙夜鳌爾女士內則亦以効劻勷休命用申壼儀維懋爾太
子太保一等阿思哈哈番又一拖沙喇哈番管半個牛彔黑白昂邦
加一級哈世屯妻封夫人覺羅氏相夫克諧宜家著範爾夫恪勤盡
職藉爾黽勉同心內則既嫺褒綸宜錫茲以覃恩封爾爲一品夫人

於戲睠此勤勞之佐久藉同心嘉爾貞順之賢載頒異數益修內德以答殊恩

子通議大夫一等阿達哈哈番東山謹序山生於盛世叨任爵祿又恭遇覃恩封及考妣山考起自布衣錄用爲國家沖鋒破敵綏懷黎庶著績勳勞榮顯家門貽及子孫山每思及先人之勳勞肝腸裂地莫知所止今蒙皇上無疆之恩特頒誥命嘉揚勳勞敢不將天子休命颺言於後世歟謹序刊刻誥旨立於墓前之石誥命開列於後奉天承運皇帝制曰揚名顯親爲子者願以令德歸之父考績褒賢教孝者宜以高爵作之忠是用推恩特申休命爾梅勒章京東阿賴乃一等阿達哈哈番東山之父爾錦松山海荊楚閩越降城破敵厥勳茂焉壯而如存寵命宜被兹以覃恩贈爾爲資政大夫一等阿達哈哈番錫之誥命於戲教誨爾子永勿忝於家聲聿修厥德尚無負於

國恩欽承寵命慰爾幽靈制曰國體勞臣必溯源而沛澤家崇喆胤
爰歸善於厥生盛典維新壹儀懋著爾一等阿達哈哈番東山母鄂
爾渾氏幃範克端胎教居身教之先慈訓□勤能愛在能勞之後宜
沛貤封用昭母德茲以覃恩贈爾爲夫人於戲子情罔極感顧復而
敦孝國綸普被念劬勞以疏榮嘉乃恩勤堅其遺範

奉天承運皇帝制曰朕惟尚德崇功國家之大典輸忠盡職臣子之
常經古聖帝明王戡亂以武致治以文朕欽承往制甄進賢能特設
文武勳階以彰激勸受茲任者必忠以立身仁以撫家智以察微防
姦禦侮機無暇時能此則榮及前人福延後嗣而身家永康矣敬之
勿怠穆圖爾原係空銜二等侍衛征勦江西湖廣時有賊僞副將陳
留印朱爾等率領六千餘賊離鄱陽湖乂口村十五里排列礮銃鳥
鎗拒敵擊戰時帶領本甲喇將對敵擊敗之賊僞副將陳留印朱爾

朱忠仁等率領四千餘賊在鄱陽湖崖營山林内排列礮銃鳥槍拒敵擊戰時帶領本甲喇將對敵擊敗之又在鄱陽湖壩□有船三百餘隻賊□千餘衆排列礮銃拒敵擊戰時帶領本甲喇將對敵擊敗之賊首邵連登在建昌府長興山九個僞都督率領賊八萬□河兩邊各山嘴接連扎營挖濠排列挨牌設立鹿角放礮銃鳥鎗拒敵擊戰時帶領本甲喇將對敵擊敗之又將賊各營後逼戰時帶領本甲喇將對敵擊敗之賊僞將軍夏國相李良棟等率領賊一萬三千在平鄉縣東來龍山立寨挖濠設立鹿角排列礮銃鳥鎗拒敵擊戰時帶領本甲喇將對敵擊敗之授爲拖沙喇哈番再准襲一次

奉天承運皇帝制曰褒忠表義昭代之良規崇德報功聖王之令典特頒恩命以奬功勞爾□罙喇參領頭等哈達哈哈番又一拖沙喇哈番佐領加三級羅多里性資端謹才識宏通□參領恪愼無愆於

職守宣勞職務夙夜克矢夫寅公任用有年小心益勵崇階□□歷
試能□欣兹慶典之逢宜沛恩綸之寵兹以覃恩特授爾階資政大
夫錫之誥命於戲恩推自近乃弘獎夫崇階□廣惟功尚克承夫寵
錫欽予時命□爾嘉□□初任□父三□阿達哈哈番二任佐領三
任二等阿達哈哈番佐領四任閑故章京五任頭等阿達哈哈番佐
領閑故章京六任頭等阿達哈哈番又一拖沙喇哈番佐領閑故章
京七任加一級八任□牙喇參領九任今職制曰夙夜惟勤大臣寧
遑□內顧伉儷無忝國常豈靳夫隆施錫章服以□勳念壼儀之□
美爾并牙喇參領頭等阿達哈哈番又一拖沙喇哈番佐領加二級
羅多里□□亡於□□十二年正月十三日以疾終□□□□□
□□□□□□□□□□□十四年

奉天承運皇帝制曰簡將佐以詰戎爰重前驅之士肅軍容而整旅

聿資中領之才武勇克彰恩光斯被爾鑲紅旗滿洲建鋭營翼長德
爾太職參營伍任儗干城氣壯赳桓自鼓先登之鋭才嫺韜略更推
遠馭之雄懋乃英猷秩惟參佐逢兹慶典恩予褒嘉兹以覃恩特授
爾階武義都尉錫之誥命於戲機宜克贊用騰虎旅綸綍丕宣式煥
龍章之采勿替朕命緊惟爾休制曰臣忠報國戎行著揚武之功婦
順宜家譽命表同心之助爾鑲紅旗滿洲健鋭營翼長德爾太之妻
羅氏終温且惠已貴而勤順以相夫克佐賢勞於夙夜敬能聚德益
彰靜好於閨闈慶典式逢朝章宜賁兹以覃恩封爾爲淑人於戲揚
令範於紫泥禮宗擅譽播芳蕤於彤管内則揚休

奉天承運皇帝制曰臣子靖共之誼勇戰即爲敬官朝廷敷錫之恩
作忠乃以教孝爾前鋒德禄乃鑲紅旗滿洲翼長德爾太之父令德
克敦義方有訓衍發祥之世緒早大門閭旌式穀之休風用光閥閲

惟令子能嫻戎略故懋典宜沛綸章茲以覃恩贈爾爲武義都尉錫之誥命於戲顯揚旣遂壯猷一本於貽謀緜搆方新殊錫長綏夫餘慶欽予時命慰爾幽塗制曰臣能宣力愛勞固賴於嚴親子克承家令善悉由於慈母爾楊氏迺鑲紅旗滿洲翼長德爾太之母柔順爲則賢明著範當弧矢懸門之日瑞應虎臣迨干城報國之年恩霑鸞誥茲以覃恩贈爾爲淑人於翟車而煥采家教維彰揺彤管而揚徽

遺型益著制曰美相繼而益彰家有賢明之教恩並施而斯厚國崇褒錫之文爾曹氏迺鑲紅旗滿洲翼長德爾太之繼母勤克相夫慈能逮下一堂琚瑀和鳴允協於閨闈五夜機絲儉德茂傳於媚黨茲以覃恩贈爾爲淑人於戲溥一體之榮光戟門襲慶沛九天之滋澤長鬣生輝

皇帝諭祭故原任内閣學士兼禮部侍郎加三級穆成格之靈曰鞠

躬盡瘁臣子之芳蹤卹死報勤國家之盛典爾穆成格性行純良才
能稱職克襄王事厥有勤勞因積勞而成疴令解任以調攝方冀病
痊以候起補忽聞長逝用悼朕懷特頒祭葬以慰幽魂嗚呼聿垂不
朽之榮庶享匪躬之報爾如有知尚克歆享

副都統佐領謚恪敏巴圖碑文朕惟國家易名之典爰及武臣所以
奬成勞勸勤事也其有分猷師旅宣力王家而中道云殂飾終有典
余豈靳焉爾巴圖以雄建之材與爪牙之選奔走後先無間終始出
入中外歷有歲時及佐閫寄於辰沅曾備馳驅於疆埸還師之後以
疾殞躬睠彼勞勩之臣宜賁追卹之命已敕所司予祭葬如故事特
賜謚曰恪敏嗚呼夙夜匪懈既盡瘁以答恩榮禮數有加特褒稱以
彰素履貞珉永勒昭我寵休其用光於奕世哉

皇帝誥授資政大夫一等侍衛撰達伊都額眞包公墓碑公姓包氏
諱納穆泰其先固元之苗裔也居柳城世王其地八傳而至瑚錫禧
布公智勇素裕踔厲不羣知天命屬我太祖高皇帝首倡大義率諸
部落來歸特授内大臣生阿瑚善公尙郡主累官議政大臣刑部參
政固山額眞都察院左都御史刑部尙書生子二長諱阿爾尼官議
政大臣都統理藩院尙書其次即公也公生而英敏工騎射年十五
章皇帝以功臣子授三等侍衛夙夜侍中寒暑無少怠蓋祇肅忠勤
其家訓然也太翁患痘症甚危公侍湯藥衣不解帶近閲月及居喪
毁瘠骨立勺水不入口者數日每念遺訓輒嗚咽不自勝順治十六
年海寇鄭成功犯金陵潤城失守勢頗猖披特命内大臣達素南征
公與其兄請從每戰必身先士卒奮勇摧陷賊衆撓敗遁歸猶阻閩
中濱海王師隨直擣厦門成浦坳僞總兵房鳳連巨船六百餘揚帆
迎戰礮聲震天矢石交下公奮臂大呼躍登其舟手刃數十人擒其

巨帥大軍麟附而上寇盡殲是役也公身被數創而拔鍪周呼搴旗
斬將功居最焉公身經百戰嘗與賊逼壘矢集如蝟有捍以楯者毅
然不屑也公兜鍪飾豹尾或謂曰礮與鏃趣焉可奈何盍去諸公曰
我生有命自天安用去爲戰愈力寇望之多辟易所向無不披靡今
上即位累遷一等侍衛撰達伊都額眞誥授資政大夫每誡族子之
列侍中者曰侍衛親臣也舊制非有功及勳胄不與若等務勤且愼
自獲王知尙其勗哉三藩之叛屢請出征自効上不欲離左右終未
允戊午春公臥病數遣侍衛首領費耀色納爾泰等問疾及卒又遣
費耀色致奠賫皆異數云公貌魁偉秉性溫良事親孝事兄敬與人
交誠信無欺有悖於理詣讓無所避大學衍義通鑑諸書退朝之暇
手不釋卷俱能得其奥旨雅好琴値風淸月白時一彈再鼓以自娛
尤喜接文士與論古今成敗每出獨斷皆心折焉其教子也以讀書
窮理飭己敦倫爲亟且曰習訓詁以邀科名非吾意也其超達

奉天承運皇帝制曰褒忠表義昭代之良規崇德報功聖王之令典
特頒恩命以奬勤勞爾一等蝦哈喇爾持心克謹任事能勤□從三
□服勞藩第朝夕匪懈指使無違既以舊勞晉膺顯秩復逢舊典宜
被新榮兹以覃恩特授爾階通議大夫錫之誥命於戲恩推自近乃
弘奬夫崇階業廣惟勤尚克承夫寵錫欽予朕命勵爾嘉猷

萬泉壽地乃□先本官王府君之佳城也恭逢聖主憐及枯骨墓垣
石器諸件始得保全繼有大名下王老先生出資修葺鼓舞人心即
年來同官辦祭得人春秋未缺誠有可觀獨念同官衆檢過半繼緒
寥寥恐爲牛羊之野與棄溝壑者無殊是誰之咎歟幸今有在約之
人爲藏骨一大事云既有空碑何弗列名於不致前後點穴紛亂亦
且人心堅固有憑又不特此也祭掃必賴人而興起今逢好義數公

慮事精詳願列名聚首於石期使祭祀無違臧神有所約中之人俱唯唯樂從其議焉吁既列名於此左右點穴必合乎理保護墳墓必同其心自此無論近遠俱爲一脉之骨肉也豈可輕忽哉時康熙歲次已未菊月日穀

奉天承運皇帝制曰褒忠表義昭代之良規崇德報功聖王之令典特頒恩命以奬勤勞爾拜他喇布勒哈番品級法一旦大加一級胡世穆持心克勤任事能勤拔居儀衛之班允竭扈從之職朝夕匪懈指使無違慶典欣逢崇階洊晉新綸用沛以示勸酬兹以覃恩特授爾階通議大夫錫之誥命於戲恩推自近乃弘奬夫崇階業廣惟勤尚克承夫寵錫欽予時命勵爾嘉猷初任壯大二任三等下三任二等下四任巴牙喇甲喇□章京五任拜他喇布勒哈番品級法一旦大

皇清誥贈光祿大夫都察院左都御史胡公之碑

資政大夫一等阿思哈尼哈番兼佐領薩爛墓

皇清誥封朝議大夫直隸任邱縣知縣商諱衡童初府君
恭人胡氏太君之墓奉祀

男起載敬立

皇清誥封榮祿大夫王公之墓

皇清誥封建威大夫阿哈泥碑

通議大夫何公之墓

議政大臣經筵講官刑部尚書光禄大夫世襲阿達哈哈番巴圖魯

翁公碑

皇清誥授通奉大夫四川布政使司布政使西崖林公之墓
封夫人姜夫人

清故李公如梅白氏李氏府君墓

誥封中議大夫博公諱賚之墓不孝男碩岱敬立

皇清誥贈光禄大夫總督江南江西等處地方軍務兼理糧餉操江

兵部右侍郎兼都察院右副都御史加三級滿公諱達爾翰之碑

欽命鎮守福州等處左翼副都統世襲拖沙喇哈番臣鄂鼐敬立

皇清誥封建威大夫瓦克善碑

皇清敕授文林郎山東德平縣知縣啇諱起雲封府君之墓承嗣男

培榮敬立

誥封文林郎顯考李公永盛府君之墓

潁川陳氏墓誌之碑

大清順治十三年歲在丙申十二月十二日立

皇清誥封光祿大夫鑲白旗滿洲都統議政大臣鎮安將軍馬公神

道碑

皇清誥封光祿大夫經筵講官議政大臣吏部尚書管禮部尚書事

務兼管太常寺事佐領席公之碑

皇清誥封奉政大夫尚寶司副理事官加一級諱盤王公府君墓

皇清誥贈光祿大夫經筵講官議政大臣吏部尚書管禮部尚書事

佐領加一級姚公之碑

戶部侍郎世襲一等子覺羅額公諱爾德之墓

皇清誥封光祿大夫議政大臣經筵講官刑部尙書阿公之碑

皇清誥封光祿大夫議政大臣經筵講官兵部尙書索公之碑

皇清廣西巡撫馬文毅公同時被難叔子馬世洪季子馬世泰之墓

皇清廣西巡撫馬文毅公殉難妾劉氏之墓

皇清廣西巡撫馬文毅公長子妾殉難苗氏之墓

皇清廣西巡撫馬文毅公諸僕隨主殉難周建□馬雲皐王□春唐

進□倪天寶韓廚子馬進福小四兒之墓

皇清光禄大夫湖廣巡撫都察院右副都御史謚勤恪納道公神道碑

皇清原誥授資政大夫參領兼佐領加一級今誥贈光禄大夫理藩院尚書加一級默德公碑

建威將軍兼護軍統領追封内大臣吴丹墓

皇清誥授光禄大夫鎮守江寧等處將軍哈公之墓

皇清誥贈陝西西安按察使司按察使加九級資政大夫艾公碑長男滿丕誥封奉政大夫次男滿普陝西西安按察使司按察使加九級誥封資政大夫孫梁來監生葛爾度吏部七品筆帖式伊爾度親

軍校曾孫馬壯監生曾孫馬爾轟阿監生七十三

皇清誥封陝西西安按察使司按察使加九級滿公碑長男葛爾度

吏部七品筆帖式孫馬爾轟阿次男伊爾度親軍校孫馬爾賽監生

皇清誥封光禄大夫經筵講官議政大臣禮部左侍郎兼管右侍郎

事代理鑲門將軍印務兼管佐領加七級仍帶紀録九次吳公諱努

春之碑

通大司馬墓

侍郎資政大夫拜他喇布勒哈番再加一拖沙喇哈番管牛彔甲喇

章京加一級碩爾鐸碑

皇帝諭祭一等阿達哈哈番陣亡加一拖沙喇哈番桑圖之靈曰鞠躬盡瘁臣子之芳踪䘏死報勤國家之盛典爾桑圖賦性忠直國爾忘身禦敵衝鋒奮勇陣歿朕用悼焉特頒祭葬用慰幽魂爾如有知尚其歆此

誥封一品夫人元配先室赫舍勒氏夫人神道男圖斌書丹

誥贈光祿大夫前議政大臣左都御史兼滿洲都統總督廣東廣西等處地方軍務糧餉兵部尚書顯考馬公一品夫人顯妣馬嘉氏太君神道

高祖考光祿大夫彪喀曾祖考光祿大夫奇徹特祖考光祿大夫普

善先考光禄大夫副都統鍾機達二伯考光禄大夫高合德巴圖魯
大伯考中憲大夫𠕇合德長子光禄大夫達爾占次子中憲大夫三
等侍衛薩爾占高祖妣一品夫人沙米牙喇氏曾祖妣一品夫人沙
米牙喇氏祖妣一品夫人土色勒氏先妣一品夫人覺羅氏二伯妣
一品夫人圖爾敦氏大伯妣老恭人沙米牙喇氏長媳一品夫人覺
羅氏長媳一品夫人覺羅氏次媳庶人張錦氏

皇清誥授光禄大夫前軍統領佛公之墓

通議大夫刑部郎中加三級桑豪之碑康熙三十八年三月穀旦孝
子石柱立

康熙三十七年歲次戊寅清和月穀旦孝男石文晟文桂文彬文懋

等敬立

康熙三十二年歲次癸酉孝孫山西平陽府知府加四級石文晟總督倉場戶部右侍郎加四級文桂候補知府加四級文彬內廷供事食八品俸文懋立

皇清誥封中憲大夫曹公諱世爵太恭人張劉氏墓甲午年八月十三日午時生壬午年七月二十三日子時卒

皇清誥封一品夫人石母赫氏太君之墓大清乾隆歲次乙仲春月穀旦鑾儀衛雲麾使兼佐領孫珠蘭泰敬立

皇清誥封文林郎曹公諱世榮孺人焦徐氏墓辛丑年十二月十六日

辰時受生癸卯年二月二十五日亥時分卒

皇清誥封信武將軍曹公諱之俊之墓原命丁已年正月初二日巳時大限乙巳年九月十九日寅時卒孝男曹文郁立

康熙二十八年歲次己巳正月穀旦孝男文晟文桂文彬文懋率孝孫如綸咸德元德如德祖德廣德培德懷德仝敬立

皇清誥封光祿大夫關紫公一品夫人李太君之墓

皇清誥封光祿大夫瓚公公一品夫人姜太君之墓

皇清誥授資政大夫嵋山公二品夫人馬太君之墓

皇淸誥贈少傅兼太子太傅謚忠勇原任都統伯加少保兼太子太
保石公元配何夫人之墓

皇淸誥授光祿大夫綱菴公
一品夫人李太君之墓

大淸乾隆二年八月二十六日吉旦孝男三等侍衛新泰升泰廕生
南泰孫親君石柱仝恭立

皇淸誥授資政大夫驃騎將軍線公諱應奇之墓戊申年十二月十
七日丑時生順治十年二月二十七日申時卒

兄高國忠高國翰高國柄侄男高世傑高世明高世賢嗣男高世爵

高世榮高世登高世孝侄孫高功高魁高有高升孫男高良高亮高

武高登高彪重孫高弘業高弘謨高弘經高弘胤高弘烈

雪屐尋碑錄卷十六

雪屐尋碑録人名通檢

二畫

卜丹　四●一
卜克沙　三●三
卜書庫　四●八
卜舒庫　七●三三
八十一　一五●一五

三畫

三和　一六●八
于成龍　九●七
　一○●五
　一○●五
　一○●六
于得水（于成龍之父）　六●四
　九●八
　九●一三
土仇氏（傅德之母）　一三●一九
土賴　二●一三
大達海　六●二三
千代　一●三○

四畫

文舒之母　一三●一四
文達　一一●一三
文慶　一五●二○
　一五●二一
王之鼎　九●三
王公（喇則理之父）　九●一○
王公（其名未詳）　一六●一九
王玉之父　一四●二五
王府君（其名未詳）　一六●一八
王定國　九●一
王尚武　五●二○
王崇簡　六●一八
　六●一九
王國祥之妻牛氏　一五●一五
王進保　一四●二三
王道明（王盤之父）　四●一六

王達子之妻傅氏 一六●一一
王熙 一〇●一九
一〇●二四
一三●一
王盤 四●一六
一六●二〇
王燕字子喜 一一●三
六●二九
七●二六
八●一七
九●一八
一〇●一七
一一●五

王應科 四●一四
扎拉克圖 一一●二七
扎爾海 五●三三
木和林之祖父 一三●三三
太安 一五●二一
太監義地碑 一四●四
公安阿拜之子 七●一五
毛海 五●七
厄爾克戴清 一●一五
屯太察哈納之父 七●二五
屯代 三●一一
屯泰 四●九
尹都阿之祖父 七●二五

巴郎 九●一五
巴恩漢 三●一〇
巴哈納 一●三一
四●一
四●二〇
巴哈塔 二●七
二●一一
巴格 四●二四
巴書 二●一三
巴渾德 一三●三
巴爾達奇 一●一七
巴爾賽努三之父 一四●一一
巴圖 一〇●二三

一〇●二七
一六●一六
巴諸代 一〇●二六
孔有德 一●一九

五畫

立善之叔父 一五●一四
永保 一五●五
永泰 一四●九
永泰之祖父 一一●一四
永弼嵩年之曾祖父 一五●一五
永興等之父納親 一三●二六
永興等之母李氏 一三●三
平信郡王 一三●二五
牙賴 八●一〇
瓦山 八●五
瓦克善 一六●二〇
瓦兒哈朱麻喇 一〇●一六
瓦爾喀伊圖之父 四●六
甘文焜 七●二
七●一五
甘塔堪 五●一七
古爾佳 一六●七
石公即綽爾門 八●一九
石文晟 九●一七
石文晟之父即綽爾門 一六●二三
一六●二四
石文晟之祖父即石廷柱 一六●二三
石文焜 一四●八
石汗塞爾忒之祖父 八●二
石成峩之父 一一●三三
石廷柱 一●九
五●四
石何氏廷柱妻綽爾門之母 五●二四
九●九
石何氏 一六●二四
石赫氏 一六●二三
布哈 二●二
布舒庫都圖之父 九●二一
布雅努 一一●八

布遮禮 九●一三
布爾凱郭禮之父 九●七
布燕 一●一
四十六姓李氏 九●九
白玉銘白色純之祖父 四●一三
白色純 六●八
白如梅 三●一〇
白奇 五●六
白奇之父 六●二〇
白爾黑 二●五
白爾黑兎 五●四
五●四
白邇格圖 三●一五

他庫 五●三〇
包爾兌 二●二
台斐英阿 一四●二五
尼堪 九●一四
弘晌 一四●一八
弘毅公 一三●六
弘毅公後裔職 一三●七

六畫

安達禮 二一●八
交羅郎丘 一●二七
交羅額素圖 二●三
米斯漢 七●一三
米斯漢之父哈公 四●二

米斯翰 四●三
五●二三
米賽 一●一一
托克托慧 五●一六
托煇朱滿泰之父 五●六
托賴等功名碑 一六●一一
艾公 一六●二一
合格肅親王 二●一三
朱世奇 二●一六
朱拉禪 五●二六
朱馬喇之父 一●六
朱馬喇 四●三
朱馬喇博通峨之父 四●二六

朱麻喇　一●二三
伊公能泰之父　一一●三三
伊桑阿　九●一四
　一〇●二〇
　一六●一一
伊圖　六●一五
伊靈阿之妻趙氏　一四●二四
多克索禮　八●一五
多哈滿部之父　一〇●二七
多博之父　一一●三三
多爾濟　一四●四
　一四●五
多羅宏衍禧郡王　五●八
色克囗格　五●二五
色特　一〇●二
色楞格之父　八●一
色黑　四●八
色類之父　七●三

七畫

沈朝綱　一一●二四
沙氺　四●七
沃岳氏　一一●一〇
宋郭拖金布之父　八●二
折克書爾　六●五
克楚忒　一五●一
杜爾德　二●三
杜魯麻　三●二〇
李天浴　七●四
李日芃　一●二〇
李仁傑李蒙孱尼之父　二●四
　四●一七
李氏　一五●一五
李氏永興及永常之母　一三●二二
李永盛　一六●二〇
李如梅　一六●一九
李成梅　六●一三
李虎李承恩之曾祖父　六●二七
李固　一六●一〇
李率泰　四●三

李國英 四●一七
李國喜 一四●一
李國寶 七●三五
李國寶偏圖之父 一〇●一八
李福 一五●一六
李榮李承恩之父 六●二六
李榮保 一三●二二
李應科 六●三三
李繼盛 一六●一〇
祁口格字德甫 八●九
祁桑格 一一●二二
祁徹白 五●一四
車格圖 一●一四
車赫車倫之弟 五●五
車爾 二●一九
呂常祿 一五●二二
吳什巴 八●一五
吳什巴之父 五●八
吳丹 一六●二一
吳巴海 一●二六
吳巴海海章之祖父 一〇●一八
吳努春 一一●一六
一六●二三
吳拜 四●二〇
吳庫禮 二●一六
吳納哈 一三●五
吳勒齊海 三●一三
吳喇纏吳淑之父 四●一八
吳達哈 九●一四
吳達海 二●一八
吳達善 一四●一一
吳達禮 一六●二
六●三五
吳爾佳齊 五●二八
吳爾齊海 二●一
吳爾盛之父 八●一三
吳爾禪 五●二九
吳蘇布穆成格之父 四●一四
希勒根 五●一

五●三〇
希福　一●一七
　三●二
廷祿之女博爾濟古特氏　一五●一三
何门　五●三
何公　一六●一九
伯石廷柱妻何氏　九●九
伯索尼　二●二八
佟郭級　一●四
佟國綱　八●二四
　八●二五
　九●一〇
　一三●一
佟國維　八●二二
　九●一八
　一一●二七
　一二●一九
佟惠承恩祚之父　一三●一八
佟圖賴妻孝康皇后之母　七●一五
　七●一六
佟濟　一●二七
皂保之父　一〇●一〇
佛公　一六●二三
佛尼勒　一三●一五
佛落之祖父　六●一三
佛遜　一四●一二
那口多羅衍禧郡王羅洛宏第三子　一〇●二四
那奚黑里　五●二八
那善　一五●一二
那剌氏圖納之母　九●三
那爾泰之父　一一●二
那爾孫　四●二七
那蘇圖　一三●二一
努三　一四●一七

八畫

法喀之母顒親王之女　五●二四
法禮　七●二六
　一〇●二二
法寶　一一●一〇

怡賢親王 一三●一〇
　一二●一〇
宜巴漢 二●一四
宜哈達 四●一三
宜達善 一●二九
宜爾格德 二●七
宜爾德巴渾泰之祖父 三●四
京古代金泰之父 四●一二
京柱之父 一一●二四
武格 一三●一一
坤巴兎魯下 五●二八
拖和齊 一一●五
拖賴海喇孫之曾祖 四●七

松俄兎 二●四
松筠 一五●一三
林西崖 一六●一九
來賢 一五●一
東山之父 一六●一三
東阿賴夫人 二●一二
東格蘇魯納之祖父 九●一六
奇他特 一六●三
奇克坦布 一五●一七
祈公達類之父 五●一七
尙嘉保 一四●一
尙機圖 一●二七
尙機圖妻 一〇●一三

長慶 一五●二〇
長麟 一五●六
花住 一二●九
花尙阿妻覺羅氏 一三●一六
卓羅布哈之祖父 六●二七
臥黑納額黑納之父 八●一八
臥赫納 一〇●九
肯者 七●一二
明亮 一五●九
明額禮之父亦即明珠之父 五●八
昂噶 三●一
呀思哈 五●一八
　七●二四

固山　一●一〇
金公　五●一〇
金布　八●三
金花住　一三●九
金門坤 金僊之父　四●一〇
金科 金僊之祖父　四●九
金新達禮　一三●八
和多禮 蘇納海之父　三●三
和芍□　二●二一
和格 肅親王豪格　一●三
和舜　一五●九
季爾塔拔　二●一八
岳多禮　六●二三
周氏 圖思德之祖母　一四●一四
邵甘之父　七●二
孟國柱　一三●一四
孟譚　一●二四
阿哈丹　三●九
阿山　四●二五
阿公　一六●二一
阿玉璽　七●四
　一六●一
阿克善　二●一七
阿里衮　一四●九
阿里衮之妻瓜爾佳氏　一四●四
阿郁錫　七●一一
阿思哈　一四●一三
阿哈泥　一六●一九
阿哈泥 錫滿丕之父　九●二二
阿哈尼堪　一●一五
阿彔哈　七●一三
阿淑　八●五
阿勒賽　七●二四
阿喀尼　六●一三
　八●一四
阿喇善　一●四
阿進達　一〇●二五
阿爾布你 懇車里之父　四●六

阿爾尼　一〇●一五
阿爾虎　九●二
阿爾迪　一〇●一
阿爾泰之祖父　九●三
阿爾晉　二●一五
阿際賴舒審之父　一〇●九
阿機拜　一●五
　一●三五
阿賽　一一●二八
阿蘭泰　一〇●八
　一〇●一二

九畫

洪世祿　八●一二
洪承疇　四●三
洪庫保德之祖父　一三●一七
洪璽舒淑之父　八●一六
恆安之妻　一五●一四
姜長生姜鵬之兄　一五●一二
郎丘　一一●三三
郎廷秀　一●三一
郎坦之父　九●四
郎保　一三●一六
郎蘇　八●六
封起雲　一六●二〇
胡公　一六●一九
胡世穆　一六●一八
胡尼雅　三●一八
胡沙　三●一二
胡理布　六●二一
胡錫闓澔之曾祖父　一六●五
胡爾哈　二●九
　五●七
柯永隆　一六●一
柯彝　六●一八
相公　一一●三二
查哈太　八●一〇
查爾泰　一五●一
革色禮　六●三
英額禮　四●一一

星納　五●一九
哈口邏岱　二●二九
哈三　一●一九
哈公　一六●二一
哈什屯　三●一四
哈世屯　一六●一二
哈克山　七●二
哈喇爾　一六●一八
哈愷　四●二七
哈雅爾圖巴泰巴海之祖父　一〇●一五
哈爾呼機　一〇●二〇
哈爾泰之父　二●七
哈賴　二●二九
　　三●二〇
哈邏塔喇　一●二五
哈蘭圖　五●一九
拜音住科爾坤之父　九●一九
拜庫達　二●八
科爾魁談爾洪之父　九●二一
保桂　一一●二五
保祝　一三●二〇
保德　一三●六
　　一三●九
俄屯　六●七
俄多鼐　八●二三
俄奇邏　一●九
俄理　八●一一
俄莫格圖　五●一七
俄莫格圖　八●四
　　八●五
俄羅色臣　四●四
帥顏保　六●二八
飛揚俄　五●一八
　　九●四
姚公　一六●二〇
姚詹　六●六
姫什哈之父　五●一七

十畫

海清　一三●一

一一●一二
海寧 一四●二四
海蘭 一三●一五
一三●一六
海蘭察 一六●八
高國元 二●一
高國忠之弟 一六●二四
席公 一六●二〇
席布之父 四●二八
席拄之父 一一●二四
席喇擺牙喇 二●二四
席禮布之父 一一●一
庫布蘇渾闥爾之父 一一●一七
庫特巴諸代之父 四●五
庫爾禪席柱之父 一一●一八
庫魯格達爾漢阿賴 七●一五
唐奇 一一●一八
唐阿里之子 一六●五
秦達瑚沙納海之父 九●一八
素心松桂御賜皂保之父者 一〇●九
班口 六●二四
班布理 三●一
耿特 五●一三
耿額之父 一一●八
袁一相 一一●八
二●二〇
袁宛爾達 九●二〇
哲備圖理琛之父 一三●二
桂良 一五●二三
一五●二三
桂芳 一五●七
一五●七
口格之父 一一●三二
格色理之父 一●七
根特 一●一三
索公 一六●二一
索旦 三●一七
索尼 一●一三
四●一

四●四
四●一
四●一五
索米圖　六●一
夏景梅　六●一三
夏慕善　一●一五
祥麟之妻　一五●一七
馬文毅公妾劉氏　一六●二二
馬文毅公長子妾苗氏　一六●二二
馬文毅公諸僕馬雲臯等　一六●二二
馬木山（沙木哈之父）　八●八
馬公　一六●二〇
馬公（那爾泰之父）　一一●二

馬公　一六●二三
馬世洪馬世泰　一六●二二
馬武　一三●六
一三●七
馬思喀　一〇●二三
馬珥渾（永泰之父）　一一●一四
馬雄鎮　六●二六
七●一
馬雄鎮（文毅公）　七●七
馬喇　九●一
馬喇喜　一●一九
馬鈕　六●二四
馬齊　一一●二八

馬齊（常賚之父）　一三●一八
馬爾漢　六●一三
馬鳴珮　三●一八
馬鳴珮（文毅公之父）　七●五
馬孺人付察氏　八●二一
恩克布　七●一三
翁公　一六●一九
鄒佐　五●一三
特爾金　四●二四
特爾祜　一四●一三
倭黑　九●一五
殷登　一●二九
殷德　一三●七

烏里布 一三●一二
能泰之父伊公 一一●三三
崇實 一五●二八
一五●二九
桑格 一一●二二
桑豪 一六●二三
桑圖 一六●二三
書敬 六●一三
孫思克 一○●八
孫達禮 七●一九
孫塔 四●三
孫榮 一四●一○
孫興孫榮之父 一四●一○
納冷格 三●八
納道 一六●二一
納齊略 一三●三
一三●三
納慕奇 四●五
納親之父永興等 一三●二六
納篤祜 二●二三
納穆生格 三●一一
納穆泰 一六●一七

十一畫

清泰 一五●一
訥親之母 一三●二
訥爾福多羅平郡王 一○●一五
郭四海 五●一二
七●一一
郭琛 一一●二六
一一●二五
麻勒吉 一一●八
麻濟來麻勒吉之父 五●二八
致善 八●二四
勒特奚 六●一八
勒德 二●一九
勒德禮 四●七
曹之俊 一六●二四
曹世榮之妻 一六●二三
曹世爵 一六●二三

裕軒　一五●四
常安（孝淑皇后之祖父）　一五●二
常在　一一●一九
常保　一〇●一三
常祿　一三●一六
常壽　一一●一
常賚　一三●一九
　一三●二一
莽色　三●一四
莽鵠立　一三●一二
莊機達　二●一三
莫羅宏　三●一二
彪喀　一六●一三

畢里諾　一●六
崑度倫　七●二六
偏圖　一一●一〇
　一一●一六
　一一●二六
從祥之父　一一●二四
通智　四●二
通大司馬（通智）　一六●二三
張公亮　七●二一
張廷輔　七●二〇
張明淅（源流碑世系）　一五●一三
張保住　七●一一
張泰　一●一七

張允隨　一三●二三
　一三●二五
張一魁（張允隨之祖父）　一三●一四
張惟遠（張允隨之父）　一三●一三
張進祿　一五●二〇
陸馬之妻張氏　一三●一三
陳一德　一●一
陳氏　一六●二〇
陳奇謨　七●二
陳泰　一●二三
陳極新　一●一三
絅菴　一六●二四
紹茲　一三●一八

十二畫

渾達禮　九•一三
溫達　一三•一二
溫達之父　一一•一五
溫察　二•一〇
富成格　九•一
富孟氏　一三•一三
富俊　一五•一六
富格　一三•一三
富格哈哈杜色瞻代之父　一三•一〇
富格哈哈杜色瞻代之父　一四•一九
富寧安　一三•七
　一三•六
富壽顯親王　五•一九
馮國相　一三•五
普福之妻留嘉氏　一四•二
勞沙　一•二一
琳寧　一四•四
堪太　六•一八
堪太之父　六•六
博公索龍之父　五•一一
博賚　一六•一九
博濟　一一•六
都達哈圖理琛之嗣父　一三•二
都圖之祖父　九•二〇
胡臣巴圖魯　五•一二
華顯　一〇•一二
　一〇•二三
　一一•九
開木布噶代之父　四•一二
喀西泰　六•一五
喀兒赤洪　五•一四
喀齊蘭之父　八•一〇
喀爾代查哈太之父　三•八
喀爾喀麻多爾之父　八•一八
喇沙里　七•一四
喇思哈布　二•二三
喇塔　一•八
鄂克濟　一三•六

鄂飛（馬爾圖之子）　一一●二四
鄂備　一三●五
鄂齊爾　二●九
鄂爾泰　一三•一六
鄂爾弼（常在之父）　一一●一六
鄂貂　一六●二〇
凱音布之祖父　一〇●二〇
峒山　一六●二四
欽拜　一三●二〇
鈕尼牙哈　四●一六
舒淑布　六●三
舒里渾　二●三
舒禮渾　二●二六
智伯渾之父　一一●三三
程尼　一●二一
傅夸蟬（辛桂之父）　五. 二一
傅色納　一三●一五
傅道之妻　一三●二〇
傅臘塔　九●二一
　　一〇●二
　　一一●一
傑林　五●二八
傑音　一四●二〇
傑篤　六●一七
　　六●一五
卿保之女　一五●二四
費揚古　一〇●一
費赫齊　五●一五

十三畫

塞思赫之父　四●一五
塞爾圖　六●一
塞赫（布哈之父）　八●二一
塞魯　八●一
新泰之父　一六●二四
新達禮　一三●八
廉明口门（忠孝碑）　二●八
雍順（格義圖之父）　三●一三
道蘭（滿都之祖父）　一〇●一六
雷弘化　一●二

雷先聲之父 一●一○
瑚則理之父母 九●一○
瑞元 一五●一七
達里虎 七●一
達奈 八●二
達明 一四●一六
達洪阿 一五●一八
一五●一八
達海 八●三
口達納爾 五●一
達珉善 七●二三
達達海 六●一七
達漢（玉柱之祖父） 一三●一六
達漢泰之父 六●六
達爾太 四●一八
達爾護 三●一五
達賴 九●一
達賴之父 五●一七
雅木哈納 五●九
雅布蘭 三●二一
雅海 六●二八
雅遜（葛恩泰之父） 一○●七
塔爾布 一●三○
二●一
塔爾弼喜（阿岳之父） 五●六
楊正泰 八●一一
楊世隆 二●三
楊致祥 一●一三
賈隆阿 二●一四
二●一六
賈福尼 二●二七
褚哈爾 一●八
福彭（多羅平郡王） 一三●二二
熙昌 一五●八
一五●八
葉克書 七●一八
葉成格 一●一一
葉成額 一六●一○
萬福 一四●二三

一六●一三
萬福之妻　一六●一三
葛斯特　八●二五
董口口　一一●三五
董玉祥　一三●五
董孟　一四●三
董俄羅　二●一八
遏必隆　五●二〇
六●二一
遏必隆之母（清太祖之女）　四●一九
農泰　九●四
農濟拔（關保之祖父）　九●一九
節公　一〇●二八

愛松古　八●六
愛星阿　三●一三
鄒錦文自撰祭田碑　一五●九

十四畫

滿口　一●一
滿公　一六●三
滿岱（戚世之父）　四●二〇
滿普　一一●一九
滿普之父　一一●二三
滿達喇漢　一●二〇
滿達爾漢（常壽之父）　九●二〇
滿達爾翰　一六●一九
滿都（溫齊哈之子）　三●九

滿韜　七●一二
慱博爾代　二●六
齊色（朝爾代之父）　一三●一
齊林布　九●六
齊爾格申　五●一一
齊爾格愼（穆成格之父）　一●一四
五●一六
誠武公豐　一四●二三
爾松阿等祭田碑　一五●三
爾卑黑　五●二七
口爾達（席禮布之父）　一一●一
趙一鶴（趙環之祖父）　九●二
趙公（拖和齊）　一一●五

趙明 一三●一八
趙徐氏雅圖之妻 一三●一三
趙國祚 八●三三
趙國禎趙璉之父 六●二
趙璉 七●一六
一〇●二七
赫色禮 六●二
赫舍勒氏 一六●三三
赫壽之母 七●一九
一六●七
赫騰額 一三●四
碩木寶之父 四●三三
碩色 一四●三
碩色納之父 一●三六
碩岱 一四●三〇
碩博惠 六●一四
碩爾鐸 三●一四
一六●三三
蓋思海 八●三〇
蓋思海之父 六●三
蓀扎齊之祖先 一四●八
蒙攝尼之父 二●四
圖丹 一六●六
圖克善 八●四
圖思德 一四●一七
一四●一四
圖思德之祖母周氏 一四●一四
圖海 六●八
圖納 九●三三
一〇●一
圖鼐之父 六●三三
圖赫慎 一〇●七
圖賴 一●一六
魁齡之姊 一五●三三
詹霸 一一●八
綽備 一●一六
綽爾吉 八●三
綽爾多 一四●五
綽爾門 八●三三

綽爾門 姓石氏字闢紫即石文晟之父　八•一九　九•一六

綽爾門之父 即石廷柱　六•二六

綽綸　一三•二〇

十五畫

廣成　一四•八

慶安之祖先祭田碑　一五•三

慶恆 多羅克勤良郡王　一四•一七

撒木哈妻擺牙喇哈里克　三•一一

默德　一六•二一

愛星阿 孝淑皇后之曾祖父　一五•二

德敏　一四•六　一四•七

德克精額之母趙氏　一四•二四

德成　一三•一七

德明　一三•一一

德順之妻李佳氏　一五•二〇

德祿 德爾太之父　一六•一五

德爾太　一六•一五

德爾芬　一三•二

德福　一四•一八　一四•一九

魯賓　一三•一五

劉安國　八•一六　九•一四

劉治忠之妻胡氏　一五•二四　一五•二六

劉進忠　二•一六

劉順　一四•七

鄧安民 鄧光蔚之祖父　一一•二一

線應奇　一六•二四

線應藻　一六•九

線應藻妻　二•五

鼂公　四•一四

十六畫

諾公　一一•七

諾依托　七•一九

諾音託和　一三•一四

諾敏　八•一七

龍席庫 一〇●三
一〇●四
霍訥特氏 一五●一六
璜公 一六●二四
璜瑛嘎喇嘛之父 一三●一三
機什哈之父 四●二五
賴公吳蘇太夫人 一一●一一
賴布氏耿額之母 一一●一
賴達折爾肯之父 六●二九
賴圖庫 六●四
禪布 七●一七
禪布海章之父 一〇●一九
邁圖 九●六

噶巴喇蘇章阿之父 一〇●一六
噶布喇 一●三二
噶度弘 八●一一
噶哈納圖海之祖父 一六●四
噶達洪 二●一〇
噶祿 五●一八
五●二六
噶爾哈圖之父 一●八
噶爾糺 一●二五
噶爾馬錫噶爾哈圖之父 六●一
噶爾璧 五●二七
錫達 一一●二〇
穆公蘇赫德金成之父 四●一八

穆成格 一〇●三三
一一●二八
一六●一六
穆成格之父 八●五
穆哈達圖海之父 一六●四
穆喀喀 一六●五
穆福 二●三〇
六●八
六●一二
穆爾太 二●二
穆赫林 三●一二
穆圖 一六●一四
衡章初 一六●一九

十七畫

口應元　一〇•一〇
戴納　一〇•五
戴都　四•二三
韓文　五•一一
韓雲　六•一六
鷹良　一一•二〇
蟒吉圖　一一•三〇
　四•一五

十八畫

額色黑　二•一三
　三•二
額公寬保之父　五•九
額色爾　一一•七
額宜都即宏毅公　一三•六
額奇鎮國公額克親之子　一〇•三
額倫赫壽之父　七•一八
額黑納　一〇•二四
額楚　一〇•二六
額爾德　一六•二〇
額爾德黑　一二•五
豐伸濟倫　一五•五
豐昇額　一四•一五
藍翎薄思和　九•一五
薩葛達氏圖公之妻　一三•一四
薩克素　一六•一六
薩克蘇即薩克索　六•二〇
薩齊木和林之祖父　一三•二三
薩穆哈　一三•一五
薩寵阿　一三•一七
　一四•一
薩爛　一六•一九

十九畫

譚布　二•二五
譚克什兎　三•一五
關紫　六•二四
關保之父　六•一一
羅元俸　一四•九
羅代　六•二〇

羅名里　一六●一四
羅多禮鄂爾多之父　九●二
羅思漢之父　五●六
羅科多多羅平郡王　七●一四
羅碩　五●三
羅壁　二●六
羅鐸渾　一●二八
蟎賴　一●一九

二十畫

蘇木代　六●一七
蘇拜　四●二一
蘇庫　一三●一四
蘇班帶　一●一八
蘇納海　四●二五
　五●一二
蘇章阿　一〇●一六
蘇爾兌衣蘇虎幾之父　七●二
嚴泰　九●一四

二十一畫

顧八代　一三●三
　一三●一
顧把納　一一●三五
顧琮　八●二一
覇嶺之父　七●一
蘭鼐　一一●一七
鐵保　一五●一〇
鐵紹斐之女筱蘭　一五●三〇

二十二畫

囊努格　一●一四

二十三畫

顯謹親王　一四●一一

雪屐尋碑錄勘誤表

卷次	葉次	行次	誤	正
一	六	二三	第三	第二
一	六	二四	勢	勤
一	六	二六	番哈	哈番
一	一〇	九	九年	應作八年
一	一〇	二三	能愛能在能勞之後	能愛在能勞之後
一	一五	一六	有	應作又
一	一六	一〇	章	應作彰
一	一七	八	忠	患
一	一九	一一	舫	航
一	一九	一四	大	丈
一	二〇	六	始終詵瘁者矣	始終詵瘁

一	二〇	一六	勿	忽
一	二一	五	始終盡瘁者	始終盡瘁
一	二三	二一	陞爲二等	二字應作一
一	二六	五	章京城門	章京京城門
一	二八	二四	洪軍營三門	洪軍門三營
一	三一	一	欽	欣
二	一	二〇	營	管
二	六	二六	朕心	朕命
二	一二	七	照	昭
二	一四	七	士	土
二	一八	九	辦聿	辦事
二	一九	六	昭舊	照舊
二	二〇	二一	勒德碑	與十九頁二十一行之勒德碑重複

二	三一	二一	對陣之	對陣敗之
三	一	五	長人	良人
三	四	五	政治	致治
三	五	一一	喜戰	善戰
三	一二	一二	頭	等
三	一五	一三	吳怒春	怒疑作恕
三	一七	七	男孝	孝男
三	一八	六	稱戰	稱職
三	一八	六	時頒	特頒
三	二〇	二	把魯圖	把圖魯
四	二	一四	臯大后	皇太后
四	四	二六	終	逝
四	五	六	終	逝

四	六	二五	國家之最重者	國之最重者
四	一〇	一〇	王寰	五寰
四	一一	七	身家	身教
四	一三	一〇	工戶	工部
四	一三	一四	工戶	工部
四	一六	一	崇功報德	崇德報功
四	一六	三	白身當牛彖事	當疑作管
五	一	七	望	忘
五	一	二四	以爾父皇	皇疑作爲
五	五	二五	副理官	副理事官
五	七	一四	克勤	克謹
五	七	二六	克勤	克謹
五	八	九	多羅宏	應作羅洛宏

五	八	二四	亦將教孝也	亦將以敎孝也
五	九	二一	理官	疑爲理事官
五	一〇	八	一	及
五	一八	八	本部郎	本部郎中
五	二〇	二二	介祿	疑有誤
五	二五	一	殺僇	殺戮
五	二五	六	後歿之日	後人歿之日
五	二六	二二	噶祿碑	與卷五第十八頁之噶祿碑重複且此文不全
六	八	一六	驅業	業驅
六	一四	六七	碩愽惠	碩博惠
六	一九	五	學勤	勤學
七	一	九	口仁	成仁
七	七	三	無有存今上	無有存者今上

七	七	五	厚開囗嗣之砥節	厚開囗嗣之囗砥節
七	二四	二四	阿勤賽	阿勒賽
七	二五	一〇	華亭	華亭
八	一	三及九	二碑重複	
八	六	二五	撥濟里公	撥濟里生公
八	一七	九	專熊	專城熊
八	一七	一七	牲	性
八	一九	五	清	青
八	二〇	四	內徒	內徙
八	二三	二六	凮器	器疑作官
八	二五	五	㴱	流
八	二五	一三	惟	帷
九	一〇	二	侈	佟

九	一〇	八	銳彌堅	銳口彌堅
九	一〇	九	漢	漠
九	一〇	一五	朕巳	巳字衍
九	一〇	一五	德	熙
九	一〇	一八	如此二字之上	有闕文
九	一〇	二二 二三	泰琱瑚則理	泰瑚則理
九	一三	一	睠勞賢念	睠念
九	一四	一二	月	有
九	二〇	七	大人	大父
九	二三	二三	鏁	古鎖字
一〇	五	一四	良質	良資
一〇	一一	二四	數十卒後	數十年後
一〇	二七	七	而	爾

二一	四	一七	六	公
二一	五	二〇	欽式	矜式
二一	六	一二	左庶于	左庶子
二一	六	一三	大淸統	大淸一統
二一	六	一四	願天	順天
二一	六	一五	日講官起居注	日講起居注官
二一	八	五	總都	總督
二一	二八	一三	曰	日
二一	三〇	一一	龍	龍
二三	一	一五	太子大保	太子太保
二三	一	二一	聞	間
二三	二	一九	著酬之禮	著酬口之禮
二三	三	七	許子	許口子

一二	三	一八	又	乂
一二	四	一三	黽勉職	黽勉口職
一二	四	一七	率屬羣僚	率屬僚
一二	四	一八	有八	上缺二字
一二	四	二一	與	興
一二	五	五	庶享沐	庶沐
一二	五	一七	二月八日	二十八日
一二	五	二〇	鴻於施	鴻施
一二	六	一六	雄才材	雄材
一二	六	二一	祺	旗
一二	八	一〇	其人後人	其後人
一二	九	二〇	新禮達禮	新達禮
一二	一二	一二	溫端凝之質	溫達端凝之質

一二	一五	一一	遣筵講官	遣經筵講官
一二	一六	八	九月乙	九月己
一二	一六	二〇	庚丑	癸丑
一二	一七	五	佐領之職班	佐領之班
一二	一七	一二	丁巳	癸丑
一二	一八	二〇	資父	事父
一二	二〇	三	施之	施口之
一三	二	二四	梱	閫
一三	四	九	氏	世
一三	五	四	釋手將實氣	釋手干將實氣
一三	五	六	霖崇	霖口崇
一三	六	一〇	敬能聚	敬口能聚
一三	六	一三	加一級之繼室	加一級保德之繼室

一三	七	三	里八	八里
一三	九	一六	正白長白人也	長白人也
一三	一一	二	於戲茂	於戲錫茂
一三	一一	三	祇服誥	祇服囗誥
一三	一一	一九	覃恩授	覃恩特授
一三	一三	二〇 二一	殊永綏錫	殊錫
一三	一三	二二	囗夫大夫	囗囗大夫
一三	一四	九	飾家	飾囗家
一三	一四	一〇	思	恩
一三	一五	二	慈	茲
一三	一五	六	貼	貽
一三	一六	四	南激激濁	南徼激濁
一三	一六	六	以驤	以囗驤

一三	一七	六	其	甚
一三	一七	六	慰之如日	慰之日
一三	一七	一八	拴	詮
一三	一九	一八	草木莫	草木
一三	二〇	八	勿	忽
一三	二〇	二五	氏	羅氏
一三	二四	三	兼	廉
一四	一	八	太	大
一四	一	九	太	大
一四	二	五	誌	志
一四	二	一二	歸城	歸化城
一四	二	二四	常	當
一四	二	二四	飛龍	龍飛

一四	三	二三	杯	坏
一四	四	一一	其	甚
一四	四	一七	烏	焉
一四	四	一九	人家	家人
一四	四	一九	幸	辛
一四	五	一三	晞	睎
一四	六	八	衿	衿
一四	六	九	丞	烝
一四	六	一七	乃口口國家	乃國家
一四	六	二一	相一月	相口一月
一四	六	二一 二二	折	拆
一四	六	二六	於口口國家	於國家
一四	七	六	源	原

一四	七	九	得抗違	不得抗違
一四	九	五	忽覽道遺章	忽覽遺章
一四	九	六	旣飭之終之備典	旣飭終之備典
一四	九	一二	歿乃光壤	歿乃光□□壤
一四	九	一三	甸	旬
一四	九	二一	武	式
一四	一〇	四	王室茲以	王室□□□□茲以
一四	一〇	九	兩	而
一四	一〇	二四	亟	函
一四	一一	四	徵靖獻咸之咸	徵靖獻之咸
一四	一一	五	寵	拊
一四	一一	八	修	備
一四	一二	三	傳	傳

一四	一三	一四	字	守
一四	一三	一八	曹	胄
一四	一三	一九	公	於
一四	一三	二〇	眞弗朽榮君賜	眞弗朽口榮君賜
一四	一四	四	偲	徳
一四	一四	五	筞	策
一四	一四	七	剔	毅
一四	一四	二〇	仲夏孫兵部	仲夏兵部
一四	一六	八	公寬長者厚長者	公寬厚長者
一四	一六	一〇	祇皆	皆祇
一四	一六	一五	臯	臯
一四	一七	七	賁方冀	賁口方冀
一四	一八	四	嘉乃顯聲	嘉乃口聲

一四	一八	五	黔	鈐
一四	一八	一四	遂分旇旐鉞	遂分旐鉞
一四	一九	一三	星	望
一四	一九	一八	困	困
一四	二〇	七	茲	慈
一四	二〇	二〇	正旗人	正口旗人
一四	二一	五	擒賊諜諜斬之	擒賊諜斬之
一四	二一	七	平貝勒	平涼貝勒
一四	二一	八	衕口中堅	衕口中堅
一四	二一	九	拙	掘
一四	二三	一一	大成人也縣人也	大成縣人也
一四	二四	二一	剐	古則字
一四	二五	二三	主	王

一四	二六	三	十六	六十
一五	一	四	逢嘉以承恩	逢嘉口以承恩
一五	一	二二	金州	金川
一五	三	一四	祖營塋	祖塋
一五	四	一	下無租人	下人
一五	五	一四	甲含	甲舍
一五	五	一九	簿懲	薄懲
一五	七	五	學優長	學口優長
一五	七	二六	畺	疆
一五	八	四	日	月
一五	一〇	九	襲封而拜爵	襲封口而拜爵
一五	八	一四	眷之優	眷口之優
一五	一〇	五	而螳驚折	有缺字

一五	一一	三 六 七 一〇	口處均係空格非缺字	
一五	一一	一四	斥	斤
一五	一一	二三 二六	口處均係空格非缺字	
一五	一二	一	口處均係空格非缺字	
一五	一二	八	頒	頌
一五	一二	一四 一六	口處均係空格非缺字	
一五	一三	八	藉	籍
一五	一四	四	千	干
一五	一四	一九	几	凡
一五	一五	七	於戲秩報渥	於戲口秩報渥
一五	一六	八	徽垣直躋	徽垣躋
一五	一六	一四	百寮僚	百僚

一五	一七	一六	馳驅於萬里外	馳驅於囗萬里外
一五	一八	八	畺	疆
一五	二〇	二一	鑲旗	鑲囗旗
一五	二〇	一〇	靖	慶
一五	二一	一一	之司省疊掌	之司囗省疊掌
一五	二二	一八	芳	良
一五	二二	二一	彩	飄
一五	二三	五	曰之子	曰此子
一五	二三	一五	於	于
一五	二三	二二	歎息曰良久	歎息良久
一五	二五	一五	堪	勘
一五	二六	七	覺有異香趺坐微趺坐微笑	覺有異香趺坐微笑
一五	二八	八	尙	上

一五	二九	一	攸分闕冠錫	攸分冠錫
一五	二九	一三	統師羽羽	統師羽
一五	三〇	一一	婪塗	婪兮塗
一六	二	九	勤勞之口口藉	勤勞之口口口藉
一六	四	一九	噶哈納太子太傅	噶哈納乃太子太傅
一六	六	一八	侍	待
一六	六	一九	一切辦	有缺字
一六	六	二四	幸甚不蒙	幸不蒙
一六	七	二四	正眞直	正直
一六	八	一三	髮	髮
一六	九	二	昭	詔
一六	九	六七	宦備二字下及夫酬庸三字	有缺誤
一六	九	一四	於執桓	於執口桓

一六	二一	九	爲	惟
一六	二一	一三	二	貳
一六	二三	二三	乙仲春	乙口仲春